日本語語彙的複合動詞の意味と体系

ひつじ研究叢書〈言語編〉

第123巻 パースペクティブ・シフトと混合話法　　　　　　　　　　山森良枝 著
第124巻 日本語の共感覚的比喩　　　　　　　　　　　　　　　　武藤彩加 著
第125巻 日本語における漢語の変容の研究　　　　　　　　　　　鳴海伸一 著
第126巻 ドイツ語の様相助動詞　　　　　　　　　　　　　　　　髙橋輝和 著
第127巻 コーパスと日本語史研究　　　　　近藤泰弘・田中牧郎・小木曽智信 編
第128巻 手続き的意味論　　　　　　　　　　　　　　　　　　　武内道子 著
第129巻 コミュニケーションへの言語的接近　　　　　　　　　　定延利之 著
第130巻 富山県方言の文法　　　　　　　　　　　　　　　　　小西いずみ 著
第131巻 日本語の活用現象　　　　　　　　　　　　　　　　　　三原健一 著
第132巻 日英語の文法化と構文化　　　　　　　秋元実治・青木博史・前田満 編
第133巻 発話行為から見た日本語授受表現の歴史的研究　　　　　　森勇太 著
第134巻 法生活空間におけるスペイン語の用法研究　　　　　　　堀田英夫 編
第136巻 インタラクションと学習　　　　　　　　柳町智治・岡田みさを 編
第137巻 日韓対照研究によるハとガと無助詞　　　　　　　　　　　金智賢 著
第138巻 判断のモダリティに関する日中対照研究　　　　　　　　　王其莉 著
第139巻 語構成の文法的側面についての研究　　　　　　　　　　斎藤倫明 著
第140巻 現代日本語の使役文　　　　　　　　　　　　　　　　早津恵美子 著
第141巻 韓国語 cita と北海道方言ラサルと日本語ラレルの研究　　円山拓子 著
第142巻 日本語史叙述の方法　　　　　　　　　　　大木一夫・多門靖容 編
第143巻 相互行為における指示表現　　　　　　　　　　　　　須賀あゆみ 著
第144巻 文論序説　　　　　　　　　　　　　　　　　　　　　　大木一夫 著
第145巻 日本語歴史統語論序説　　　　　　　　　　　　　　　　青木博史 著
第146巻 明治期における日本語文法研究史　　　　　　　　　　　　服部隆 著
第147巻 所有表現と文法化　　　　　　　　　　　　　　　　　　今村泰也 著
第151巻 多人数会話におけるジェスチャーの同期　　　　　　　　　城綾実 著
第152巻 日本語語彙的複合動詞の意味と体系　　　　　　　陳奕廷・松本曜 著

ひつじ研究叢書
〈言語編〉
第152巻

日本語語彙的複合動詞の意味と体系

コンストラクション形態論とフレーム意味論

陳奕廷・松本曜 著

ひつじ書房

まえがき

　本書は、著者の一人の陳奕廷が2015年に神戸大学大学院人文学研究科に提出した博士論文「日本語の語彙的複合動詞の形成メカニズムについて―中国語との比較対照と合わせて―」に、もう一人の著者の松本曜と共に大幅な加筆・修正を施したものである。

　複合動詞は日本において近年盛んに研究されており、国際シンポジウムの開催や専門書の刊行が行われている。海外においても、複合というテーマでOxford University Pressからハンドブックが出版されるなど、複合動詞を含めた複合語は、1つの大きな研究の流れになっている。本書はこのような潮流の中で新たな観点から研究を行い、日本語複合動詞という現象から意味論と形態論に関して多くの示唆を得ようとするものである。

　本書は「関連付け」や「概念合成」などの人間の普遍的な認知能力の観点から複合動詞を捉えることで、一般言語学的な理論的貢献を行うものである。本書の目的は、第一に、複合動詞をコンストラクションとして捉えることで、その非合成的な意味を説明することである。第二に、複合動詞におけるV1とV2の結合を語彙的意味フレームの合成として考えることで、複合動詞の結合制約や意味形成などを説明することである。そして第三に、コーパスのデータに基づくことで、複合動詞の研究をより言語使用の実態に即したものへと発展させる点である。これらを通して、「言語表現の一般化の重視」と「認知的妥当性の重視」の双方を実践することを目指している。

　複合動詞という2つの動詞の組み合わせを分析することによって、本書は動詞の意味には従来考えられていたよりも豊かな知識が含まれていることを明らかにする。複合動詞という語形成について研究することは、個別の言語現象の性質を明らかにするということだけ

ではなく、最終的に言語における動詞の性質とはどのようなものなのか、そして、人間にとって複合事象とは何か、ということを究明することへと繋がると考える。

本書の巻末には、様々な情報を付与した日本語語彙的複合動詞の包括的なリストを載せた。これが国内外の日本語学・日本語教育の研究者にとって利用価値があるものになれば幸いである。

なお、陳の博士論文にあった中国語複合動詞に関する議論は、本書には含まれていない。

本書の執筆に関しては多くの方々にお世話になった。陳の博士論文の審査委員であり、松本の神戸大学における同僚であった岸本秀樹先生と鈴木義和先生、そして田中真一先生には、様々な問題点を指摘していただいた。大阪大学の由本陽子先生には、論文審査だけではなく、学会などで貴重なコメントをいただいた。ここに感謝を申しあげる。

陳が学んだ神戸大学言語学研究室の大学院生にも大変お世話になった。先輩であった名古屋大学の秋田喜美氏からは度々研究についての貴重な助言を受けた。同時期に大学院で学んだ神奈川大学の夏海燕氏とリンク・インタラックの游韋倫氏、また常州工学院の史春花氏は、大学院時代に公私にわたって支えてくれた。感謝の気持ちを伝えたい。

陳の博士論文から本書への改訂は、長い時間をかけた議論の結果である。この作業は陳が国立国語研究所のPDフェローで、松本が客員教授であった時に始まり、その途中で陳は三重大学へ、松本は同研究所へと移った。陳は国立国語研究所において、影山太郎先生、窪薗晴夫先生、野田尚史先生、プラシャント・パルデシ先生、そして、複合動詞用例データベースの製作者である山口昌也先生から様々なアドバイスをいただいた。また、松本が移ってから、同研究所の非常勤研究員の野中大輔氏と石塚政行氏から、原稿に関して様々な指摘をいただいた。この場をお借りして深く感謝を申し上げたい。

本書の核となる部分は、国内外の多くの学会、研究会で発表されている。その発表の際に、小原京子先生、福島一彦先生ら多くの

方々からコメントやアドバイスをいただいた。全ての方を列挙することはできないが、この本がそれらのコメントを反映したものであることを祈る。

そして、この研究に多大な影響を与えた偉大な言語学者である Charles J. Fillmore 先生にも感謝したい。この研究を通して Fillmore 先生の先見の明をよく理解できた。この研究が、日本の言語学界において「コンストラクション」と「フレーム」を二本の柱とする言語理論をより広く理解してもらえるきっかけとなれば幸いである。

筆者二人のコンストラクション形態論に関する関心は、松本が日本言語学会第136回大会公開シンポジウムにおいて Geert Booij 先生の講演の討論者を務めたことがきっかけになっている。この理論を通して、松本のそれまでの形態論の研究と意味論の研究を有意義な形で結び付けることができたと感じている。

ひつじ書房の松本功社長、海老澤絵莉氏、編集を担当して下さった森脇尊志氏にも心より感謝申し上げたい。度々締切を延ばしていただいて、多大なご迷惑をおかけしたことをお詫び申し上げる。

最後に、著者二人をいつも温かく支えてくれている二人の家族に心から感謝の意を表し、本書を捧げたい。

なお、本書は、科学研究費補助金：特別研究員奨励費（受付番号1964、研究課題名：日本語と中国語における V1 + V2 型複合動詞の形成メカニズム；陳奕廷）及び科学研究費補助金：学術研究助成基金助成金（若手研究（B））（課題番号：17K13456、研究課題：日本語語彙的複合動詞を構成する動詞の組み合わせに関する実証的・計量的研究；陳奕廷）の成果に基づくものであり、また、松本が関わってきた、国立国語研究所の共同研究プロジェクト「日本語レキシコンの文法的・意味的・形態的特性」（代表　影山太郎）及び「対照言語学の観点から見た日本語の音声と文法」（代表　窪薗晴夫）の成果でもある。出版に際しては、科学研究費補助金：研究成果公開促進費（学術図書）（課題番号：17HP5075）の助成を受けている。

目　次

まえがき　　　　　　　　　　　　　　　　　　　　v
表記・略語　　　　　　　　　　　　　　　　　　　xiv

第1章　序論
1. 本書の目的　　　　　　　　　　　　　　　　　　1
2. 研究の対象　　　　　　　　　　　　　　　　　　4
   2.1　語彙的複合動詞と統語的複合動詞　　　　　　4
   2.2　語彙的複合動詞のリスト　　　　　　　　　　9
3. 本書の構成　　　　　　　　　　　　　　　　　13

第2章　語彙的複合動詞とその研究
1. 影山（1993）　　　　　　　　　　　　　　　　17
   1.1　項構造と他動性調和の原則　　　　　　　　17
   1.2　課題　　　　　　　　　　　　　　　　　　20
2. 松本（1998）　　　　　　　　　　　　　　　　21
   2.1　主語一致の原則　　　　　　　　　　　　　22
   2.2　課題　　　　　　　　　　　　　　　　　　23
3. 由本（2005, 2008, 2011）　　　　　　　　　　24
   3.1　語彙概念構造（LCS）　　　　　　　　　　　24
   3.2　課題　　　　　　　　　　　　　　　　　　25
4. 由本（2012, 2013）　　　　　　　　　　　　　27
   4.1　クオリア構造　　　　　　　　　　　　　　27
   4.2　課題　　　　　　　　　　　　　　　　　　31
5. 総合的考察　　　　　　　　　　　　　　　　　33
   5.1　意味構造に関する問題点　　　　　　　　　33
   5.2　合成的アプローチの問題点　　　　　　　　33

第3章　コンストラクション形態論とフレーム意味論
1. コンストラクションとコンストラクション形態論　38
   1.1　コンストラクション　　　　　　　　　　　39

ix

    1.2　語レベルのコンストラクション：コンストラクション形態論　41
    1.3　階層的レキシコン　44
    1.4　コンストラクションにおける形式　48
    1.5　創発性　49
 2. フレーム意味論　51
    2.1　百科事典的知識とフレーム　51
    2.2　動詞とフレーム　58
    2.3　本書におけるフレーム　61
 3. 文化と言語　66
    3.1　文化の違いに起因する言語の違い　67
 4. まとめ　70

第4章　コンストラクションと複合動詞 I
―階層的スキーマネットワークと意味関係スキーマ―

 1. 日本語語彙的複合動詞の階層的体系　74
 2. 意味関係スキーマ　76
    2.1　原因型　77
    2.2　手段型　78
    2.3　前段階型　80
    2.4　背景型　81
    2.5　様態型　84
    2.6　付帯事象型　86
    2.7　比喩的様態型　89
    2.8　同一事象型　90
    2.9　事象対象型　91
    2.10　派生型　92
    2.11　V1 希薄型　93
    2.12　V2 補助型　94
    2.13　不透明型　95
 3. 影山（2013a, c）の分類について　96
 4. 認知的統合性　100
    4.1　広義の因果性　100
    4.2　時間的緊密性　102
    4.3　因果関係、目的性が重要である理由　105
 5. まとめ　107

第5章 コンストラクションと複合動詞II
—コンストラクション的イディオムと語彙的コンストラクション—

1. 語彙的複合動詞におけるコンストラクション的イディオム　113
   1.1 生産的な非自立的動詞と拘束意味　114
   1.2 コンストラクション的イディオムと複合動詞の生産性　117
2. 個々の語彙的複合動詞における全体的な性質　121
   2.1 個別動詞レベルのコンストラクションの必要性　121
   2.2 形式の面における全体的な性質　122
   2.3 意味の面における全体的な性質　126
      2.3.1 合成性と分析性を失っている例　127
      2.3.2 合成性のみの喪失　128
         2.3.2.1 V1またはV2による特異な意味的貢献　128
         2.3.2.2 特定の意味のみ実現する「押し殺す」型　129
         2.3.2.3 意味が特定の場面に限定される「言い渡す」型　131
   2.4 登録を前提とする現象　133
      2.4.1 意味の拡張　133
      2.4.2 特定のコンテクストの定着　134
      2.4.3 限定的生産性と阻止　136
3. 複合動詞の非合成性と使用頻度　139
4. まとめ　140

第6章 フレームに基づく複合動詞の考察I
—語彙的意味フレームと複合動詞の組み合わせ—

1. フレームを用いた複合語の先行研究　146
2. 語彙的意味フレームレベルの制約　148
   2.1 動詞の語彙的意味フレームと複合動詞の結合制約　148
   2.2 語彙的意味フレームの流動性と複合動詞の容認度　156
   2.3 複合動詞の結合制限と類義表現の使い分け：「〜落とす」「〜逃す」「〜漏らす」　157
      2.3.1 組み合わせの制限　159
         2.3.1.1 「〜落とす」　160
         2.3.1.2 「〜逃す」　162
         2.3.1.3 「〜漏らす」　163
   2.4 複合動詞における多義性の解釈：「〜取る」　165
3. 背景フレームとフレーム要素の役割　169
   3.1 複合動詞と背景フレーム：〈競技〉フレームと「勝つ」　169
   3.2 背景フレームと文化　175

        3.2.1　異なる文化に基づく複合動詞の違い　　　176
            3.2.1.1　異なる社会における複合動詞の違い　　　176
            3.2.1.2　異なるコミュニティにおける複合動詞の違い　　　177
        3.2.2　文化の変遷に基づく複合動詞の産出と衰退　　　181
    4. 複合動詞の適格性　　　182
        4.1　影山（1993）における「レキシコンへの登録」説　　　182
        4.2　使用頻度に基づく耳馴染み度　　　183
    5. まとめ　　　185

第7章　フレームに基づく複合動詞の考察II
―事象参与者と複合動詞の項―

1. 複合動詞における項の同定と項構造　　　187
2. 事象参与者の同定　　　190
3. V1とV2の対象項が異なる場合の意味解釈　　　194
4. 事象参与者の同定と項の意味的性質　　　199
    4.1　「売り上げる」　　　200
    4.2　「食べ歩く」　　　202
    4.3　「咲き狂う」　　　206
5. まとめ　　　206

第8章　主語不一致複合動詞の形成メカニズム

1. 非使役化（自動詞化）のメカニズム　　　210
    1.1　複合動詞の非使役化についての先行研究　　　211
    1.2　非使役化の認知的動機付け　　　216
        1.2.1　プロファイルシフト　　　216
        1.2.2　痕跡的アブダクションによる使役者の背景化　　　227
2. 使役化のメカニズム　　　230
3. 動詞の入れ替えによる対応関係　　　234
4. メトニミー　　　235
5. その他　　　236
6. まとめ　　　237

第9章　本書の意義と今後の展望

1. まとめ　　　239
2. 本書の意義　　　242
3. 今後の展望　　　243

付録　日本語語彙的複合動詞リスト	245
参考文献	331
事項索引	345
複合動詞索引	347

表記・略語

表記

- （ ）： 補足説明、必須ではないもの、訳
- 「 」： 日本語における強調、用語、データベース、引用
- " "： 日本語以外における強調、用語、引用
- 『 』： 書名
- < >： 日本語における意味
- ' '： 日本語以外における意味
- [ ]： コンストラクションの形式と意味及びLCS
- 〈 〉： 背景フレーム
- 【 】： フレーム要素
- / /： 音素表記
- *： 完全に容認されない表現
- ??： 容認度がかなり低い表現
- ?： 容認度が低い表現
- △： 一定数の用例が存在するが、その容認度に個人差がある表現
- ≈： 範列的な関係
- ↔： 形式と意味の対応関係

略語

Ag＝動作主、Th＝主題、Subj＝主語、Obj＝目的語、REN＝連用形、E＝事象（イベント）、T＝事象の発生時間、SIMP＝単純和語動詞、INT＝自動詞、TR＝他動詞、AGT＝動作主的、CHG＝変化、CAUS.CHG＝使役変化、MAN＝様態、MOT＝移動

第 1 章
序論

1. 本書の目的

　日本語には、複合動詞と呼ばれる動詞が数多く存在している（影山 2013a, b）。複合動詞とは、「読み始める」「押し倒す」「取り締まる」のように、2 つの動詞（V1 と V2）が組み合わされて 1 つの動詞を構成するものである。(1) に例を挙げる。

(1) 書き始める、読み終わる、走り続ける、食べまくる、溶け落ちる、飛び下りる、立ち上がる、歩き疲れる、切り倒す、打ち壊す、抜き取る、見落とす、聞き漏らす、見逃す、取りこぼす、食べ残す、舞い落ちる、漂い出る、転げ落ちる、流れ下る、はしゃぎ回る、生き急ぐ、死に急ぐ、売り渋る、下げ渋る、出し惜しむ、泣き叫ぶ、怒り悲しむ、忌み嫌う、支え励ます、飛び跳ねる、咲きこぼれる、咲き誇る、咲き狂う、踊り狂う、書き殴る、褒めちぎる、恥じ入る、舐め回す、責め立てる、見上げる、取り調べる、取り壊す、差し控える、差し押さえる、ひっかける、ぶっ飛ばす、出かける、取り締まる、似合う

　このような複合動詞については、近年多くの研究が行われてきた（姫野 1975, 1999, 長嶋 1976, 石井 1983, 2007, 寺村 1984, 斎藤 1992, 影山 1993, 1996, 2013a, b, Kageyama 2016a, 影山・由本 1997, Matsumoto 1996a, 松本 1998, 由本 1996, 2005, 2008, 2013, Nishiyama 1998, Fukushima 2005 など）。その中で特に注目されてきたのは、どのような複合動詞が存在していて、どのようなものが存在しないのか（あるいは存在できないのか）という問題で

ある。複合動詞のうち、本書が扱う語彙的複合動詞と呼ばれるものは、ある程度の頻度を持って使われるもので3487語ある。この数はある意味では大きくない。『日本語語彙大系』には2353の単純動詞がリストされているが、それを組み合わせれば、もっと多くの複合動詞ができるはずである。ところが、次のようなものは存在しない。

(2) *立ち読む、*立ち食う、*聞き走る、*走り転ぶ、*歌い洗う、*壊し打つ、*落ち溶ける、*切り倒れる、*蹴り破れる、*嗅ぎ逃す、*見漏らす、*言い騙す、*言い欺く、*落とし割る、*浸し壊す、*ひき逃げる、*焼き消す

では、日本語ではどのような複合動詞が存在し、どのようなものが存在しない(あるいは、存在できない)のであろうか。個々の複合動詞が成立する条件はどのようなものあろうか。これが、本書が取り組む課題である。

この課題に対して、本書では2つの補完的な理論的枠組みを用いる。コンストラクション形態論(Booij 2010a, 2013)とフレーム意味論(Fillmore 1977, 1982, 1985a)である。これらはいずれも、チャールズ・フィルモア(Charles Fillmore)によって提唱された考え方に基づくものである。

コンストラクション形態論とは、その名の通り、「コンストラクション」という概念を中心に据えた形態論である。コンストラクションとは意味と形式のペアリングであり、文法的な構文だけではなく、単純語、複雑語、そしてイディオムなどもその例である(Goldberg 1995, Booij 2010a)。このようにコンストラクションの概念は様々なレベルにおいて適用される。コンストラクション形態論は、形態論にコンストラクションの考えを適用したもので、語レベルを分析の中心としたものである。

従来の合成的な形態論(次章参照)では、構成体の全体の意味がその構成要素の意味の総和であり、構成要素から全体の意味が予測できると考えられることが多かった。しかしながら、例えば「切り

倒す」などにおいて、その意味は＜xを切ることによってxを倒す＞であるが、下線部の意味は構成要素に存在していない。合成的なアプローチでは、なぜ複合動詞が特定の型（「切り倒す」の場合は手段型）の意味を持つのかを説明できない。このような現象の説明のためには、複合動詞という形式自体に意味があるというコンストラクションの概念を導入する必要がある。これは、複合動詞の意味において構成要素の意味が重要でない、ということではない。複合動詞の意味には合成的（compositional）な側面と全体的（holistic）な側面の2つがあり、複合語の意味の透明性や慣習化の度合いによって2つの相対的重要性が異なるということである。

　フレーム意味論とは、語の意味を狭く捉えるのではなく、その背景となる、世界の諸側面に関する知識も意味の一部であると考える意味理論である。語の背景にある、世界に関する知識はフレームと呼ばれる。

　フレームという背景的な知識を含む意味構造を意味分析に用いることで、従来の意味論では捉えることのできなかった語の意味の性質、そして、語とその共起要素との関わりが見えてくるようになる。本研究では、フレームという概念を取り入れることで、複合動詞の結合制約や意味形成など、意味における様々な問題を説明することができるようになると考える。

　本書は、この2つの理論的枠組みを組み合わせたフレーム・コンストラクション的（frame-constructional）なアプローチを用いることにより、日本語語彙的複合動詞の意味と体系について、従来の分析では得られなかったような精度の高い分析を行うことを目的としている。第一に、複合動詞を形態論的なコンストラクションとして捉えることで、構成要素からは予測できない意味を説明する。そして日本語の複合動詞コンストラクションは特定の意味パターンを持ち、それに合致するものだけが許されることを示す。第二に、個々の複合動詞が1つの整合性を保った意味構造をなさなければならない、という制約があることを示す。そして、複合動詞における2つの動詞の結合を、外界や文化についての知識を豊富に含む動詞の語彙的意味フレームの統合として考えることによって、複合動詞

の意味や実現の可否などを説明する。具体的には、以下の2点を主張する。

①日本語の複合動詞のスキーマには、特定の複合事象スキーマのテンプレートが存在し、このテンプレートに特定の動詞が合致することで、複合動詞が成立する。(コンストラクションの制約)
②テンプレートに当てはめられた2つの動詞は、1つの整合性を保った「語彙的意味フレーム」を構成する必要がある。(語彙的意味フレームの制約)

2. 研究の対象

2.1 語彙的複合動詞と統語的複合動詞

　日本語の複合動詞に関しては、語彙的複合動詞と統語的複合動詞という2種類があることが指摘されてきた (影山 1993, 1996)。本書が研究の対象とするのは、複合動詞の中でも語彙的複合動詞と呼ばれるものである。ここではまず、この2つの違いについて触れ、研究対象を確定する。

　統語的複合動詞とされるのは、(3) のような複合動詞である (影山 1993: 96)。

(3) V-かける、V-だす、V-始める、V-まくる、V-続ける、V-終える、V-終わる、V-尽くす、V-きる、V-通す、V-抜く、V-損なう、V-損じる、V-そびれる、V-かねる、V-忘れる、V-誤る、V-あぐねる、V-過ぎる、V-直す、V-慣れる、V-合う、V-得る

　これらは、文法的には前項動詞が後項動詞と異なる述語として機能する複合動詞である (Matsumoto 1996a)。具体的には、前項動詞が後項動詞の取る統語的な補文構造の主要部となっている。
　影山 (1993, 2013c)、Matsumoto (1996a) らは、次のような

テストを用いて両者の違いを明らかにしている。まず、統語的複合動詞はV1とその項を、代用形の「そうする」で置き換えることができる。語彙的複合動詞ではそれが不可能である。

(4) 代用形「そうする」
    a. 語彙的複合動詞
        遊び暮らす→*そうし暮らす
        押し開ける→*そうし開ける
        追い払う→*そうし払う
        仕舞い込む→*そうし込む
        見落とす→*そうし落とす
        泣き叫ぶ→*そうし叫ぶ
    b. 統語的複合動詞
        調べ終える→そうし終える
        しゃべりまくる→そうしまくる
        食べ過ぎる→そうし過ぎる
        出し忘れる→そうし忘れる

これは、V1が複合語の一部であるにも関わらず、照応に参加するということである。一般に、複合語は照応の島（Postal 1969）であるとされ、「語（複合語を含む）の一部分だけが文中の照応に参加することはできない」という「語彙照応の制約」があるとされる（影山1993）。(4b)は統語的複合動詞のV1はある意味で独立した語であることを示している。
　次に、統語的複合動詞では、語彙的複合動詞と異なり、V1の主語尊敬語化が可能である。

(5) 主語尊敬語化
    a. 語彙的複合動詞
        ノートに書き込む→*お書きになり込む
        手紙を受け取る→*お受けになり取る
        泣き叫ぶ→*お泣きになり叫ぶ

　　　　b.　統語的複合動詞
　　　　　　歌い始める→お歌いになり始める
　　　　　　話し続ける→お話しになり続ける
　　　　　　電車に乗り損ねる→お乗りになり損ねる

このことは、統語的複合動詞においてはV1が独自に主語を持っていることを示している（Matsumoto 1996a）。
　第三に、統語的複合動詞ではV1が形態的に複雑なものでもよいが、語彙的複合動詞ではそれが許されないという指摘がある。例えば、統語的複合動詞ではV1に動詞名詞＋する型の複雑述語が来ることができるが、語彙的複合動詞ではそれが許されない。

(6)　動詞名詞＋する
　　　　a.　語彙的複合動詞
　　　　　　貼り付ける→*接着し付ける
　　　　　　跳び越す→*ジャンプし越す
　　　　　　吸い取る→*吸引し取る
　　　　　　沸き立つ→*沸騰し立つ
　　　　b.　統語的複合動詞
　　　　　　見続ける→見物し続ける
　　　　　　弱りきる→衰弱しきる
　　　　　　調べ尽くす→調査し尽くす
　　　　　　手紙を出し忘れる→投函し忘れる

　また、統語的複合動詞のV1は、「飲みに飲む」「走りに走る」のような重複構文の動詞でもよい。

(7)　重複構文
　　　　a.　語彙的複合動詞
　　　　　　*行方不明の子供を探しに探し歩いた。
　　　　　　*トーナメントを勝ちに勝ち抜いた。
　　　　　　*子供たちに愛情を注ぎに注ぎ込んだ。

＊敵を待ちに待ち構えた。
　b．統語的複合動詞
　　　大臣はそれをひた隠しに隠し続けた。
　　　彼女は結婚問題で苦しみに苦しみ抜いた。
　　　鍛えに鍛え抜かれた身体。
　　　その日は遊びに遊びまくった。

影山（1993）が主張するには、動詞重複は統語部門で起こるため、統語的複合動詞はV1に動詞重複を許すことができるという。

　このほか、イディオムの解釈においても違いがあり、統語的複合動詞は語彙的複合動詞と異なって、イディオムの一部としての動詞がV1に来るのを許す（Kageyama 2016a）。

(8)　人目を忍び始めた
　　＊人目を忍び歩いた

　これらの証拠から、統語的複合動詞は、抽象的な文法構造において複文をなしており、V1はV2の補文の主要部をなしているという分析が行われてきた（Shibatani 1973, 影山 1993, Matsumoto 1996a などを参照）。これに対し、語彙的な複合動詞では、V1は独自の節の主要部とはならず、純粋に複合動詞全体が1つの述語として単文の主要部となるとされる。

　語彙的複合動詞と統語的複合動詞の間に明確な区別があるかどうかには疑問も提示されている（森山1988, 三宅2005, 淺尾2007, 陳劼懌2013, 陳奕廷2017）。例えば、この区別を提唱した影山（1993）においても、「〜歩く」が一部の統語的複合動詞のテストに合格することを指摘している。動詞名詞＋「する」との結合を許すこと（「調査し歩く」）などである。

　本書では、テストによって2つの複合動詞の区別に揺れがあることから、両者の区別にはある程度の連続性があると考える。その上で、イディオムテストを基準として語彙的複合動詞を認定して、研究の対象とする。

なお、影山（2013c）、Kageyama（2018）は、語彙的複合動詞の中に2種類を認めて、語彙的アスペクト複合動詞と呼ぶ種類については、重複構文との共起などの点において異なる性質が見られると主張している。この点については第3章で取り上げる。

　日本語の語彙的複合動詞については、複合動詞として結合できるV1とV2が特定の意味関係にあることが知られている（石井1983, 寺村1984, Tagashira & Hoff 1986, 松本1998, 姫野1999など）。本書では、以下のような種類に分ける。

(9) a. 原因型
　　　 例：溶け落ちる、溺れ死ぬ、勝ち残る、浮かび上がる、歩き疲れる　など
　　b. 手段型
　　　 例：切り倒す、打ち壊す、抜き取る、拭き取る、削り取る、投げ入れる　など
　　c. 前段階型
　　　 例：割り入れる、混ぜ入れる、狙い撃つ、仰ぎ見る、出迎える、置き忘れる　など
　　d. 背景型
　　　 例：見落とす、聞き漏らす、見逃す、取りこぼす、食べ残す、売れ残る　など
　　e. 様態型
　　　 例：舞い落ちる、漂い出る、転げ落ちる、流れ下る、覗き見る　など
　　f. 付帯事象型
　　　 例：泣き叫ぶ、怒り悲しむ、忌み嫌う、尋ね歩く、持ち帰る、隠れ住む　など
　　g. 比喩的様態型
　　　 例：咲きこぼれる、咲き誇る、咲き狂う、踊り狂う、読み流す、書き殴る　など
　　h. 同一事象型
　　　 例：飛び跳ねる、遊び戯れる、責めさいなむ、抱き抱える、

好き好む　など
　i.　事象対象型
　例：泣き止む、売り渋る、逃げおおせる、買い控える、読みふける、出し惜しむ　など
　j.　V1 希薄型
　例：取り調べる、取り壊す、差し控える、差し押さえる、ひっかける、ぶっ飛ばす　など
　k.　V2 補助型
　例：褒めちぎる、恥じ入る、舐め回す、責め立てる、見上げる　など
　l.　派生型
　例：打ち上がる、突き出る、焼き付く、舞い上げる、立ち上げる、酔い潰す、譲り受ける　など
　m.　不透明型
　例：出し抜く、出くわす、取り締まる、見舞う　など

これらのタイプについては、第4章で詳しく見ていく。

2.2　語彙的複合動詞のリスト

　本研究で検討する複合動詞は、巻末の「日本語語彙的複合動詞リスト」にある3487語を対象にしている。このリストは、山口昌也氏によって構築された「Webデータに基づく複合動詞用例データベース（以降「複合動詞用例データベース」）」に収録されている語彙的複合動詞のリストに、修正を加えて作成したものである。

　「複合動詞用例データベース」は、ウェブのデータから一定の手順で構築されたものであり、ウェブ上で一定数の用例を取得できる複合動詞に限り収録している。その収集方法は以下の通りである。

（10）　「複合動詞用例データベース」の構築手順（山口2013）
　　i.　まず、複合動詞の構成要素になりやすい、「種」となる構成動詞（以後、「種動詞」）を用意する。今回は『複合動詞資料集』（野村・石井1987）から上位10語を選

択した。

ii. 次に、Baroniらの方法（Baroni et al. 2009）を応用して、種動詞に対するWebコーパスを構築する。具体的には、種動詞とランダムな語のペアをキーとして、Web検索エンジンに与え、得られたURLのWebページをダウンロードする。ランダムな語をキーに加えているのは、収集するWebページの偏りを防ぐためである。種動詞は、終止形、連用形の2種類を用意する。そして、それぞれ5000ページずつ収集し、それぞれ独立したWebコーパスとする。終止形で検索するのは、種動詞を後項に持つ複合動詞を発見するため、連用形で検索するのは、前項に種動詞を持つ複合動詞を発見するためである。

iii. 構築したWebコーパスを形態素解析したのち、「動詞（連用形）＋動詞」の並びを複合動詞候補として、頻度を計測する。

iv. 得られた複合動詞候補のうち、頻度5以上のものを目視で確認し、複合動詞であれば、複合動詞リストに追加する。

v. 複合動詞リスト中の複合動詞のWebコーパスを作成する。収集するWebページは、2000ページである。それぞれのWebコーパスを形態素解析し、当該の複合動詞を含む文を抽出する。抽出した文は、格解析、および、同一文削除などのクリーニングを行ったのち、用例データベースに追加する。ただし、格要素を1つ以上持つ用例が50例未満の場合は、登録しない。また、登録した場合は、その構成動詞の用例も用例データベースに登録する。

vi. v.の複合動詞リスト中の複合動詞の構成動詞のうち、種動詞でないほうの構成動詞を種動詞として、(i)〜(vi)を繰り返す。

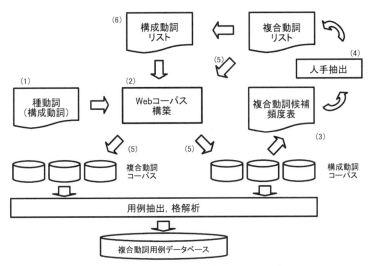

図1 複合動詞用例データベースの構築方法（山口 2013: 63）

このようにして抽出した複合動詞のほかに、国立国語研究所共同プロジェクト「日本語レキシコンの文法的・意味的・形態的特性」(http://vvlexicon.ninjal.ac.jp）の成果としての「複合動詞レキシコン」から、約400語がデータベースに追加されているという。

　この「複合動詞用例データベース」の利点として、1）収集方法が客観的であること、2）複合動詞の数が多いこと、3）複合動詞の用例数が示されていることが挙げられる。その一方、このデータベースにはいくつかの課題がある。まず、この収集方法では「馳せ参じる」のように、構成要素がほかの複合動詞に現れないような動詞ペアによる複合動詞や、「うっちゃる」（「うちやる」の音変化によるもの）のような、ほかの複合動詞においては見られない特殊な語形の複合動詞はピックアップされない。山口氏によると、このような複合動詞も一部手作業により追加したというが、網羅的ではないようである。また、何を複合動詞と見なすかに関して用例の理解の誤りや、何らかの理由による収録漏れも見られる。

　そこで、本書ではこのような「複合動詞用例データベース」の動詞リストに以下の修正を行った。検索方法では得られないものについて調査を行い、「現代日本語書き言葉均衡コーパス（BCCWJ）」

に用例がある複合動詞をリストに加えた。「馳せ参じる」「うっちゃる」「ふんだくる」「ぼったくる」などである。また、「打ち当てる」「思い巡らす」「消し飛ばす」「増し加える」「申しつかる」など、収録漏れと思われるものを追加した。反対に、「複合動詞用例データベース」には収録されているが、いくつかの理由で本書の分析対象から削除したものが450語ある。まず、「〜換える」と「〜替える」のように、同じ複合動詞の漢字の表記の違いに過ぎないものは重複を避けた。ほかに、1)「踏み込める」のようにV2が動詞の可能形のもの、2)「にらみ合う」などのように統語的複合動詞と思われるもの、3)「ひれ伏す」など前項が動詞ではないと思われるもの、4)「愛で包む」のように複合動詞とは認められないもの(「めでくるむ」と分析されていたが、実際の用例は「あいでつつむ」)、5)「なし崩す」など、複合名詞の形(「なし崩し」)でしか用いられないと判断したものは除外した。

　本書は、以上の方法で作成した計3487語の複合動詞リストに、V1とV2の意味関係や「複合動詞用例データベース」とBCCWJにおける用例数、合成性、拘束性(第5章を参照)などの情報を付与して、巻末の付録に収録している。ただし、これらの複合動詞の中には、特定の話者のみによって使われていると思われるもの、著者には不自然であると思われるものもある。本書内でそのような複合動詞に言及する際には、△の印を付けて示すことにする。

　なお、同じように複合動詞の例を集めたデータベースとして、先に触れた「複合動詞レキシコン」(http://vvlexicon.ninjal.ac.jp)がある。この「複合動詞レキシコン」における複合動詞は、辞書や先行研究にあったものを研究者の判断によって収録しているため、収録語は今までの議論に関係するものが多く、限定的な傾向がある(計2759語)。また、このデータベースに含まれる複合動詞は、上述の通り、「複合動詞用例データベース」に含まれている。そのため、本研究は「複合動詞レキシコン」ではなく「複合動詞用例データベース」を修正した複合動詞リストを用いる。このような形を取ることで、実際にどのような複合動詞が使用されているのかを知ることができ、複合動詞の研究を、従来の特定の分析者の内省に頼っ

ていたものから、より広い話者の実際の言語使用の実態に即したものへと発展できると考えられる。

3．本書の構成

　本書は、本章を含めて9章から構成される。第1章では序論として、研究の対象や目的、使用するデータについて述べた。

　第2章では、日本語語彙的複合動詞の一般的な結合制約に関連する先行研究を紹介し、併せてその問題点を指摘する。その2節では日本語語彙的複合動詞の意味的な制約についての先行研究を見る。3節と4節では、先行研究で用いられている意味構造について検討した上で、百科事典的知識及び背景的な知識を含む「語彙的意味フレーム」という意味構造を用いる必要があることを示す。5節で先行研究の問題点について、総合的に考察する。

　第3章では、本研究が用いる理論的枠組みである「コンストラクション形態論」と「フレーム意味論」について、それぞれ1節と2節で紹介する。さらに3節では「文化的表象」という概念について解説する。

　第4章と第5章においては、複合動詞のコンストラクション的制約に関わる現象について見ていく。複合動詞を形式と意味のペアリングであるコンストラクションと見なすことで、複合動詞の合成的な性質と非合成的な性質を1つの理論モデルで説明できるようになることを示す。まず第4章において、1節でコンストラクション形態論を用いて、日本語の語彙的複合動詞の体系を、階層的スキーマネットワークで示す。2節において複合動詞のV1とV2の意味関係を表す下位スキーマ（手段型、様態型など）を見ていく。3節で影山（2013a, c）の分類を取り上げる。4節は複合動詞におけるV1とV2の間に見られる限定された意味関係がどのような認知的動機付けに支えられているのかを検討する。次に第5章では1節において、コンストラクション的イディオムという概念を取り入れることで、複合動詞の合成的な性質及び「拘束意味」という現象を捉えることができると主張する。2節では複合動詞に見られる様々な全体

的な性質について、合成性と分析性という関連する2つの概念から検討し、コンストラクション形態論の枠組みから説明を与える。3節で複合動詞に見られるこのような全体的な性質について、使用頻度のデータを用いて分析する。

　第6章と第7章では複合動詞の意味構造として、豊富な百科事典的知識を含む「語彙的意味フレーム」を用いて分析を進める。第6章の1節において、フレームを用いた複合語の先行研究を紹介する。2節では動詞の語彙的意味フレームと複合動詞における結合制限について述べる。2.1で本研究が主張する複合動詞の意味的な結合制約を説明する。2.2で語彙的意味フレームの流動性と複合動詞の容認度の関係について触れ、2.3では語彙的意味フレームを用いることで複合動詞の結合制限や類義表現の使い分けを説明できることを示す。2.4では、複合動詞における多義語の解釈という問題について説明する。3節においては、複合動詞における背景的な知識の必要性を示す。3.1で「勝つ」とそれが喚起する〈競争〉フレームを例に論じ、3.2では背景フレームと文化との関わりについて検討する。最後に4節で複合動詞の適格性について、「耳馴染み度」という概念を取り入れることで説明できることを示す。

　第7章では、1節で複合動詞における項の同定と項構造について見る。そして、2節においては、複合動詞の意味の正確な記述のためには、単なる項の同定以上の意味的な関係の記述が必要になると主張し、項として実現するとは限らない事象参与者への言及が必要であると論じる。3節では、V1とV2の対象項が異なる場合の意味解釈について分析を行う。最後に4節で事象参与者の同定という概念に基づいて、日本語複合動詞の項理解における問題点を検討する。

　第8章は日本語語彙的複合動詞における、いわゆる「主語一致の原則」（松本1998）に反する例について分析する。そしてこれらの例の認知的な動機付けを明らかにする。1節においては、自動詞化（非使役化）のメカニズムであると考えられる「プロファイルシフト」を取り上げる。そして、従来の研究では言及されることがなかった「痕跡的アブダクション」という認知的な動機付けが存在すると論じる。2節では他動詞化（使役化）のメカニズムについて、

背景化された外的な原因へのプロファイルシフトという観点から説明する。その他のタイプの主語不一致複合動詞として、3節の動詞の入れ替えによる対応関係、及び4節のメトニミーに基づくものがあることを指摘する。

最後に第9章では、まとめとして1節で本書の分析によって解明されたことを総括し、本書全体の結論を示す。そして、2節において本書の意義について述べ、3節では今後の研究の展望を示す。

第2章
語彙的複合動詞とその研究

　本章では日本語の複合動詞についての先行研究を概観し、その問題点を指摘する。日本語の複合動詞には、かなりの研究の歴史がある（斎藤・石井1997などを参照）。ここでは、過去25年ほどの研究において、1) 複合動詞の組み合わせの制約についてどのような提案がなされたか、2) どのような意味構造に基づいて複合動詞の意味を記述しているかに注目する。特に取り上げるのは、影山（1993, 2013c）、松本（1998）、由本（2005, 2008）らの研究である。このほかにも、Fukushima（2005）、Nishiyama（1998）などの重要な研究も存在するが、ここでは取り上げる余裕がない。

1. 影山（1993）

　近年の複合動詞研究の出発点となっているのは、影山（1993）の研究である。影山（1993）は、項構造[*1]（argument structure）という概念を用いて分析を行った。すなわち、日本語の語彙的複合動詞の形成は、項構造のレベルにおいて行われ、その際、「他動性調和の原則」が重要な働きをしていると主張している[*2]。

1.1　項構造と他動性調和の原則
　影山（1993）が用いている項構造の表示法は（1）のようである[*3]。

(1)　食べる：(Agent 〈Theme〉)

そして、動詞はその項構造によって、次のように3つの種類に分けることができるという。

(2) a. 他動詞：(Agent 〈Theme〉)
　　b. 非能格自動詞：(Agent 〈　〉)
　　c. 非対格自動詞：(　　〈Theme〉)

　非能格自動詞は、主に主語の意図的な動作・行動を意味する動詞である。一方、非対格自動詞は、主に状態や位置が変化するものを主語に取る動詞で、これらの主語は自らの意志で行為を行うのではなく、非意図的な変化を被るものを指すという（影山1996: 21）。
　「他動性調和の原則」とは、この項構造に基づいて、複合動詞の組み合わせを説明しようとするものである。これは、複合動詞は外項を取る動詞（他動詞と非能格自動詞）同士か、外項を取らない動詞（非対格自動詞）同士によって作られるという制約である。
　影山（1993）によれば、この他動性調和の原則により、(3) が示すように、他動詞＋他動詞、非能格自動詞＋非能格自動詞、他動詞＋非能格自動詞、非能格自動詞＋他動詞、非対格自動詞＋非対格自動詞の組み合わせが存在するのに対し、その他の組み合わせが存在しないという。

(3) a. 他動詞＋他動詞
　　　例：買い取る、追い払う、射抜く、突き倒す、叩き落とす、吹き消す　など
　　b. 非能格自動詞＋非能格自動詞
　　　例：言い寄る、這い寄る、駆け寄る、歩み寄る、飛び降りる、駆け降りる　など
　　c. 他動詞＋非能格自動詞
　　　例：探し回る、買い回る、荒し回る、嘆き暮す、待ち暮らす、待ち構える　など
　　d. 非能格自動詞＋他動詞
　　　例：泣きはらす、微笑み返す、伏し拝む、笑い飛ばす、乗り換える　など
　　e. 非対格自動詞＋非対格自動詞
　　　例：滑り落ちる、転がり落ちる、崩れ落ちる、張り裂ける、

　　　　生まれ変わる　　など
　　f.　他動詞＋非対格自動詞
　　例：*洗い落ちる、*拭い落ちる、*切り落ちる、*打ち壊れる、*切り倒れる　など
　　g.　非対格自動詞＋他動詞
　　例：*売れ飛ばす、*揺れ起こす、*揺れ落とす、*あきれ返す、*崩れ落とす　など
　　h.　非能格自動詞＋非対格自動詞
　　例：*走り落ちる、*跳び落ちる、*泣き腫れる、*走りころぶ　など
　　i.　非対格自動詞＋非能格自動詞
　　例：*倒れ暮らす、*痛み暮らす、*転び降りる、*崩れ降りる　など

　なお影山（1993）は、非能格、非対格の両方の動詞と複合するように見える「〜去る」などについては、意味構造での合成を提案している。
　影山（1993）が項構造を用いて説明するもう1つの現象は、複合動詞全体の項構造がどのようにして決まるか、ということである。影山（1993）は、V1とV2の項構造に基づいて、全体の項構造が「相対化右側主要部の原則」（Di Sciullo & Williams 1987）によって決定される、と述べている。相対化右側主要部の原則とは、特定の素性について、その素性指定を持つ最も右側の要素がその特性に関して主要部であり、その性質が全体に受け継がれるというものである。影山は、この原則が個々の項にも当てはまると考え、複合動詞後項（右側）の項構造が全体に引き継がれるが、右側にない項を左側が持っている場合は、左側のその項も複合語全体に引き継がれる、と述べている。この相対化右側主要部の原則に基づいて、複合動詞における項構造の合成には次の3つのタイプが考えられるという（影山 1993: 106–107）。

(4) a. 主要部からの受け継ぎのみ：「ドアを押し開ける」

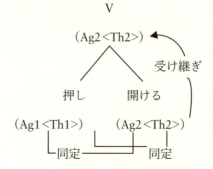

b. 主要部からの受け継ぎと所有関係の合成：「服の汚れを洗い落とす」

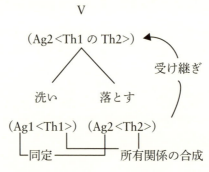

c. 主要部と非主要部からの受け継ぎ：「夜の街を酒を飲み歩く」

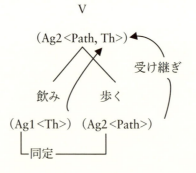

1.2 課題

影山の分析は魅力的なものであるが、いくつかの大きな問題があ

る。まず、他動性調和の原則に対する反例がある。松本（1998）によると、この原則に反する複合動詞として、非能格＋非対格の「歩き疲れる」「遊び疲れる」「しゃべり疲れる」「泣き濡れる」、そして他動詞＋非対格の「待ちくたびれる」「飲み潰れる」「聞き惚れる」「読み疲れる」などが存在している。これらの例をどのように考えるのかは明らかでない。また、他動性調和の原則に合っているのに存在しない複合動詞は数多く存在する。「*壊し捨てる」「*買い食べる」「*舐め壊す」などである。これらを排除するためには別の説明が必要である。また、非対格自動詞と非能格自動詞を明確に区別するのが難しいことも、他動性調和の原則の問題点として指摘されている（松本1998: 39–50を参照）。

さらに、項構造を中心に複合動詞を考えることの限界もある。項構造は、動詞の項に関する情報しか含まない。しかし、語彙的複合動詞は前項動詞が後項動詞の付加詞に相当する場合が多い。例えば、「叩き壊す」では、「叩く」は「壊す」の手段を表す付加詞に相当する。このような意味的関係は項構造では表示できない。実際のところ、(4) では、2つの動詞の意味関係は何ら示されていない。このように項構造のみの観点では、複合動詞に関わる重要な一般化が捉えられない。例えば、(4c) のように2つの動詞の項の両方が受け継がれるのは、後項動詞が移動か、それに類する継続的な動作を表し、前項動詞がそれに共起する行為を表す場合のみである。そのような情報は意味構造、それもかなり幅広い情報を含んだ意味構造で捉えられるものである。(4b) における所有関係なども、本来はそのような意味の構造において捉えられるべきものである。

2. 松本（1998）

松本（1998）と由本（1996など）は、日本語複合動詞の合成を、意味構造における操作であると考える。ここでは、まず、松本（1998）における複合動詞の制約について述べる。

2.1 主語一致の原則

前節で述べたような、他動性調和の原則における例外を説明するため、松本（1998）と由本（1996）は、それよりも緩い制約として「主語一致の原則」（あるいは主語の義務的同定）が存在すると主張する。松本によると、主語一致の原則とは、2つの動詞の複合においては、2つの動詞の意味構造の中で最も卓立性の高い参与者（通例、主語として実現する意味的項）が同一物を指さなければならないという（松本1998: 72）。

この原則によって、「*洗い落ちる」「*打ち壊れる」「*揺れ起こす」「*崩れ落とす」などのようなV1とV2の主語が異なるものを排除できる一方、他動性調和の原則では排除されてしまう「歩き疲れる」「読み疲れる」のような組み合わせが成立できることを説明できる。

一方、この原則の例外と思われる例も存在する。「花火が打ち上がった」や「突き出た半島」における「打ち上がる」や「突き出る」などはV1とV2の主語が異なる。これらの主語不一致複合動詞は、主語一致の原則に合致する複合動詞「打ち上げる」や「突き出す」に基づいて成立していると考えられる（松本1998: 73-74）。

主語一致の原則はそれ自体ではかなり緩い制約であるため、過剰な複合動詞の成立を許してしまう。例えば、「*走り転ぶ」や「*立ち食う」は、主語一致の原則に反していないが成立していない。このような例は主語一致の原則だけでは説明できない。実際のところ、主語一致の原則は、動詞の組み合わせに関して何ら制約を課さない。全ての動詞には主語があるのだから、主語さえ一致していれば、どのような動詞の組み合わせも可能となるはずである。主語一致の原則は、組み合わせに関する制約ではなく、項の一致に関する制約であり、その点では意味に関する制約である。「*洗い落ちる」が不可能なのは、「洗う」の主語と「落ちる」の主語が一致するような解釈が、複合動詞の意味として不適格であるからである。そのため、その不適格性を説明する意味的な制約が必要となる（Matsumoto 1996a, 松本1998）。

松本（1998）は複合動詞の組み合わせは単語の意味構造におい

て制約されているとする。複合動詞の前項と後項には限られた意味関係(「切り倒す」のような手段型、「あふれ落ちる」のような原因型、「舞い落ちる」のような様態型など)しか見られないとし、それが複合動詞の結合を限定していると主張した。さらに、手段型では、2つの動詞が共に動作主的な動詞でなければならない、といった意味タイプ別の制約があるとしている。

2.2 課題

　松本(1998)は、主語一致の原則という一般的制約と、意味タイプの種類の限定、及び各意味タイプにおける組み合わせの制約があるとしている。しかしながら、これらでも、実現している複合動詞を制約することはできない。例えば、手段型複合動詞のパターンに合っていると思われるような動詞の組み合わせでも、実現していないものがある。例えば、「*舐め壊す」がそうである。このような制約の記述には、個別の動詞の意味に合わせた、より細かな意味的制約を考える必要がある。

　また、「意味タイプの種類の限定」と関連して次のような課題もある。例えば、手段型の「切り倒す」は＜倒す BY 切る＞という意味を表すが、下線部の意味は V1 にも V2 にも存在していない。このような意味はどのようにして生じるのか、またどのように記述されるべきか、という問題もある。

　さらに、主語一致の原則は日本語の語彙的複合動詞に対しての制約であり、普遍的な制約として考えられたものではない。よく知られているように、中国語の結果複合動詞(resultative compounds)には主語一致の原則が適用されない。例えば、＜何かを打つことでそれを壊す＞ということを表す場合、日本語は V1 と V2 の主語が一致する「打ち壊す」という複合動詞を用いる。しかし、中国語では日本語の「打つ」＋「壊れる」に相当する「打壊 *dǎ-huài*」という複合動詞を用いる。この場合、V2 の主語は V1 の目的語に当たるものであり、V1 と V2 の主語は一致しない。日本語と中国語の比較を通して見えてくる個別言語の制限をどのように説明するべきであろうか。

加えて、前述のように日本語には「打ち上がる」「突き出る」「舞い上げる」「譲り受ける」などのような主語不一致の複合動詞がある。このような一般的な結合制限に反する例はどのような理論的モデルで説明できるのか。そして、主語不一致複合動詞が成立する背景にはどういう動機付けが存在するのか、ということも課題として残されている。

3. 由本 (2005, 2008, 2011)

由本 (2005, 2008, 2011) は、語彙的複合動詞を、語彙概念構造 (lexical conceptual structure, LCS) の合成として分析する。ここではまず、語彙概念構造 (以下 LCS) について検討する。

3.1 語彙概念構造 (LCS)

LCS は、動詞が表す概念的な意味を抽象的な述語概念で表すものである (影山 1996, 由本 2011, Levin & Rappaport Hovav 2011 などを参照)。この LCS には、語彙意味論 (Lexical Semantics, Levin 1985 を参照) と呼ばれる理論が背景にある。語彙意味論とは、動詞がどのような構文を取るのか、そして、どのような文法的な性質を持つのかという、文法に関与する (grammatically relevant) 意味特性を扱う理論である。この点で、LCS の表す意味は限定的である。

由本 (2011: 22) によると、LCS では、＜使役＞や＜変化＞、＜状態＞などの意味の核を、それぞれ CAUSE、BECOME、BE といったプリミティブで抽象的な述語で表し、それらを項を取る関数 (例えば、[x CAUSE y]) として用いることによって、出来事を表示している。例えば、由本 (2011) では go は [x MOVE FROM y TO z] というように表されている。kill のように、目的語の＜状態変化＞を引き起こす＜使役＞を表すものは、(5) のように、より複雑な構造で表されることになる。

(5)　[x ACT ON y] CAUSE [y BECOME [y BE [AT DEAD]]]
　　　原因　　　　　　　　　結果
　　　　　　　　　　　　　　　　　　　（由本 2011: 24）

由本（2011）は、このLCSを用いて複合動詞の意味合成を記述する。例えば、「泣き落とす」の場合は、(6)のようにV1とV2のLCSが合成されることによって表されるという。

(6)　泣き落とす：[[x_i] ACT$_{CRY}$] +
[[x'_i] ACT ON [y'_j]] CAUSE [[y'_j] BECOME [BE [AT PERSUADED]]]
⇒
$\left[\begin{array}{l} [[x_i] \text{ ACT ON } [y_j]] \text{ CAUSE } [[y_j] \text{ BECOME } [\text{BE } [\text{AT PERSUADED}]]] \\ \text{BY } [[x_i] \text{ ACT}_{CRY}] \end{array} \right.$

　　　　　　　　　　　　　　　　　　（由本 2011: 151）

3.2　課題

このような意味構造は、項構造ではできなかった記述を可能にする。しかし、LCSの意味構造は簡略的であり、複合動詞においては、そのような意味構造では説明できない事項が数多く存在する。中でも特に重要なものとして、「意味関係の解釈」と「複合動詞の適格性」、そして「構成要素にない項の出現」という3点が挙げられる。

まず「意味関係の解釈」についてである。V1とV2については、V1がV2の手段や様態、原因、背景、対象事象を表すものや、V1とV2が同一事象にあたるものがある。2つの動詞の組み合わせがどの意味関係であるのかについて、由本（2011: 158–160）ではV2の動詞の型によってある程度の判断が可能だと述べている。例えば、V1が様態を表す解釈となるのは、V2が表す出来事が何らかの様態を特定することのできるものであり、その最も典型的なタイプは移動を表す動詞だという。また、V1が手段を表す場合は、V2

が状態変化を含意する他動詞のものが多い。しかし、由本（2011: 161）自身気がついているように、どのような動詞の組合せがどの意味関係において認められるかの記述には、動詞が表す出来事の様々な目的や原因、それによって起こりうる結果や影響などの情報が必要である。このような情報はLCSには含まれていない。後に見るように、複合動詞の意味関係は、単にV2の簡略的な意味構造によるのではなく、V1とV2がどのような整合的な意味構造を作れるかによる。例えば、「〜残る」という複合動詞は、「勝ち残る」では原因型、「溶け残る」では背景型、「居残る」では付帯事象型であるが、それはV1とV2の具体的意味による。

　それと関連して、どの複合動詞が実現していて、どれが実現していないかに関しても、LCS以上の情報が必要である。例えば、「叩き壊す」は成立する組み合わせであるのに、「*撫で壊す」は成立していない。LCSに含まれている情報だけでは、なぜ「叩き壊す」が存在する組み合わせで、「*撫で壊す」や「*舐め壊す」、「*吸い壊す」などが存在しないのか、ということを説明できない。「叩く」が表す動作は「壊す」が表す動作を達成する手段として認められるのに対し、「撫でる」は「壊す」の手段と成りえない。LCSにはこの区別を支える情報が含まれていない。

　同様に、「蹴散らす」「食い散らす」「脱ぎ散らす」などにおいて、V1は＜結果として対象が散乱する＞ような行為でなければならない。しかし、「蹴る」「食う」「脱ぐ」ではこれが論理的に含意されておらず、単に「起こりうる」結果の1つでしかない。LCSは、論理的に含意される結果のみを含むため、なぜ「蹴散らす」「食い散らす」「脱ぎ散らす」が存在する組み合わせなのかを説明できない。

　また、語彙意味論は「項の実現」（argument realization）に関心を寄せているため、影山（1996）や由本（2005, 2008）などで用いられているLCSでは、動詞の付加詞として具現化する要素は、動詞の意味構造に含まれていない。しかし、複合動詞の意味を説明するには項の意味情報だけでは不十分である。「ラーメン屋を食べ歩く」がなぜ成立するのかを説明するには、食べる行為が行われる「場所」の情報が必要であり、「生まれ合わせる（＜時と場所を同じ

くして生まれる＞）」の意味を説明するためには、生まれる「場所」と「時」の情報が必要である。このような付加詞に相当する情報はLCSに含まれない。

　語彙意味論などのアプローチでは我々人間が持っている文化や社会、世界についての知識を意味から排除し、統語論と関わる意味性質、いわゆる中核的意味（core meaning）しか語の意味構造に含めてこなかった。しかし、本節で見てきたように、複合動詞の結合可能な組み合わせとその意味形成について適切な説明を与えるには、動詞が表す行為のみならず、それを理解するために必要な背景知識を含む、豊かな意味構造が必要である。

4. 由本（2012, 2013）

　以上のようなLCSの問題点の一部を受けて、由本（2012）は、百科事典的知識や背景知識を含むとされる「クオリア構造」（qualia structure）を複合動詞の分析に用いることを提案している。

4.1　クオリア構造

　クオリア構造（特質構造）とは、ある語彙項目の意味を最もよく説明できる、その語彙項目と関連する属性や事象の集合のことである（Pustejovsky 1995: 77）。本節ではまずPustejovsky（1995）における本来のクオリア構造について紹介し、そのあと影山（2005）や由本（2012）によって一部変更されたクオリア構造を検討していく。

　Pustejovsky（1995）におけるクオリア構造は以下の4つの役割によって構成される。

(7) Pustejovsky（1995）におけるクオリア構造
　　1. 構成役割：物体とその構成要素または部分との関係
　　　 i. 材質
　　　 ii. 重さ
　　　 iii. 部分と成分要素

2. 形式役割：より広い領域の中でその物体を他から区別する事項
   i. 方向性
   ii. 大きさ
   iii. 形
   iv. 次元性
   v. 色
   vi. 位置

3. 目的役割：その物体の目的と機能
   i. 行為を行う際に動作主が持っている目的
   ii. 特定の活動を指定する、内在的な機能や目的

4. 主体役割：ある物体の起源や産出に関わる要因
   i. 作成者
   ii. 人工物
   iii. 自然種
   iv. 因果連鎖

では、Pustejovsky（1995: 101）の *book* を例に、クオリア構造が具体的にどのように表されるのかを見てみよう。

(8) *book* の意味構造

$$\begin{bmatrix} \text{book} \\ \text{ARGSTR} = \begin{bmatrix} \text{ARG1} = \text{x: information} \\ \text{ARG2} = \text{y: phys\_obj} \end{bmatrix} \\ \text{QUALIA} = \begin{bmatrix} \text{information.physobj\_lcp} \\ \text{FORMAL} = \text{hold}\,(y, x) \\ \text{TELIC} = \text{read}\,(e, w, x, y) \\ \text{AGENT} = \text{write}\,(e', v, x, y) \end{bmatrix} \end{bmatrix}$$

上の表示の中で、ARGSTR は項構造（argument structure）で、QUALIA がクオリア構造である。QUALIA の 1 行目は *book* が information と physical object の両方の lexical conceptual paradigm（lcp）を表すことを示している。FORMAL は形式役割で、hold (y, x) という関数によって、「物体としての本 y がその情報 x を含んでいる」ということを表している。TELIC は目的役割で、read (e, w, x, y) という関数によって、「動作主 w が物体 y から情報 x を読み取る」というイベント e を表す。AGENTIVE は主体役割で、write (e', v, x, y) という関数によって、「動作主 v が情報 x を物体 y に書く」というイベント e' を表す。

　Pustejovsky（1995）は *book* の CONSTITUTIVE（構成役割）を示していないが、小野（2005）は Bound_pages (x) という関数により、「ページを束ねたもの」として表している。

　以上は名詞の場合のクオリア構造であるが、Pustejovsky（1995）は名詞だけでなく、全ての品詞の語にクオリア構造を適用できると考えている。例えば、*build* という動詞の場合は、そのクオリア構造を次のように表している。

(9) 動詞（*build*）のクオリア構造[*4]
$$\begin{bmatrix} \text{create-lcp} \\ \text{FORMAL} = \text{exist}\,(e2, \boxed{2}\,) \\ \text{AGENTIVE} = \text{build\_act}\,(e1, \boxed{1}\,, \boxed{3}\,) \end{bmatrix}$$

　影山（2005）は、Pustejovsky が提示した上述のような動詞のクオリア構造について、不明瞭で理解困難な点が多いとして、次のように規定しなおすことを提案した。

(10) 影山（2005）における動詞のクオリア構造
  a.　形式役割 = その動詞が表す事象（eventuality）のタイプ（activity, state, process, transition）
  b.　構成役割 = その動詞の語彙概念構造（LCS）（影山 1996 で想定したような構造化された意味表示）

c. 目的役割＝その動詞が含意する行為の目的・目標・機能
   d. 主体役割＝その動詞表現が成立するための前提（presupposition）やフレーム（場面や背景状況）

　由本（2012、2013）は、このような影山（2005）で再定義されたクオリア構造を、複合動詞の分析に取り入れることを提唱している。由本（2012、2013）におけるクオリア構造は基本的に影山（2005）のものを踏襲しているが、一部異なるところがある。由本（2013）では自らのクオリア構造を、影山（2005）さらに小野（2005）のものと比較し、表1のようにまとめている[*5]。

表1　動詞のクオリア構造の捉え方（由本 2013: 141）

	小野（2005）	影山（2005）	由本
形式役割	包摂関係と結果 mumble, murmur に talk、作成動詞に exist (e, x, y) を記す	activity, state, process, transition の区別	結果及び予測する結果
構成役割	部分・全体関係 snore に sleep を記す	LCS	LCS
目的役割	（特に記載なし）	含意する目的・機能	含意する目的・機能
主体役割	原因	その表現が成立するための前提やフレーム（lack なら「本来ある」という前提）	原因およびその表現が成立するための前提

　具体的な分析例として、例えば由本（2013: 122–124）では「投げ込む」のクオリア構造を（11）のように表示している[*6]。

(11) a.　「投げる」
　　　構成役割：[[x ACT ON y] CAUSE [y MOVE]]
　　　目的役割：at (e, y, z)
　 b.　「込む」
　　　構成役割：[([x ACT ON y] CAUSE) [y BECOME [y BE

$[\text{IN-}z]]]]$

形式役割：in (e_2, y, z)

主体役割：move_act$_{\langle manner \rangle}$ (e_1, x, y)

c.「投げ込む」

構成役割：$_{V2}[[x_i\,\text{ACT ON}\,y_j]\,\text{CAUSE}\,[y_j\,\text{BECOME}$

$[y_j\,\text{BE}\,[\text{IN-}z]]]]$

代入

$_{V1}[[x_i\,\text{ACT ON}\,y_j]\,\text{CAUSE}\,[y_j\,\text{MOVE}]]$

形式役割：in (e_2, y_j, z) ← V1の目的役割と適合

主体役割：move_act (e_1, x_i, y_j) ← V1の構成役割と一致

「投げ込む」全体の形式役割と主体役割は主要部の「込む」からそのまま受け継がれ、それぞれV1「投げる」の目的役割と構成役割と矛盾がないため問題は生じない。そして、「〜上げる」「〜出す」「〜つける」「〜落とす」「〜取る」など、他動詞のほとんどがこの合成パターンによる複合動詞を作っていると述べている。

また、「駆け込む」のように、V1のLCSつまり構成役割が移動の原因・様態を表すものは、V1の目的役割とV2の形式役割との間に矛盾がないことが合成の条件となるとも述べている（由本 2013: 123）。

4.2　課題

影山（2005）や由本（2012, 2013）のクオリア構造は、「結果」や「目的」、「原因」のような動詞が表す概念と関連する事象、及び背景的な知識（影山の主体役割参照）を含めようとしている点において、LCSより進歩していると言える。それによって、LCSの問題点としてあげたいくつかの点は解決できる可能性がある。例えば、クオリア構造の形式役割と目的役割を広く捉えるなら、「*撫で壊す」が成立しないことについて、V2「壊す」の形式役割（結果）とV1「撫でる」の目的役割（目的）が適合せず、またV2「壊す」の主体役割（原因）とV1「撫でる」の構成役割（LCS）が適合し

ないからだと説明できる。

　しかし、クオリア構造に由本が含めている情報は、限定的過ぎると思われる。例えば、由本（2012, 2013）の分析を見ると、目的役割として、含意される目的のみを扱っている（この「含意」とは論理的含意であると思われる）。例えば、「刈る」の場合、目的役割は y を SHORT という状態にする、という情報しか含まれていない（由本 2013: 127）。しかし、これでは「刈り込む」を説明できても、「刈り取る」がなぜ成立するのかを説明できない。「刈る」ことは、目的としてその対象を「取る」ことを論理的に含意しないからである。

　また、詳細な意味記述を目指しているものの、実際の意味記述においては構成役割を簡略的な LCS で表示しており、どこまで詳細に意味を捉えようとしているのかが不明である。例えば、(11) の中において、「投げる」の構成役割を $[[x_i \text{ ACT ON } y_j] \text{ CAUSE } [y_j \text{ MOVE}]]$ という簡略的な LCS で表しているが、これでは「投げる」とほかの使役移動動詞の意味を区別することができない。実際には、それぞれの使役移動動詞は異なる動詞と複合する。「投げる」は「投げ当てる」、「投げつける」の組み合わせがあるのに対し、「放る」のほうは存在しない（「*放り当てる」、「*放りつける」）。「投げる」と「放る」の違いを説明するには、2つの動作のより細かな情報が必要になる。例えば、「投げる」場合は通常上から下に腕を振って、勢いよく、ある程度狙いをつけて対象を飛ばす。対して、「放る」の場合は通常下から上に放物線を描くように、軽く、無造作に対象を移動させる。このような動作についての詳細な情報に基づいて、「投げ〜」と「放り〜」の複合動詞の成立の可否が決まるのである。また、「寝る」を例に挙げると、「（首を）寝違える」「（人の妻を）寝取る」などを説明するためには、寝ることによって何が起こるかなどの情報が必要である。

　これと関連して、クオリア構造においては、LCS に含まれていなかった情報をどこまで含めるのかが明らかではない。例えば、「舞い落ちる」を説明するためには、落ちる際の「様態」の情報が必要となるが、クオリア構造のどの役割に含まれているのかは不明

である。先に見た、「ラーメン屋を食べ歩く」における、食べる行為が行われる「場所」の情報、「生まれ合わせる」における、生まれる「場所」と「時」の情報などは、クオリア構造の限られた役割の中で、どこに含まれるのであろうか。

5. 総合的考察

5.1 意味構造に関する問題点

先行研究の検討の中で明らかになった点は、動詞の意味記述を限定的に考える場合、複合動詞の組み合わせを説明できないことである。個々の動詞の制約をどのような理論モデルで説明できるのか、という問題については、背景的情報を含む意味構造を考えなければならない。本研究で用いる語彙的意味フレームのような、豊かな意味構造が必要なのである。本書では、第3章の理論的枠組みのところでフレーム意味論という理論的枠組みについて紹介し、豊富な百科事典的知識を含む動詞の語彙的意味フレーム、及びそれを構成するフレーム要素という概念を定義する。その上で、第6章と第7章で語彙的意味フレームに基づいて上述の問題点を検討していく。

5.2 合成的アプローチの問題点

先に見たアプローチは、複合動詞の意味に関していずれも合成的（compositional）な立場をとるものである。つまり、全体の意味が部分の意味などから合成的に作られるという考え方である。しかし、複合動詞の意味には、従来の合成的なアプローチからでは説明できない、「全体的な性質」がある。

複合語の全体的な性質は、すでに知られたことである。例えば、ゆもと（1977）は、「手品」「濡れ衣」などにはっきり見られるように、複合語の全体の意味には要素の意味から引き出すことができない部分が多かれ少なかれ存在すると言い、そのような意味性質を複合語の「ひとまとまり的な性質」（慣習的で特殊化された、ひとまとまりとしての意味）と呼んでいる。そして、このようなひとまとまり的な性質と、複合語の合成的な性質、すなわち「くみあわせ

的な性質」が、1つの複合語の中で様々な形で共存しているという（石井2007も参照）。また、斎藤（2002, 2004）も、複合語一般には構成要素の合成という観点から説明できない意味がある場合が多いと論じている。

　複合動詞においても「ひとまとまり性」を様々な例に見ることができる（山本1984，寺村1984，斎藤1984，野田2007などを参照）。例えば、「取り締まる」や「振る舞う」はその明らかな例で、全体の意味が部分の意味から合成的に予測できるものではない。「打ち捨てる」「埋め立てる」などのように一部の構成要素（下線部の要素）の意味が特定できない例も多くある。また、複合動詞の全体的な性質として、単独動詞の場合は具体的な事象にも抽象的な事象にも使用できるが、複合動詞化されると抽象的な事象のみに使用されるというケースが観察される。例えば、「落ちる」と「こぼれる」が複合動詞化（「落ちこぼれる」）されると、もはや抽象的な事象にしか用いられなくなる。このように具体的な意味が実現できない例は決して少なくなく、合成的なアプローチでは上手く説明できない点である。これらの例は合成的なアプローチでは分析の対象から外されがちであったが、このような例も問題なく扱える理論的モデルが必要である。

　また、2節で述べたように、そもそも「切り倒す」＜V2 BY V1＞におけるBYの意味は構成要素の意味に含まれていない。このようなV1とV2の意味関係が合成的なアプローチでどこに由来するのかという課題もある。

　これらの問題点については、主に第4章と第5章のコンストラクションに関するところで改めて提起し、コンストラクション及び階層的スキーマネットワークの概念を取り入れることで説明する。

＊1　項とは、動詞にとって必須の要素のことである。例えば、「入れる」という動詞が表す事態を記述するには「太郎がボールを箱に入れた」というように、「動作主」と「対象」、そして「着点」という3つの項が必要である。この項の

情報を表示した項構造は意味と文法の間にあるインターフェイスであると言われている（Grimshaw 1990, Alsina 1996, Rappaport Hovav & Levin 1998 を参照）。

＊2　「〜込む」「〜去る」「〜出す」については、語彙概念構造のレベルで形成されるとしている。

＊3　Ag は Agent（動作主）で、Th は Theme（主題）である。〈　〉の中で表示された項を内項（internal argument）といい、その外側に表示された項を外項（external argument）という（Williams 1981 などを参照）。

＊4　Pustejovsky（1995）における *build* の意味構造にはクオリア構造の他にイベント構造と項構造があるが、ここではクオリア構造について検討しているため、他の構造を省略して表示している。なお、クオリア構造において、四角で囲まれた数字は項構造における項を表している。

＊5　表における「含意」は論理的に含意されるものを指している（由本 2013: 122）。ただし、同書の注において、自動詞の目的役割には、論理的含意ではないがその事象によって期待される結果を記する、とも書いてある。そのため、実際に由本（2013）における「含意」がどういう意味で用いられているのかは不明である。

＊6　「込む」は「ある場所いっぱいに人や物が入りあう」状態を表す非対格用法もあるため、構成役割における [x ACT ON y] CAUSE の部分は括弧に入れ、随意性を示しているという（由本 2013: 122）。

第3章
コンストラクション形態論と
フレーム意味論

　本章では、本書の理論的枠組みについて述べる。第1章で述べたように、本書は複合動詞の体系と意味を説明するために、コンストラクション形態論とフレーム意味論という、2つの補完的な理論的な枠組みを用いる必要があると主張する。本章では、この2つの理論的な枠組み、特に「コンストラクション」と「フレーム」という2つの概念について解説する。

　まず1節で、コンストラクションという概念、及びそれを形態論に適用したコンストラクション形態論について述べる。その中でコンストラクション的イディオムや階層的レキシコンなどの重要な概念について説明する。次に2節でフレームを取り上げる。初めにフレーム意味論が重要視する百科事典的知識の必要性について検討し、次いで、フレーム意味論を用いることでどのような意味分析が可能になるのかを示す。その上で、本書で用いる「語彙的意味フレーム」と「背景フレーム」という2つの概念を定義する。

　複合動詞の成立を考える場合、上述のようなコンストラクションとフレーム以外にも、文化の影響を考える必要がある。3節では、主にEnfield（2000, 2002）のラオ語に関する文化人類言語学的な研究を取り上げて、言語社会における慣習化について説明する。

　最後に4節で本章を総括する。

　コンストラクションとフレームは、Fillmoreによって考え出された概念であり、共にFillmoreの有名な'The case for case'（Fillmore 1968）という論文から発展したものである。この論文の中でFillmoreは、動詞が取る項の意味的な役割の関係を「深層格」（deep structure case）として定義し、動詞が選択する深層格によって形成される「格フレーム」（case frame）に基づいて文を分析する必要があると主張した。この格フレームに基づいて文を分析する

という考え方は「格文法」(case grammar) と呼ばれ、生成文法における θ 理論 (Chomsky 1981) や項構造 (argument structure, Grimshaw 1990 を参照) という概念につながった。また、自然言語処理などにも多大な影響を与えた。この格フレームという考え方には、文法的な構文としての「コンストラクション」と、意味役割の構造を含む「フレーム」の原型が既に含まれていた。

Fillmore にとって、コンストラクションの理論とフレーム意味論は相互に補完し合う、対となる理論であり、2つは切り離せない理論である。Fillmore が次のように述べている通りである。

> 長い間私は、フレーム意味論とコンストラクション文法論（構文文法）は親密な間柄であると思ってきた。
> 　　　　　　　　　　　　　　（Fillmore 2009。日本語訳は著者による）

また、Petruck（2014）も次のように述べている。

> この研究が示唆するのは、フレーム意味論とコンストラクション文法論が単なる姉妹理論ではないということである。2つは双子の姉妹であり、時を同じくして生まれ、一緒に育ち、お互いの成長に貢献し、最終的にいつも互いに結びついているのである。
> 　　　　　　　　　　　　　　　　　　　（Petruck 2014: 201）

ここではまず、コンストラクションから解説する。

1. コンストラクションとコンストラクション形態論

本節では、コンストラクションの概念について概観した上で、コンストラクション形態論について解説する。この理論は、用法基盤のボトムアップ型の形態論であり、ここでは従来のルールベースのトップダウン型の形態論と比較しながら論を進める。

1.1　コンストラクション

　コンストラクションという概念は言語学において長い歴史があり、特定の構文[*1]に特定の性質が見られることは自明なことだとされていた。初期の変形文法においても、構文という概念が用いられており、構文ごとの規則や制約が設けられていた（Chomsky 1957, 1965）。しかし、80年代に入って、Chomsky（1981, 1992）によって提唱された「原理とパラメータのアプローチ」（principles and parameters approach）が台頭するのに従って、文法的な構文は、いくつかの一般的な規則とパラメータとの相互作用の結果の付随現象（epiphenomenon）でしかないとして、軽視されるようになった。

　このような還元主義（reductionism）的なアプローチに対抗する形で、構成要素や一般的な規則・パラメータでは説明できない、構文そのものの形式が意味を持つ場合があるとするConstruction Grammar（構文文法またはコンストラクション文法）という理論モデルが構築されるようになる（Fillmore 1985b, 1988, Fillmore, Kay & O'Connor 1988, Fillmore & Kay 1993, Goldberg 1991, 1992, 1995, 2006, Michaelis 1993, Croft 2001, Hoffmann & Trousdale 2013など）。中でもGoldberg（1995）は英語の様々な項構造構文（Argument Structure Construction）を取り上げ、構文の形式そのものに、ある特定の意味が対応していることを明らかにし、構文という言語単位を分析することの重要さを改めて示した。

　Goldberg（1995）で取り上げられた二重目的語構文（Ditransitive Construction）を例に、コンストラクションという概念を認める必要性について説明しよう。まず、構文が構成要素には見られない意味を担っている例として、(1)がある。

(1)　Sally baked her sister a cake.

　この例文はSallyが姉にケーキをあげるという意図を持ってケーキを焼いた、という意味にしかならない。Sallyが姉の代わりにケーキを焼いた場合や、Sallyがケーキ作りの見本を姉に見せるために

ケーキを焼いた場合は、(1) の文を使って表すことはできない。二重目的語構文そのものに 'intended transfer' という意味を認めないなら、*bake* の意味を 'X intends to cause Y to receive Z by baking' と設定しなければならなくなる。だが、*bake* のこのような転移の意味はこの特定の構文でしか現れないものである。また、二重目的語構文では他の動詞も intended transfer の意味を持つ。したがって、このような意味は構文に含まれていると考えるべきだろう。

　加えて、二重目的語構文にはその参与者に対する意味的な制約がある（Goldberg 1995: 142–147）。まず、二重目的語構文の動作主は、受取人に対象を渡す意図を持って行為を行うのでなければならない。次の例文を見てみよう。

　　(2)　Joe painted Sally a picture.

(2) が成立できるのは Joe が Sally に絵をあげるという意図がある場合のみで、Joe が他の誰かのために絵を書いたが、のちに Sally にその絵をあげた、という場合には使えない。同様に、(3) が成立できないのもボールの移動が Joe の意図したものと異なるからである。

　　(3)　*Joe threw the right fielder the ball he had intended the first baseman to catch.

動作主だけではなく、受取人（Recipient）にも、対象を喜んで受け取る者でなければならない、という意味的な制約が存在する（Goldberg 1995: 146）。(4) のような例文は受取人が対象を受けるつもりがないため、非文となる。

　　(4)　*Bill told Mary a story, but she wasn't listening.

このような二重目的語構文の形式と意味の対応関係は表1のように示すことができる。

表1　Goldberg（2006）における二重目的語構文

Form	Meaning
Subj V Obj$_1$Obj$_2$	X causes Y to receive Z

　以上見てきたような意味的な性質や制約は、一般的な原則にも、構成要素の意味にも還元できないものである。これは二重目的語構文の［Subj V Obj$_1$Obj$_2$］という形式と対応している意味性質・制約だと考えるべきである。したがって、項構造構文は形式と意味のペアリングであるコンストラクションとしてレキシコンに登録されていると考えられる。次節で述べるように、*kick the bucket* のようなイディオムが持つ特異な性質や *pickpocket* などの複合語に見られる合成的でない意味も、コンストラクションの立場から説明できるようになる。

1.2　語レベルのコンストラクション：コンストラクション形態論

　これまで述べてきたように、コンストラクションとは意味と形式（抽象的なものも含まれる場合がある）のペアリングであり、その意味で、文だけではなく、単純語、複雑語、そしてイディオムは、共にコンストラクションとして捉えることができる（Goldberg 1995, Booij 2010a）。

表2　サイズと複雑さの異なる様々なコンストラクションの例

（Booij 2010a: 15）

Construction	Example
Word	*tentacle, gangster, the*
Word（partially filled）	*post-N, V-ing*
Complex word	*textbook, drive-in*
Idiom（filled）	*like a bat out of hell*
Idiom（partially filled）	*believe < one's > ears/eyes*
Ditransitive	*Subj V Obj1 Obj2（e.g. he baked her a muffin）*

　従来の形態論は主に2つのアプローチに分けることができる。1

つは形態素ベースのアプローチで、ある複雑語（complex word）は形態素の合成として分析される（Lieber 1980, 1992, Selkirk 1982, Di Sciullo & Williams 1987 など）。このアプローチの問題点として、複雑語を構成する形態素がその語以外において存在しない例が多く見られることが挙げられる。例えば、英語の *acceptable, affordable, approachable, believable, doable* のような V-*able* は、他動詞と -*able* という接尾辞が合成したものとして分析できるが、*applicable* における動詞語根 *applic-* は、本来基底となる動詞 *apply* とは異なる。さらに、*amenable, ineluctable* などにおいては、基底となる動詞が存在しない（Booij 2013 を参照）。このようなものは、クランベリー型形態素（cranberry morpheme）と呼ばれ、複合語の構成要素としては存在するが、単独では用いられないものである。

　形態論のもう 1 つのアプローチは語ベースのアプローチで、語全体を基礎にしてその形態を記述するものである（Anderson 1992, Aronoff 1976, 2007, Booij 2013 など）。Booij（2013）によると、コンストラクション形態論が用いる語ベースのアプローチでは、V-*able* は既存の語に基づいて次のように分析される。

(5) 　*accept* 　　　　　*acceptable*
　　 afford 　　　　　 *affordable*
　　 approach 　　　　*approachable*
　　 believe 　　　　 *believable*
　　 do 　　　　　　 *doable*

(5) の左列と右列の語には、意味的な対応関係が見られる。つまり、右の列にある語は、左の列の語が表す動作が実現可能であることを共通して表していると分析できる。そして、これらの用例における、形式と意味の対応関係に基づいて一般化することで、以下のようなスキーマを形成することができる（Booij 2013: 256）。

(6) 　$[V_{TRi}\text{-}able]_{Aj}$ ↔ $[[\text{CAN BE SEM}_i\text{-ed}]_{property}]_j$
　　（$_{TR}$ は他動詞を表し、SEM は対応する構成要素の意味を表す。

↔は形式と意味の対応関係を表している）

スキーマ（6）は既存の -able で終わる形容詞を一般化したものであり、それらの予測可能な一般的性質を表している。V-able はほとんどが他動詞である。したがって、コンストラクションの形式はデフォルト的には $[V_{TRi}\text{-}able]_{Ai}$ である。これはあくまでデフォルトであり、少数の例外が許される。しかし、例外となるものも、その意味は他動詞的である。例えば、自動詞と他動詞の両方の用法を持つ多義語の play と debate は、スキーマ（6）に埋め込まれると他動詞の用法を選択する。そして、laughable と unlistenable のように、動詞が本来自動詞であるものには、他動詞の読みを強制される。さらに、clubbable のような [N-able] の場合も、スキーマ（6）によって他動詞の読みが動機付けられる。amenable, ineluctable のような例は、意味においてはスキーマ（6）と対応しており、異なるのはスキーマの形式側である。

それだけではなく、スキーマ（6）に基づいて、新たに V-able の形容詞を作り出すプロセスを説明することができる。例えば、最近のインターネットの文化の発展から作り出された skype という動詞はスキーマ（6）に基づいて、skypable 'able to be skyped' という新たな形容詞を作り出すことができる[*2]。

このようなスキーマ（6）は、部分的な空きスロットがある「コンストラクション的イディオム」（constructional idiom）である（Jackendoff 2002, Booij 2009, 2010a, 2013 を参照）。一般に接辞による派生は、このようなコンストラクション的イディオムで捉えられる。

複合語もスキーマで表すことができる。英語、ドイツ語などの複合名詞は以下のようなスキーマで表される（Booij 2010b）。

(7) $[X_i Y_j]_k$ ↔ $[SEM_i \text{ with some relation R to } SEM_j]_k$

このような複合のスキーマにおいてもコンストラクション的イディオムがありうる。複合において固定された要素が使われて、単

独で使用されるときには見られない意味を持つ場合がそうである。このような複合語に埋め込まれた形でしか見られない意味を、「拘束意味」(bound meaning) という。例えば、オランダ語の *reuze-*(辞書形 *reus* 'giant' という語に linking element としての *-e* がついたもの)は複合語の前項として、名詞や形容詞と結合することで、単独で使われる際には見られない 'great' と 'very' という意味を持つ (Booij 2013: 259)。

(8) a. *reuze*-N
　　　reuze-idee 'great idea'
　　　reuze-kerel 'great guy'
　　　reuze-mop 'great joke'
　　　reuze-plan 'great plan'
　　b. *reuze*-A
　　　reuze-aardig 'very kind'
　　　reuze-leuk 'very nice'
　　　reuze-gemeen 'very nasty'

このような例は、接辞による派生と複合が連続的であることを示している (Booij 2005 も参照)。

1.3　階層的レキシコン

　コンストラクション形態論では、スキーマとそれを満たす事例の両方がレキシコンの中に含まれていると考える。つまり、*acceptable*, *laughable* などの語と、それに見られる一般性を捉えるスキーマの両方が登録されていると考えるのである。このように考えるのは、個々の語の持つ特異性あるいは創発性と、複数の語に見られる共通の一般的特性の両方を捉えるためである[*3]。

　コンストラクション形態論においては、スキーマとそのスキーマの具現化の関係性は、デフォルト継承のメカニズムを用いることで、図1のように、階層的レキシコンとして表すことができる (Jackendoff 2008 も参照)。

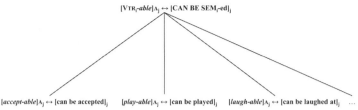

図1　階層的レキシコンにおける V-*able*

　デフォルト継承とはある語の全ての予測可能な性質は上位のスキーマ（樹形図の節点）から受け継ぐというものである（Booij 2012 を参照）。

　デフォルト継承には2つの考え方がある。1つは不完全語彙項目記載理論（impoverished entry theory）で、これはある語彙項目の全ての予測可能な性質はその語彙項目の性質として含まれず、それを支配しているスキーマや制約によって特定され、その上位スキーマから継承という形で受け継がれる、というものである。もう1つの考え方は完全語彙項目記載理論（full entry theory）で、語彙項目は全ての性質がそれ自身のものとして特定されているというものである（Jackendoff 1975 も参照）。そして、継承は、非独立的（予測可能）な情報がどれほどあるのかを計算するためのメカニズムであるという。コンストラクション形態論においては後者の完全語彙項目記載理論の考え方が取られる。なぜなら、抽象的なスキーマは、実際に登録された複合語に基づいて形成されるからである。加えて、抽象的なスキーマが形成されても、元々登録されてあった複合語の性質が消去されることを証明するものは何もないからである（Booij 2010a を参照）。

　デフォルト継承はあくまでデフォルトの場合の継承であり、それと異なる特異な性質を持つ下位ケースの存在を拒むものではない。例えば、V-*able* の形容詞の性質は基本的にスキーマ（6）によって捉えられるが、そのほかに、1) *agreeable* のように、他動詞ではないが前置詞を伴って対象を要求する動詞（*agree* など）から派生したもの、2) *applicable* のような本来の動詞の形ではない形を含むもの、3) *clubbable* のように、元になっているのが名詞であるも

第3章　コンストラクション形態論とフレーム意味論　45

の、さらには4)*amenable, ineluctable*などのように、ベースとなる語が存在しないものもある。

存在する-*able*形容詞とそのスキーマの両方をレキシコンに登録することは、ルールとリストという二分法を取らないことを意味する。Langacker（1987: 29, 42）は、ルール（文法規則）によって予測できるものはリスト（レキシコンに登録）する必要がないとするのは誤謬であるとしている（ルール／リストの誤謬、Rule/List Fallacy）。例えば、*computer*という語が派生ルール（語基に接尾辞-*er*がつく）によって作られたものだとして、レキシコンに登録する必要がないとするならば、*computer*という語が単に'something which computes'以上の意味を持つことを説明できない。コンストラクション形態論はこの誤謬を回避するものと言える。

コンストラクション形態論において、リストすることは言語的に慣習化されたものを特定することであり、抽象的なスキーマは文法の生成能力を表す。用法基盤モデル（usage-based model, Langacker 1987, Bybee 1985, 2006, Barlow & Kemmer 2000, Tomasello 2003などを参照）の考え方では、全ての言語単位（linguistic units）は実際の用例に基づいて生まれたものとされる。言語話者は実際に見聞きした複合語の用例とそれが使用された際のコンテクストなどの情報をカテゴリー化（categorization）し、そこから抽象化されたスキーマを抽出するのである（schematization）。

ここで1つ問題になるのが、経済性という視点から考えると、全てがレキシコンに登録されるのなら、なぜスキーマの存在が必要なのか、という点である。スキーマの必要性を支持する証拠の1つとして、スキーマに基づく生産的な語形成のプロセスを説明できるという点が挙げられる。スキーマは単に既存の語の一般化だけでなく、新たな語形成に用いることができる（例：*blogable, skypable*）。また、スキーマの心理的実在性は、子どもが複数の複合語から抽象的なパターンを発見し生産的に使用できることによっても、実験的に証明されている（Mos 2010）。関連して、この問題点について、Jackendoff（2011）はたとえ全てが登録されるにしても、スキーマのように一般化を行うことはある意味で経済的であり、これはレ

キシコンのエントロピー、またはレキシコンの内部的な整合性と関連があるとしている。そして、この問題を解決することで人間の記憶についてもより深い理解が得られるだろうと述べている。Dowty（2003: 22-23）においても、複合語は個別にリストされているが、合成的に意味を形成するルールも同様に記憶されていると主張されている。合成的なルールによって、個別の意味を理解する手掛かりが得られ、記憶の負担が減るからだという。つまり、レキシコンに登録されたとしても、実際にそれを運用するに際しては、ある程度整理された形のほうが処理上の効率がいいと考えられる。Booij（2012）はこの問題をスキーマによる「動機付け」（motivation）として説明している。スキーマの動機付けとは、全ての語彙項目はそれを支配しているスキーマによって、その形式と意味の結びつきが動機付けられているというものである。これによって従来恣意的なものとされてきた形式と意味の結びつきは、スキーマの動機付けによって予測可能なものとなり、記憶の負担を軽減することになるという。このように、Booij（2012）では継承という概念を動機付けという概念に捉え直すことで、完全語彙項目記載理論と継承という2つの概念の間の矛盾を解消しようとしている。

　もう1つの課題は、生産性が高い派生と、そうでない派生がどのように区別されるのかである。1つの考え方は、一般性を捉える上位スキーマと、個々の事例のどちらがレキシコンの中で卓立性の高い存在であるかの違いであるという考え方である。生産性の高い派生においては、上位スキーマの卓立性が高く、生産性が低いものの場合は事例の方が卓立性が高いと考えられる。この卓立性の違いは程度の差であると考えられ、その意味で、ルールかリストかという二分法的な考え方とは異なるものである（淺尾2009における「定着度」という概念も参照）。

　派生語などがレキシコンに登録されているという考え方は、かねてから存在する語彙主義（lexicalism）の考え方を受け継いだものである。Chomsky（1970）やHalle（1973）などにおいても、語彙的な語形成過程によって形成されたoutputは、何らかの形で辞書（レキシコン）に登録されると考えられている。Jackendoff

(1975)は、語形成規則を lexical redundancy rule と呼び、既存の語にみられる一般化を捉えるものであるとしている。影山（1993: 355）においても、語彙部門における語形成は活発なものから不活発なものまで様々な段階が存在するが、最も活発なものでも、その派生結果は辞書に登録されていると述べている。これらの考え方はコンストラクション形態論に通じるものである。

一方、コンストラクション形態論は従来のレキシコンの存在を否定する Halle & Marantz（1993）に始まる分散形態論の考え方とは対極的な考え方であると言える。

本書では第4章において、コンストラクション、コンストラクション的イディオム、階層的レキシコン、デフォルト継承といったコンストラクション形態論における概念を用いて、複合動詞を階層的スキーマネットワークで表し、それに基づいて分析を進めていく。

1.4　コンストラクションにおける形式

1つ課題となるのは、コンストラクションにおける形式とは何かである。二重目的語構文の議論においては［Subj V Obj_1 Obj_2］のような文法機能的なカテゴリーの組み合わせを、1つの形式と見なした。一方、-able のスキーマにおいては、-able などの音韻的情報と語の内部構造を形式として扱った。

コンストラクションにおける形式がどのようなものを指すのか、という問題点について、Langacker（2005）は Goldberg（1995）や Croft（2001）における項構造構文を対象に、次のように指摘している。Langacker（2005）は図2のように、項構造構文に対応する形式について、自身が提唱する Cognitive Grammar は音韻的な構造（phonological structure）しか認めていないのに対し、Goldberg（1995）の Construction Grammar や Croft（2001）の Radical Construction Grammar においては、文法的な形式（主語や目的語など）も含むとしている。その上で、文法的な形式をコンストラクションの形式とすることについて、1）Goldberg らが用いている文法的な形式には文法カテゴリーや文法的な関係が含まれているが、これらのものは音声的に区別できるものでもなければ、話

者が知覚できるものでもなく、「形式」と関わるものではないこと、そして、2) 文法を表すコンストラクションの中に文法形式を含めるのは循環論法に陥る、という2つの問題点を指摘している[*4]。

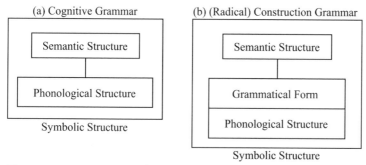

図2　Cognitive Grammar と（Radical）Construction Grammar における異なる形式の概念（Langacker 2005: 105）

この問題については、Booij（2010a）に従って、コンストラクションを、音韻、文法、意味の3つの組み合わせとするのが良いと考えられる（Jackendoff 2002 の"parallel architecture"という概念を参照）。例えば、英語の $[N\text{-}hood]_N$ というコンストラクションは（9）のように表すことができる[*5]。

(9) 　　　PHON　　　↔　　SYN　　↔　　　SEM
　　$\langle ((x)_{\omega\text{-}i}((hud)_{\sigma})_{\omega\text{-}k})_j \leftrightarrow [N_i\ Suff_k]_{Nj} \leftrightarrow [Quality\ of\ SEM_i]_j \rangle$
（Booij & Audring 2017: 279）

二重目的語構文で見た文法機能的な構造や語の内部構造は SYN に含まれるものであり、音韻的情報は PHON に含まれるものである。しかしながら、本書においては、PHON と SYN の両方が必要になる議論が無い。そのため、便宜上この2つを区別せずに形式として考察する。

1.5　創発性

コンストラクションの考え方で重要な点は、全体が部分の総和で

はないという点である。概念の組み合わせが創発的な概念を生み出すことは、実際のところ遍在的な現象であり、言語外の現象では特に新しい道具を作り出す場合に見られる。例えば、水車というものを思い浮かべてみよう。水車そのものは円形の木製構造物だが、それが流れる水と組み合わされると、円周の周囲にあるくぼみに水が溜まることで回転する。木製の構造物は、＜円周の周囲にくぼみがあり、真ん中に軸があって回転する＞という概念に、＜流れる水＞という概念が合わさった時に、動力を生み出す装置と理解されるのである。

　創発的な概念のもっと複雑な例としては、ししおどしがある。

図3　ししおどし

　図3のように、ししおどしを構成しているのは＜竹で出来た構造物＞と＜流れる水＞と＜石＞である。まず＜竹で出来た構造物＞と＜流れる水＞が組み合わさって、流れる水が竹の容器に溜まることで片方が重くなり、自動的に等間隔で上下運動する装置ができる。そこにさらに＜石＞を加えると、竹の容器から水が全部出て軽くなることで下方へ動く際に、石と接触して音が出るという仕組みになる。こうして、自動的に等間隔で音を発する装置が出来上がる。このような＜自動的に等間隔で音を発する装置＞という概念は構成要素の＜竹で出来た構造物＞や＜流れる水＞、＜石＞という概念単体にはないもので、それらが全部合わさった時に創発的に現れるものである。

　言語においては「油を売る」のようなイディオムが創発性の明らかな例であり、複合動詞においても、手段型＜V2 BY V1＞におけ

るBYの意味などは創発的なものである。

2. フレーム意味論

　本章のはじめにおいても述べたが、コンストラクションと切り離せない概念として、「フレーム」がある。このようなコンストラクションとフレームの親和性から、Goldberg（1995, 2006）、Croft（2001）はコンストラクションの意味的な側面を捉えるのにフレーム意味論を取り入れる必要があると主張している。本研究は語の意味を捉えるために、豊富な百科事典的知識を含む「フレーム」に基づく、フレーム意味論という理論モデルを用いる。フレームとは、ある概念を理解するために必要な背景情報を含む図式化された知識構造である。ここでは、フレーム意味論について解説する。2.1節でフレーム意味論が重視する百科事典的知識の必要性について論じ、2.2節でフレームの概念、及びそれをどのように意味分析に応用するのかについて、先行研究における具体的な分析例を用いて説明する。

2.1　百科事典的知識とフレーム

　フレーム意味論において、ある語の意味は日常の活動を通じて形成された経験、習慣などを背景として理解される（Fillmore 1977, 1982）。つまり、意味は独立しているものではなく、背景状況（background situation）や関連する概念と共に喚起されるのである。このような知識を総称して「百科事典的知識」という。

　Evans（2009: 17）によると、百科事典的知識とは専門的な科学知識ではなく、ある社会に属している人間が一般的に持っている、ある物事と関連する「現実世界についての知識」（real-world knowledge）や「社会文化的知識」（sociocultural knowledge）、「常識的な知識」（common-sense knowledge）、そして、その物事を理解するために必要な「背景知識」（background knowledge）を包括する用語であるという（Haiman 1980, Langacker 1987, 籾山 2010 も参照）。百科事典的知識の必要性は Bolinger（1965）においても論じられている。Bolinger（1965）は英語の *alligator shoes*

と horse shoes を例に挙げ、alligator shoes がワニ革で作られた靴を指すのに対し、horse shoes は馬革の靴ではなく、馬が履く靴であると指摘する。このような意味の違いが生まれるのはワニが靴を履くことはないが馬は靴を履く、という知識に基づくものである[*6]。このように複合語の解釈には百科事典的知識が必要である。フレームとは、このような百科事典的知識を構造化したものである (Fillmore & Atkins 1992: 76–77, Fillmore & Baker 2010: 314)。

　フレームは、語を使用する人がどのように自身の経験を知覚し、記憶し、推論するのか、ということにおいて大きな役割を果たしている。例えば、Langacker (1987) などが指摘するように、「弧」や「弦」、「半径」、「直径」という語を理解するためには「円」という背景 (background、または Langacker 1987 などにおける base) が必要である。図4が示す通りである。これらの語はそれぞれ同じ背景（円）の異なる部分（太線で表されている部分）を前景化（プロファイル、profile）している。

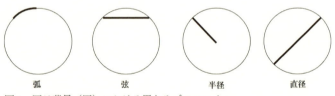

図4　同じ背景（円）における異なるプロファイル

　背景状況の重要性は近年の認知科学の研究によって支持されている。それらの研究によると、概念は独立して保存されるのではなく、それが存在・発生する状況において記憶され、概念が使用されるときには、その背景にある状況も一緒に呼び起こされるという (Barsalou 2003, Yeh & Barsalou 2006, Simmons et al. 2008 など)。フレームは、ある概念が存在・発生する状況そのものに関する詳細な情報を含むだけでなく、その状況がどのような原因によって引き起こされたものなのか、そして、その状況によってどのような結果がもたらされるのか、という情報も含むと考えられる[*7]。

　Fillmore (1977) は、このようなフレームという概念を語の意

味分析に取り入れる必要があると主張した。Fillmoreによると、*buy, sell, pay, cost, charge* などの語は同じ〈商取引〉(commercial event) のフレームを喚起する。

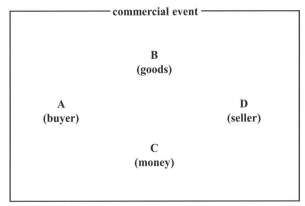

図5 〈商取引〉フレームにおける参与者 (Fillmore 1977: 104)

図5は〈商取引〉フレームにおける参与者、すなわちフレーム要素 (frame elements, FEs) を表したものである。そして、*buy, sell, pay, cost, charge* などは〈商取引〉のフレームの異なる部分(参与者間の関係性)をプロファイルしている。図6のように、*buy* はA(買い手)がB(品物)に対する動作をプロファイルし、C(お金)とD(売り手)との関連性を背景に含んでいる。一方、*sell* はD(売り手)がB(品物)に対する動作をプロファイルし、A(買い手)とC(お金)が背景となる[*8]。

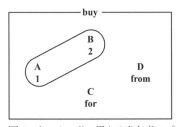 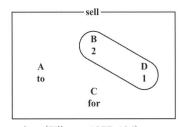

図6 *buy* と *sell* の異なる参与者のプロファイル (Fillmore 1977: 106)

図6の参与者の数字は文法的な関係(1＝主語、2＝目的語)を表

し、4つのフレーム要素のうち、囲まれているのがプロファイルされている中心的フレーム要素である。プロファイルされていない周辺的フレーム要素は前置詞を伴って動詞と共起することができる。ここで注目すべきことは、お金のように、文法的な項としては実現しない要素もフレーム要素に含まれることである（実際のところ、お金は商取引における必須要素である）。

Fillmore は、〈商取引〉フレームが時間的展開を含むものであるとして、そのような「スクリプト」的な知識を図7のように表す。

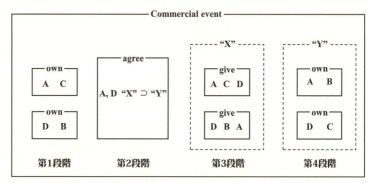

図7 〈商取引〉フレームにおける4つの段階

まず、第1段階では買い手（A）がお金（C）を所持しており、売り手（D）は商品（B）を保有している。第2段階において、買い手と売り手はXを実現してYの状況を作ることに合意する。第3段階Xでは、買い手がお金を売り手に渡して、売り手が商品を買い手に渡す。最後に、第4段階Yでは買い手が商品を保有し、売り手がお金を所有する。*buy, sell, pay, cost, charge* などの語を理解するためには、このような商取引に関する背景知識が必要となる。

フレームの分析をさらに発展させた実証的な研究として、Fillmore & Atkins（1992）、Hasegawa et al.（2006）はコーパスを用いて英語の *risk*（*risk his life by telling a story* など）という動詞の意味を詳細に分析している。そして、*risk* を理解するにはその背景にある〈リスク〉フレームに含まれている豊富な知識が必要であることを示した。ここでは〈リスク〉フレームを例に、フレーム

ベースの意味分析の利点を示したい。

　Fillmore らによると、〈リスク〉フレームは図 8 のように示すことができる。

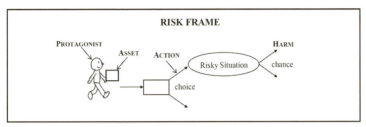

図 8　〈リスク〉フレーム（Hasegawa et al. 2006: 2）

〈リスク〉フレームを構成する意味要素であるフレーム要素、及び背景知識には次のようなものがあるという。

(10)〈リスク〉フレームのフレーム要素
　　Protagonist：ある Harm を招く可能性のある動作を行う人
　　Harm: Protagonist に起こりうる、望ましくない出来事
　　　　（例：感染、失業、など）
　　Action: Protagonist の行為で、Harm を招く可能性を潜在的に持つもの（例：ジャングルへと旅する、暗闇の中で泳ぐ、など）
　　Asset: Protagonist が所持する価値のあるもので、ある場面で危険にさらされる可能性があるもの（例：健康、収入、など）

(11)〈リスク〉フレームの背景知識
　　Chance：未来に関する不確定性
　　Choice: Protagonist がある Action を行うかどうかの決定
　　Risky Situation: Asset がリスクにさらされる状態

これを踏まえて、図 8 を説明すると、〈リスク〉フレームとは、

ある【Protagonist】が自身の所有する【Asset】をかけて、ある【Harm】をもたらす危険性をはらんだ【Action】を行うかどうか選択し、その結果、【Harm】が【Protagonist】に起こるかもしれない、という状況を表している。

意味分析にフレームという概念を取り入れることで、*risk* という語に関するいくつもの事実が見えてくる。その一部を紹介すると、まず、(12) のように *risk* が取る目的語には意味的な性質が異なる複数のものがあるが、それをフレーム要素として特徴づけることができる。

(12) a. He risked death. （目的語：【Harm】）
b. He risked a trip into the jungle. （目的語：【Action】）
c. He risked his inheritance. （目的語：【Asset】）

加えて、フレームを用いることで、従来の項構造では捉えることができなかった、*risk* と文の中で共起する要素の意味を分析できるようになる。(13) のような文は、図9のように、〈リスク〉フレームのフレーム要素が具現化したものだと捉えられる。

(13) She *risked* her life by telling FBI the story.

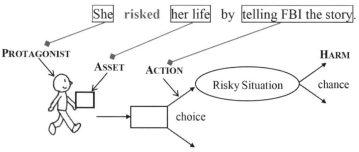

図9 〈リスク〉フレームのフレーム要素の具現化 (Hasegawa et al. 2006: 3)

(13) の文において、*by*-phrase は *risk* の項ではなく、付加詞である。そのため、*risk* の項構造からでは *tell FBI the story* がどういう

意味的な役割を担っているのかを記述できない。

同様に、(14) のような［RISK NP$_{Asset}$ Prep-NP$_{Action}$］という構文において、in や on の目的語の名詞句は、フレーム要素の【Action】を表している。

(14) a. ［He］$_{Actor}$ was being asked to risk ［his good name］$_{Asset}$ on ［the battlefield of politics］$_{Action}$.
　　 b. ［Others］$_{Actor}$ had risked ［all］$_{Asset}$ in ［the war］$_{Action}$.
　　 c. It would be foolhardy to risk ［human lives］$_{Asset}$ in ［the initial space flights］$_{Action}$.

これらにおいても、項ではない形式にフレーム要素が実現している（Fillmore & Atkins 1992: 87 を参照）。

このように、意味分析にフレームという背景的な知識を含む意味構造を用いることで、従来の意味論では捉えることのできなかった語の意味特性、そして、語とその共起要素との関わりが見えてくる。本書では、フレームという概念を取り入れることで、複合動詞の意味の面における様々な問題を説明することができるようになると考える。

以上の risk のような分析を、より体系的・実証的な大規模プロジェクトとして実践したのが、Fillmore を代表としてカリフォルニア大学バークレー校の ICSI（International Computer Science Institute）において行われてきた FrameNet プロジェクト（https://framenet.icsi.berkeley.edu/fndrupal/）である。FrameNet はコンピュータを用いた電子辞書編集プロジェクトで、英語語彙の意味的・文法的な性質に関する情報を大規模な電子コーパス（主として British National Corpus）から抽出し、ウェブ上で公開しているものである（Fillmore, Johnson & Petruck 2003）。

藤井・小原（2003）はこのような FrameNet の言語学的意義について述べている。その中で特に重要なものとして以下の2つを挙げている。

第一に、語彙項目が想起する背景的知識の構造を、語彙の意味分析の中でどう扱いどう記述していくかに関する具体的な方法が提案されたこと。そして、具体的なフレーム及びフレーム要素の認定・それらの言語形式による具現のされ方・それら相互の関連付けなどを、具体的に表示し吟味していくことができるようになったことである。
　第二に、「フレーム」というレベルで「フレーム要素」を浮き彫りにすることの意義である。フレーム意味論は、Fillmore 自身の先行理論である格文法（Case Grammar）を背景に生み出された。格文法における「格（case）」や一般的な統語理論におけるいわゆる「意味役割」がより抽象的なレベルでの項要素であるのに比べ、フレーム意味論・フレームネットにおけるフレーム要素は、個々のフレームによって定義付けられる要素である。しかし、個々の語彙項目によって個別に設定される要素ではない。両者の中間に位置付けられるレベルでの要素、すなわち、概念的繋がりをもつある一連の語彙群が活性化する同一の背景的スキーマとしてのフレームの要素である。

（藤井・小原 2003: 376）

　本書ではこの FrameNet におけるフレームの考え方に基づいて、「語彙的意味フレーム」を定義する。

2.2　動詞とフレーム

　動詞の意味とその統語的な性質との関係において、フレームがどのような役割を果たすかについては、英語の移動動詞に関する議論が参考になる。Taylor（1996）は *run* と *jog* について、文化や現実世界についての知識が、多くの点で 2 つの語の違いとして表れることを示した。Taylor（1996）によると、*jog* の意味を理解するには、先進国の裕福な中間階級において共有されている、特定の健康的なライフスタイルについて理解する必要があるという。このような文化的知識に基づいて *run* と *jog* は異なる振る舞いを見せる。例えば、

主語に対する制限として、*run* は大人でも子供でも主語になれるのに対し、*jog* の場合、幼稚園児ぐらいの子供が主語になるのは通常考えにくい。また、馬、犬、猫、ネズミなど、多くの動物が人間と同じように *run* の主語になれるが、*jog* の主語になれる動物は人間のほかは馬ぐらいしか考えられない。

さらに、*run* とは違い、*jog* は健康のために走るのであって、競争のためではない。この百科事典的知識は（15）のような容認度の違いとして表れる。

(15) a.　Bruce ran against Phil.
　　 b.　*Bruce jogged against Phil.

このような百科事典的知識は統語現象にも反映される。ここでは、主体移動の様態を表す *walk*, *parade*, *totter*, *stagger*, *roam* に基づいてそれを示す（Snell-Hornby 1983 も参照）。Boas（2003: 246–249, 2006）が指摘するように、これらの語に関する百科事典的知識が、Levin（1993）で検討されているような文法的な構文や交替現象などの様々な統語現象に反映される。*walk* の動作主は単に足で移動するものであればいいのに対し、*parade* は動作主の歩きぶりと一歩一歩のステップに焦点があり、その動作主は規則的かつ目的を持った精力的な歩行をすることで、他人に見られることを前提とした公的な自己表現を行うものである。*totter* の動作主はその歩幅が通常のものと異なり、直立の姿勢を保つことが困難である様子から、まだしっかり歩けない子どもが歩いているか、大人が疲れて、または酔って歩いていると推測される。また、そのような歩き方で、長い距離を進むことはあまりない。*stagger* になると、*totter* の場合よりも動作主の足元が覚束なく、バランスを保とうとするも、直立した姿勢を維持するのが著しく困難である。この場合も長い距離の移動にはならないのが普通である。*roam* はゆっくりと、特定の目的を持たずに移動するさまを表す。Boas（2006）が指摘するように、このような情報はこれらの動詞の文法的な振る舞いと関連している。

まず、これら5つの動詞は全て主語の移動を表し、経路を表す前置詞句との共起が可能である。

(16) a. Gerry {walked/paraded/staggered/tottered/roamed}.
b. Gerry {walked/paraded/staggered/tottered/roamed} down the street.

しかし、結果構文では容認度が異なる（Boas 2003, 2006）。

(17) Cathy {walked/?paraded/*staggered/*tottered/*roamed} herself to exhaustion.

結果構文の（17）では *walk* だけ容認可能で、*parade* は少し容認度が落ち、*stagger, totter, roam* は容認できない。

これは、これらが表す移動の様態によって、疲れるという変化が生じると考えうるかと関連している。長い時間歩いたりパレードを行ったりすれば、疲労を覚えることは容易に想像できる。それに対し、*stagger, totter* においては、もともと移動主体が足取りの覚束ない状態であり、疲れた状態に変化するまで歩き続ける、という状況にないからと考えられる。また、*roam* は、取り立てて目的なく移動するさまを表すため、疲れそうになれば、*roam* をやめるのが普通である。

また、(18) の場所格前置詞脱落の交替現象（locative preposition drop alternation, Levin 1993: 43–44 を参照）の可能性を見てみると、*walk, parade, roam* はこの交替現象に参加するのに対し、*stagger* と *totter* はこのような交替が起こらない。

(18) Julia {walked/paraded/*staggered/*tottered/roamed} the town.

場所格前置詞の脱落は、前置詞目的語全域にわたって移動が行われる場合に可能であり、そのような状況は *totter, stagger* では起こり

にくいと考えられる。

　以上のように、動詞の文法的な振る舞いを説明するには中核的とされる意味だけではなく、具体的な移動のイメージや、動作主の状態などの情報を含む、粒度の細かい意味表示が必要である（Iwata 2008 も参照）。ここで見たような現象は日本語の複合動詞における「歩き疲れる」「*ふらつき疲れる」に見られるものと平行している。この現象は「歩いたら疲れることがある」、というような、結果についての情報がなければ説明できない。Boas（2003: 169–171）が主張しているように、動詞はそれが表す事象の「慣習的に期待される結果」（conventionally expected results）の情報と結びついている（Washio 1997 も参照）。第6章で論じるように、複合動詞の意味形成における多くの問題点を説明するにも、このような百科事典的知識が必要である。

2.3　本書におけるフレーム

　本書では、2つの形でフレームという用語を用いる。語彙的意味フレームと背景フレームである[*9]。まず、語彙的意味フレームとは語の意味を表すものである。これは、以下のようなGoldberg（2010: 40）の使い方に従ったものである。

(19) ある語の語彙的意味フレーム：語の意味、すなわち語が喚起するものであり、1つの文化的表象[*10]を構成する。プロファイル（前景化されている部分）とベースに分けることができる。
　　1)　プロファイル：語が指し示すもの
　　2)　ベース：語を理解するための前提知識

この語彙的意味フレームの内容は、同じ語であっても、背景となっている状況によって変容する。そのような背景状況を、「背景フレーム」と呼ぶ。例えば「打つ」という動詞は、〈危害〉〈演奏〉〈野球の攻撃〉などの異なる背景フレームにおいて、異なる意味で使われる。「囚人を鞭で打つ」の場合は、〈危害〉の背景フレームが

喚起され、<【加害者】が【被害者】に【手あるいは手に持った道具】で衝撃を与えることでダメージを加える>という意味を表す。一方、「太鼓を打つ」においては〈演奏〉フレームが喚起され、<【演奏者】が【楽器】に【手あるいは手に持った道具】で衝撃を与えることで音を出す>という意味を表す。語彙的意味フレームが語の意味を表すのに対し、背景フレームは背景状況を表すものであり、2つは異なる概念である[*11]。

FrameNetでは、*hit*という語が〈衝撃〉(Impact) というフレーム（本稿における背景フレーム）を喚起する場合に、以下のようなlexical entry（本稿における語彙的意味フレーム）を持つとしている[*12]。

(20) 〈衝撃〉フレームに対応する *hit* の lexical entry
Lexical Entry hit. v
Frame: Impact
Definition：(of a moving object or body) come into contact with (someone or something stationary) quickly and forcefully.
The Frame Elements for this word sense are: Depictive, Force, Impactee, Impactor, Manner, Place, Result, Subregion, Time

しかし、〈攻撃〉(Attack) フレームを喚起する場合に、以下のような異なる lexical entry を持つ。

(21) 〈攻撃〉フレームに対応する *hit* の lexical entry
Lexical Entry hit. v
Frame: Attack
Definition: to strike.
The Frame Elements for this word sense are: Assailant, Containing_event, Manner, Time, Victim, Weapon

〈攻撃〉フレームのような背景フレームは、hit 以外にも strike や attack, assault など、複数の語と対応しているが、語彙的意味フレームは語の意味構造であるため、1つの語彙的意味フレームは1つの語としか対応しない。

　背景フレームは語彙的意味フレームの内容を具体化する。例えば「打つ」では、〈演奏〉のフレームにおいて行為者が演奏者に特定化され、打撃の結果として＜音を出す＞が加えられる。背景フレームは語彙的意味フレームのデフォルト的指定を変えることもできる。例として、Kay（1996: 112）は次のような例文を挙げている。

(22) *Sybil had Sidney fall off the couch.

この文において、have は補語となる動詞に動作主的な主語を取ることを要求するが、fall の主語は動作主を表すことができないため通常は容認できない文になる。しかし、〈演技指導〉という背景フレームを導入することで（22）は Sybil が舞台監督で、Sidney に自然にソファーから落ちたように演技させた、というように、解釈可能な文となる。このように、語の意味は背景フレームによって指定を受けたり修正されたりする[*13]。

　語の背景フレームには、デフォルトと見なされるものもある。売り買い動詞における商取引フレームなどがそうである。

　語彙的意味フレームは、中心事象、関連事象、および、それらの参与者からなる。中心事象はプロファイルされている事象部分であり、関連事象はプロファイルされていない事象部分である。例えば、「割る」という動詞が表す中心事象は、【分解者】が【分解対象（全体）】に衝撃を加えて分解することであり、その目的などが関連事象である。関連事象には次のようなものが考えられる。

(23) 動詞の関連事象：
　　　動詞の表す事象を引き起こす【原因】；
　　　動詞の表す事象がもたらす【結果】；
　　　使役行為を達成する【手段】；

意図的な行為を行う【目的】と【理由】；
行為を行う際の【感情】と【感覚】；
動詞の表す事象が行われる【様態】；
動詞の表す事象の【前提的背景】；
動詞の表す事象と共に起こる【共起事象】；
動詞の表す事象に伴って発せられる【付随音】

　事象参与者には中心的・周辺的という区別があり、中心的な事象参与者は動詞が指し示す事象を表すために必要な要素を指し、周辺的な事象参与者はそのベースとなる要素を指す。中心的な事象参与者の一部は動詞の項として実現する。演奏フレームにおける「打つ」では、【演奏者】【楽器】【手あるいは手に持つ道具】が中心的参与者であり、そのうち前の2つが項として実現する。
　語彙的意味フレームのうち、中心事象を除く部分、すなわち事象参与者と関連事象をフレーム要素（frame elements, FEs）と呼ぶ。
　例として「泣く」を考えてみよう。「泣く」は＜人が目から涙を出す＞ことを表す。これが中心事象である。その背景には様々な関連する事項がある。なぜ泣くのか、どうやって泣くのか、泣くとどういう結果が起こるのか、などである。これは多種多様であるが、決して何でもありというわけではなく、限定的なものである。例えば、悲しんだり喜んだりして泣くことはあっても、驚いて泣くことは通常考えられない。泣いたために涙で頬が濡れたり、鼻水が出たり、目が腫れたりするが、髪の毛が縮れたり、汗をかいたり、吐いたりすることはない。このように判断できるのは、泣くという行為の周辺的事象に関する知識を私たちが持っていることを示す。
　「泣く」の事象参与者としては、中心事象の中に登場する、【泣く人】【目】【涙】がある。【目】は〈顔〉のフレームを喚起するので、「泣く」の事象参与者には【頬】や【鼻】なども間接的に含まれる。また、泣くことは、見ている人に大きな影響を与えるため、【周りの人】という周辺的な事象参与者も想定できる。後に見るように、これらの周辺的事象参与者は複合動詞の意味においても役割を果たす。

このような考察から、「泣く」の語彙的意味フレームは、表3のように示すことができる[*14]。ここでは、デフォルトとして喚起される〈感情表出〉を背景フレームとしている（つまり、演技などの場合は想定しない）。関連事象は、原因や様態として、一般的に想定しうる全てのケースを含んでいる。そこには、典型的ものから周辺的なものまで様々である。【　】は事象参与者を表す。周辺的参与者は（　）に入れている。事象参与者の中で項として実現するものは太字で表す。

表3 「泣く」の語彙的意味フレーム

		$[naku]_V$ 背景フレーム：〈感情表出〉フレーム
中心事象		【**泣く人**】が【目】から【**涙**】を出す
事象参与者		【**泣く人**】：ある【刺激】によって涙を出す人。 【刺激】：【泣く人】のある感情引き起こすもの。 【**涙**】：ある【刺激】によって【泣く人】の【目】から出る液体。 【目】：【涙】を出す【泣く人】の身体部位。 （【周りの人】：【泣く人】が【涙】を出すのを見ている周囲の人。） （【頬】） （【鼻】）
関連事象	原因	（ある【刺激】によって【泣く人】が強い悲しみを感じる；ある【刺激】によって【泣く人】が強い喜びを感じる；…）
	様態	（静かに；激しく；体を震わせて；狂ったように；…）
	目的	（つらいことを忘れるため；ストレスを発散するため；…）
	結果	（【周りの人】に影響を与える；【泣く人】が疲れる；【泣く人】の【目】が腫れる；【涙】で【頬】などが濡れる；すっきりする；…）
	共起事象	（叫びながら；喘ぎながら；【鼻】をすすりながら；…） ︙

　注意したいのは、関連事象に何が含まれるかについては個人差がありうる、ということである。例えば、一部の人においては、「泣く」の関連事象の【目的】に、（演技のため）が含まれていないかもしれない。

3. 文化と言語

2節で述べたように、我々の思考はフレームという認知的なスキーマに基づいている。このような認知的なスキーマは私的に所有されている。例えば、パンというものについて、一般的な人が持っている認知的なスキーマには、それが食べ物であることや、どういう種類があるのか、そして、トーストして食べたり、ジャムを塗って食べたり、という食べ方についての知識が含まれると思われる。さらに、小麦アレルギーを持つ特定の人にとってのパンという概念には食べたら生命に危険を及ぼすものという知識が強く結びついているかもしれない。場合によっては、その人にとって、パンは毒キノコやフグなどと同じ「危険な食べ物」というカテゴリーに分類されるかもしれない。このような個人が持っている私的な認知的スキーマを「私的表象」(private representation, Enfield 2000) という。

> 私は、人々が私的な表象を持っていると考える。構造化され、想起され、私的に操作される、思考、概念、(様々な形の)感覚的・感覚運動的イメージのことである。
> 　　　　　　　　　　　　　　　　　　　　　　(Enfield 2000: 37)

複数の人に共有されている私的表象を「文化的表象」(cultural representation, Enfield 2000) という。文化的表象とは共有され、また互いに共有されていることを前提とし、さらに、互いに共有されていることを前提としていることを前提とするものである。

> pは、pが私的表象であり、かつpがxとyの両方によって所有され、かつxとyが共に、他方が私的表象pを所有していると思い、かつxとyが共に、私的表象pを所有していると他方に思われていると思っている場合に、そしてその場合のみに、文化的表象である。　　(Enfield 2000: 45)

言語についても同じことが言える。コンストラクションも私的に所有されている。例えば、絆創膏を「ペタン」といったり、スクランブルエッグを「ごちゃごちゃ卵」といったりする人があれば、その「ペタン」や「ごちゃごちゃ卵」は私的なコンストラクションである。しかし言語は話者、聴者の間で使われるものであり、言語社会で共有されるのが本来の姿である。

　このように、文化とは社会のメンバーの間で共有されている認知的なスキーマの集合であり、言語はある言語社会のメンバーの間で共有されている言語的なスキーマの集合である、と言えるだろう。Enfield（2002）が述べているように、言語と文化とは共により広い概念スキーマの中の一部のものであるだと考えられる。文化も言語も同様に、共有され、また互いに共有されていることを前提とし、さらに、互いに共有されていることを前提としていることを前提とするものである（D'Andrade 1987 を参照）。

3.1　文化の違いに起因する言語の違い

　言語と文化は密接な関係にある。そのため、文化の違いによって言語表現に違いが生まれる。

　Enfield（2002）は社会における文化の違いについて、図10を用いてラオ（Lao）族とオーストラリアの人々の言語形式を比較した。その方法としては被験者に図を見せてそれを言語で表現してもらうというものである。

図10　文化に影響される事象の言語化（Enfield 2002: 234）

図10aについて、ラオ族の人々はそれを*jùùn³ kong³* 'stand straight'と表現する。ラオ族にとって、このような直立不動の姿勢の絵が表す概念は、学校などで体験した、よく知られたものである。一方、オーストラリア人は図10aについて、ラオ族の表現に相当する*standing to attention*というような表現を用いることはない。これはオーストラリアの文化では*standing to attention*という場合は、ユニフォームを着たり、足をもっとピシっと揃えたりする必要があるからだ。一方、図10bと10cの場合は逆に、オーストラリア人にとってはかなり確立された'watching the sunset/sunrise'と'waiting for a bus'という概念を表しているが、ラオ族にとってこのような場面は馴染みがないものである。そのため、ラオ族の答えはバラバラで、図10bに対して、火を起こしている場面であるとか、自分の土地を眺めているところとか、自然を楽しんでいるところとかと表現した。図10cについては道を横切ろうとしていると表現した人や、身長を測っていると表現した人もいたという。

　このような文化に基づく言語表現の選択についてより深く知るため、Enfield（2002）はラオ語の付随姿勢構文（associated posture constructions）について、2つの方法で調査を行った。それは、ある文を被験者に見せて、その容認度を判断してもらうという方法と、前述のような絵を提示して言語化してもらうという方法である。この調査はいくつかの場面を対象に、座っている、立っている、横たわっている、という3つの姿勢を組み合わせたものである。例えば、ラオ族の社会において、*lanaat⁴*という楽器を演奏するというのは、確立された文化的表象である。この*lanaat⁴*の演奏という場面を3つの姿勢と組み合わせることで、座って*lanaat⁴*を演奏する、立って*lanaat⁴*を演奏する、横たわって*lanaat⁴*を演奏する、という3つの絵ができる。まず、基本的な前提知識として、*lanaat⁴*は図11のように通常座って演奏するものである。よって、ラオ族の人々は*lanaat⁴*を演奏することを思い浮かべるときは、通常座って演奏するというのがデフォルトとして想起される。

図11　*lanaat*⁴ の演奏（Enfield 2002: 247）

それに対し、図12のaとbはそれぞれ立って *lanaat*⁴ を演奏しているところと、横たわって *lanaat*⁴ を演奏しているところを表している。

図12　（立って／横たわって）*lanaat*⁴ を演奏する（Enfield 2002: 248）

Enfield（2002）では最初に図を提示せずに、ラオ族の被験者に次のような例文の容認度を判断してもらった。

(24) a.　*tii*³ *lanaat*⁴
　　　　 hit lanaat
　　　　 'play the *lanaat*⁴'
　　 b.　*nang*¹ *tii*³ *lanaat*⁴
　　　　 sit　 hit lanaat

第3章　コンストラクション形態論とフレーム意味論　　69

'play the *lanaat*⁴ sitting'
c. ʔjùùn³ tii³ lanaat⁴
   stand hit lanaat
   'play the *lanaat*⁴ standing'
d. ??nòòn² tii³ lanaat⁴
   lie   hit lanaat
   'play the *lanaat*⁴ lying down'

　すると、(24) のaとbは問題なく容認されるのに対し、cは容認度が少し落ち、dになると容認されなかった。これはラオ族の文化の中で、*lanaat*⁴は座って演奏するものであり、立って、または横たわって演奏することは通常行われないからである。

　次に、被験者に図12を見せて、それを言葉で描写させると、先ほどのテストと大きく異なる結果が得られた。イラストが提供する情報によって、*lanaat*⁴を立って／横たわって演奏するということがどういう場面であるのかがはっきりと思い浮かべることができるようになる。それによって、図12を自然に (24) のcとdのように表現するのである。

　以上見てきたように、ある言語形式がその言語社会において成立するには、言語形式が指し示す概念が言語社会において、確立された文化的表象である必要がある。これは複合動詞にも当てはまる。例えば「？嗅ぎ逃す」が表す概念は、香水の発表会に定期的に参加するような人の場合には私的表象としては存在しうるかもしれない。しかし、それは日本語の言語社会において確立された文化的表象ではないため、一般的には「？嗅ぎ逃す」の容認度が低いのである。他にも文化や社会によって複合動詞が異なってくる場合があり、そのような現象は第6章でまとめて検討する。

4. まとめ

　本章において、本研究が主張する複合動詞の成立を説明するのに必要な、コンストラクションとフレーム、そして慣習化のレベルに

関して用いられる文化的表象という概念について説明した。

　次章より、上述のような理論的枠組みに基づいて、日本語の語彙的複合動詞を具体的に分析していく。

---

*1　本書では後で述べるように、語も一種のコンストラクションであると考えられるため、「構文」という用語は文レベルのコンストラクションにのみ用いることにする。

*2　この他にも、*blogable* などの例がある。*blogable* で興味深いのはスキーマ（6）の意味ではなく、＜〜することに値する＞という意味である点である。これは *readable, writable* のような場合にも見られる意味で、*-able* が多義であると思われる。このような多義の場合は下位スキーマ（Boas 2003 における mini-construction を参照）を形成していると考える。

*3　この考え方は、認知意味論における多義性の階層的スキーマに関する考え方と共通点がある（松本 2010）。

*4　Verhagen（2009）はこの問題について、コンストラクションを1つの記号として捉え直すことで説明している。記号を形式と意味のペアリングとして考えた場合に、その形式には2つの側面があって、1つは記号の観察できる一面（例えば音韻的な形式）を指しているが、もう1つの側面としては、ある直接観察できない何かを指し示す「トリガー」という役割がある。記号の形式をトリガーとして考えたときに、記号をシニフィアン（表すもの）とシニフィエ（表されるもの）のペアリングとして定義することができる。この定義において、ある意味（または概念）を指し示すことができるのは必ずしも具体的な形式である必要はない、と述べている。

*5　ωは音韻語（prosodic word）、σは音節（syllable）、Suff は接尾辞（suffix）を表す。

*6　もっと言えば、*horse shoes* は単に＜馬が履く靴＞という意味ではなく、いわゆる「蹄鉄」のことを指しており、馬がスニーカーを履いたとしても *horse shoes* とは言えない。このように、複合語は非合成的な性質を持っている。

*7　従来の生成文法や語彙意味論などのアプローチでは「経済性」が重視され、統語現象に反映されない情報は「冗長」（redundant）なものとして軽視されてきた。しかし、「効率性」という観点から考えると、冗長な情報によってこそ、その時々の状況に基づいて、理論上無限にある可能性の中から起こりうることを予測・制限することが可能となる。人工知能の分野においてよく知られている「フレーム問題」というものがあるが、それは人工知能がある課題を遂行するに当たって、無限に起こりうる出来事の連鎖を計算することは不可能で、「関連する」事項に限定して処理を行う必要があるが、その際どのようにして「関連する」事項を決定するのかが問題となるというものだ（Dennett 1984 を参照）。この「フレーム問題」は、概念というものがその背景状況と共に記憶・

喚起されると考えることで解決できると考えられている（Clancey 1997, Wheeler 2008 など）。概念は独立して保存されるのではなく、それが存在・発生する状況において記憶される。そして、その概念が使われるときに、その背景にある状況も一緒に呼び起こされる。実際の状況の中で概念を形成していくことで、概念とその背景状況が関連付けられる。そして、ある状況に遭遇したときにはそれと関連する概念が自然に喚起され、それによって我々はフレーム問題を解決していると思われる。特定の物事はある一定の状況において現れやすいため、この相関関係を利用することで処理する情報を制限し効率を高めることができる。認知系統は記憶の中にある全ての状況を検索するのではなく、現在の状況と関連のある知識だけに焦点を当てる。状況を特定することで現れうる物事を制限し、反対に物事を特定することでこれから起こるであろう状況を制限できると言われている（Yeh & Barsalou 2006: 350）。

*8 〈商取引〉フレームに基づく日本語動詞の項実現ついては Croft et al. (2001) を参照。

*9 Fillmore & Baker (2010)、Andur (2010) において "cognitive frame" と "linguistic frame" という2つのフレームを区別している。この2つは共に背景的な知識のフレームだが、linguistic frame はある言語形式（レキシコンにリストされているもの）と結びついているものであるのに対し、cognitive frame は言語形式とは直接結びついていないものを指す。本研究における背景フレームは全て言語形式と結びついているため、linguistic frame である。一方、本研究における語彙的意味フレームは、語の意味であり、Fillmore & Baker (2010) では語の意味をそれが喚起するフレームのプロファイルとして捉えている。本研究の語彙的意味フレームはそのようなプロファイルの関係を1つのフレーム的な構造として明示したものであり、FrameNet で用いられている語の意味構造 lexical entry に相当するものである。

*10 Goldberg (2010) における cultural unit とは Enfield (2002) における cultural representation（文化的表象）のことを指す。詳細は3節を参照。

*11 背景状況（background situation）の心理的実在性と重要性については Yeh & Barsalou (2006) を参照。

*12 FrameNet の lexical entry はほかにもフレーム要素の文法的な具現化パターンや結合価パターンが含まれているが、ここでは省略して表示している。

*13 生成語彙意味論は type introduction という、新しい情報を意味構造に書き加える操作を加えることで opened a wine のような例を説明しようとしている（Pustejovsky & Ježek 2008: 203–204）。しかし、type introduction は本来のタイプのオントロジーと矛盾しない限りにおいて、書き加えるというものであり、背景フレームのように語の意味構造を書き換えるものではない。

*14 ここでの動作や事象参与者、関連事象は全て典型的なものを指している。例えば、「泣く」ことでしゃっくりを引き起こすことがあるとしても、典型的な結果ではないため、「泣く」の関連事象には含まれないと考える。背景フレームの設定は基本的に FrameNet を参考に設定するが、対応できるフレームがない場合は筆者の設定に基づく。なお、紙幅のため下位事象は一部省略して表示する。

第4章

コンストラクションと複合動詞 I
―階層的スキーマネットワークと意味関係スキーマ―

　本書は複合動詞を、形式と意味を併せ持ち、かつ構成要素 V1 と V2 の総和からは予測できない意味を持つ、1 つのコンストラクションとみなす（野田 2011, 松本 2011, Matsumoto 2012, 陳奕廷 2015b, 2016, Toratani 2017 などを参照）。本章では、語をコンストラクションの一種として考えるコンストラクション形態論に基づいて、複合動詞のコンストラクション的な性質を考察する。

　コンストラクション形態論において、個々の複合動詞は、形式と意味のペアリングとして、レキシコンに登録されていると考える。「切り倒す」を例に取ると、(1) のような形である（ここでは意味を簡略的に示す）。

(1)　[[切り]$_V$ [倒す]$_V$]$_V$ ↔ [倒す BY 切る]

　また、複数の複合動詞に共通するパターンも、スキーマとしてコンストラクションをなすと考える。例えば、「切り倒す」のような手段型複合動詞は (2) のようなスキーマで表示される。

(2)　[V$_i$-V$_j$]$_V$ ↔ [E$_{j\text{-CAUS.CHG}}$ BY E$_{i\text{-AGT}}$]

後に見るように、このような抽象的スキーマには、その抽象度などに応じていくつかのレベルがあり、階層的な構造をなす。

　コンストラクション形態論では複合動詞を、構成要素の単純な総和ではなく、構成要素に還元できない意味を有する独立したゲシュタルト的複合体として捉える。

　本章ではまず 1 節で、日本語複合動詞の体系が、コンストラクションのネットワークによって捉えられることを示す。そして、2

節において (2) のような意味関係を表すスキーマを見ていく。3節では、各意味関係のタイプが成立する認知的な動機付けを検討する。最後に4節でまとめを行う。

なお、コンストラクション形態論による複合動詞の研究には、淺尾 (2009)、野田 (2011)、Toratani (2017) などがあり、これらについては折にふれて言及する。また著者による松本 (2011)、Matsumoto (2012)、陳奕廷 (2015b, 2016) があるが、その議論は本書に含める形で提示する。

1. 日本語語彙的複合動詞の階層的体系

本書では、松本 (2011) や Matsumoto (2012) で示した通り、日本語の語彙的複合動詞を階層的スキーマネットワークによって捉える。ネットワークに階層性を設ける理由は以下の通りである。まず、従来複合動詞の意味的タイプとされてきた諸パターンは、意味関係のスキーマによって捉えられる[*1]。複合動詞の V1 と V2 は原因―結果、手段―目的などの特定の意味関係にあり、複合動詞の意味にはこのような意味関係が含まれている。例えば、手段型の複合動詞は＜V2 BY V1＞という意味を表す。ところが、BY のような意味関係は、特定の構成要素と結びついていない。このような意味要素は、コンストラクションの意味であると言える。そのため、原因―結果、手段―目的のような V1 と V2 の意味関係は複合動詞の意味関係スキーマによって捉えられる。

これらの意味関係スキーマには共通性がある。第 2 章で見た主語一致の原則がそうで、このような共通性を捉えるために、スーパースキーマ（上位スキーマ）が必要である。

この上位スキーマがあれば、下位のスキーマがなくて良いかというとそうではない。主語一致のスキーマに適合する全てのパターンが複合動詞として成立するわけではないからである。主語が一致するが複合動詞として成立しないものとして次のようなものがある。

(3) 主語が一致するが複合動詞として成立しないもの

（Matsumoto 2011）
a. ある種の付帯状況
   *立ち食う
   *立ち読む
b. 継起的行為
   *ひき逃げる
c. 反復的行為
   *上がり下がる
   *行き来る

主語が一致しても複合動詞として成立できるわけではないため、下位スキーマのリストも必要だということになる[*2]。

このように上位レベルと下位レベルの両方を認定する必要性は、他の抽象度のレベルにおいても見られる。本書はこのような立場から、コンストラクション形態論に基づき、日本語の語彙的複合動詞の体系を階層的スキーマネットワークで表す。

日本語複合動詞の階層性には多くのレベルがある。本書では、5つのレベルがあると考える。

$[V_{i\text{-SIMP.REN}}\text{-}V_{j\text{-SIMP}}]_V \leftrightarrow [E_j \leftarrow \text{RELATION X}-E_i]_{(L\text{-SUBJi}=L\text{-SUBJj})}$ **スーパースキーマ**

$[V_i\text{-}V_j]_V \leftrightarrow [E_j \leftarrow \text{CAUSAL RELATION} - E_i]$ **動機付けのスキーマ**

$[V_{i\text{-TR}}\text{-}V_{j\text{-TR}}]_V \leftrightarrow [E_{j\text{-CAUS.CHG}} \text{ BY } E_{i\text{-AGT}}]$ **意味関係スキーマ**

$[V_{i\text{-TR}}\text{-}toru]_V \leftrightarrow [E_{\text{get/remove}} \text{ BY } E_{i\text{-AGT}}]$ **コンストラクション的イディオム**

$[uti\text{-}toru]_V \leftrightarrow [\text{strike out a batter}]$ **個別動詞レベルのスキーマ**

図1 日本語語彙的複合動詞の階層性

図1の一番上に位置するのは、日本語語彙的複合動詞のスーパースキーマに相当するもので、$[V_{i\text{-SIMP.REN}}\text{-}V_{j\text{-SIMP}}]_V \leftrightarrow [E_j \leftarrow \text{RELATION X}-E_i]$（L-SUBJ$_i$ = L-SUBJ$_j$）と表される。形式

側は、和語単純動詞 V_i の連用形と和語単純動詞 V_j の組み合わせであることを示しているが、このほか、中高型の複合動詞アクセントを有する（窪薗1995: 58を参照）ことも含まれる[*3]。この形式に対応する意味は、V_j の表す事象 E_j と、それと何らかの関連性を持つ V_i が表す事象 E_i からなり、V_i と V_j の主語相当の意味的項が一致する必要がある。主語相当の意味的項は論理的主語（L(ogical)-SUBJ）であり、主語一致の原則は L-SUBJi = L-SUBJj で表されている。このスーパースキーマが日本語複合動詞においてデフォルトのケースを示している。

このスーパースキーマの下には、動機付けのスキーマと呼ばれるものが位置する。これについては、3節で説明する。その下には意味関係スキーマである手段型 $[V_{i\text{-TR}}\text{-}V_{j\text{-TR}}]_V \leftrightarrow [E_{j\text{-CAUS.CHG}} \text{ BY } E_{i\text{-AGT}}]$ などがある。さらに、手段型の下位スキーマとして、V1が空きスロットで、V2が「取る」という動詞に固定されている $[V_i\text{-}toru]_V \leftrightarrow [E_{get/remove} \text{ BY } E_{i\text{-AGT}}]$ などのコンストラクション的イディオムがある。一番下の階層においては、「打ち取る」のような個々の語がある。このレベルでは「打ち取る」のように、合成的に全体の意味を作り出すことができないもののみならず、合成的と思われるものもコンストラクションとして存在すると考える。

本章では、2節で意味関係スキーマを順番に見ていき、4節では動機付けのスキーマについて考察し、それぞれの意味関係スキーマを成立させている認知的な動機付けについて検討する。図1におけるコンストラクション的イディオムと個別動詞レベルのコンストラクションについては、第5章で改めて取り上げる。

2. 意味関係スキーマ

日本語語彙的複合動詞には、V1とV2の意味関係に基づいて、「溶け落ちる」「歩き疲れる」のような原因型、「叩き壊す」「切り倒す」のような手段型、「割り入れる」「狙い撃つ」のような前段階型、「見落とす」「聞き漏らす」のような背景型、「舞い落ちる」「漂い出る」のような様態型、「泣き叫ぶ」「探し回る」のような付帯事象型、

「抱き抱える」「飛び跳ねる」のような同一事象型、「出し惜しむ」「降りやむ」のような事象対象型、「咲き狂う」「書き殴る」のような比喩的様態型、「打ち上がる」「舞い上げる」のような派生型、「打ち震える」「押し黙る」のようなV1希薄型、「騒ぎ立てる」「困り果てる」のようなV2補助型がある。

これらは、2つの動詞の意味関係が異なるだけでなく、どちらが主要部か、どのような項構造を作るか、どのような項の同定関係があるか、どのような種類の動詞が含まれるか、などについて、それぞれ固有の指定（あるいは傾向）を持っている。ここでは、それらに触れながら、重要な点を簡略的な意味表示によって示す。第6章以降ではその簡略的な意味や項の関係を、より詳しく見ていくことになる。

以下において、各スキーマを順番に見ていく。

2.1 原因型

まず原因型の複合動詞だが、このタイプはV1が表している事象E1が原因となり、その結果としてV2の表すE2という事象が引き起こされる、というものである。これらの複合動詞は、$[V_i\text{-}V_{j\text{-INT}}]_V \leftrightarrow [E_{j\text{-CHG}} \text{ BECAUSE } E_i]$というコンストラクションで捉えることができる。V1は特定の制約を持たず、V2は自動詞という形式を持つ。

(4) a. 足が床を離れ、身体が<u>浮きあがる</u>。

 （BCCWJ 宮部みゆき『ブレイブ・ストーリー』）

 b. 優越感を漂わせるあの笑顔を、南の島で<u>見飽きる</u>ほど見せられたのだ。 （BCCWJ 鎌田敏夫『Body & money』）

原因型は「V1した結果V2」と言い換えられ、全3487語ある本書の「日本語語彙的複合動詞リスト」の中で296語あり、全体の8.48％を占めている（付録を参照）。

(5) 原因型[*4]：
溶け落ちる、焼け落ちる、崩れ落ちる、立ち上がる、浮かび上がる、浮き出る、湧き出る、流れ着く、勝ち残る、読み飽きる、歩き疲れる、見慣れる

このタイプにおいて、V1とV2が表している2つの事象E1とE2はE1がE2に先行するかそれと同時に起こり（「立ち上がる」など）、E2がE1に先行して起こることはない。そのため、時間的な類像性（iconicity, Van Langendonck 2007を参照）の関係が見られる。

以下のような例も、原因型とみなすべきかもしれない。これらは次の手段型に似ているが、V2の他動詞に意図性がなく、V2はV1の目的だと解釈しにくい。

(6) 食い散らかす、踏み散らかす、吐き散らかす、（髪を）振り乱す

原因型ではV2は非意図的だがV1への制約が少なく、「聞き飽きる」「歩き疲れる」など、他動性調和の原則の例外が起こる。「聞き飽きる」は（7a）のような例では統語的複合動詞とも考えられるが、（7b）は項の格からして原因型と考えられる。

(7) a. それにしても会員さんが増えて、その職業も皆さんさまざまなので、話を聞き飽きることがありません。
（「複合動詞用例データベース」）
b. 「こうすれば日本はよくなる」式の、安易かつ単純な議論に聞き飽きて、そんな風に感じた。
（BCCWJ 阿川尚之『それでも私は親米を貫く』）

2.2 手段型

E_iが動作主的な事象で、E_jが使役状態変化の事象である場合の多くは、$[E_j\ BY\ E_i]$という手段―目的の意味関係として解釈される。

それが手段型であり、V1がV2の表す目的を達成する手段を表すものである。

(8) a. 吉川は、怒りのあまり、刃引剣で柱や壁を叩き壊していく。　　　　　　　　　（BCCWJ宮本昌孝『夕立太平記』）
　　 b. のこぎりを出してきて、木を一本切り倒し、木でじつに器用に若い娘の姿を作り出したんです。
　　　　　　　　　　　　　（BCCWJ小沢俊夫編『世界の民話』）

　この手段型のタイプは「V1（する）ことによってV2」と言い換えられる。手段型は「日本語語彙的複合動詞リスト」において1289語存在しており、最も数が多く（全体の36.96％）、生産性の高いタイプである。

(9) 手段型：
　　打ち壊す、叩き壊す、打ち上げる、押し上げる、叩き落とす、叩き潰す、切り倒す、抜き取る、拭き取る、削り取る、投げ入れる、突き刺す、引き離す、拾い上げる

　このタイプは $[V_{i\text{-TR}}\text{-}V_{j\text{-TR}}]_V \leftrightarrow [E_{j\text{-CAUS.CHG}} \text{ BY } E_{i\text{-AGT}}]$ というコンストラクションで表すことができる。ほとんどの場合、(8)の「叩き壊す」「切り倒す」のように、V1もV2も他動詞であり、2つの主語が一致するだけでなく、目的語も一致することが多い[*5]。V2は必ず使役状態変化あるいは使役移動を表す。V1は多くの場合、何らかの影響を及ぼす行為を表す。「切り倒す」のように、V1に状態変化が含まれる場合もある。

　注目すべきことは、全ての手段の組み合わせが複合動詞として実現するわけではないことである。例えば、V1が使役移動を表す場合は、V2はその移動と同時に起こる変化を表すものでなければならない。例えば、(10a)は可能であるが、(10b)の容認度は低い。

(10) a.　投げ上げる、投げ入れる、落とし込む

b. ??投げ壊す、??投げ割る、??落とし割る

また、人間の心理的状態の使役変化を表す動詞はV2になれない。

(11) *言い惑わす、*泣き欺す、*言い欺く、*言いたぶらかす、*言い煽る、*誘い騙す、*包み癒やす、*抱き慰める、*怒鳴り脅す、*いじめ苦しめる、*叫び嚇かす、*歌い慰める

「言いくるめる」「泣き落とす」などは心理状態の使役変化を表すとも考えられるが、興味深いことに、いずれも後項動詞が元々心理動詞ではないものである。

この2つの現象は、手段型の複合動詞における制約を示している。「??投げ壊す」などにおいては、投げた物がほかのものにぶつかって初めて、その衝撃によって投げた物が壊れるか、ぶつかった物が壊れるかである。また、「*言い惑わす」においては、言語行為を行うことによって人が惑わされるかどうかは、その人の性格などによる。その意味で、どちらにおいても、E1のみによってE2が起こるのではない。

手段型は原因型と同じで、実際の事象が発生する順序を考えると、目的となる出来事が手段となる出来事に先行することはなく（Matsumoto 1996a: 280–281）、2つの出来事には時間的な順序がある。そのため、手段型も時間順序の類像性に従う。

2.3 前段階型

手段型と似たものとして、「割り入れる」などの動詞がある。

(12) ボウルに卵を割り入れて泡立て器でほぐし砂糖とラム酒を加えて、砂糖が溶けるまでよく混ぜる。

（BCCWJ 舘野鏡子『お菓子作り入門』）

「割り入れる」という事象において「入れる」は「割る」ことの目

的ではあるが、「割る」は「入れる」ことの手段事象ではない。「卵を割る」という事象は、「卵を入れる」という目的事象の準備事象であり、前段階である。これが前段階型と呼ぶ複合動詞である。この例には以下のものがある。

(13) 前段階型：
　　　割り入れる、混ぜ入れる、狙い撃つ、丸め込む、仰ぎ見る、出迎える

前段階型においては、V1 の成立を踏まえて、V2 の事象が成立する。これらは「V1 した上で V2」と言い換えられる。
　このタイプは極めて限定的である（巻末の語彙的複合動詞リストで29語）。例えば「*重ね折る」「*重ね切る」「*そろえ切る」「*狙い投げる」「*狙い殺す」などは前段階型の意味関係に適合するが、複合動詞としては成立していない。
　この型においては、前段階事象とその後の事象が時間的にかなり隣接していなければならない。「割り入れる」は、「卵をフライパンに割り入れる」のように、「割る」という事象と「入れる」という事象の間に時間的な開きがない場合に用いられ、そうでない場合は不可になる。オン・ザ・ロックを作る際に割った氷を入れる場合は、E1 と E2 に時間的な開きがあるため、「??コップに氷を割り入れる」とは言いにくい（コップの上で氷を割って、そのまま入れるという意味でなら容認できるかもしれない）。「割り入れる」については、第7章で再び取り上げる。

2.4　背景型

　背景型というタイプは、V2 という事象が起こる背景として V1 が表す事象がある、というものである。背景型のコンストラクションは $[V_i\text{-}V_j]_V \leftrightarrow [E_{j\text{-CHG}} \text{ WITH THE BACKGROUND OF } E_i]$ である。V_i と V_j は他動詞でも自動詞でもあり得る。(14) の「聞き逃す」「売れ残る」がその例である。

(14) a. ラザルスのやかましい足音と怒声に消されて、他の連中の足音を<u>聞き逃して</u>いたのだ。
(BCCWJ 冴木忍『空みて歩こう』)

b. 高度成長期のように、需要が常に供給を上回っているときには、それでも製品が<u>売れ残る</u>ことは多くありませんでした。　(BCCWJ 遠藤功『企業経営入門』)

多くの場合、V1 の表す背景事象は V2 の前提と関連する。(14a) の「聞き逃す」は、＜聞く際に、聞くことによって得ようとしていた対象を逃してしまう＞の意味である（松本1998）。「逃す」は、＜何らかの手段で得ようとしている＞ことを前提として、それを達成できずに＜自分の領域の外に移動することを許す＞ことを表す。その手段を具体的に表しているのが前項動詞である。(14b) の「売れ残る」は、＜売れる際に、売れてなくなりつつある対象（の一部）がそうならずに残る＞という意味である。「残る」は＜何らかの原因でなくなりつつある＞ことを前提として、それにもかかわらず＜存在し続ける＞ことを表す。その無くなる原因を具体的に表しているのが前項動詞である。V1 は、ある展開を予想させる出来事を表し、V2 は、それを背景として、異なる現実の実現を表している。

　背景型は「V1 する際に V2」「V1 すべき状況で V2」などと言い換えられ、全部で 74 語（2.12％）のみであった。

(15) 背景型：
　　　見落とす、見失う、聞き漏らす、見逃す、聞き逃す、買い逃がす、取りこぼす、履き違える、乗り過ごす、言い残す、食べ残す、取り残す、やり残す、焼け残る、溶け残る

これらには、何らかの失敗を表す動詞や、存続を表す動詞を後項とするものが多く含まれている。
　「聞き逃す」や「売れ残る」において、前項動詞と後項動詞の表す事象の間には厳密な意味での因果関係はない。「残る」という事

象は「売れる」ことを背景として起こることであり、売れることが原因で起こるわけではない。しかし、広い意味では因果関係が認められる。残ることは、なくなりつつあることを前提とする。売れることはその前提の原因である。また、逃すことは捉えようとしていることを前提とする。聞くことは、音声情報を捉えるための手段である。その意味で、背景型において、前項動詞は、後項動詞の前提の原因または手段である。なお、「聞き取る」は、「聞き逃す」の前提となっている＜聞くことによって捉えようとする＞ことが、実際に成功することを表している。

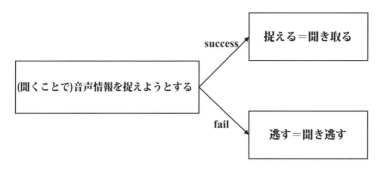

図2　背景型の「聞き逃す」におけるV1とV2の間接的な因果関係

　由本（2007, 2011）は、「見落とす」のような「〜落とす」を［x_i FAIL IN ［Event（z）］］というLCSで表す。この場合、V2「落とす」はV1が表す事象に失敗するという意味を表し、V2「落とす」はV1が表す事象を項として取るため、意味構造において補文構造を取ると考える。しかし、このようなLCSの合成による分析には問題がある。この分析は、「落とす」がかなり自由に前項動詞を取れることを予測する。しかし、実際には何らかの意味で捕獲を表す動詞しか前項動詞になれない。例えば（16）は不可である。

（16）*行き落とす、*壊し落とす、*送り落とす

また、「漏らす」「落とす」「こぼす」「逃す」がどのように異なるかも明らかではない。このことについては、第6章で詳しく検討する。

なお、LCSの分析において、「食べ残す」「売れ残る」のように、後項が存続を表すケースがどのように扱われるかについては不明である。

2.5 様態型

このタイプに含まれる日本語語彙的複合動詞には、「駆け登る、駆け降りる、駆け上がる、滑り降りる、歩き回る、舞い降りる、舞い落ちる、舞い上がる」などがある。

様態型のコンストラクションは $[V_{i\text{-INT}} V_{j\text{-INT}}]_V \leftrightarrow [E_i \text{ IN THE MANNER OF } E_j]$ であり、V1はV2が表す事象が行われる際の様態を表している。E_iが様態を表す事象で、E_jは主に主体移動の事象である。そして、この様態型は全部で195語（5.59%）ある。様態型では、(17)における「舞い落ちる」「転がり落ちる」のように、多くの場合V1とV2は共に自動詞である。

(17) a. あたりには芳香が漂い、花びらがひらひらと<u>舞い落ちて</u>、えもいわれぬ光景である。
(BCCWJ 楠山春樹『老子のことば』)
b. 小指の先ほどの大きさの瓦の破片が屋根を<u>転がり落ちた</u>。　(BCCWJ 雑賀礼史『リアルバウトハイスクール』)

ここでいう様態は、移動・行為の仕方を表すものに限られる。例えば、「持ち歩く」はV2が移動事象を表しているが、様態型ではなく、あとで述べるような付帯事象型に分類される。これは「持ち歩く」において、V2「歩く」という移動事象が、V1が表す＜何かを持っている＞ということと切り離して認識できるからである。バッグを持ち歩いている人を例に考えてみよう。この場合、その人が歩いていることはその下半身を見ればわかることであり、バッグを持っていることによって、その歩き方が大きく変わることはない。そのため、「持ち歩く」において、V1「持つ」はV2「歩く」の様態ではなく、付帯事象にすぎない。対して、「転がり落ちる」という複合事象においては、V1の「転がる」はV2「落ちる」が表す移

動の様式を決定するものであり、「転がる」という様態から切り離して「落ちる」という移動を認識しにくい。ここでいう様態は、このように移動の仕方を決定づけるものに限定される。

　様態型にはいくつかのサブタイプがある。以下において各サブタイプについて説明する。まず、V1 が、V2 の表す移動・行為の様態であるのみならず、その原因や手段にもなっている場合である。この場合、V1 は移動・行為を生じさせるプロセスであり、同時に移動・行為の様態も規定している。例えば、V1 が原因性様態である「転がり落ちる」が表すのは、「転がった結果落ちる」ことでもあり「転がりながら落ちる」ことでもある。V1 が手段性様態である「飛び回る」は、「飛ぶことによって回る」ことでもあり、「飛びながら回る」ことでもある。

(18) a.　原因性様態：
　　　　　転がり込む、転がり落ちる、転げ落ちる、滑り落ちる、流れ出る、流れ下る
　　 b.　手段性様態：
　　　　　駆け下りる、駆け上がる、（鳥が）舞い飛ぶ、泳ぎ回る、走り回る、駆け回る、歩き回る、飛び回る、駆け上がる、駆け下りる、駆け寄る、駆け回る、走り寄る、這い進む、這い出る

(18b) の動詞の V1 は、自らを動かすことを表す動詞（Ikegami 1991, Talmy 2000）で、V2 はそれによって実現した移動を表している。

　次に、V1 と V2 の間に直接的な因果関係がないケースがある。この場合、V1 と V2 には、他の共通の原因や共通の目的があると考えられる。

(19) a.　共原因性様態：
　　　　　（埃が）舞い上がる、舞い散る、舞い込む、漂い出る、さまよい歩く、踊り歩く、浮かれ歩く、暴れ回る、は

しゃぎ回る
  b. 共目的性様態：
     練り回る、練り歩く、覗き見る

これらのうち、(19a)では、V1とV2が共通の原因によって起こる出来事を表していると考えられる。共原因性様態は(20)のように、V1とV2の表している事象が共通の原因によって引き起こされたものである。

(20) a. 落ち葉は風に吹かれて{舞った／上がった／舞い上がった}。
   b. 地図を失くしたので、彼は山道を{さまよった／歩いた／さまよい歩いた}。

このタイプは、ある共通の原因によって、V1とV2の表す事象が必然的な共起性を持つことになり、1つの複合事象として認識されるようになると考えられる[*6]。

一方、(19b)の共通目的性様態のタイプは(21)のように、V1とV2の表す事象がある共通の目的を持っている[*7]。

(21) a. 神輿を皆に見せるため、各町内を{練って行った／回った／練り回った}。
   b. 誰がいるかを確かめようと、部屋の中を{覗いた／見た／覗き見た}。

このタイプは、ある共通の目的によって、V1とV2の表す事象が必然的な共起性を持つことになり、1つの複合事象として認識されていると考えられる。共通の目的によって複数の事象が1つに統合されることは3.3節で再び取り上げる。

2.6 付帯事象型

前節で「持ち歩く」と「転がり落ちる」の違いについて述べた。

「持ち歩く」において、V1「持つ」はV2「歩く」が表す移動の様態ではなく、付帯事象である。「持ち歩く」のような複合動詞は、$[V_i\text{-}V_j]_V \leftrightarrow [E_i \text{ WITH THE CIRCUMSTANCE OF } E_j]$ というコンストラクションによって表すことができる。付帯事象型の複合動詞は全部で296語（8.49％）ある。

(22) a. 兄を虚しく探しまわりましたが、その足跡も影すらも見つけられませんでした。
       (BCCWJ 森村誠一『地果て海尽きるまで』)
   b. 永い間姉はすすり泣きながら、帰ろうよ、と母親にいっていた。　　(BCCWJ 高橋三千綱『九月の空』)

付帯事象型においてはV1とV2の事象に時間的な共起関係があり、「V1ながらV2」と言い換えられる。ただし、以下に見るように付帯事象型においても共起関係の他に、V1とV2の表す事象の間に何らかの因果関係が見られる。

付帯事象型も様態型と同様に、いくつかのサブタイプに分けることができる。まずはV1が表す事象がV2の表す事象の付帯事象であると同時に、原因や目的・手段である場合がある。

(23) a. 原因性付帯事象：
       笑い転げる、笑いもだえる、生い茂る、悩み苦しむ、悲しみ嘆く
   b. 目的・手段性付帯事象：
       見回る、攻め上がる、攻め入る、探し回る、売り歩く、食べ歩く、逃げ回る、語り明かす、飲み明かす

次に、V1とV2の間に直接的な因果関係がないが、V1とV2が共通の原因や目的を持つ場合がある。

(24) a. 共原因性付帯事象：
       泣き叫ぶ、泣き暴れる、泣き騒ぐ、すすり泣く、思い

　　　　悩む、嘆き悲しむ、泣きわめく、もがき苦しむ、悩み
　　　　苦しむ
　　b. 共目的性付帯事象：
　　　　持ち寄る、持ち歩く、持ち帰る、持ち回る、連れ歩く、
　　　　連れ帰る、隠し持つ、探し求める、歌い踊る、混ぜこ
　　　　ねる

(24a) のような共原因性付帯事象型は、V1 と V2 が共通した原因によって起こるものである。(25) に示す通りである。

(25) a. ショッキングな出来事があったため {泣いた／叫んだ／泣き叫んだ}。
　　　b. 借金のせいで {悩む／苦しむ／悩み苦しむ}。

また、(24b) のような共目的性付帯事象型は、V1 と V2 が共通の目的を持つものである。

(26) a. シェアするために {(料理を) 持つ／(友人の家に) 寄る／持ち寄る}。
　　　b. ハンバーグを作るために素材をよく {混ぜる／こねる／混ぜこねる}。

このように、共原因性付帯事象型と共目的性付帯事象型は、ある共通の原因か目的によって V1 と V2 が結び付けられており、V1 と V2 の間に間接的な因果関係がある。
　最後に、付帯事象型には周辺的なものとして、以上のような原因、目的による関係性が認められないものがある。この周辺的なタイプの V2 は、多くの場合人間または動物のデフォルト的な活動形態を表している。

(27) 群れ飛ぶ、群れ泳ぐ、群れ立つ、遊び暮らす、泣き暮らす、嘆き暮らす、眺め暮らす、待ち暮らす、隠れ住む

「群れ飛ぶ」「群れ泳ぐ」「群れ立つ」は、V1 と V2 の間に共通の原因や目的がない[*8]。この場合V2 はその動物のデフォルト的な活動形態を表している。「遊び暮らす」「泣き暮らす」「隠れ住む」なども同様に、V1 と V2 の間に共通の原因や目的がない。この場合も、V2 が人間のデフォルト的な活動形態を表している[*9]。

2.7　比喩的様態型

もう1つのタイプとして、一方の動詞がもう一方の動詞の比喩的な様態を表すものがある（松本1998）。(28) がそうである。

(28) a. 咲き狂う、咲き誇る、咲きこぼれる、書きなぐる、踊り狂う
　　 b. 狂い咲く、盗み見る、盗み聞く、投げ売る、流し読む

(28a) は V2 が V1 の比喩的様態を表し、(28b) は V1 が V2 の比喩的様態を表す。(28a) のタイプは $[V_i\text{-}V_j]_V \leftrightarrow [E_i\text{ AS IF }E_j]$、(28b) は $[V_i\text{-}V_j]_V \leftrightarrow [E_j\text{ AS IF }E_i]$ で表すことができ、「V2 ように V1」「V1 ように V2」と言い換えることができる。

注目すべきことは、(28a) が左側主要部の複合動詞であることである。これらの例の一部の名詞形においては通常の右側主要部となる。

(29) 狂い咲き、なぐり書き

なぜこれらの複合動詞が左側主要部の語順になるのかは明らかではない。

一方、(28b) のものは、頻繁に使われる複合名詞（「狂い咲き」「盗み見」「盗み聞き」「投げ売り」「流し読み」）を持つものが多い（巻末リストを参照）。また、連濁が起こる音韻的条件を満たすものでは、連濁が起こっている場合が多い（「狂い咲く」など）。一般に、複合動詞においては連濁が起こらず、複合名詞においてはそれが起こる。そのため、(28b) のものは複合名詞に基づいて成立してい

るものだと思われる。このため、以下では比喩的様態型としては(28a)の型のものを中心に扱う。

2.8 同一事象型

E_i と E_j の意味的な類似性に基づくものとして、同一事象型の複合動詞がある。同一事象型は $[V_i\text{-}V_j]_V \leftrightarrow [E_i ≒ E_j]$ というコンストラクションで表され、V1 と V2 が表す事象には全般的な類似性が見られる。(30) の「飛び跳ねる」や「恐れおののく」などのような類義語の組み合わせのものがこのタイプに該当する[*10]。

(30) a. 目の前の路面で、ガラスの破片が<u>飛び跳ねる</u>。
（BCCWJ 乙一『失はれる物語』）
b. 平家敗北の報が都へ伝わると、京中の人々は<u>おそれおののいた</u>。
（BCCWJ 安西篤子『義経の母』）

「飛び跳ねる」において、「飛ぶ」と「跳ねる」が表す事象は、共に足を使う上方への瞬間的な主体移動であり、両者は多くの点で類似している。このような類似性から、同一事象を表すために、V1「飛ぶ」と V2「跳ねる」が結合したのだと思われる。

この同一事象型は、ある動的プロセスの反復性（repetitiveness）あるいは強度（intensity）を表すために、2つの類似した意味を持つ動詞を組み合わせたものである（Matsumoto 1996a: 198）。このタイプは日本語においてはあまり確立されておらず、全部で 57 語（1.63％）しかない。

(31) 同一事象型：
遊び興じる、遊び戯れる、戯れ遊ぶ、打ち叩く、恨み憎む、恐れおののく、隠れ潜む、肥え太る、好き好む、責めさいなむ、抱き抱える、努め励む、照り輝く、光り輝く、鳴り響く、飛び跳ねる、舞い踊る、褒め称える、消え失せる

複合名詞においては「親子」「男女」のように、概念的に対立す

る語が並列的に複合化することが多く、並列型などと呼ばれることがある。ここで言う同一事象型の複合動詞についても並列型という用語が使われることがあるが、2つの語が類似の事象を表し、同一の事象を指すものとして複合しているという点で、複合名詞の並列型とは事情が異なる。

　しばしば、この種の複合動詞として、「泣き叫ぶ」「笑いはしゃぐ」「嘆き悲しむ」「すすり泣く」「思い悩む」が挙げられることがある。しかし、これらは、本研究では付帯事象型として分類している。同一事象型と付帯事象型の違いは、(32)に示したように、「V1ながらV2」と言い換えられるかどうかで確認できる[*11]。(32b)の同一事象型の場合は冗長に感じられる。

(32) a. 付帯事象型
　　　　泣き叫ぶ　　　泣きながら叫ぶ
　　　　笑いはしゃぐ　笑いながらはしゃぐ
　　　　嘆き悲しむ　　嘆きながら悲しむ
　　　　すすり泣く　　すすりながら泣く
　　b. 同一事象型
　　　　抱き抱える　　??抱きながら抱える
　　　　好き好む　　　*好きながら好む
　　　　飛び跳ねる　　??飛びながら跳ねる
　　　　舞い踊る　　　?舞いながら踊る

「～ながら」テストは別個の事象が時間的に共起しているかどうかを調べるものだが、同一事象型においてはV1とV2の表す事象が別個の事象とは考えられず、2つの事象間の時間的関係を考えるのは無意味である。

2.9　事象対象型

　事象対象型とは、(33)のように、V2がV1の表す事象を事象参与者（対象）として取るものである。

(33) 出し惜しむ、読みふける、伸び悩む、隠しおおせる、上げ渋る、下げ渋る、売り渋る、買い渋る、貸し渋る、食い渋る、出し渋る、泣き止む、買い控える、言いさす

これらの例は「V1することをV2」というふうに言い換えることができ、その点においては、いわゆる統語的複合動詞と似ている（「走り始める」＝「走ることを始める」）。これらの例が統語的複合動詞と異なるのは、統語的複合動詞が第1章で述べたように、V1にイディオムの一部を成す動詞を挿入したり、V1とその項を「そうする」で代用したりすることなどができるのに対し、(33) の複合動詞はそれができないという点にある。これらの複合動詞のうちには、「～おおせる」のように、かつて統語的複合動詞であったものが、生産性を失って語彙的になったと思われるものがある[*12]。

2.10 派生型

本章冒頭で述べたように、日本語の語彙的複合動詞にはスーパースキーマとして、V1とV2の主語が同一物を指していなければならない、という一般的な制約がある。しかし、語彙的複合動詞の中には、V1とV2の主語が異なるものが一定数存在する。このような主語不一致型の多くは、主語が一致する複合動詞に基づいて派生的に成立したものと考えられる。このような派生型の複合動詞は、大きく「打ち上がる」型、「舞い上げる」型、「酔い潰す」型に分けることができる。

まず「打ち上がる」型はV1とV2が原因―結果の関係にある複合動詞の中で、V1とV2の主語が一致しないものであり、以下のような例がある。

(34) 打ち上がる、打ち当たる、売り上がる、擦り切れる、擦りむける、突き刺さる、漬け上がる、付け加わる、煮崩れる、縫い上がる、吹き飛ぶ、折り重なる、重ね合わさる、積み上がる、積み重なる、はり付く、焼きつく

これらの例は、主語が一致する「打ち上げる」「売り上げる」「擦り切る」などに基づいて成立したものだと考えられる。

　次に「舞い上げる」型は、後項が使役移動を、前項がその移動の様態を表すものである（様態―使役移動型）。例えば、「舞う」は「上がる」の様態であり、「上げる」はそのような移動の使役を表している。これらは主語が一致する「舞い上がる」などに基づいて成立したものである。同様に「酔い潰す」は、後項が使役変化を、前項がその変化の原因を表すものである（原因―使役変化型）。これは主語が一致する「酔い潰れる」に基づいて成立したものと考えられる。これらには以下のような例がある。

(35) 舞い上げる、立ち上げる、跳ね上げる、沸き上げる、絡み付ける、しみ付ける、滑り落とす、揺れ動かす、酔い潰す、沸き起こす、(△萌え殺す、△笑い殺す)

これらは、第8章で再び議論する。

2.11　V1希薄型

V1の意味が希薄化したものとして、(36)のような例がある。

(36) 打ち沈む、打ち震える、打ち捨てる、押し黙る、押し迫る、かけ離れる、掛け持つ、差し上げる、差し押さえる、突っ立つ、立ち返る、取り囲む、取り調べる、取りまとめる、ぶっ飛ばす、ぶったまげる　など

「打ち沈む」「打ち続く」などにおけるV1「打つ」や、「取り囲む」「取り調べる」などにおけるV1「取る」は、本来の物理的な動作としての意味がなくなり、希薄化している。

　これらの中には、「打ち沈む」「ぶったまげる」のように主語が一致していないように思えるものもあるが、そもそもこれらのV1は動詞としての項構造、あるいは本研究で言う、動詞としての語彙的意味フレームを持っていないと考えられ、主語一致を論じることが

第4章　コンストラクションと複合動詞Ⅰ　　93

無意味であると考える。

V1希薄型に特徴的なのは、V1が特定の動詞に限られるということである。この点は第5章で再び論じる。

2.12　V2補助型

V2がV1の意味に特定の要素を付け加える、または補助的な機能を果たしている場合がある。例えば、「朽ち果てる」「困り果てる」などにおけるV2「果てる」は、＜（V1の表す状態変化が）限界点に達する＞ことを表し、「責め立てる」「騒ぎ立てる」などにおけるV2「立てる」は、＜（V1の表す事象が）さかんに（行われる）＞という意味である。これらにおいては、意味的な主要部はV1であり、項構造はV1と同じである。

これらは、特定のV2に基づくものである点、また、そのV2の意味がイメージスキーマ的な拘束意味であることが多いのが特徴である。

V2補助型には様々なものがあり、中には、V2が本来の動詞の意味を基本的に保持しながらも、補助的な役割をしている場合もある。

(37) a.　見上げる、見回す、怒鳴り返す
　　 b.　生まれ合わせる、居合わせる

(37a)の「見上げる」「見回す」においては、視線を上げたり、回したりすることを表している。同様に、「怒鳴り返す」においても、声を返している。「生まれ合わせる」「居合わせる」においては、V1の事象が起こる時刻と場所を合わせている。このように、(37)のような例の場合、V2の項に当たるものが抽象的であり、全体の項として実現していないが、V2自体は項が抽象的であること以外は本来の動詞の意味と同じである。これらにおいては主語の一致も見られる。見る人が視線を回す人なので、「見回る」ではなく「見回す」になるのである。このように、これらのV2は本来の動詞の意味を基本的に保持している。ただし、その意味は複合動詞全体の中では補助的である。

V2 が本来の動詞の意味から変化して、複合動詞でのみ見られる意味（拘束意味）で使われるものもある。次のものがその例である。

(38)「〜果てる」：あきれ果てる、朽ち果てる、疲れ果てる
　　　　　　　　　など
　　「〜立てる」：言い立てる、責め立てる、騒ぎ立てる　など
　　「〜上げる」：歌い上げる、張り上げる　など
　　「〜返る」：呆れ返る、溢れ返る、静まり返る、沸き返る
　　　　　　　　など
　　「〜つく」：凍りつく、寝つく

「〜果てる」と「〜立てる」は前述のように、それぞれ＜（V1の表す状態変化が）限界点に達する＞、＜（V1の表す事象が）さかんに（行われる）＞という意味を表し、本来の動詞の意味と異なる。「呆れ返る」などにおいて、V2「返る」は＜すっかり（V1する）＞という意味を表す。「寝つく」において、V2「つく」は＜（V1の状態変化が）ある安定した状態になる＞という意味である。

2.13　不透明型

複合動詞には、V1、V2共にどういう意味的な役割を担っているのか認識できないもの、あるいは認識しにくいものがある。(39)に挙げたものがその例である。

(39)a.　取り締まる、押しかける、折り入る、取り持つ、もてなす
　　b.　うっちゃる、支払う、ひっつく、くっつく、ついばむ、見なす

(39a) は全体の意味から V1 と V2 の意味の役割を認定するのが困難な例で、(39b) は 2 つの動詞からなっていることが形態的にもはっきりしない例である。これらの例は第 5 章で述べるように、個別動詞レベルのコンストラクションとして、[V1-V2]$_V$ 全体でレキ

シコンに登録されていると考えなければならない。

3. 影山（2013a, c）の分類について

影山（2013a, c）、Kageyama（2018）は、これらの語彙的複合動詞を2種類に分ける。本研究における原因型、手段型、様態型、付帯事象型などを主題関係複合動詞とする一方、V2補助型、事象対象型、及び背景型の一部を、V1の概念的意味に対して何らかの語彙的アスペクト（Aktionsart アクツィオンスアルト）の意味を添加するアスペクト複合動詞として分類する。語彙的アスペクトとは、「動詞が表す事象の完成に至る時間的な段階、あるいは完成した後の状態」あるいは「動詞が表す事象の強度や程度」を指すものである（影山 2013c: 14）。

この2種類を設ける根拠は次の通りである。影山によれば、複合動詞は2つの動詞から1つの動詞をつくるもので、その規則が繰り返し適用を受けないために、通常は2つの動詞の連鎖しか認められないが、特定の場合に3つの連鎖が認められるという。以下のような場合である。

(40) 寝静まり返る、干からび上がる

影山によると、これらはV3が語彙的アスペクトを表す場合であるとする。これを説明するために、影山は複合動詞に2種類を認め、語彙的アスペクト複合動詞は、前項として主題関係複合動詞を取ることができるとしている。つまり、複合動詞は以下のような構造を持つという。

(41)
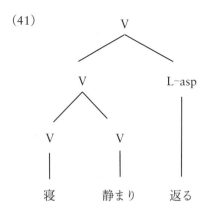

これに対し、上記の順に合わない（42a）や、主題関係複合動詞が再複合した（42b）は不可であるとしている。

(42) a. ＊寝返り静まる、＊干上がりからびる
    b. ＊たたき蹴り落とす、＊叩き落としつぶす

影山は、2種類の複合動詞を区別する根拠として、アスペクト複合動詞が主題関係複合動詞と異なって反復形の動詞を許すとし、(43) のような例をウェブ上のデータから挙げている。このことから、主題関係複合動詞と比べてアスペクト複合動詞は結合度が緩いとしている。

(43) a. 頼みに頼み込んだ
    b. 冷えに冷え切った体

本研究ではこの2種類の複合動詞の間に構造的な違いはないと考える。まず、(40) と (42a) の違いは、(42a) が意味的なスコープの点から整合的ではないからだと考えられる（陳奕廷 2017）。「寝返り静まる」は [[寝-返り]-静まる] のような関係になっているはずだが、[寝-返り] は意図した意味に解釈できない。また、(40) のような3つの動詞の複合形は、一定の場合に主題関係複合動詞とされる複合動詞においてもウェブ上で散見される。以下のよ

うな例である。

(44) a. ひょいと二人を<u>抱き抱え上げて</u>ネオの腕の中で三人が納まった。
 (〈http://id5.fm-p.jp/85/PIETA/index.php?module=viewbk&action=ppg&stid=11&bkid=8812&pgid=&pgno=&bkrow=0&pw=&bkpw=&ss=〉 2017/10/14 にアクセス)

b. 椅子が所狭しと<u>敷き詰め込まれ</u>、少々窮屈な印象です。
 (〈http://noritan.beverlyclaire.com/category/interests/stock/〉 2017/10/14 にアクセス)

c. 訪問販売で商品を<u>売り歩き回る</u>。
 (〈https://society6.5ch.net/test/read.cgi/koukoku/1168181063/〉 2017/10/14 にアクセス)

d. 新天地で<u>咲き乱れ散ろう</u>
 (〈https://www.garow.me/tags/%E3%81%A8%E3%82%8A%E3%81%82%E3%81%88%E3%81%9A%E5%AF%9D%E3%82%8C%E3%82%8B〉 2017/10/14 にアクセス)

(40) と (44) に共通して見られるのは、[[V1-V2] -V3] の構造が意味的に整合的であることと、V1-V2 と V2-V3 の両方の複合動詞がすでに存在しており、V1-V2-V3 の連鎖が聞き慣れたものであることである。このことから、一部の話者はこのような語形を容認するのだと思われる。また、影山の挙げる反復形の動詞も一部の主題関係複合動詞において V1 となる例が散見される。

(45) a. <u>降りに降り積もる</u>雪
 (〈http://roycehair.com/%E9%9B%AA%E6%99%AF%E8%89%B2/〉 2017/10/14 にアクセス)

b. <u>探しに探し求めた</u>茶器をついに手に入れた。
 (〈https://ameblo.jp/aoibushoutai/entry-12308585061.html〉 2017/10/14 にアクセス)

c. 爆弾低気圧の影響か強風が<u>吹きに吹き荒れている</u>湘南

　　　 です。
　　　 (⟨http://piggyskitchen.blog.fc2.com/blog-entry-16.html?sp⟩
　　　 2017/10/14 にアクセス)
　d. これまで人生のあらゆる過程で溜めてきた鬱屈とした
　　　 エネルギーを練りに練り固めた作品が
　　　 (⟨https://www.google.co.jp/search?q=%22%E7%
　　　 B7%B4%E3%82%8A%E3%81%AB%E7%B7%B4%E3%82%8
　　　 A%E5%9B%BA%E3%82%81%22&ie=utf-8&oe=utf-
　　　 8&client=firefox-b&gfe_rd=cr&dcr=0&ei=0MvgWeT_
　　　 AcmQ8Qf70oOYAQ⟩ 2017/10/14 にアクセス)

　これらは、V1 の事象の繰り返しと V2 とが両立しうる意味を持っている場合である。このような場合に、一部の話者は反復形の表現を使えるのだと思われる。
　その一方で、影山が提案したのとやや類似した区別は、意味的な立場から行うことができるかもしれない。原因型、手段型、前段階型、背景型、様態型、付帯事象型、比喩的様態型、及び派生型は、いずれも V1 と V2 が独立した下位事象を表している。そのため次節で見るように、E1 と E2 の因果関係や時間的関係が議論できる。また、この場合の 2 つの事象は、一方がもう一方の語彙的意味フレームにおける関連事象となっている。その意味で、これらは第 6 章で見るような語彙的意味フレームの合成を伴う複合動詞である。これに対し事象対象型では、一方がもう一方の語彙的意味フレームにおける関連事象ではなく、また同一事象型、V1 希薄型、V2 補助型、不透明型では、V1 と V2 は独立した 2 つの下位事象を表してはいない。

4. 認知的統合性

語彙的複合動詞には様々なタイプがあるが、これらのタイプの複合動詞が日本語で認められることにはどのような認知的な動機付けがあるのだろうか。このことは2つの点で重要である。意味関係スキーマに共通の動機付けがあれば、それは上位のスキーマで捉えられることになる。また、このような動機付けを考察することで、日本語複合動詞で1つの事象と見なすことができるのはどのようなものかを知ることができる。これは認知意味論的に重要な課題である。

4.1 広義の因果性

第2節の意味タイプの議論からわかることは、日本語の複合動詞においては、多くの場合、広い意味での因果性が関わっている、ということである。原因型の複合動詞に見られる明らかな因果関係だけでなく、ほかの意味タイプにおいても広義の因果関係が関わっている。ここで言う広義の因果性には、原因結果の因果関係のほか、間接的な因果関係や目的性も含む。

まず、手段型の複合動詞も広義の因果関係に基づくものである。手段とは、使役者がある結果を生じさせるために行う具体的行為であり、使役の連鎖に参加する要素だからである。前段階型の複合動詞も、前段階を踏まえた上で後段階が成立することを表しており、その意味で2つの動詞が表す事象は広義の因果関係にある。背景型の場合は、E1 が E2 の前提の原因または手段である。様態型の複合動詞においても、E1 が E2 の移動の様態であるだけでなく、E1 が E2 を引き起こす原因である場合、または E1 が E2 を達成する手段である場合がある。様態型のその他の場合には、E1 と E2 に共通の原因か目的が関与している。付帯事象型の場合も同様である。E1 が E2 の付帯事象であると同時に E2 の原因か目的を表すか、E1 と E2 が共通の原因または目的を持つ。

日本語の語彙的複合動詞においては、多くのタイプで、このような広義の因果性によって2つの動詞が結合している。広義の因果性が見られない場合は、複合動詞化が不可能になるケースが多い。例

えば、付帯事象型において、時間的な共起性があっても広義の因果関係がなければ複合は極めて限定的である。「立ち読みする」「立ち食いする」「立ち聞きする」「立ち見する」「隠し撮りする」「回し飲みする」「抱き寝する」などのV-V名詞＋するの動詞はあるが、「*立ち読む」「*立ち食う」「*立ち聞く」「*立ち見る」「*隠し撮る」「*回し飲む」「*抱き寝る」などはない。これらの場合、E1とE2の間に原因型や手段型に見られるような因果関係はない。

(46) a. *立った結果読む／*立つことによって読む
   b. *立った結果食う／*立つことによって食う
   c. *立った結果聞く／*立つことによって聞く
   d. *立った結果見る／*立つことによって見る
   e. *隠した結果撮る／*隠すことによって撮る
   f. *回った結果飲む／*回ることによって飲む
   g. *抱いた結果寝る／*抱くことによって寝る

また、E1とE2間に、共通の原因または目的も見られない。

(47) a. お金を節約するために {*立つ／*読む／立ち読みする*13}。
   b. お金を節約するために {*立つ／*食う／立ち食いする}。
   c. 話の内容が気になるので {*立つ／聞く／立ち聞きする}。
   d. 空いている席がないので {立つ／*見る／立ち見する}。
   e. スクープを手に入れるために {*隠す／撮る／隠し撮りする}。
   f. みんなが楽しめるようにそれを {回す／*飲む／回し飲みする}。
   g. 赤ちゃんを安心させるために {抱く／*寝る／抱き寝する}。

2.6節で見たように、付帯事象型には周辺的なものとして、「泣き暮らす」のように、E1とE2の間に共通の原因、目的が見られない複合動詞もないわけではないが、この周辺的なタイプはかなり限定的であり、多くの場合、付帯事象とデフォルト的な活動形態の組み合わせである。

広義の因果関係に基づくタイプにおいて、上述のような制約は必要条件ではあるが、十分条件ではない。そのため、「暇つぶしのために{(音楽を) 聴く／走る}」というように、2つの動詞に共通の原因や目的があったとしても、「*聴き走る」のような複合動詞は存在しない。重要なのは、(46)のように広義の因果関係という制約を満たさない動詞の組み合わせは、原因型、手段型、前段階型、背景型、様態型、付帯事象型において、複合動詞として成立できないということである。なお、同一事象型、V1希薄型、V2補助型、不透明型においては、2つの動詞が独立した事象を表していないので、因果関係を論じることができない。事象対象型と比喩的様態型において因果関係が関与しないのは、これらの意味的な性質によると思われる。

4.2 時間的緊密性

本節ではさらにE1とE2の時間関係を考慮に入れて、日本語の語彙的複合動詞の多くのタイプには、時間的緊密性が必要だと論じる。時間的緊密性は、原因型、手段型、前段階型、様態型、付帯事象型、比喩的様態型においては必須の要素である。例えば、比喩的様態型の「咲き狂う」において、咲いている時に狂ったかのような様態が成立していなければならない。重要な点は、時間的緊密性が因果関係に基づくタイプにも関わっていることである。このため、因果関係に基づくタイプには、因果関係と時間的緊密性によって、「広義の因果関係による必然的な時間的緊密性」が見られる。

因果関係に基づく複合動詞のタイプには、「叩き壊す」「駆け上がる」のように、E1とE2が同時に起こる場合と、「割り入れる」のように、同時ではない場合がある。しかし、手段型の議論で見たように「*投げ壊す」が不可であることや、前段階型の議論で見たよ

うに「割り入れる」に時間的な制限があることから、同時ではない場合にも、E1 と E2 の間に、時間的に緊密な連続性がなければならない。ここでは、同時性と緊密な連続性にまたがる概念として、「時間的緊密性」という用語を使う。

　従来の研究では、複合動詞の時間的性質に関して、以下のような主張がなされていた。複合動詞の認知的な動機付けについて、因果関係以外に、「同時性」がよく論じられてきた。例えば Matsumoto (1996a) では、日本語複合動詞を含む語彙的な述語に課せられた意味的制約として、因果関係に相当する「決定的使役の条件 (Determinative Causation Condition)」のほかに、「同時性の条件 (Coextensiveness)」という条件を設けている。

　　(i) 決定的使役の条件：構成イベントの一つは、もう一つの唯一の決定的原因でなければならない。あるいは、
　　(ii) 同時性の条件：主要な構成イベントは、1) 副次的構成イベントそれ自体か、2) その結果か影響、あるいは 3) それを実現させようとする意図と時間的に同時的でなければならない

　　　　　　　　　　　　　　　　　　　（Matsumoto 1996a: 269）

ここでは因果関係と同時性が OR の関係になっている。しかし、少なくとも日本語複合動詞においては、同時性という条件だけでは説明できない例が多くある。例えば、＜笑いながら歩く＞という意味で「*笑い歩く」とは言えないように、同時性という条件だけを満たしても複合動詞としては成立できない例は多い。このような例には、「*考え走る（考えながら走るという意味で）」「*歌い洗う（鼻歌を歌いながら洗うという意味で）」「*立ち読む（cf. 立ち読みする）」「*立ち食う（cf. 立ち食いする）」などがある[*14]。

Kaufmann (1995)、Wunderlich (1997)、Kaufmann & Wunderlich (1998)、Gamerschlag (2000) などにおいて主張されている Coherence という概念も、述語の合成的意味構造には、因果関係または同時性が必要だという制約である。

> 一貫性：
> 分解意味形式構造の述語によってコード化される諸下位事象は、同時的であるか因果的関係を持たなければならない。
>
> （Kaufmann & Wunderlich 1998: 6）

Gamerschlag（2000）はこれを日本語複合動詞に適用している。しかし、これも Matsumoto（1996a）の提案と同じように、「*笑い歩く」などを排除できない。

　本研究は因果関係と時間的緊密性という2つの動機付けが独立しているのではなく、因果関係に基づく複合動詞において、以下のように関連していると考える。

(48) 広義の因果関係、及びそれに基づく必然的な時間的緊密性：
　　直接的な因果関係（E1 と E2 が原因―結果、手段―目的の意味関係にある場合）、または間接的な因果関係（E1 と E2 が共通の原因または目的を持つ場合）を持つ E1 と E2 が、時間的な緊密性を保って共起する場合に、E1 と E2 が1つの複合事象として統合され、日本語の語彙的複合動詞として成立可能となる。

本研究と先行研究で1つ大きく異なるのは、比喩的様態以外の場合、同時性だけが独立して複合動詞を成立させるのではなく、「因果関係」と、それに基づく「時間的な緊密性」が必要となる、と考える点である。

　従来、「舞い上がる」や「駆け上がる」のような複合動詞は同時性という認知的な動機付けに基づくものだとされてきた。しかしこのタイプの複合的な事象には因果関係も関わっている。先に見たように「舞い上がる」の場合は両事象に共通の原因があり、「駆け上がる」では前項動詞が後項動詞の手段でもある。つまり、これらの複合動詞が成立するのは、それを構成する2つの動的プロセスが偶然同じ時間に発生したのではなく、ある「必然的な緊密性[*15]」により、2つの動的プロセスが同じモノに同時に起こり、認知主体に

よって同時に知覚されることに基づいている。

ただし、この「広義の因果関係、及びそれに基づく必然的な時間的緊密性」という制約も、必要条件であって十分条件ではない。これだけでは、どうして「持ち去る」が許されて「*持ち逃げる」が許されないのか、説明は難しい。「持ち去る」は共目的性の付帯事象型複合動詞であるが、この型の生産性は限定的なようである。

このことは、日本語で許される意味関係スキーマに共通の動機付けを見出すことができても、各スキーマにおける生産性には差があることを示している。つまり、上位スキーマでその共通の動機付けを捉える必要がある一方で、やはり下位の意味関係スキーマも設定する必要があることを物語っている。

なお、「立ち食いする」というように、$[[V1\text{-}V2]_N suru]_V$という形式を用いれば問題なく表現できるのに、「*立ち食う」のように$[V1\text{-}V2]_V$という形式だと成立しない。このことは、ここで議論した制約が複合動詞というコンストラクションの制約だということを示している。

4.3 因果関係、目的性が重要である理由

以上見たように、日本語複合動詞においては、因果関係が重要な働きをしている。因果関係は、日本語複合動詞に限らず、動詞一般について重要な役割を果たしているとされる（Croft 1991 など参照）。これはなぜなのだろうか。Talmy（2000）によると、因果関係は事象と事象の関係であり、結果となる事象は原因となる事象が起こったことによって初めて成立するものでなければならない。また、近年の認知科学と脳科学の研究によると、我々は絶えず因果関係のシミュレーションを行っており、結果をシミュレートする能力と、原因を推論する能力があると言われている（Patterson & Barbey 2011）。

> 特定の状況において私たちは、実際のあるいは潜在的な因果関係のシナリオのシミュレーションを記憶から呼び起こしたり、急いで作り上げたりして、そのシミュレーション

> を実行することができる。そうして、起こりうる状況の諸展開を作り出して、それに対して起こりうる反応を予想する。あるいは、特定の状況を作り出したり説明したりする、先行シナリオを思い描くことができる。
>
> (Patterson & Barbey 2011: 15)

　因果関係は時間の順序と関連し、先に起こったことが原因でその次に起こるのが結果であり、2つの異なる時間に起こった活動(activity)は因果関係がある場合を除いて異なる事象と見なされる(Radvansky & Zacks 2010)。一方、因果関係にある2つの情報(information)は同じ事象として見なされやすく(Zacks et al. 2009)、因果関係にある情報はそうでないものより符号化(encode)されやすいことが分かっている(Radvansky & Copeland 2000)。これは、我々が因果関係にある2つの事象を何度も経験することで、2つの事象に結びつきが生じ、一方の事象だけでもう一方の事象が自動的に喚起されるようになるからだという(Barbey & Patterson 2011)。

> 因果的事象が繰り返し経験されるにつれて、そのシミュレートされた構成要素及びそれらを結び付ける因果関係は潜在性を増す。そうして、最初に一つの構成要素が知覚されると、これらの連想がそのパターンを自動的に完成して、背後にある原因とそれから生じる結果についての推論を支えることになる。　　　　(Barbey & Patterson 2011: 2-3)

このように、因果関係にある2つの事象は同時に知覚されなくても、2つの事象の偶然的でない強い共起性から単一の複合事象として経験されるようになる。
　原因と同様に、目的も事象の統合性に深く関わることが知られている。我々の行動というものが本来目的志向であり、同じ目的を持っている限りにおいて、1つの事象として認識されるからである。

> 事象は目的へと向かう。結婚式の目的は結合を正式なものにすることであり、朝食の目的は空腹を癒やすことである。
>
> (Zacks et al. 2007: 273)

例えば、キリスト教式の結婚式は、典型的には、「参列者着席」→「新郎入場」→「新婦入場」→「新婦の引渡し」→「聖歌（賛美歌）斉唱」→「聖書朗読、祈祷」→「結婚の誓い」→「結婚指輪交換」→「誓いのキス」→「結婚の宣言」→「結婚証明書に署名」→「聖歌（賛美歌）斉唱」→「新郎新婦退場」という複数の事象から構成されるが、これらの事象は共通の目的を持っているため、1つの事象として認識されるのである。

反対に、行動の目的が別の新しい目的へと変わると、そこに事象の境界線が生じやすいことも知られている。

> 見る人は、事象の境界線を刺激における変化の時点に置く傾向がある。その変化とは、俳優の動きの変化のような物理的変化から、目的や原因の変化のような概念的な変化にまで及ぶ。
>
> (Kurby & Zacks 2008: 72)

このように、事象の分節化（event segmentation）においては、目的というものが大きな役割を担っている。そのため、同じ目的を持つ複数の事象は同一の事象の一部として統合されやすいのである。

5. まとめ

本章では、コンストラクション形態論のアプローチから、複合動詞をコンストラクションとして考え、日本語の語彙的複合動詞の全体像を階層的スキーマネットワークで捉えることができることを示した。松本（2011）、Matsumoto（2012）と同様に、複合動詞の意味関係をコンストラクション的意味として捉え、日本語複合動詞における一般的な結合制約である主語一致の原則を階層的スキーマネットワークの最上位に位置するスーパースキーマであるとした。

そして、多くの意味関係のコンストラクションに共通した認知的な動機付けについて考察し、従来の分類とは異なり、多くの場合に広義の因果関係とそれに基づく必然的な時間的緊密性が存在すると主張した。これによって、従来の「同時性」という制約のみでは排除できなかった「*笑い歩く」「*立ち読む」「*立ち食う」などの例をふるい落とすことが可能になった。

本章の議論から、日本語複合動詞の体系は以下のように示される。

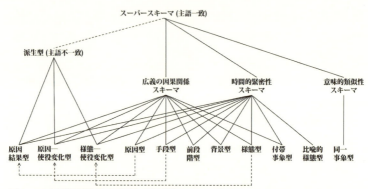

図3　日本語語彙的複合動詞の階層的スキーマネットワーク
(実線＝事例関係，破線＝部分的な継承関係，破線の矢印＝派生関係)

スーパースキーマ：$[V_{i\text{-SIMP.REN}}\text{-}V_{j\text{-SIMP}}]_V \leftrightarrow [E_j \leftarrow \text{RELATION X}\text{—}E_i]_{(L\text{-}SUBJi\,=\,L\text{-}SUBJj)}$

広義の因果関係スキーマ：$[V_i\text{-}V_j]_V \leftrightarrow [E_j \leftarrow \text{CAUSAL RELATION}\text{—}E_i]$

時間的緊密性スキーマ：$[V_i\text{-}V_j]_V \leftrightarrow [E_j \leftarrow \text{RELATION X}\text{—}E_i]$
$(Ti \leq Tj)$

意味的類似性スキーマ：$[V_i\text{-}V_j]_V \leftrightarrow [E_i \text{ IS SEMANTICALLY SIMILAR TO } E_j]$

原因型：$[V_i\text{-}V_{j\text{-INT}}]_V \leftrightarrow [E_{j\text{-CHG}} \text{ BECAUSE } E_i]$

手段型：$[V_{i\text{-TR}}\text{-}V_{j\text{-TR}}]_V \leftrightarrow [E_{j\text{-CAUS.CHG}} \text{ BY } E_{i\text{-AGT}}]$

背景型：$[V_i\text{-}V_j]_V \leftrightarrow [E_{j\text{-CHG}} \text{ WITH THE BACKGROUND OF } E_i]$

様態型：$[V_{i\text{-INT}}\text{-}V_{j\text{-INT}}]_V \leftrightarrow [E_j \text{ IN THE MANNER OF } E_i]$

付帯事象型：$[V_i\text{-}V_j]_V \leftrightarrow [E_i\text{ WITH THE CIRCUMSTANCE OF }E_j]$

比喩的様態型：$[V_i\text{-}V_j]_V \leftrightarrow [E_i\text{ AS IF }E_j]$

同一事象型：$[V_i\text{-}V_j]_V \leftrightarrow [E_i \fallingdotseq E_j]$

派生型：$[V_i\text{-}V_j]_V \leftrightarrow [E_i \leftarrow \text{CAUSAL RELATION} - E_j]_{(\text{L-SUBJi} \neq \text{L-SUBJj})}$

派生 原因―結果型：$[V_{i\text{-TR}}\text{-}V_{j\text{-INT}}]_V \leftrightarrow [E_{j\text{-CHG}}\text{ BECAUSE }E_{i\text{-AGT}}]_{(\text{L-OBJi}=\text{L-SUBJj})}$

派生 原因―使役変化型：$[V_{i\text{-INT}}\text{-}V_{j\text{-TR}}]_V \leftrightarrow [\text{L-SUBJ}_j\text{ CAUSES }[E_{j\text{-CHG}}'\text{ BECAUSE }E_i]]_{(\text{L-SUBJi}=\text{L-OBJj})}$

派生 様態―使役移動型：$[V_{i\text{-INT}}\text{-}V_{j\text{-TR}}]_V \leftrightarrow [\text{L-SUBJ}_j\text{ CAUSES }[E_{j\text{-MOT}}'\text{ IN THE MANNER OF }E_i]]_{(\text{L-SUBJi}=\text{L-OBJj})}$

(SIMP＝単純和語動詞，REN＝連用形，L-SUBJ＝論理的主語，L-OBJ＝論理的目的語，E＝事象（イベント），T＝事象の発生時間，INT＝自動詞，TR＝他動詞，AGT＝動作主的，CHG＝変化，CAUS. CHG＝使役変化，MAN＝様態，↔＝形式と意味の対応関係)

　2節で取り上げた意味関係のタイプのうち、V1の意味が希薄化したもの、V2が補助的な役割を果たしているものは次章で詳しく見ていく。背景型のものについては、第6章で再び取り上げる。V1とV2の主語が一致しないタイプについては、第8章でその成立メカニズムを見ていく。

---

*1　野田（2011）では個々の複合動詞の意味を分析し、そこからボトムアップ的に抽出した13の構文的意味を提示している。このような構文的意味は、構成要素の合成という観点からでは説明できないものであり、複合動詞をコンストラクションとして認める必要があることを示している。野田（2011）はさらにこれらの構文的意味の相互関係をメタファーやメトニミーのような比喩に基づく拡張として捉えているが、本書は意味関係のスキーマ間には拡張関係が必ずしも必要ではないと考える。

*2　これと同様の発想による、語の意味における階層性の認定に関しては、松本 (2010) を参照のこと。

*3　語彙的複合動詞と統語的複合動詞の違いについてだが、語彙的複合動詞が図1のように [V-V]$_V$ という形式を持つのに対し、統語的複合動詞は [[V] $_{XCOMP}$ V]$_V$ のような補文構造を取り、後項動詞は前項動詞を主要部とする節を項として選択する。例えば、統語的複合動詞の「書き終える」は「太郎が論文を書き終えた」という場合に、V2「終える」の主語は「太郎」だが、もう1つの項は「論文」でなく、「太郎が小説を書く」という節であり、＜太郎が [太郎が小説を書くこと] を完了させた＞という意味を表す（影山2012を参照）。ただし、語彙的複合動詞の中にも一部「降りやむ」「売り渋る」などのようなV1が表す事象を意味的な項として取るものがある。

*4　ここに挙げている複合動詞の例は全て「日本語語彙的複合動詞リスト」に収録されているものの一部である。他の例は付録を参照。

*5　「泣き落とす」はV1が自動詞だが、＜泣くことで相手に承諾させる＞という意味を表し、手段型である。この場合は手段型の個別動詞レベルの下位スキーマを形成していると考えられる。また、「泣き落とす」においては、「泣く」は目的語を取らないが、意味的に泣くことで対象に働きかけるという点において他動詞と共通性がある。「勝ち取る」「寝取る」なども同様である。

*6　この場合、E1 と E2 に共通する原因は「交絡因子 (Confounding)」という概念であると考えられる（Pearl 2000を参照）。

*7　「這い進む」などにおいては、(21) のように共通目的性の場合もあれば、「足を怪我したせいで床を {這った／進んだ／這い進んだ}」のように、共通原因性の場合も考えられるが、いずれにせよ間接的な因果関係が認められる。

*8　動物が群れ行動を行うのは、群れを作ることで1つの大きな個体であるかのように捕食者を幻惑し、また群れの中にいることで捕食される可能性を低くする希釈効果などにより捕食者を回避することと、摂餌の効率を高めることが挙げられる。またサケ科魚類では大群の形成により母川へ回帰する確率が高まることが知られている（上田1990, 有元2007）。本書では本能を動物の意志とは関係なく働くものとして考える。

*9　このタイプに近いものとして「生まれ持つ」という複合動詞があるが、この場合、V2「持つ」及び [V1-V2]$_V$「生まれ持つ」全体が1つの特定の原因（遺伝のため）と結びついている。V1「生まれる」はV2の開始時点を表す事象である。

*10　「付け外す」という反義語の組み合わせと思われる複合動詞があるが、その頻度は90しかなく、「付け外し」からの逆形成だと思われる。

*11　「忌み嫌う」における V1「忌む」のように、複合動詞の構成要素が単独で使用されない場合は「*忌みながら嫌う」と言い換えられないが、概念的に考えると、「忌む」は＜不吉なものとして避ける＞という意味を表しており、「不吉なものとして避けながら嫌う」というふうに言い換えられる。ここでの分類は概念的なものであるため、「忌み嫌う」のようなものは付帯事象型だと考える。

*12　淺尾 (2007) は統語的複合動詞に見られる統語的な性質は、構造による違いではなく、生産性が原因であると主張し、コーパスのデータを用いて実証

している。それによると、生産的な複合語は、オンラインで構成的に意味が計算可能なはずであり、代用表現を含む複合語は必ず構成的な計算が必要と考えられるので、生産性の高い場合に代用表現が容認されることは予測される事柄であるという。生産性の極めて高い複合動詞「〜始める、〜続ける、〜過ぎる、〜得る」などは、共通してアスペクト・可能・程度などを表しており、前項に現れる動詞の意味カテゴリーをほとんど限定しない。そのため、生産性が高くなり、その結果代用形などのような統語的な性質が生じるのだと主張している。一方、「〜惜しむ」「〜やむ」「〜渋る」はV1に対する意味的な制限が多いため、限定的な生産性しかない。そのため、代入形などのような統語的な性質がないのだという(語彙的複合動詞と統語的複合動詞の連続性については陳劼懌 2013 も参照)。

13 「 立ち読む」という複合語は存在しないため、[V1-V2]$_V$と概念的に近い [[V1-V2]$_N$ suru]$_V$である「立ち読みする」を用いてテストした。「* 立ち読む」と「立ち読み」のように、[V1-V2]$_N$は存在するのに[V1-V2]$_V$が存在しない例については鈴木 (2014) を参照。

*14 実際のところ、これらの語形の一部については個人差があり、「立ち読む」を使う話者もいる (BCCWJ で3例)。複合動詞として存在していたとしても、複合名詞に基づいて成立したものであり、本来の複合動詞とは異なると考えられる。

*15 ここで言う必然的とは、客観的な必然性ではなく、認知主体にとっての必然性である。認知主体にとっての必然性は、Hume (2003［1739］) が「因果的必然性 (necessary connexion)」について述べているように、2つの事象が同時に起きることを、ある者が観察することによって、その者に生じる単なる主観的な印象であり、蓋然性にすぎないものである。

第5章
コンストラクションと複合動詞 II
―コンストラクション的イディオムと語彙的コンストラクション―

　第4章では意味関係のスキーマと、その上位の動機付けのスキーマ、さらにスーパースキーマという抽象的なコンストラクションについて検討してきた。本章ではより具体的なレベルに属する、コンストラクション的イディオム、及び個別動詞レベルのコンストラクションを考察する。本章ではそのどちらのレベルにおいても、日本語の語彙的複合動詞は様々な全体的特性（非合成的・非分析的な特性）を持つことを指摘する。そして、コンストラクション形態論においては、合成的なアプローチと異なり、「合成的」（compositional）と「全体的」（holistic）という2つの側面を同時に捉えることができると主張する。加えて、「用法基盤モデル」の観点から日本語の複合動詞における非合成的な性質について使用頻度との相関から検討する。

1. 語彙的複合動詞におけるコンストラクション的イディオム

　第3章で取り上げたように、英語のV-able形容詞は、$[V_{TRi}\text{-}able]_{Aj} \leftrightarrow [[\text{CAN BE SEM}_i\text{-ed}]_{property}]_j$のようなコンストラクション的イディオム（constructional idiom）として捉えられる（Booij 2013）。このようなコンストラクション的イディオムを日本語複合動詞の分析に取り入れることで、生産的に新しい複合動詞を作ることができるという複合動詞の合成的な性質と、拘束意味（bound meaning）に見られる非合成的な性質を説明できるようになる。1.1において、日本語の語彙的複合動詞の中でコンストラクション的イディオムを形成しているものを取り上げ、拘束意味について論じる。1.2ではコンストラクション的イディオムの必要性を複合動詞の生産性とい

う観点から検討する。

1.1　生産的な非自立的動詞と拘束意味

第3章で、*cranberry* などの例を挙げて、複合語には複合語に埋め込まれた形以外では存在しない拘束形態素が含まれる場合があり、それを説明するにはコンストラクション形態論の概念を用いる必要があると論じた。日本語複合動詞の中においても、自立的な動詞としては使われない動詞が使われたり、あるいは、自立的に使われる動詞ではあるが、複合動詞でしか使われない意味を持ったりする場合がある。そのような動詞も生産的に複合動詞を構成することがある。

まずは、自立的な動詞としてはほとんど使われないが、複合動詞の一部としては使われるものに、「繰る」「違える」「入｛い｝る」「込む」がある。興味深いことに、ほとんどの場合、V1かV2に位置が固定されて使われる[*1]。この中でも「〜込む」は日本語語彙的複合動詞の中で最もタイプ頻度の高いV2であるが、このような例をどう扱うのかは、興味深い課題である。

表1　複合動詞におけるコンストラクション的イディオム

繰り〜	繰り上がる、繰り上げる、繰り合わせる、繰り入れる、繰り返す、繰り替える、繰り越す、繰り込む、繰り下がる、繰り下げる、繰り出す、繰り延べる、繰り広がる、繰り広げる、繰り回す、繰り戻す　計16語
〜違える	思い違える、掛け違える、聞き違える、差し違える、取り違える、寝違える、履き違える、踏み違える、見違える、読み違える　計10語
〜入る[2]	歩み入る、討ち入る、押し入る、恐れ入る、駆け入る、聞き入る、食い入る、差し入る、忍び入る、染み入る、攻め入る、立ち入る、付け入る、溶け入る、飛び入る、踏み入る、見入る、割り入る　など　計43語

～込む	上がり込む、遊び込む、当て込む、暴れ込む、編み込む、洗い込む、合わせ込む、生け込む、射込む、鋳込む、入れ込む、植え込む、歌い込む、撃ち込む、打ち込む、写し込む、写り込む、埋まり込む、招き込む、迷い込む、丸め込む、回し込む、回り込む、磨き込む、見込む、むせ込む、めかし込む、めり込む、申し込む、潜り込む、持ち込む、もつれ込む、揉み込む、盛り込む、漏れ込む、焼き込む、やり込む、呼び込む、読み込む、割り込む　など 計238語

　これらについては、コンストラクション的イディオムとしてレキシコンに登録されていると考えることができる。「～込む」は多義であることが知られており（姫野 1999, 松本 2009）、以下のような多義的コンストラクション的イディオムとして捉えられる。

（1）　[[V1]$_V$-[込む]$_V$]$_V$ ↔ [V1 しながら内側に入る]
　　　　　　　　　　　　　　　[V1 することによって、内側に入れる]
　　　　　　　　　　　　　　　[V1 の変化がかなりの程度に進む]
　　　　　　　　　　　　　　　…

これらは、様態型、手段型、V2 補助型などの意味関係スキーマの下位スキーマである。
　また、動詞は複合動詞でしか使われない意味を持つ場合がある。第 3 章で、複合語において、本来自由形態素である要素が、「拘束意味（bound meaning）」と呼ばれる、単独では見られない意味を持つ場合があることを指摘した。日本語の複合動詞にも、このような拘束意味を持つコンストラクション的イディオムとして分析される例がある。例えば、「見落とす」「聞き落とす」における V2「落とす」は、本動詞には見られない＜(情報を) 捉えることに失敗する＞という意味を持つ（cf.「重要な問題を {見落とした／*落とした}」）。この場合の前項動詞は、後項動詞に視覚、聴覚の意味領域における解釈を求める働きをしている。また、「焼き上げる」「書き上げる」などにおける V2「上げる」の＜完成させる＞という意味や、「飛び出す」「流れ出す」などにおける V2「出す」の＜障害と感じられるような境界を越えて外側に出る＞という意味（松本

2009 を参照）は、単独動詞では見られない拘束意味である。これらの動詞においては、V2 が意味的主要部としての立場を維持しており、通常の背景型や手段型、様態型の複合動詞に参加している。

拘束意味を持つ V2 は、本来の単独動詞としての機能を失い、V1 の意味に特定の要素を付け加えたり、補助的な機能を果たしたりしている場合もある。例えば、「朽ち果てる」「疲れ果てる」などにおける V2「果てる」や、「言い立てる」「騒ぎ立てる」などにおける V2「立てる」がそうである。これらは、V1 主要部型の複合動詞をつくる。「〜果てる」は次のように表すことができる。

(2)　$[[V1]_V\text{-}[果てる]_V]_V \leftrightarrow [V1_{SEM} + $プロセスが限界点に達する$]$

これは、V2 補助型の意味関係スキーマの下位スキーマである。

拘束意味は V1 にも見られる。「打ち震える」「打ち続く」などにおける V1「打つ」や、「取り囲む」「取り調べる」などにおける V1「取る」は本来の物理的な動作としての意味を失っているという点、そして、V1 という決まった位置にしか現れないという点において、接頭辞的である。

これらの V1 や V2 は接辞「的」であって、接辞ではない。これらは接辞と違って、自由形態素としての用法を併せ持つ語彙素の一用法である。V2 として使われた時は動詞として活用し、形態論的には動詞であると言える。これらは Booij らの言う、affixoid である（Booij 2010a や史 2014 も参照）。

接頭辞的なものには、「吹っ切れる」「引っ張る」「突っ切る」「ぶっ殺す」の前項動詞のように音便形のものがある。これらは複合動詞でのみ音便形で使われる、特異語形である。これには以下のものがある。

表2　V1の音便形が複合動詞でのみ認められる例

引っ〜	引っかかる、引っ掻く、引っかける、引っ被る、ひっくるめる、引っ越す、引っ込む、引っ込める、引っさげる、ひったくる、ひっつく、ひっぱたく、引っ張る
突っ〜	突っかかる、突っかける、突っ切る、突っ込む、突っ立つ、突っ走る、突っ撥ねる、突っ張る
吹っ〜	吹っかける、吹っ切れる、吹っ飛ぶ
かい〜	かいつまむ、かい出す、かいくぐる
ぶっ〜	ぶっ殺す、ぶっかける、ぶっ飛ばす、ぶったまげる

　斎藤（1992）はV1が「引く」の複合動詞について分析している。そして、「引く」が複合動詞のV1に埋め込まれた際の具体的な形式に「ひき」、「ひっ」、「ひん」、「ひっこ」という4種類があることについて、形態素を記述の基礎とする従来の形態論の立場では、これらの形式をどのように位置付けて扱うべきかが大きな問題点として残ると述べている。表2にある複合動詞の拘束形態素は単独では存在しないため、それ自体を語彙項目とは見なせない。コンストラクション形態論では表2のような例は、[[引っ]$_v$ - [C（無声閉鎖音）VCV…]$_v$]$_v$ というように、V2が空きスロットになっているコンストラクション的イディオムとして捉えることができる（C：子音、V：母音、v：動詞）。コンストラクション的イディオムには [[V1]$_v$ - [込む]$_v$]$_v$ のようにかなり高い生産性を有するものもあれば、[[吹っ] - [C（無声閉鎖音）VCV…]$_v$]$_v$ のように生産的でないものもある。

1.2　コンストラクション的イディオムと複合動詞の生産性

　さて、以上のような特異な語形や意味の動詞の場合にコンストラクション的イディオムを認めるとしても、それ以外の通常の動詞が使われている場合も、動詞が固定されたコンストラクション的イディオムを認めるべきであろうか。ここでは、それを認める必要性があることを、生産性の問題と絡めて主張する。

　語彙的複合動詞の生産性は後項動詞によって異なる（淺尾2007も参照）。例えば、同じ手段型でも、新しい複合動詞を作り出せる

後項動詞とそうでない動詞がある。中高生がいじめによって死亡する事件が度々起きることによって「いじめ殺す」という複合動詞が作られている。同様に、美容整形などにおいて、レーザーでシミを照射することでそれを除去することを表す、「焼き取る」という複合動詞も新たに作られている。これらは生産性があるパタンだと思われる。

　複合動詞を新しく作る場合は、第4章で見たような $[V_{i\text{-TR}}\text{-}V_{j\text{-TR}}]_V \leftrightarrow [E_{j\text{-CAUS.CHG}} \text{ BY } E_{i\text{-AGT}}]$ などの抽象的な意味関係のコンストラクションに、意味的に適合する動詞を埋め込むことで作るという可能性もある。しかし、同じ意味関係のものでも後項動詞による生産性の違いがあるなら、V2が挿入されたコンストラクション的イディオムがあり、それぞれが異なる生産性を持っていると考えられる。

　手段型に属する複合動詞を比べると、後項動詞による生産性の違いがあることが分かる。＜対象を除去する＞という意味を表す、「〜取る」「〜落とす」「〜消す」を比べると、以下のような意味的な棲み分けが見られる。

表3 ＜除去する＞を表す「〜取る」「〜落とす」「〜消す」

V1 \ V2	〜取る	〜落とす	〜消す
抜く	抜き取る	×	×
むしる	むしり取る	×	×
もぐ	もぎ取る	×	×
摘む	摘み取る	×	×
漉す	こし取る	×	×
絞る	絞り取る	×	×
すくう	すくい取る	×	×
抱く	抱き取る	×	×
舐め	舐め取る	×	×
掘る	掘り取る	×	×
巻く	巻き取る	×	×
絡める	絡め取る	×	×

えぐる	えぐり取る	×	×
折る	折り取る	×	×
破る	破り取る	×	×
ちぎる	ちぎり取る	×	×
移す	移し取る	×	×
剥がす	剥がし取る	×	×
掃く	掃き取る	×	×
拭く	拭き取る	×	×
拭う	拭い取る	×	×
擦る	擦り取る	×	×
そぐ	そぎ取る	そぎ落とす	×
こする	こすり取る	こすり落とす	×
焼く	焼き取る	焼き落とす	×
切る	切り取る	切り落とす	×
削る	削り取る	削り落とす	×
剥ぐ	剥ぎ取る	剥ぎ落とす	×
掻く	掻き取る	掻き落とす	×
洗う	×	洗い落とす	×
剃る	×	剃り落とす	×
叩く	×	叩き落とす	×
流す	×	流し落とす	×
弾く	×	弾き落とす	×
はたく	×	はたき落とす	×
払う	×	払い落す	×
磨く	×	磨き落とす	×
吹く	×	吹き落とす	吹き消す
踏む	×	×	踏み消す
塗る	×	×	塗り消す
打つ	×	×	打ち消す
揉む	×	×	揉み消す

　まず「〜取る」は、「抜き取る」や「拭き取る」のように、＜何かの内部や表面から対象を除去する＞という意味を表しているが、典型的には除去のあと（一時的であれ）除去した対象が動作主のコントロール可能な領域に留まる場合が多い。そのため、除去した対象が動作主のコントロール下に留まらない場合は、「そぎ取る」の

ような例外もあるが、「*はたき取る」「*払い取る」のように複合動詞として成立しない場合が多い。それに対し「〜落とす」は、「はたき落とす」や「払い落とす」のように、＜何かの表面に付着している対象を除去する＞という意味を表すが、典型的には除去した対象は下方へ落下する。除去した対象が下方へ移動しない場合は、「*抜き落とす」「*拭き落とす」のように容認できない場合が多い。「〜消す」は、「吹き消す」「踏み消す」のように、＜消滅させる＞ことを表す。対象が消失しない場合は「*抜き消す」「*拭き消す」「*はたき消す」「*払い消す」のように複合動詞として成立しない。

ここで興味深いのは、「〜消す」が、条件を満たしている場合にも、生産性が限定的である点である。先の、＜レーザーでシミを照射して熱することでそれを除去する＞という複合事象の場合、除去される対象であるシミは消失するため、本来ならば「〜消す」を用いて表現することが可能であるはずである。実際のところ、「シミを消す」と言うことができる。しかし「複合動詞用例データベース」では、「*焼き消す」という複合動詞は存在していない。「〜消す」は、「塗り消す」を除いて「火」を主な目的語とするか、「打ち消す」「もみ消す」「掻き消す」のように抽象的な事象に使われる場合に限られている。拭いたり、こすったりして字などを消すことができるが、そのような事象を表すのに「〜消す」は使われない。

それに対し、「いじめ殺す」「焼き取る」などの新しい複合動詞は、[V-殺す]ᵥ、[V-取る]ᵥというコンストラクション的イディオムによって成立したものである。「拭き取る」「削り取る」「剝ぎ取る」「切り取る」など、＜除去する＞という意味を表す様々な既存の複合動詞から[V-取る]ᵥというコンストラクション的イディオムを作り、その空きスロットに意味的に適合する動詞を埋め込むことで、複合動詞を新たに作ることができるのである。[V-取る]ᵥというコンストラクション的イディオムは以下のように表すことができ、これに生産性の情報が結びついていると考えられる。

(3) [[V1]ᵥ-[取る]ᵥ]ᵥ ↔ [物体を除去する BY V1]

このコンストラクションは生産性が比較的高いが、それは高いタイプ頻度を持つからと考えられる（タイプ頻度と生産性の関係については Baayen 2003, Barðdal 2008, 2011, Hay & Baayen 2005 を参照）。それに対して、「〜消す」はタイプ頻度も低く、きわめて限定的で非生産的なコンストラクション的イディオムだと考えられる。

　この他、「〜折る」「〜転ばす」なども生産性が低く、「*打ち折る」「*突き折る」「*蹴り転ばす」「*押し転ばす」などは存在しない。「〜入｛はい｝る」は全く語彙的複合動詞として存在しない。これは「〜込む」「〜入｛い｝る」による阻止が働いているものと思われる（阻止については 2.4.5 節参照）。対応する「〜込む」「〜入｛い｝る」がない「*泳ぎ入｛はい｝る」「*漂い入｛はい｝る」「*逃れ入｛はい｝る」もないところを見ると、コンストラクション的イディオムとしての存在自体が阻止されていると思われる。

　このような現象は、1つのスロットが固定されたコンストラクション的イディオムを設定してのみ記述することができる。

2. 個々の語彙的複合動詞における全体的な性質

2.1　個別動詞レベルのコンストラクションの必要性

　前節では、複合動詞の一部が固定されたコンストラクション的イディオムを検討した。本節では、個々の複合動詞もレキシコンの中にコンストラクションとして登録されているとする根拠を示す。

　前述のように、日本語語彙的複合動詞の形成は主に構成要素である V1 と V2 の合成として分析されてきた。これらの合成性を重視する研究には、意味拡張及び慣習化を考慮していないという問題点がある。第2章で見たように、複合動詞には、「落ち着く」などのように、合成的に全体の意味を導き出すことができない例が多くあり、ゲシュタルト的な複合体として捉える必要がある（石井 2007, 野田 2007 を参照）。

　このような「全体性」は、多かれ少なかれ、かなりの数の複合動詞に観察される。以下においては 2.2 で複合動詞の形式の面における全体的な性質について検討し、2.3 では意味の面における全体的

な性質について見る。意味に関しては、1）分析性が失われている例があること、また2）多くの例において完全な合成性がないことを示す。さらに、2.4において、一見リスト化が不要と思われる複合動詞も語彙項目にリストすべきであることを示す。リスト化を前提とする諸現象（意味拡張、コンテクストの定着、限定的生産性）を挙げ、既存の複合動詞（ある程度の頻度があるもの）は個々に記憶されていることを主張する。複合語はそれが非合成的な性質を有する場合や、ある程度の頻度で使用される場合には、自動化（automation）によって、1つのまとまり（chunk）として記憶されるという主張である。

まずは、構成要素の合成という観点からでは説明できない、複合動詞の全体的な性質について検討する。

2.2　形式の面における全体的な性質

1.1節で、「込む」などの単独では存在しない拘束形態素が生産的に複合動詞を構成する例を見た。拘束形態素の中には、ごく少数の動詞とのみ複合し、全体でリストされていると考えられるものも多く存在する。表4は、そのような複合動詞でしか使われない動詞や動詞語形を示したものである。多くは「思し召す」や「褒めそやす」などのように、現代日本語では単独で使用されなくなった動詞である。そのほか、「ひん曲げる」、「引っこ抜く」などのように、V1が本動詞用法を持つが、単独で使われるときには見られない語形が含まれるものもある（表4において括弧で示している）。このような拘束形態素は日本語の語彙的複合動詞に多く存在している。

表4　複合動詞における非生産的な拘束形態素

出現位置	拘束形態素 （特殊語形）	拘束形態素を含む複合動詞	合計 （例）
V1	忌み〜	忌み嫌う	1
	生い〜	生い茂る	1
	思し〜	思し召す	1
	駆けずり〜	駆けずり回る	1
	囲い〜	囲い込む	1

かち〜	かち合う	1
かなぐり〜	かなぐり捨てる	1
かぶり〜	かぶりつく	1
くり〜	くり抜く	1
こじ〜	こじ開ける	1
こびり〜	こびりつく	1
さらけ〜	さらけ出す	1
しがみ〜	しがみつく	1
しけ〜	しけ込む	1
しゃくり〜	しゃくりあげる	1
洒落〜	洒落込む	1
透き〜	透き通る	1
せき〜	せき止める	1
反っくり〜	反っくり返る	1
たくし〜	たくし上げる	1
たぐり〜	たぐり寄せる	1
猛り〜	猛り立つ	1
つい〜	ついばむ	1
でっち〜	でっち上げる	1
なし〜	なし崩す	1
並み〜	並み居る	1
にじり〜	にじり寄る	1
のけ〜	のけぞる	1
のめり〜	のめり込む	1
はやし〜	はやし立てる	1
ひねくり〜	ひねくり回す	1
ひれ〜	ひれ伏す	1
ぶり〜	ぶり返す	1
ふんぞり〜	ふんぞり返る	1
へし〜	へし折る	1
まかり〜	まかり通る	1
まくし〜	まくし立てる	1
まとわり〜	まとわりつく	1
むしゃぶり〜	むしゃぶりつく	1
むせび〜	むせび泣く	1
滅〜	滅入る	1
めり〜	めり込む	1
守り〜	守り立てる	1

	干〜	干上がる、干からびる	2
	揺り〜	揺り動かす、揺り起こす	2
	すげ〜	すげ替える、すげ変わる	2
	急き〜	急き込む、急き立てる	2
	はみ〜	はみ出す、はみ出る	2
	持て〜	持て余す、持て成す	2
	えり〜	選りすぐる、選り分ける	2
	おびき〜	おびき出す、おびき寄せる	2
	なぎ〜	なぎ倒す、なぎ払う	2
	ひっくり〜	ひっくり返す、ひっくり返る	2
	より〜	選り出す、選り抜く	2
	分かち〜	分かち与える、分かち持つ	2
	入り〜	入り浸る、入り混じる、入り乱れる	3
	のし〜	のし上がる、のし上げる、のし歩く、のしかかる	4
	蹴〜	蹴落とす、蹴散らす、蹴散らかす、蹴飛ばす、蹴破る	5
	ずり〜	ずり上がる、ずり上げる、ずり落ちる、ずり下ろす、ずり下がる	5
	召し〜	召し上がる、召し上げる、召し抱える、召し出す、召し使う、召し捕る、召し寄せる	8
	(出っ〜)	出っ張る	1
	(抜きん〜)	抜きん出る	1
	(引っこ〜)	引っこ抜く	1
	(ふん〜)	ふんだくる	1
V2	〜ふためく	慌てふためく	1
	〜ほうける	遊びほうける	1
	〜習わす	言い習わす	1
	〜ふらす	言いふらす	1
	〜ながらえる	生きながらえる	1
	〜ひしぐ	打ちひしぐ	1
	〜召す	思し召す	1
	〜はだかる	立ちはだかる	1
	〜こくる	黙りこくる	1
	〜古す	使い古す	1
	〜くわす	出くわす	1
	〜じゃくる	泣きじゃくる	1

～すかす	なだめすかす	1
～そべる	寝そべる	1
～支える	差し支える	1
～つくばる	這いつくばる	1
～しれる	酔いしれる	1
～すぐる	選りすぐる	1
～すさぶ	吹きすさぶ	1
～まける	ぶちまける	1
～にじる	踏みにじる	1
～しきる	降りしきる	1
～しめる	煮しめる	1
～そやす	褒めそやす	1
～透く	見え透く	1
～くびる	見くびる	1
～びらかす	見せびらかす	1
～初める	見初める	1
～とれる	見とれる	1
～まがう	見まがう	1
～はやす	持てはやす	1
～なます	焼きなます	1
～なずむ	暮れなずむ	1
～退く	立ち退く、飛び退く	2
～交う	行き交う、飛び交う	2
～のべる	繰り延べる、差し伸べる	2
～さす	言いさす、読みさす	2
～あぐむ	打ちあぐむ、攻めあぐむ	2
～のめす	打ちのめす、叩きのめす	2
～さかる	出さかる、燃えさかる	2
～たくる	ひったくる、ふんだくる、ぼったくる	3
～こがれる	思い焦がれる、恋い焦がれる、待ち焦がれる	3
～つかる	言いつかる、申しつかる、仰せつかる、見つかる	4

「慌てふためく」や「黙りこくる」、「立ちはだかる」に見られる「ふためく」「こくる」「はだかる」などの構成要素は、1つの複合動詞にだけ見られるものである。このように、これらの拘束形態素の多くは結合できる動詞が極めて限られており、生産性がない。つ

まり、「込む」などと異なり、コンストラクション的イディオムをなすとは考えられない。これらは、複合動詞それ自体が1つのコンストラクションとしてレキシコンに登録されていると考えられる。

「ひん剥く」、「引っこ抜く」についても、そのままレキシコンに登録されていると考えるのが妥当である。ひとまとまりとしてレキシコンに登録されていることによって、「ひん曲げる」、「引っこ抜く」の全体的な意味から下線部の意味が引き算的に推測され、下線部と本動詞の「引く」が関連付けられる[*3]。

なお、「干からびる」、「選りすぐる」、「恋い焦がれる」は、V1、V2共に、自立用法を持たない動詞で構成されている。このような場合に、そもそもV1、V2という動詞を認める必要があるかどうかが問題となる。しかし、これらの複合動詞の全体の意味から個々の構成要素の意味をおおよそ推測できること、そして、V1が通常の動詞の連用形と同様に母音の/i/や/e/で終わり、V2が動詞の活用をすることから、V1とV2を拘束形態素の動詞として考えることができる。

2.3 意味の面における全体的な性質

複合動詞の全体性は、意味の面においても観察される。以下においては「合成性（compositionality）」と「分析性（analyzability）」という2つの概念に基づいて、複合動詞の意味の面における全体的な性質を検討していく。

Langacker（1987: 457）が述べているように、合成性と分析性は区別して考える必要がある。合成性とは、全体の構造が、その部分の構造の組み合わせとみなすことができるかどうかであり、分析性とは、全体の構造における部分の役割を認めることができるかどうかである。合成性とは部分から全体を考える視点に立つものであり、分析性とは全体から部分を考える視点に立つものである。両者共に程度性を持つと考えられる[*4]。

「取り締まる」は、全体の意味をV1とV2の意味からアルゴリズム的に構築できるものではないため、合成性はない。また、全体の意味からV1とV2の意味の役割を認定するのも困難であるため、

分析性も失われている。一方、「(気持ちを)押し殺す」の意味は単にV1とV2の意味を合成したものではない。「押し殺す」は一見手段型の複合動詞として、「押す」と「殺す」の意味と、手段の意味関係の要素から合成的に導かれるように思われるかもしれない。しかし、「??虫を押し殺す」の容認度が低いことから分かるように、その意味は心理的な意味に限られている。その意味で合成性は低い。しかし、全体の意味において、気持ちを抑えるという意味で「押す」、気持ちを存在しないようにするという意味で「殺す」の役割を認識することができる。そのため、分析性は維持されていると言える。したがって、「押し殺す」は、分析性はあるが合成性は低い例だと言える。このように、分析性は合成性が低いものにも見られる。一方、分析性が低ければ、合成性も低い（英語の複合名詞における合成性と分析性については Coulson 2001: 159–161 を参照）。

　以下では、2.3.1 で合成性と分析性を失っている例を、2.3.2 で分析性はあるものの合成的ではない例を取りあげて検討する。

2.3.1　合成性と分析性を失っている例

「取り締まる」と「もてなす」は、全体の意味が、動詞の意味と動詞間の意味関係から合成的に導き出すことができない、最もはっきりした例である。このような複合動詞には（4）がある。

(4) 引き払う、取り締まる、押しかける、折り入る、取り持つ、もてなす、割り切る、立て込む、やり込める、立て替える、見合う　など

これらでは、V1、V2 共にどういう意味的な役割を担っているのか認識できない。つまり、合成性のみならず、分析性も持たない。これらは明らかに、(5) のように $[V1\text{-}V2]_V$ 全体としてレキシコンに登録されていると考えなければならない。

(5) $[[取り]_V\text{-}[締まる]_V]_V$ ↔ [規則などがよく守られるように監視する]

従来、合成的ではない例として「取り締まる」のような、分析性も完全に失っている例を挙げることが多かった（寺村1969: 44, 森山1988: 50, 姫野1999: 21）。しかし合成性を持たない例は、そのような例よりも幅広く存在する。

2.3.2　合成性のみの喪失
2.3.2.1　V1またはV2による特異な意味的貢献

分析性はあるが完全な合成性を持っていない例として、片方の動詞の意味が、そのままの形では反映されないというケースがある。例えば、「取り消す」「取り壊す」などにおける「取る」の意味や、「追いかける」「詰めかける」などにおける「かける」の意味は、本来の意味を失っており、どのような意味で使われているのかが認識しにくい。このような例には（6）のものがある。

(6)　a.　V1の意味が認識しにくい例[*5]
　　　　差し押さえる、差し控える、取り掛かる、取り囲む、取り巻く、取り交わす、取り決める、取り組む、取り消す、取り壊す、取り潰す、取り下げる、取り仕切る、取り調べる、取り立てる、取り繕う、取り乱す、引っかかる、引っかける、落ち合う、出会う、似合う、引き分ける、引きこもる、食い違う、食い止める、持てはやす、押し黙る、かけ離れる　など

　　b.　V2の意味が認識しにくい例
　　　　見とれる、寝そべる、言い張る、見積もる、埋め立てる、入り組む、じゃれつく、追い上げる、追いかける、買い被る、待ち侘びる、酔っ払う、決めつける、詰めかける、出かける、問い合わせる、成り済ます、射止める、見限る、見切る、似通う、思い詰める　など

複合語でもそれ自体が構成要素から予測不可能な性質を持つ場合、当然ながら1つのコンストラクションとしてレキシコンに登録され

ることになる。

2.3.2.2 特定の意味のみ実現する「押し殺す」型

複合動詞の意味で、構成要素のV1とV2からアルゴリズム的に導き出すことができない例として、実現している意味が、可能な意味のうちの特定の意味に限定されているケースがある。例えば、「押し殺す」は＜(気持ちを)抑えてなくす＞という意味にはなるが、＜圧迫を加えて殺害する＞の意味にはならない。

(7) a. 虫を {押した／殺した／?押し殺した}。
　　b. 気持ちを {*押した／殺した／押し殺した}。

「押し殺す」の場合、「気持ちを殺す」と言えるが、「*気持ちを押す」とは言えないので、2つの動詞の派生的意味の組み合わせによってこの意味が生じているのではなく、あくまで複合動詞の意味として＜(気持ちを)抑えてなくす＞が成立していると言える[*6]。

やや異なるのは「(気持ちが)落ち着く」である。この動詞も＜精神状態が安定化する＞という意味で使われるが、＜落下して到着する＞の意味では使われない。この動詞の場合は、「*気持ちが落ちる」とも「*気持ちが着く」とも言えないので、合成的ではないのは明らかである。

(8) a. パラシュートが地面に {落ちた／?着いた／*落ち着いた}。
　　b. 気持ちが {*落ちた／*着いた／落ち着いた}。

ただし、「落ち着く」の場合、V1とV2の果たす意味的な役割を認識することは可能である。何かが「落ちて」地面に「着く」と、最終的には動きが止まり安定することから、メタファー的に平穏で安定している状態への変化を意味するものと理解することができる (Lindstromberg 2010: Ch. 16 の *down* の記述を参照)。その意味では、「押し殺す」と同様に分析性は失っていないと言える。類例を

表5に示す。

表5 特定の意味のみ実現する主な非合成的な複合動詞

複合動詞	用例数	例文
叩き直す	1245	{根性／*テレビ}を叩き直す。
打ち切る	2472	{契約／*綱}を打ち切る。
打ち消す	1859	{不安／*照明}を打ち消す。
埋め合わせる	1327	{損失／*壁の隙間}を埋め合わせる。
押し殺す	1538	{気持ち／?虫}を押し殺す。
押し進める	1415	{計画／??台車}を押し進める。
押し通す	1528	{主張／*ピン}を押し通す。
呼び起こす	1503	{記憶／*子供}を呼び起こす。
落ちこぼれる	1274	{生徒／*水滴}が落ちこぼれる。
食い潰す	1418	{遺産／*虫}を食い潰す。
落ち着く	3063	心が落ち着く。 *パラシュートが地面に落ち着いた。
落ち着ける	1764	{心を／*地面に}落ち着ける。
かいつまむ	495	{要点／*石}をかいつまんで…
食い下がる	1337	太郎は必死に食い下がった。 ??警察犬は犯人に飛びついて食い下がった。
返り咲く	1396	{前議員／*桜}が返り咲いた。
繰り広げる	1729	{戦い／*糸}を繰り広げる。
こき下ろす	1479	{ライバル製品／*稲}をこき下ろす。
締め切る	2589	{募集／*頸動脈}を締め切る。
浮き立つ	1449	心が浮き立つ。 *シンクロの選手が水中で浮き立っている。
寝違える	1498	{首／*ベッド}を寝違えた。
畳み掛ける	1133	{質問／*シート}を畳み掛ける。
立ち上げる	3143	{事業／*棒}を立ち上げる。
取り下げる	2333	{訴訟／*のれん}を取り下げる。
取り寄せる	2018	他大学から資料を取り寄せる。 *テーブルの上にあるリモコンを取り寄せる。
突き詰める	1321	失敗の原因を突き詰める。 *隙間を綿で突き詰める。
積み立てる	2225	{退職金／??レンガ}を積み立てる。
照らし合わせる	1528	{結果／??鏡}を照らし合わせる。
取り崩す	2245	{貯金／*積み木}を取り崩す。
結びつく	2404	努力が結果に結びついた。 *ロープが柱に結びついた。

張り切る	1731	彼は勝負事になると俄然張り切る。 ＊ワイヤーを張り切る。
引き合わせる	1515	{友人／＊扉}を引き合わせる。
引き起こす	2860	{問題／＊倒木}を引き起こす。
引き出す	2742	生徒からやる気を引き出す。 ??タンスから荷物を引き出す。
引き立てる	1781	{味／＊倒れた柱}を引き立てる。
引き取る	3540	{孤児／＊くじ}を引き取った。
立ち戻る	1459	{原点／＊自分の部屋}に立ち戻る。
切り込む	3119	{問題／＊肉}に切り込む。
立ち向かう	2122	{危機／＊駅}に立ち向かう。
並べ立てる	1414	{理由／＊看板}を並べ立てる。
編み出す	1585	{新しい技／＊マフラー}を編み出した。
振り付ける	556	{新曲／＊塩}を振り付ける。
持ちかける	1841	{投資／＊タオル}を持ちかける。
盛り返す	1442	{勢力／＊土}を盛り返す。
呼びかける	3246	{協力／＊名前}を呼びかける。
持ち上がる	1803	{計画／?バーベル}が持ち上がった。
割り出す	2042	{犯人／＊クルミ}を割り出す。

2.3.2.3　意味が特定の場面に限定される「言い渡す」型

　また、「言い渡す」「言い寄る」のように、一見合成的に思えるが、実際にはかなり限定された意味を持っている場合がある。「言い渡す」を例に説明すると、もしこの複合動詞が合成的に形成されたものだとしたら、「クビ」も「採用」も、共に「言い渡す」と言えていいはずである。しかし「言い渡す」はもっぱら「クビ」のような、処罰的な宣告に用いられ、V1とV2の合成から予測される他の状況には使われない。これらの複合動詞は特定の場面（本書で言うところの背景フレーム（宣告など））と結びついている。

表6 意味が特定の場面に限定される主な非合成的な複合動詞

複合動詞	用例数	例文
言い寄る	1522	好きな子に言い寄る。 ＊役所に言い寄る。
言い渡す	2014	｛クビ／＊採用｝を言い渡す。
居座る	1805	友達の家に長く居座る。 ＊ベンチに数分居座る。
居並ぶ	1475	高級ブランド店が居並ぶ銀座並木通り。 ＊行列のできるラーメン屋に人が居並ぶ。
買い取る	3635	不用品を買い取る。 ＊コンビニでアイスを買い取る。
思い知る	1870	｛自分の限界／＊倒産の理由｝を思い知る。
降り立つ	1744	彼は転勤で初めての地に降り立った。 ＊毎日バスに乗って自宅の前に降り立つ。
明け渡す	1956	｛家／＊缶詰め｝を明け渡す。
擦り寄る	1501	｛権力／＊壁｝に擦り寄る。
立ち寄る	1993	｛銀行／＊壁際｝に立ち寄る。
食べ歩く	1467	全国のラーメン屋を食べ歩く。 ＊買ったばかりのアイスを食べ歩く。
飲み歩く	1351	（酒を飲みに）銀座のバーを飲み歩く。 （コーヒーを飲みに）＊神戸の喫茶店を飲み歩く。
連れ込む	2044	彼女を部屋に連れ込んだ。 ＊妻をレストランに連れ込んだ。
出回る	2869	｛類似品／＊本物｝が出回る。
出向く	2574	｛裁判所／＊バス停｝に出向いた。
出戻る	1936	離婚して実家に出戻る。 ＊忘れ物を取りに家に出戻る。
出歩く	1633	夜に子供一人で出歩く。 ＊出勤のため駅まで出歩く。
成り上がる	1336	｛社長／＊課長｝に成り上がる。
見かける	2544	｛不審者／＊見慣れた電車｝を見かける。
持ち寄る	1687	｛手料理／＊ゴミ｝を持ち寄る。
呼び込む	2137	客を店に呼びこむ。 ＊犬を家に呼びこむ。
乗っ取る	2393	｛飛行機／＊自転車｝を乗っ取る。
着付ける	2549	｛着物／＊Tシャツ｝を着付ける。
付き添う	2018	看護婦が患者に付き添う。 ??幼稚園児が先生に付き添う。
申し込む	5039	｛結婚／＊文句｝を申し込む。

申し渡す	1089	{判決／*意見} を申し渡す。
寝込む	1629	風を引いて家で寝込んだ。 *布団に寝込む。
寝取る	2128	{友人の妻／*疲れ} を寝取る。

　表6のものは、複合動詞が成立してから特定の意味に絞られたのではなく、最初からある特定の複合事象を表すために、2つの動詞を選んで複合動詞を作ったと思われる。例えば、「言い寄る」は初めから求愛行為を表すために、それに合う言葉として「(甘い言葉を) 言う」と「(思っている人のそばに) 寄る」を選んで複合動詞化したと思われる。

　このような合成的ではない意味は、複合動詞が全体として持っている性質だと考える必要がある。したがって、表5と表6のような例は個別動詞レベルのコンストラクションとして考えられる[*7]。

2.4　登録を前提とする現象

　以上の例は、何らかの意味で特殊な性質を持つ複合動詞の例であった。では、このような特殊性のない、「通常」と思われる複合動詞においては、個々のものをコンストラクションとしてレキシコンに登録する必要はあるのであろうか。以下では、その必要があることをいくつかの観点から示す。

2.4.1　意味の拡張

　合成性が高い複合動詞も派生的意味を持ちうる。例えば、次のような例である。これらはメタファー的な拡張である。

(9) a.　ベルトを引き締める。　　　　(字義的意味)
　　 b.　心を引き締める。　　　　　　(メタファー的意味)

(10) a.　木の皮を引き剥がす。　　　　(字義的意味)
　　 b.　親から子を引き剥がす。　　　(メタファー的意味)

(11) a. ひもを柱に結びつける。　　　　（字義的意味）
　　　b. 事件を彼に結びつける。　　（メタファー的意味）

(12) a. ドアノブに引っかかる。　　　　（字義的意味）
　　　b. 審査に引っかかる。　　　　（メタファー的意味）

　これらは、「押し殺す」とは異なり、通常の具体的意味も持ち、派生的意味は、その具体的意味から拡張したものと考えられる。また、これらの派生的意味は、部分をなす動詞の意味拡張には還元できない。以下に示す通りである（「心を引く」は別の意味で容認可能である）。

(13) a. 心を ｛引いた／*締めた｝。
　　　b. 親から子を ｛*引いた／*剥がした｝。
　　　c. 事件を彼に ｛*結んだ／*つけた｝。
　　　d. 審査に ｛*引いた／*かかった｝。

　つまり、これらの意味は、V1、V2 の派生的意味を組み合わせたのではなく、複合動詞の意味全体をもとに拡張が起こって生じたと考えられる。このような意味拡張は全ての複合動詞に起こっているわけではないが、それが「通常の」複合動詞に起こりうることは、複合動詞全体の通常の意味がレキシコンに登録されていることを前提としている。

2.4.2　特定のコンテクストの定着

　さらに微妙な意味拡張が見られる場合もある。意味拡張は、特定の使用のコンテクストにおける状況が意味に取り込まれることによっても起こる（Traugott 1989, Traugott & Dasher 2002, Bybee 1988, Bybee 2010: 50, 国広 1997, 松本 2010 を参照）。合成性、分析性が高い複合動詞においても、それは起こる。例えば、「押し倒す」は、本来は単なる物理的な動作を表すが、しばしば特に性的な行為を表すために使われる。「私はいきなり彼に押し倒された」

のような例で、特定のコンテクストがない場合でもそのような意味に解釈する話者がいる。「複合動詞用例データベース」において、目的語を取る250例中の184例（73.6％）がそのような行為を表すものである。「押し倒す」のこのような使用は特に若い世代に多く見られ、次のように用いられている。

(14) 女性だって、男性のちょっとした仕草やシチュエーションにときめいて、「この人なら押し倒されてもいい！」と思うことはあります。
〈http://news.mynavi.jp/articles/2014/06/05/moe2/〉
2014/10/08 にアクセス）

(15) 男性が思わず彼女を押し倒したくなった誘い方を聞きました。　〈http://woman.mynavi.jp/article/140427-48/〉
2014/10/08 にアクセス）

Bybee（2010）が述べているように、ある言語表現は特定のコンテクストにおいて頻繁に使用されることで、コンテクストの意味がその言語表現と結びつくことがある。

意味的あるいは語用論的な変化において、あるコンテクストにおける繰り返しが、表現と意味との新しい結びつきにつながる。　　　　　　　　　　　　　（Bybee 2010: 50)

「押し倒す」のような複合動詞はまだ合成的な意味を保持しており、何かを押すことでそれを倒すという動作であれば場面を問わず使用することができる。その一方で「押し倒す」は、多くの場面の中で、ある特定の場面において頻繁に用いられる。「押し倒す」は特定の場面との結びつきという意味では表6の「言い寄る」と似ている。しかし、前述したように、「言い寄る」などは特定の場面を表すために作られ、それにしか使われないが、「押し倒す」は一般的意味も持ち、特定の場面を表すために作られたものではないと思われる。

このような特定のコンテクストの定着も、それぞれの複合動詞に固有の非合成的な性質であり、個別動詞レベルのコンストラクションが有する性質として考えるべきである。

2.4.3 限定的生産性と阻止

個々の複合動詞の登録を支持する現象として、限定的生産性がある。例えば、「持ち去る」という組み合わせは存在するのに、同じような意味を表すと思われる「*持ち逃げる」は存在しない。また、「駆け上がる」「駆け下りる」はあるのに、「*歩き上がる」「*歩き下りる」などは存在しない。これらの差異は意味的な説明ができないなら、リストするかしないかで解決しなければならない。

一部の限定的生産性に関しては説明が可能な場合がある。Matsumoto（2011）は「駆け上がる」「駆け下りる」があるのに「*歩き上がる」「*歩き下りる」が存在しないのは、人間にとって歩くことが普通の移動方法であり、単純動詞「上がる」「下りる」が歩く場合に使われることが多いため、「*歩き上がる」「*歩き下りる」が不要になるとしている。このように、一部の現象は、「阻止」（Aronoff 1976, 2016, Aronoff & Lindsay 2014, Caballero & Inkelas 2013, Clark 1987 を参照）によって説明できる。これは、ある語形が、よりイレギュラーな、あるいはよりシンプルな形式と同じ意味を持つことが排除される、というものであり（cf. *goed（= went）, *pale red（≒ pink））、形態論においてよく知られた現象である（Aronoff 1976, Clark 1987, Kiparsky 2005 など）。複合動詞の場合は、同じ意味を持つ単純動詞、あるいは「より確立された（more fixed）」複合動詞によって阻止される。この場合も、「より確立された」複合動詞がリストされていることが前提となる。

以下のようなケースは阻止で説明が可能かもしれない。

(16) a. 論争が {起こる／起きる}。
  b. 論争が {湧き起こる／*湧き起きる／巻き起こる／*巻き起きる}。

(17) a. 2つの新聞記事を {??つないだ／つなげた}。
b. 2つの新聞記事を {つなぎあわせた／*つなげあわせた}。

「起こる」と「起きる」には意味の重なりがあり、「論争」が主語の場合はどちらも可能である。しかし、複合動詞の「湧き〜」「巻き〜」では前者のみが可能である。「起こる」の方が「起きる」よりも古い形であることを考えると、「〜起こる」が「〜起きる」の存在を阻止していると考えられる。また、「つなぐ」と「つなげる」には微妙な意味の違いがある（松本2007）。1つの違いは、「つなぐ」は紐など結び目を作って結合する場合に使うのが典型であるのに対し、「つなげる」はそのような指定がないことである。したがって、2つの新聞記事を結合させる場合は「つなぐ」より「つなげる」の方がいい。ところが、複合動詞では「つなぐ」を「合わせる」と複合させた「つなぎ合わせる」の方が自然である。この場合、「つなぎ合わせる」が「*つなげ合わせる」を阻止していると考えることができる（なぜ、「つなぎ合わせる」の方が存在しているのかははっきりしない）。

しかし、「駆け〜」と「走り〜」では阻止による説明は簡単ではない。表7のリストを考察しよう。

表7 「駆け〜」と「走り〜」の分布

V2 \ V1	駆ける	走る
のぼる	駆けのぼる	×
上がる	駆け上がる	×
巡る	駆け巡る	×
込む	駆け込む	?走り込む（走って入るの意味で）
下りる	駆け下りる	?走り下りる
回る	駆け回る	走り回る
抜ける	駆け抜ける	走り抜ける
寄る	駆け寄る	走り寄る
去る	?駆け去る	走り去る
過ぎる	×	走り過ぎる

出る	×	走り出る
通る	×	×
渡る	×	×

　阻止という観点から考えると、「*走り上がる」が存在しないのは「駆け上がる」がひとまとまりとしてレキシコンに登録されていて、それによって阻止されていると考えることができる。同様に、「駆けのぼる」があるので「*走りのぼる」がなく、「*駆け出る」がないので、「走り出る」があると考えられる。しかし、「駆け回る」「駆け抜ける」「駆け去る」「駆け寄る」は「走り回る」「走り抜ける」「走り去る」「走り寄る」を阻止しておらず、必ずしも阻止は有効な説明力を持っていない。そうだとすれば、なおさら、最初からひとまとまりとして、それぞれの複合動詞全体が記憶されていると考えなければならない。このような現象は一定以上の頻度があるものが、合成的なものを含めて、全てレキシコンに登録されるという考え方を支持している[*8]。

　本書では複合動詞の組み合わせに関する意味的制約を細かく見ているが、必要条件を考えることはできても、十分条件は難しい。例えば、何かを除去することを表す「*(シミを) 焼き消す」「*(キズを) 磨き消す」「*(火を) 叩き消す」「*(ロウソクを) 振り消す」「*(汚れを) こすり消す」は全て存在しない組み合わせだが、これらを全て排除できる制約があるとは考えにくい。このことは、実際に存在するものをレキシコンに登録する必要を物語っている。

　以上、登録を前提とする現象を見てきた。このほかにも、複合動詞の中には文語的であるなどの文体的特性を持つものや、文法的な限定性（否定形などでしか使えないなど）を持つものがあり、登録を前提としている。また、第7章で詳しく見るように、複合動詞が他の複合動詞へと派生する場合があり、その場合の元の複合動詞は登録されていることが前提となる。

　以上のように、複合動詞は顕著な全体的性質を有するものだけでなく、合成性の高いものも、ひとまとまりとしてレキシコンに登録されていると考えるのが妥当である。

3. 複合動詞の非合成性と使用頻度

　非合成的な複合動詞は比較的高頻度である傾向がある。2.3節で見た非合成的な複合動詞に見られるこの性質について、まず複合動詞の産出と理解から考える。図1を考察しよう。

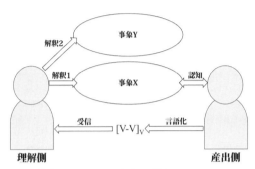
　図1　複合動詞における産出と理解

　複合動詞の産出と理解において、産出者側はある事象Xを認知して、「手段型」「原因型」などのような複合動詞のスキーマに合致する［V-V］$_V$として言語化する。既に産出者のメンタルレキシコンに事象Xに対応する複合動詞が登録されている場合は、その複合動詞をそのまま用いることになる。理解者側はその複合動詞を受信し、自身のメンタルレキシコンから検索し、既に登録されているものであれば問題なく産出者側が伝達しようとした事象Xを復元できる。

　その複合動詞が受信者のメンタルレキシコンに存在していない場合（新しい複合動詞）でも、構成要素となる動詞が語彙項目として既にレキシコンに登録されている場合には、構成要素の2つの動詞の意味とその意味関係に基づいて、全体の意味を合成的に解釈することが可能である（例：「祈り殺す」）。このように、レキシコンに登録されていない複合動詞は、合成的な意味である場合にのみ誤解なく理解される。非合成的な意味を担わせようとするなら、全体が話者聴者の両方のレキシコンに登録されたものでないと、誤解を生じることになる。

用法基盤モデルの観点から考えると、Bybee（2007, 2013）が述べているように、レキシコンに登録されるためには、ある程度の頻度が必要である。ということは、言語社会の共通認識として特定の意味のみ実現している複合動詞は、高い使用頻度によって支えられているはずである。

　このことは、複合動詞データベースにおける頻度情報から確認できる。同データベースにおける全ての複合動詞の用例数の平均値は1012.73である。それに対し、特定の意味のみ実現する「押し殺す」型、及び意味が特定の場面に限定される「言い渡す」型の非合成的複合動詞の用例数は高い傾向にある（表5, 6に載せた頻度情報を参照のこと）。巻末のリストのうち、複合動詞用例データベースに用例のあった、「押し殺す」型、及び「言い渡す」型の非合成的な複合動詞の用例数の平均は1712.98である。また、巻末のリストにある全複合動詞3487語を頻度の高いグループと頻度の低いグループ（各グループ1743語。中間に位置する1語は除外）に分けると、高頻度グループにおける非合成的な複合動詞は186あるのに対し、低頻度グループの方は39語しかなく、非合成的な複合動詞が有意に高頻度グループに多いことが分かった（$\chi^2(1)$ = 101.274, $p < .0001$）。（低頻度グループの「振り付ける」は、それに対応する非常に確立された $[V-V]_N$（「振り付け」）の意味によって支えられていると思われる[*9]）。このことから、合成可能な意味が成立していない非合成的な例は、高い使用頻度によって支えられていることが伺える。

4. まとめ

　本章では、コンストラクション的イディオム及び個別動詞レベルのコンストラクションについて見てきた。複合動詞に見られる全体的な性質については、個別動詞レベルのコンストラクションの固有の性質として考えることで説明できる。生産的に語を創出できるという合成的な一面は、空きスロットのあるコンストラクション的イディオムに、意味的に適合する動詞を当てはめることによると説明

できる。

　本書はV1やV2が単独で使用される時の意味だけからでは導き出せない、様々な全体的な性質について見てきた。本章で見たような全体的な性質を持つ複合動詞は、決して限られた存在ではない。巻末の複合動詞リストにおいて、個別動詞レベルで登録する必要のある複合動詞を数えると、全部で1658語となり、全体の47.54%に達する。これに、「〜込む」などの生産的な拘束形を含むコンストラクション的イディオムによる複合動詞を含めると、1806語となり、全体の51.79%に達する。特に手段型以外のものでは、実に62.05%に達する。

　本書の主張は複合動詞の意味の全ての側面がその構成要素から導き出せないという主張ではない。複合動詞には合成的と全体的という2つの側面が共存し、複合語の意味の透明性や慣習化の度合いによってどちらがより重要かが異なるということである。そして、合成的なものと非合成的なものにはっきりとした境界線があるわけではなく、連続体を成すと考える。重要なのはトップダウン型のレキシコンでは全体的な性質が説明できないのに対し、ボトムアップ型のレキシコンでは全体的な性質も合成的な性質も問題なく説明できるということである。このことは、多くの従来の研究のような合成的なアプローチではなく、コンストラクション形態論に代表されるoutput-orientedなアプローチから分析するという、パラダイムシフトが必要であることを示している。

---

*1 「込み上げる」、「込み入る」、「入り組む」、「入り浸る」など数少ない例外がある。
*2 「気に入る」「日の入り」「果汁入りのジュース」「飛んで火に入る夏の虫」などのイディオム的表現にも「いる」という語形が見られるが、これも「いる」がイディオムに埋め込まれたため、現代日本語に生き残ったものだと考えられる。
*3 史(2013)、Akita(2014)によると、V1が音便形の複合動詞は非正式／ぞんざいに表現するという文体的性質など、合成的に説明できない性質を有す

る。

*4　Compositionality refers to the degree of regularity in the assembly of a composite structure out of smaller components. It is to be distinguished from analyzability, which pertains instead to the extent to which speakers are cognizant（at some level of processing）of the contribution that individual component structures make to the composite whole.（Langacker 1987: 457）

*5　分析的かどうかには個人差がある。例えば、「食い止める」は縄状のものがめり込む意味で「食う」を理解できる人なら、分析が可能となると思われる。

*6　このようなメタファー的意味の実現には、《心は容器である》《感情は生き物である》などの概念メタファーが関わっている（Lakoff 1987 など）。「気持ちを押す」は成立していない表現ではあるが、心から感情が噴出するのを抑えこむことを表す表現として、潜在的に実現が可能な表現ではある。

*7　非合成的なものには、複合動詞全体の項が構成要素の項ではないものも見られる。例えば、「ラーメン屋を｛*食べる／*歩く／食べ歩く｝」「バーを｛*飲む／*歩く／飲み歩く｝」「夫と｛*連れる／*沿う／連れ添う｝」「掃除を｛*言う／*つける／言いつける｝」のように、これらの例は複合動詞全体の項構造が構成要素の項から作られるとする影山（1993）やFukushima（2005）などの説では説明できないものである。この問題は第7章で改めて検討する。

*8　使用頻度の高い語の方がより早く知覚されるという「語彙頻度効果（word frequency effect）」も頻度情報が保存されていることを支持している（Grainger & Jacobs 1996, McClelland & Rumelhart 1981 など）。

*9　「かいつまむ」は複合動詞データベースでは用例数が少なく、対応する[V-V]$_N$も持たないが、これは複合動詞データベースが動詞の終止形と連用形を中心に収録しているためだと思われる。BCCWJで検索してみると「かいつまむ」は83例あったが、全て「かいつまんで」というテ形で用いられていた。しかし、複合動詞データベースには「かいつまんで」という形が数例しか無く、ほとんどが「かいつまむ」という、終止形の例である。

第6章
フレームに基づく複合動詞の考察I
―語彙的意味フレームと複合動詞の組み合わせ―

　本書ではフレーム意味論（Fillmore 1977, 1982, 1985a, Fillmore & Baker 2010, Goldberg 2010 など）に基づき、動詞の意味構造として豊富な百科事典的知識を含む「語彙的意味フレーム」を設定する。[V1-V2]$_V$型の語彙的複合動詞は分析的でない例も含めて、全て1つの「語彙的意味フレーム」をなすと考えられる。

　本章では、V1、V2の意味と、意味関係のコンストラクション的意味から、全体の意味が構成されている例、つまり合成性が高い複合動詞を中心に検討する。その中で、V1、V2の意味から、整合的な語彙的意味フレームが構成できるかどうかによって、複合動詞の成立が制約されていることを示す。このような整合性から、主に以下の3つの問題が解決されることを示す。

1）複合動詞の適格性
　「叩き壊す」と「??撫で壊す」の容認度の違いはどこから来るのか、そして、言語学的にどのように説明するべきなのか。

2）意味関係の選択
　複合動詞として結合できるV1とV2は特定の意味関係にあることが知られているが、2つの動詞の組み合わせは、どうして特定の意味関係でのみ可能になるのか。

3）複合動詞における多義語の解釈
　複合動詞を構成する動詞が多義語である場合に、どの意味で複合動詞として成立するのか（＜取得する＞と＜除去する＞の両義を持つ「取る」がV2として使われる場合など）。

本章では、1節において、フレームを用いて複合語を分析した先行研究を紹介する。2節では、複合動詞の語彙的意味フレームレベルの制約について見る。まず2.1で本研究が主張する複合動詞の意味的な結合制約について述べる。次に2.2で語彙的意味フレームの流動性と複合動詞の容認度を取り上げる。2.3では語彙的意味フレームを用いることで複合動詞の結合制限や類義表現の使い分けを説明できることを示すために、＜ある対象を捉えることに失敗する＞ことを表す「〜落とす」「〜逃す」「〜漏らす」の区別を１つの事例研究として示す。さらに2.4で、複合動詞における多義語の解釈という問題について、「〜取る」を例に説明する。3節においては、背景フレームとフレーム要素の果たす役割について述べる。3.1では複合動詞における背景フレームの重要性を示すために、「勝つ」を含む複合動詞の意味を、「勝つ」が喚起する「〈競技〉フレーム」に基づいて分析する。3.2では背景フレームと文化との関わりについて検討する。4節では、複合動詞の適格性について、「耳馴染み度」という概念を取り入れることで説明する。最後に5節で本章のまとめを行う。

　本論に入る前に、動詞の語彙的意味フレームに含まれる関連事象について解説したい。動詞の語彙的意味フレームには、動詞が表す行為と関連する事象（様態、結果、手段、原因、前提的背景、目的など）が含まれている。

　第3章で述べたように、近年の認知科学の研究によって、概念というものは独立して保存されるのではなく、それが存在・発生する状況において記憶され、概念が使用されるときには、その背景にある状況も一緒に呼び起こされるということが明らかにされている（Barsalou 2003, Yeh & Barsalou 2006, Simmons et al. 2008 など）。動詞の関連事象はこのような「状況的認知（situated cognition）」によって動詞が表す概念と結びついていると考えられる。

　動詞の意味にそれが表す事象と関連する事象が結びついていることについて、(1)の「痩せる」を例に説明しよう。

(1) a. ＿＿＿＿＿ために痩せる。

b. ＿＿＿＿によって痩せる。

　(1)は「痩せる」という動詞を用いた文だが、その空欄の部分にどのような文が入るのかを考えると、(1a)は「健康になる」または「モテるようになる」、「かわいい服を着る」、「自分を振った相手を見返す」などが思い浮かぶだろう。(1b)については、「ジョギングすること」や「筋トレすること」、「間食をやめること」などが思い浮かぶ。(1a)は「痩せる」の関連事象の【目的】であり、(1b)は【手段】である。このような関連事象の中に、実際どのような情報が含まれるのかは個人差がある。例えば、ボクシングに詳しい人であれば、(1a)に「階級を下げる」という目的を思い浮かべるかもしれない。しかし、同じ言語共同体に属するメンバーであれば、関連事象に関する情報の大部分は共通していると考えられる。重要なのは、このような関連事象は無制限に何でも含まれるわけではないことである。「??寝るために痩せる」や「??泣くために痩せる」、「??自炊するために痩せる」とは言えず、「??テレビを見ることによって痩せる」や「??旅行に行くことによって痩せる」、「??読書することによって痩せる」は、一般的には考えにくい。このように、ある動詞の関連事象には制限がある。動詞の表す概念と特定の関連事象が何らかの形で結びついていると考えなければ、このような現象は説明できない。2節で説明するように、このような関連事象が動詞の意味構造に含まれていると考えることで、複合動詞の成立を説明できる。

　本書では、特定の複合動詞が成立しているかどうかと同様に、どのような場面であれば（どのような背景フレームがあれば）成立できるのかについても考察する。第4章で見てきたようなコンストラクション的な制約によって、完全に成立できないと判断されるものもあるが、適格性の判断にかかわる問題の多くは、容認されるか容認されないか、という二分法的なものではなく、容認性が話者の想定するフレームに依存する、相対的なものである。

1. フレームを用いた複合語の先行研究

フレームあるいは類似する概念を用いて複合語を分析するという試みは、英語複合名詞に関して Ryder（1994）が既に行っている。Ryder（1994）は複合語の産出と理解のためには2つの語が1つの共通するスキーマ（ここではフレームやスクリプト（script）と同様に知識の構造を指す）を持つ必要があると主張した。

> 複合語の成分構造を結び付けるためには、N-N 複合語の2つの名詞の場合のように、2つの構造のそれぞれと結びついたスキーマの間に対応関係を成立させることが可能でなければならない。　　　　　　　　　　　　（Ryder 1994: 72）

例えば tiger hunter という複合名詞は、2つの構成要素に共通するハンティングという事象スキーマ（事象フレーム）によって＜虎を狩るハンター＞として理解されることもあれば、共通する特徴スキーマ（特徴フレーム）によって＜虎のように凶暴なハンター＞としても理解されうるという（Ryder 1994: 79）。

関連して、Lanneau（2014）は英語の新奇な複合名詞の解釈には、ある特定の背景的な知識が大きく関わることを実験的な手法で証明した。その実験とは、crab shirt という耳慣れない複合名詞の意味が何であるのかを被験者に問うというものである。実験ではまず被験者を、それぞれ人間グループ、ペンギングループ、ロブスターグループと名付けた3つのグループに分けた。各グループの被験者には crab shirt という語を提示する前に、あらかじめ Michael と Alice という登場人物の日常生活に関する文章を読んでもらう。この文章はグループ間で基本的に共通しているが、グループごとに一部の表現が異なっている。例えば、"Michael and Alice are ＿＿＿＿"という文の下線部だが、人間グループでは "good friends" が入るのに対し、ペンギングループでは "two penguins" で、ロブスターグループでは "two lobsters" である。また、人間グループでは "Michael and Alice work near the bay" という文は、

ロブスターグループでは"Michael and Alice work in the bay"となるように、それぞれのグループごとに、異なる生物の生活として解釈されるように工夫した文を読んでもらう。このような背景的な知識を被験者に与えた後に、crab shirt が何を意味するのかを聞いた。すると、結果として、crab shirt を＜カニが着ているシャツ＞として解釈した人の比率に大きな違いが見られた。＜カニが着ているシャツ＞と解釈した被験者は、人間グループが28人中0人であったのに対し、ペンギングループは4/29でロブスターグループは11/32であった。この研究は概念ブレンディング（Conceptual Blending）の理論（Fauconnier & Turner 1998, 2002, Coulson 2001を参照）を実証的にサポートするために行われたものだが、複合名詞の解釈において背景的な知識が大きく関与していることを示している点において、フレーム意味論を支持するものでもある。

　以上は複合名詞についての研究であるが、複合動詞も同じように考えることが可能である。例えば、Goldberg（2010）は複数の事象が1つの動詞として表現されるには、それらの事象が1つの整合性のある意味フレーム（本研究で言う語彙的意味フレーム）を構成する必要があると主張した。

　　単一の動詞によって表される諸事象の組み合わせに課せ
　　られた唯一の制約は、その諸事象が1つの整合的なフレーム
　　を作らなければならない、というものである。

　　　　　　　　　　　　　　　　　　　　（Goldberg 2010: 39）

この主張は単一の動詞についてのものであるため、複合動詞には言及していないが、本研究は複合動詞においても同様の制限が存在すると考える[*1]。すなわち、複合動詞として成立するには、V1とV2が1つの整合性のある語彙的意味フレームを構成する必要がある、ということである。

　日本語の複合動詞のフレーム意味論的な研究としては、陳奕廷（2011, 2012, 2013, 2014, 2015b）、Chen（2014, 2016）がある。以下ではそれを発展させた議論を展開する。

2. 語彙的意味フレームレベルの制約

2.1 動詞の語彙的意味フレームと複合動詞の結合制約

本研究では動詞の語彙的意味フレームに基づいて、語彙的複合動詞には以下のような意味的制約があると主張する。

(2) 語彙的複合動詞の意味的制約
1) 複合動詞［V1-V2］vの語彙的意味フレームにおいて、複合動詞の意味関係のコンストラクション（原因型、手段型、様態型など）によって指定される、意味的一致がなければならない。
2) 複合動詞［V1-V2］vの語彙的意味フレームにおいて、不整合が生じてはならない。

意味的一致が必要であるということ、そして、不整合が生じてはならないということは、複合動詞が成立するための必要条件である。本節おいては、まず複合動詞における意味的一致とは何かについて説明する。不整合性については次節で取り上げる。

前述のように、複合動詞のV1とV2の意味関係は、手段―目的、原因―結果などに限られており、本研究でいう意味的一致はこのような特定の意味関係によって指定される。意味的一致がどのような形で見られるのかは、V1とV2の意味関係のタイプによって決まってくる。

例えば、(3) の「叩き壊す」について考えよう。

(3) 吉川は、怒りのあまり、刃引剣で柱や壁を叩き壊していく。
　　　　　　　　　　　　　　　　（BCCWJ宮本昌孝『夕立太平記』）

「叩き壊す」は手段型である。そのため、手段型のコンストラクションが指定する特定の意味的一致があるかどうかが鍵になる。手段型においては、V1の【目的】としてリストされていることの1つが、V2の意味と一致しなければならない。また、V2の【手段】

の1つとしてリストされていることが、V1の意味と一致しなければならない。

このことを、第2章で提示した、本書の語彙的意味フレームの表示によって示すと以下のようになる。表1の上部は、「叩き壊す」の語彙的意味フレーム、下部は、それを構成する動詞の語彙的意味フレームである。

表1 「叩き壊す」の語彙的意味フレーム

	$[tataki_{\text{i-TR}}\text{-}kowasu_{\text{i-TR}}]_V \leftrightarrow [E_i \text{ BY } E_j]$ 背景フレーム：〈破壊〉フレーム		
中心事象	【破壊者】が【破壊対象】の機能を失わせる $_{V2}$ BY【破壊者】が【道具（手）】を用いて【破壊対象】に打撃を与える $_{V1}$		
事象参与者	【破壊者】：【破壊対象】に対して意図的な破壊行為を行う意志的な主体（通常は人）。 【破壊対象】：【破壊者】の働きかけを受けて本来の機能を失うもの。 【道具（手）】：【破壊者】が【破壊対象】の機能を失わせるために用いる手、または手に持つもの。		
関連事象	目的	（【破壊者】の怒りを発散するため；【破壊対象】に入っている内容物を取り出すため；…）	
	前提	（【破壊対象】は何かの性能を持っている；…）	
	理由	（【破壊者】に何か不満があったから；…） ⋮	
		V1「叩く」	V2「壊す」
中心事象		【破壊者】が【道具（手）】を用いて【破壊対象】に打撃を与える	【破壊者】が【道具】を用いて【破壊対象】の本来持っていた性能を失わせる
事象参与者		【破壊者】：【破壊対象】に対して意図的な行為を行う意志的な主体（通常は人）。 【破壊対象】：【破壊者】の働きかけを受けるもの。 【道具（手）】：【破壊者】が【破壊対象】に働きかける際に用いる、手または手に持つもの。	【破壊者】：【破壊対象】に対して意図的な破壊行為を行う意志的な主体（通常は人）。 【破壊対象】：【破壊者】の働きかけを受けて本来の機能を失うもの。 【道具（手）】：【破壊者】が【破壊対象】の機能を失わせるために用いる手、または手に持つもの。
関連事象	目的	（【破壊対象】を破壊するため；【破壊対象】を変形させるため；…） ⋮	手段：（【破壊対象】に打撃を与えることで；【破壊対象】に圧力を与えることで；…） ⋮

V1「叩く」は、関連事象の【目的】として、(【対象】を破壊するため)や(【対象】を変形させるため)などが含まれているが、〈破壊〉という背景フレームにおいては、(【対象】を破壊するため)という要素が喚起される。これは、V2「壊す」の中心事象と一致している。一方、V2「壊す」のフレーム要素の関連事象【手段】にも様々な情報が含まれているが、その中の１つに(【対象】に打撃を与えることで)という要素が含まれている。これはV1「叩く」の中心事象と意味的に一致している。したがって、表1のように、「叩き壊す」は、〈破壊〉フレームという背景フレームにおいて、意味的一致が見られるため、複合動詞全体として整合性の取れた語彙的意味フレームを構築している。

　「叩く」は【目的】として様々な事象を含むが、V2「壊す」の中心事象と一致しているものがリストに含まれていれば、意味的一致がある。また、「壊す」は【手段】として様々な事象を含むが、V1「叩く」の中心事象と一致するものがリストに含まれていれば、意味的一致がある、ということになる。

　一般的に言えば、表2における網掛けになっている部分間の、及び四角で囲まれている部分間の一致が求められる。これは、手段型のコンストラクション的制約である。

表2 手段型が要求する V1 と V2 の意味的一致

	V1	V2
中心事象	……………………………… ……	……………………………… ……
事象参与者	【…】;【…】;【…】;【…】;…	【…】;【…】;【…】;…
関連事象	目的 (……………………… ……; ………………………; ………………………; …;…) ⋮	手段 (……………………… ……; ………………………; ………………………; …;…) ⋮

　一方、「??撫で壊す」においては、「撫でる」が【目的】として(【対象】を破壊するため)を含まないと思われるため、意味的一致がない。そのため、この複合動詞は成立できない。

　同様のことを、「こすりつける」「こすり落とす」を比較しながら考えてみよう。V1「こする」は V2「つける」とも V2「落とす」とも結合できる。

(4) a. 指でペンキを壁にこすりつけた。
　　b. 指でペンキを壁からこすり落とした。

これについても語彙的意味フレームから説明できる。「こすりつける」の場合は〈付着〉という背景フレームにおいて、V1「こする」とV2「つける」が表3のような意味的一致がある。

表3 「こすりつける」の語彙的意味フレーム[2]

		$[kosuri_{i\text{-}TR}\text{-}tukeru_{j\text{-}TR}]_V \leftrightarrow [E_j\ BY\ E_i]$ 背景フレーム：〈付着〉フレーム	
中心事象		【付着行為者】が【付着物】を【表面】に付着させる$_{V2}$ BY【付着行為者】が【加圧体】で【表面】に圧力をかけて摩擦する$_{V1}$	
事象参与者		【付着行為者】：意図的な行為を行う意志的な主体（通常は人）。【加圧体】：【行為者】が圧力をかけるのに用いるもの。【付着物】：【行為者】が【表面】に付着させるもの。【表面】：【行為者】が【付着物】を付着させる面。	
関連事象	目的	（嫌がらせをするため；…）	
	前提	(【加圧体】と【付着物】は同一物であるか、【加圧体】の表面に【付着物】がある；…)	
		⋮	
		V1「こする」	V2「つける」
中心事象		【行為者】が【加圧体】で【表面】に圧力をかけて摩擦する	【付着行為者】が【付着物】を【着点】に付着させる
事象参与者		【行為者】：【加圧体】に対して意図的な行為を行う意志的な主体（通常は人）。【加圧体】：【行為者】が直接働きかけるもの。【表面】：【行為者】が【加圧体】を用いて摩擦する面。	【付着行為者】：【付着物】を【着点】に付着させるため、意図的な行為を行う意志的な主体（通常は人）。【付着物】：【表面】に付着するもの。【着点】：【付着行為者】が働きかけることで、【付着物】が付着する場所。
関連事象	目的	(【加圧体】かそれの一部をどこかに付着させる；…)	手段 (【付着物】か【付着物】を含むもので【表面】に圧力をかけて摩擦することで；【付着物】を塗ることで；…)
	様態	(軽く；強く；…)	様態 (丁寧に；…)
		⋮	⋮

　一方、「こすり落とす」は〈除去〉という背景フレームにおいて、V1「こする」とV2「落とす」が表4のように意味的一致が見られる。

表4 「こすり落とす」の語彙的意味フレーム

		[$kosuri_{i\text{-}TR}\text{-}otosu_{j\text{-}TR}$]$_V$ ↔ [E_j BY E_i] 背景フレーム：〈除去〉フレーム	
中心事象		【除去行為者】が【対象】を【表面】から除去する$_{V2}$ BY【行為者】が【加圧体】を用いて【表面】に圧力をかけて摩擦する$_{V1}$	
事象参与者		【除去行為者】：【対象】に対して意図的な行為を行う意志的な主体（通常は人）。 【対象】：【除去行為者】が働きかける、ある【表面】に付着するもの。 【表面】：【対象】が付着する面。 【加圧体】：【除去行為者】が【表面】に付着している【対象】を除去するために用いるもの。	
関連事象	目的	(【表面】をきれいにするため；…) ⋮	
		V1「こする」	V2「落とす」
中心事象		【行為者】が【加圧体】を用いて【表面】にある【対象】に圧力をかけて摩擦する	【除去行為者】が【道具】を用いて【起点】から【対象】を除去する
事象参与者		【行為者】：【対象】に対して意図的な行為を行う意志的な主体（通常は人）。 【対象】：【行為者】が働きかける、ある【表面】に付着するもの。 【表面】：【対象】が付着する面。 【加圧体】：【行為者】が【表面】に付着している【対象】を摩擦するために用いるもの。	【除去行為者】：【対象】に対して意図的な行為を行う意志的な主体（通常は人）。 【対象】：【除去行為者】が働きかける、ある【起点】に位置するもの。 【起点】：【対象】が行為前に位置する場所。 【道具】：【除去行為者】が【起点】に位置している【対象】を除去するために用いるもの。
関連事象	目的	(【対象】をある【表面】から除去する；…)	手段　(【対象】に圧力をかけて摩擦することで；【対象】を洗うことで；…)
	様態	(何度も；強く；…) ⋮	様態　(ゆっくりと；素早く；…) ⋮

　第2章3.2節で、従来のLCSには動詞が指し示す動作や論理的に含意する結果しか意味構造に含まれていないため、「～散らす」などの結合制限を説明することができない、と述べた。この問題に関して、本書では次のように説明される。「～散らす」と共起するV1は、関連事象の【結果】の1つとして、「散らす」の中心事象に相当する意味が含まれている動詞である。関連事象の【結果】はあ

る程度頻繁に起こりうることであればよい。「蹴る」はこの条件を満たしているため（5）が可能になる。

(5) 男は苛立たしげに部屋を歩き回り、ソファのクッションなどを蹴散らしたりする。

（BCCWJ 大森寿美男『テレビドラマ代表作選集』）

蹴るという行為は、ある種の状況においては、その結果の1つとして、対象を散乱させることを含んでいる。また、「蹴る」の中心事象も、「散らす」の手段の1つに挙げられる。つまり、「蹴散らす」などが成立できるのは、表5のように整合的な意味的一致が存在するからである[*3]。

表5 「蹴散らす」の語彙的意味フレーム

	$[ke_{\text{i-TR}}\text{-}tirasu_{\text{j-TR}}]_V \leftrightarrow [E_j \text{ BY } E_i]$ 背景フレーム：〈散乱〉フレーム	
中心事象	【行為者】が【複数性を持つ対象】を散乱させる $_{V2}$ BY 【行為者】が【足】で【複数性を持つ対象】に衝撃を与える $_{V1}$	
事象参与者	省略	
関連事象	前提（【複数性を持つ対象】がまとまった状態にある；…）	
	目的（鬱憤を晴らすため；…）	
	⋮	
	V1「蹴る」	V2「散らす」
中心事象	【行為者】が【足】で【対象】に衝撃を与える	【行為者】が【複数性を持つ対象】を散乱させる
事象参与者	省略	省略
関連事象	結果（【対象】が移動する；【対象】が壊れる；【対象】が散乱する；…）	手段（【複数性を持つ対象】に【足】で衝撃を与えることで；【複数性を持つ対象】をばらまくことで；…）
	目的（【対象】を破壊させる；…） ⋮	前提（【複数性を持つ対象】がまとまった状態にある；…） ⋮

ここで重要なのは、「蹴る」ことは必ず対象が散乱することを表すわけではないが、そのような結果を生む場合があるという知識を話者が持っていることである。上記のような語彙的意味フレームはそのような知識の記述を含むものである。

　一方、「*握り散らす」、「*運び散らす」などが成立できないのは、前項動詞の【結果】と後項動詞の中心的事象の間に、また後項動詞の【手段】と前項動詞の中心事象との間に、整合的な意味的一致がないからだと説明できる[*4]。

　以上の複合動詞の例は全て合成性が高いものであるが、非合成的であって分析性を持つ複合動詞に関しては、背景フレームによって整合性が保たれている。まず、第5章で見た、抽象的な意味にしか使わない複合動詞（「落ち着く」など）においては、複合動詞全体に特定の背景フレームが指定されていて、それに基づいて個々の動詞は比喩的に解釈される。「落ち着く」におけるデフォルト的背景フレームは〈興奮〉という背景フレームであり、その中で、構成要素の果たしている意味的な役割を理解することが可能となる。〈興奮〉という背景において、感情の高ぶりが低下することが「落ちる」であり、結果的に精神が安定する状態になることを「着く」こととして理解できる。

　次に第5章で述べた、特定の状況についてのみ使われる複合動詞として、「言い寄る」の例を考えよう。この複合動詞は、全体として〈求愛〉の背景フレームを持つ。この動詞の語彙的意味フレームの中に「言う」「寄る」の意味が参加するが、その動詞の意味以外にも、複合動詞全体の【目的】の中に、＜求愛するために＞という要素が存在すると考えられ、「言う」行為、「寄る」行為もその目的との関連で理解される。「言い渡す」については、〈宣告〉という背景フレームに合わせて、「渡す」が比喩的に解釈される。また、対象に関して＜処罰的内容＞という意味要素が付加されている。

　語がフレームと結びついているように、複合語の場合は全体がひとまとまりとしてあるフレームと結びついていると考えられる。

2.2 語彙的意味フレームの流動性と複合動詞の容認度

　本論のようなアプローチに関してしばしば挙げられる疑問点は、動詞の語彙的意味フレームにおける関連事象にどういう情報が含まれるのか、それに関して限定性があるのかどうかである。この点に関しては、語彙的意味フレームの情報にはある程度の流動性があるというのが現実であると思われる。その流動性が複合動詞の容認度に関する個人差を生んでいると考えられる。

　例えば、「?舐め落とす」について考えよう。もし、落とすことの手段として舐めるという状況（「舐め落とす」が整合的となる背景フレーム）を思い浮かべることができなければ、語彙的意味フレームにおいて整合的な意味的一致を見出すことができず、複合動詞として成立しない。しかし、馬や牛が子を産んだあとに、子の体が冷えてしまわないように、すぐにその子の体についた羊水などを舐めて取り除くという習性があることを知っていれば、「体についた羊水を舐め落とす」というようにこの複合動詞を使用することが可能となる。このように、ある人にとっては容認度が高くない複合動詞であっても、特定の背景知識を有する人なら容認度の高いものとなる。新しい背景的な知識によって動詞の表す概念の関連事象が追加されると、複合動詞の容認度が上がるのである（背景フレームについては3節で詳しく説明する）。

　この点に関する興味深い例は「割れ残る」という複合動詞である。「〜残る」は背景型の複合動詞であり、前項動詞は＜徐々に減少する＞ことを何らかの形で意味に含む動詞で、そのような状況の中でその減少が進まずに残っていることを表す。前項動詞として可能なのは「溶ける」「売れる」「燃える」「消える」などである。ここで考察したいのは以下の例である。

(6)　一方、日奈久断層帯について、林愛明・京都大教授（地震地質学）は「南西区間約30キロが割れ残っている」と説明。全体で長さ約81キロとされる同断層帯の南西部分で、今後も大きな地震の可能性があると注意を促している。

〈http://mainichi.jp/articles/20160430/k00/00m/040/118000c〉
2016/09/24 にアクセス）

断層が徐々に割れて、割れていない部分が減っていく、という知識が成立すると、その知識に基づいて「割れ残る」という複合動詞が可能になる。

2.3 複合動詞の結合制限と類義表現の使い分け：「〜落とす」「〜逃す」「〜漏らす」

これまでは手段型を中心に見てきたが、本節では背景型について検討することで、複合動詞の適格性についてさらに考察を進める。背景型の中でも、ある対象を捉えることに失敗することを表す「〜落とす」「〜逃す」、及び「〜漏らす」を取り上げて分析する。それによって、複合動詞の結合制限や意味の形成を説明するのに語彙的意味フレームが有効であることを示す。

従来のLCSを用いた研究において、「xがyを書き漏らす」は次のように分析されている（由本2007）。

(7) $[[x_i]\ \text{WRITE}\ [y_j]] + [[x_i]\ \text{FAIL}\ [\text{IN}\ [\text{Event}\ (z)]]]$
  $\Rightarrow [[x_i]\ \text{FAIL}\ [\text{IN}\ [\text{Event}\ [x_i]\ \text{WRITE}\ [y_j]]]]$

同じように、「〜落とす」は由本（2008, 2011）によると「〜漏らす」と共通して $[x_i\ \text{FAIL IN}\ [\text{Event}\ (z)]]$ というLCSを持つとされる。これは事象対象型の分析である。第3章で指摘したように、この分析では、「*走り落とす」、「*行き漏らす」などを説明できない。

それに対し、本論はこれらの複合動詞を背景型だと考える。背景型が要求するV1とV2の意味的一致は表6の通りである。

表6 背景型が要求するV1とV2の意味的一致

	V1	V2
中心 事象	…… …… ……	…… …… ……
事象 参与者	【…】;【…】;【…】;【…】; …	【…】;【…】;【…】;【…】; …
関連 事象	⋮	前提的　(…… …… …… …… 背景　　 …… ……;…) 　　　　　　　　　　　⋮

　第4章2.4節で述べた通り、「～落とす」、「～逃す」、「～漏らす」は、単にある行為の失敗を表すのではない。「～落とす」、「～逃す」は共にある対象を捉えようとしている状況にあって、それに失敗することを表し、「～漏らす」は全体を保持したり、全てをそろえようとする状況にあって、それに失敗することを表す。

　「聞き落とす」や「見逃す」などは、V1が表している行為が「何かを捉えようとしている」行為であるため、V1の中心事象とV2のフレーム要素【前提的背景】の間に意味的一致が生じ、整合的な語彙的意味フレームを作る。一方、「*走り落とす」、「*作り逃す」、「*行き漏らす」などはこの前提的背景と一致しないため、整合的な語彙的意味フレームを作ることができない。

　これらの3つの動詞は、前提的背景に対する制約に微妙な違いがある。そのため、下の例文に示すように、3つの複合動詞で容認度に違いが生じる。

(8) 携帯をバッグに入れていると、着信音を {聞き逃す/??聞き漏らす} ことがよくある。

(9) 試験で「論文形式で答えるように」という解答方式の部分を {読み落として/??読み逃して} 箇条書きで答えてしまった。

　(8)と(9)に見られる容認度の違いは、LCSのような簡略的な意

味構造では説明できず、語彙的意味フレームのような豊かな意味構造による説明が必要である。

2.3.1 組み合わせの制限

「〜落とす」「〜逃す」「〜漏らす」が、どのようなV1と結合するのかは語彙的意味フレームによって制限される。これらのV2がどのようなV1と結合するのかを見るために、「複合動詞用例データベース」に基づいて、その結合パターンと用例を表7に示す。

表7 「〜落とす」「〜逃す」「〜漏らす」の結合パターン

V2	結合パターン	用例数	例文
落とす	見落とす	1470	看板を見落とすと通り過ぎてしまいますよ。
	聞き落とす	446	大事な指示や、話しかけられた声などを聞き落とす
	読み落とす	271	長文で情報を読み落とすこともあまりありません。
	書き落とす	185	大事なことを書き落とす所だった。
逃す	買い逃す	1413	おかげで、新刊を買い逃す事が無くなりました!!!
	聞き逃す	2026	バターのパチパチという音を聞き逃すな!
	見逃す	1277	2011年、最後の放送を見逃すな!
	撮り逃す	578	決定的瞬間を撮り逃すことなく撮影できるのだ。
	読み逃す	213	字幕が止まってくれないんで読むのに時間がかかると内容を読み逃す事が多い
	食べ逃す	130	これを食べ逃すと、次に出会えるのは1年後ですね。
	乗り逃す	98	駅でICカードを落とすという失態をやらかし、1本電車を乗り逃す。
	売り逃す	83	アニメやってるこの時期に売り逃すのはもったいなかった…
漏らす	聞き漏らす	619	キーワードを聞き漏らすと正解できない。
	うち漏らす	408	北朝鮮がミサイルを連射すれば、撃ち漏らすこともあり得る
	書き漏らす	116	一番重要な情報を書き漏らすな!

次節より、表7に基づき、「〜落とす」「〜逃す」「〜漏らす」の結

合パターンを分析する。

2.3.1.1 「〜落とす」

「落とす」は、落下の使役を表す語であるが、多くの場合において、保持している物体や捕獲しようとしている物体を誤って落下させる場合に使われる。「読み落とす」などは、後者のようなケースを表す「落とす」から拡張した用法であると思われる。「〜落とす」は松本（1998: 64-66）で説明されているように、情報（言語情報や知覚内容）を物体に見立てて、それを逸することを物体の捕獲の失敗に例えて表現している。我々は抽象的な情報のやりとりを日常生活上の経験基盤に基づき、具体的な物体の受け渡しに見立てて理解することがある。例えば、「相手が差し出した言葉を受け取る」や「励ましの言葉をもらった」、「文章の内容をつかむ」などのような表現である（Reddy 1979, Lakoff & Johnson 1980, Jäkel 1995 などを参照）。「〜落とす」の用法においてもこのような理解が根底にあり、それゆえ、情報のやりとりの最中に誤って一部の情報を脱落させたことを、物体の捕獲、受領の時に誤って落とすことに見立てて表現するのである。「落とす」は単独ではそのような意味には使われないが、複合動詞の中で整合的な意味を作り出すために、そのような意味に解釈される。つまり、前項動詞は「落とす」をどのような概念領域で比喩的に解釈すべきかを指定していることになる。これは先に見た「判決を言い渡す」などでも同じである。

複合動詞として成立できる「〜落とす」は、V2「落とす」の【前提的背景】（動作主が対象を入手しようとしている）と、V1の中心事象の間に意味的な一致が見られるものに限られる。「聞く」「読む」「見る」はいずれも情報を得ることを表す動詞である。「書く」についても、情報を言語化する際に、それを心の中から取り出すことに基づいていると解釈できる。

例として（9）の「試験の解答方式を読み落とした」における「読み落とす」の語彙的意味フレームを表8に示す。

表8 「読み落とす」の語彙的意味フレーム

		$[yomi_i\text{-}otosu_j]_V \leftrightarrow [E_{j\text{-}CHG}\text{ WITH THE BACKGROUND OF }E_i]$ 背景フレーム：〈読解〉フレーム		
中心事象		【認知主体】が【情報】を得ることに失敗する$_{V2}$ WITH THE BACKGROUND OF 【認知主体】が【目】で【文字列】を追うことで【情報】を得る$_{V1}$		
事象参与者		【認知主体】：【目】で【文字列】を追うことで【情報】を得る人。 【情報】：【文字列】から【認知主体】が得る知識。 【目】：【認知主体】の身体部位の1つで、ものを見るための器官。 【文字列】：文字で構成された【情報】を含むもの。		
関連事象	結果	（【情報】が得られない状態になる；…）		
	前提的背景	（【目】で【文字列】を追うことで、【文字列】を視覚的に認知しようとしている；…）		
	原因	（【認知主体】の注意力が欠けていたため；【文字列】の文字が小さかったため；…） ⋮		
		V1「読む」	V2「落とす」	
中心事象		【認知主体】が【目】で【文字列】を追うことで【情報】を得る	【認知主体】が【情報】を得るのに失敗する	
事象参与者		【認知主体】：【目】で【文字列】を追うことで【情報】を得る人。 【情報】：【文字列】から【認知主体】が得る知識。 【目】：【認知主体】の身体部位の1つで、ものを見るための器官。 【文字列】：文字で構成された【情報】を含むもの。	【認知主体】：【情報】を得るのに失敗する主体（通常は人）。 【情報】：【認知主体】が得るもの。	
関連事象	前提的背景	（【文字列】は通常読み返せるため逃げない） ⋮	前提的背景	（【認知主体】が【情報】を入手しようとしている）
			結果	（【情報】が入手できない状態になる） ⋮

2.3.1.2 「〜逃す」

「〜逃す」はその背景にある〈捕獲行動〉フレームによって、対象が捕獲者が捉えたいと思うものであり、加えて、その対象が「逃げる」もの、すなわち「捕獲できない状態になり得る」ものでなければならない、という制限を持っている。そのため、「(逃げる) 獲物を撃ち逃した」と言えるのに対し、「*(固定された) 的を撃ち逃した」とは言えない。「見逃す」と「聞き逃す」の場合は、「見る」と「聞く」の対象である映像と音声が、保存される文字と違って消えてなくなるため、「捕獲できない状態になり得る＝逃げる」ものとして捉えられる。一方、(9) の「??試験の解答方式を読み逃した」の容認度が低いのは、試験の解答方式という対象が「捕獲できない状態になり得る」ものだと考えられないからだと思われる。通常文字は静的なものであり、読み返すこともできるため、二度と読むことができないとはあまり考えられない。そのため、表9が示すように、「試験の解答方式」が目的語となる場合において、V1「読む」の対象となる【文字列 (試験用紙)】とV2「逃す」のフレーム要素【前提的背景】の間に不整合が生じる。それによって、V2「逃す」の【前提的背景】とV1「読む」の中心事象の間に意味的一致があるにも関わらず、「読み逃す」は容認できない表現となる。このように、意味的一致があっても、V1とV2の語彙的意味フレームに何らかの不整合がある場合は、複合動詞として成立できないのである。

しかし、(10) のように、電光掲示板の流れていく文字や読み切りの漫画などで、一度読む機会を逃してしまうと二度と読めなくなる可能性がある場合においては、表9のような不整合が生じないので、「読み逃す」と言えるようになる。

(10) a. 電光掲示板に流れている文字を読み逃した。
 b. 今週のジャンプの読み切りの漫画を読み逃した。

以上のように、動詞が指し示す事象が同じであっても、背景状況が異なれば、語彙的意味フレームの内容も異なり、複合動詞として

表9 「??（試験の解答方式を）読み逃す」における不整合

V1V2「??読み逃す」

	V1「読む」	V2「逃す」
中心事象	【認知主体】が【目】で【文字列】を追うことで【情報】を受け取る	【捕獲者】が【捕獲対象】を捉えることに失敗する
事象参与者	【認知主体】：【目】で【文字列】を追うことで【情報】を受け取る人。 【情報】：【文字列】から【認知主体】が受け取る知識。 【目】：【認知主体】の身体部位の1つで、ものを見るための器官。 【文字列】：文字で構成された【情報】を含む試験用紙。	【捕獲者】：【捕獲対象】を捉えようとする意志的な主体。 【捕獲対象】：【捕獲者】が捉えたい逃げるもの。
関連事象	前提的背景：（【文字列】は通常読み返せるため逃げない） ⋮	前提的背景：（【捕獲者】は【捕獲対象】を捉えようとしている；【捕獲対象】は逃げようとしている；…） 結果：（逃げる【捕獲対象】が捕獲不可能な状態になる） ⋮

（V1の「前提的背景」とV2の「前提的背景」の間に「不整合」）

成立できるかどうかが変わってくる。

2.3.1.3 「～漏らす」

「漏らす」は、容器の中に全て内包されているべき流動物について、そのごく一部が小さい空隙を通して外に出るのを許すことを表す。「～漏らす」の複合動詞後項としては、＜あるひとまとまりのもの全てを、捉えられた状態に置くべきところを、その網羅性への期待に反して、そのごく一部が捉えられていない状況になることを許す＞という意味を持つ。

BCCWJで「聞き漏らす」を調べてみると、次の例文のように、

43件中15件の高い確率で、否定形を用いて「一言も」のような表現と共起している。これは、全体を捉えられた状況に置こうとする網羅性への期待を物語っている。

(11) 辻静雄はそれを一言もききもらさないように注意して通訳した。　　　　　　　　　　　　　（BCCWJ 海老沢泰久『美味礼讃』）

(12) 生々しい堀内の話に、角田は全身を耳にして、ひとことも聴きもらすまいと努めた。
　　　　　　　　　　　　（BCCWJ 上原光晴『堀内海軍大佐の生涯』）

　例文 (8) の「??携帯をバッグに入れていると、着信音を聞き漏らすことがよくある」の容認度が低いことは、着信音が「ごく一部」となるような、〈ひとまとまりのもの全て〉が想定しにくいからである。
　「聞き漏らす」の語彙的意味フレームを表10に示す。

表10 「聞き漏らす」の語彙的意味フレーム

	$[kiki_i\text{-}morasu_j]_V \leftrightarrow [E_{j\text{-CHG}}\text{ WITH THE BACKGROUND OF } E_i]$ 背景フレーム：〈音声の知覚〉	
中心事象	【知覚主体】が【音声】の一部を捉えられた状態にすることに失敗する $_{v2}$ WITH THE BACKGROUND OF 【知覚主体】が【耳】で、【音声】を網羅的に捉える $_{v1}$	
事象参与者	【知覚主体】：【耳】で【音声】を聴覚的に知覚する人。 【音声】：【知覚主体】が【耳】で受け取るもの。 【耳】：【知覚主体】の身体部位の1つで、【音声】を聞くための器官。	
関連事象	結果	（【音声】の一部が捉えられないままになる；…）
	前提的背景	（【耳】で全ての【音声】を捉えようとしている；…）
	原因	（【知覚主体】の集中力が欠けていたため；…）
	⋮	
	V1「聞く」	V2「漏らす」
中心事象	【知覚主体】が【耳】で【音声】を聴覚的に捉える	【行為者】が、【保持対象】のごく一部が、すり抜けるように保持状態を逃れるのを許す

事象参与者	【知覚主体】:【耳】で【音声】を聴覚的に認知する人。 【音声】:【知覚主体】が【耳】で受け取るもの。 【耳】:【知覚主体】の身体部位の1つで、【音声】を聞くための器官。		【行為者】:【保持対象】を保持状態に置くことに失敗する人。 【保持対象】:すり抜けるように動くもの。
関連事象	前提的背景	(【音声】は通常消えてなくなるものである) :	
		前提的背景	(【行為者】は【保持対象】の全てを、捉えられた状態に置こうとしている)
		結果	(【保持対象】の一部が保持されていない状態になる;…) :

　重要な点として「*見漏らす」という結合パターンが成立しないことが挙げられる。この点に関して、杉村（2005）は「見る」の場合、対象となる文字や映像が1つの固まりとしてイメージされるため「見落とす」とは言えるが、液体や気体のようにすり抜けていくイメージとはならないため「*見漏らす」とは言いにくいと主張している。これは本論と一致する主張である。

　ただ、「〜漏らす」の対象が流動性を持つかどうかは微妙である。「聞き漏らす」の対象である言葉や情報は、日本語においては流動物と認識されているとされる（野村2002，池上2006）。その一方、「北朝鮮がミサイルを連射すれば、撃ち漏らすこともあり得る」のように、「〜漏らす」の対象は固体の場合もある。「撃ち漏らす」に関しては、撃ち落とすことが「捉えられた状態に置く」ことに相当し、網羅的に捉える努力にも関わらず一部が「捉えられていない状態」になることを意味している。「〜漏らす」において重要なのは、対象が流動体かどうかよりも、それがすり抜けるように動くことであるように思われる。

2.4　複合動詞における多義性の解釈：「〜取る」

　複合動詞の適格性と関連して、本節では「奪い取る」や「拭き取る」のようなV2「取る」を含む複合動詞について分析することで、

複合動詞における多義性の解釈を検討する。対象となるのは巻末のリストに収録されている全65語の「〜取る」である。

V2「取る」は多義であり、大きく＜対象を取得する＞と＜対象を除去する＞という2つの意味に分けられる。

(13) a. 太郎はお年寄りからお金を騙し取った。
    (V2：＜対象を取得する＞)
  b. 太郎はテーブルから汚れを拭き取った。
    (V2：＜対象を除去する＞)

「〜取る」は、「複合動詞用例データベース」の用例から判断したV2「取る」の意味に基づいて、以下のように3つのグループに分けられる。

(14)「〜取る」が表す意味と、その場合のV1
  a. ＜対象を取得する＞　　　　　　　　　　全36語
    V1：(対象を自分のコントロール下におさめる)
      打つ、つかむ、吸う、かじる、貪る、刈る、狩る、召す、受ける、選ぶ

    (対象の所有権を自分に移す)
      攻める、戦う、勝つ、奪う、盗む、かすめる、脅す、ゆする、せびる、騙す、乗る、買う、引く、寝る、迎える

    (対象を認知的に受容する)
      感じる、嗅ぐ、聞く、見る、読む、書く、学ぶ、汲む

    (対象を新たに出現させて自分が利用できる状態にする)
      縫う、はかる、写す

b. ＜対象を除去する＞　　　　　　　　　　　　全4語
V1：拭く、拭う、掃く、焼く

c. ＜対象を取得する＞ or ＜対象を除去する＞　　全25語
V1：切る、削る、削ぐ、えぐる、折る、破る、ちぎる、剥がす、剥ぐ、抜く、むしる、もぐ、摘む、こす、こする、絞る、すくう、擦る、抱く、舐める、掘る、巻く、掻く、絡む、移す

　V2がどの意味として解釈されるかは、V1の語彙的意味フレームとの間に、どのような意味的一致が見られるかによって決まる。例えば、表11が示す通り、「盗み取る」において、V2「取る」が＜取得する＞という意味である場合には、V1の関連事象の【目的】に含まれている情報と、V2の中心事象の間に意味的一致があり、同様に、V2の関連事象の【手段】に含まれている情報とV1の中心事象の間にも意味的一致がある。これによって、「盗み取る」が成立している。

表11 「盗み取る」における意味的一致

		V1「盗む」		V2「取る」
中心事象		【加害者】が【起点】から【被害者】の所有する【対象】を不当に手に入れる		【取得者】が【起点】から【対象】を取得し、自分の所有物とする
事象参与者		省略		省略
関連事象	目的	(【対象】を自分の所有物にするため；…)	手段	(【対象】を盗むことで；【対象】を奪うことで；…)
	様態	(こっそりと；素早く；…)	様態	(こっそりと；強引に；…)
	前提的背景	(【対象】を欲している；【対象】は他人の所有物である；…)	前提的背景	【対象】を欲している；【対象】は他人の所有物である；…
		⋮		⋮

一方、V2「取る」が＜除去する＞を表す場合には、表12のように、V1「盗む」との間に意味的一致を見いだせない。その上、V1とV2の【前提的背景】の間に不整合が生じるため、＜除去する＞という意味には解釈できない。

表12　「盗む」と除去を表す「取る」の場合

		V1「盗む」		V2「取る」
中心事象		【加害者】が【被害者】／【起点】から【対象】を不当に手に入れる		【除去者】が【起点】から【対象】を除去する
事象参与者		省略		省略
関連事象	目的	(【対象】を自分のものにするため；…)	手段	(【対象】が付着している【起点】を洗うことで；【対象】を摩擦することで；…)
	様態	(こっそりと；素早く；…)	様態	(ゆっくりと；素早く；…)
	前提的背景	(【対象】を欲している；…) ⋮	前提的背景	(【対象】は不要なものである；…) ⋮

（不整合）

　次に、(14) における＜対象を取得する＞と＜対象を除去する＞の両方の意味で解釈できる場合について見てみよう。この場合のV1の【目的】には、(対象を自分のものにする) と (対象をある場所から取り除く) が共に含まれているため、両方の「取る」の意味で複合動詞が成立する。実際にどの意味に解釈されるかは、文脈が喚起する背景フレームによって決まる。例えば、「抜き取る」という複合動詞は、(15) のような〈窃盗〉の背景フレームにおいてV1「抜く」の【目的】が (対象を自分のものにするため) となり、V2は＜取得する＞の意味に解釈される。一方、(16) のような〈魚の骨取り〉の背景フレームにおいては、V1「抜く」の【目的】が (対象をある場所から取り除く) となり、V2は＜除去する＞という意味に解釈される。

(15) 白川は少し迷ってから、金を抜き取ってズボンのポケットに入れる。　　　　　（BCCWJ 村上春樹『アフターダーク』）

(16) さばは骨を抜き取り、ひと口大に切り、塩、こしょう少々をふる。　　　　（BCCWJ NHK 科学番組部編；並木和子監修『NHK ためしてガッテン血液サラサラ健康レシピ』）

以上のように、複合動詞における多義性の解釈は、語彙的意味フレーム及び背景フレームの情報に基づいて行われると考えられる。

3. 背景フレームとフレーム要素の役割

3.1　複合動詞と背景フレーム：〈競技〉フレームと「勝つ」

これまで見てきたように、複合動詞の結合制限や多義語の解釈などを説明するには、背景フレームという、ある背景状況に関する全体的な知識が必要である。ここではさらに、〈競技〉という背景フレームを喚起する「勝つ」、及び「勝ち抜く」や「打ち勝つ」のように「勝つ」が含まれる複合動詞を対象にして、背景フレームに含まれる背景知識の必要性を詳しく検討する。

例えば、「勝ち〜」には「勝ち上がる」「勝ち越す」「勝ち進む」「勝ち抜く」「勝ち残る」があるが、これらの組み合わせは勝ち負けの概念だけではなく、その背景には様々な競技や試合、トーナメント制などについての知識がある。

まず、FrameNet における *win* が喚起する Finish_competition というフレームを参考にして、〈競技〉フレーム、及びそのフレーム要素を次のように定義する（BCCWJ から採った例文を〈競技〉フレームに基づいてアノテーションしたものをフレーム要素の具現化の例として示す）。

(17) 〈競技〉フレーム

　　定義：ある【競技（Competition）】において、ある【競技

者（Competitor）】が【競争相手（Opponent）】と争い、それぞれの【成績（Score）】に応じて、勝利して【順位（Rank）】や【賞品（Prize）】を手に入れるか、敗北して脱落するか、引き分けるか。

表13 〈競技〉フレームのフレーム要素

競技 Competition	【競技者達】がお互いに競い合う事象（トーナメント制などの場合はCompetition1, Competition2…というように複数回行われる）。 例：【オセロゲーム】$_{Competition}$で勝つコツは、盤上の4つの角をとることです。
競技者 Competitor	【競技】に関与する個人。 例：四年がかりだったが、最後には【わたし】$_{Competitor}$が勝った。
競争相手 Opponent	【競技者】と競い合う個人。 例：あの時、【私】$_{Competitor}$は【祥子】$_{Opponent}$に勝ったと思った。
競技参加者 Competitors	互いに競い合う複数の人。 例：【信長死後の覇権】$_{Prize}$をめぐって、【羽柴秀吉と柴田勝家】$_{Competitors}$が争った。
成績 Score	【競技】の中で計算される数的な量で、これに応じて【競技者】に与えられる【順位】や【賞品】が決まる。 例：【去年】$_{Time}$も【大分】$_{Competitor}$が【ホーム】$_{Place}$で【1-0】$_{Score}$で勝っていたんですが、【セレッソ】$_{Opponent}$が退場者を出したのに逆転負けしてしまった。
点差 Margin	【競技者】と【競争相手】の【成績】の差。 例：もしこれが【二五点差】$_{Margin}$で勝っていたのなら、運とか偶然といった皮肉な要素がない分、こんなにも大騒ぎすることはなかっただろう。
順位 Rank	【成績】によって決まる【競技者】の順位。 例：【南米予選】$_{Competition}$を【2位】$_{Rank}$で勝ち上がってきた【エクアドル】$_{Competitor}$は、実は【今大会】$_{Competition}$のダークホースになるのではと、読んでいる。
賞品 Prize	【競技者】の【順位】や【成績】に応じて与えられる社会的または金銭的に価値のある物。 例：【若づくり氏】$_{Competitor}$は【競輪】$_{Competition}$で【三万円】$_{Prize}$勝ったその足で立寄り、ほとんど競輪の話をひとりでしゃべって帰っていった。
様態 Manner	【競技者】や【競技】そのものの様態。 例：【このレース】$_{Competition}$を【あっさり】$_{Manner}$勝った後、続く【クローバー賞1200】$_{Competition}$でも【2着】$_{Rank}$したくらいだから、もともと能力は相当だったのだろう。

手段 Means	【競技者】が【競技】に勝利するための手段。 例：【打撃力】Means で勝ったような感じ	
場所 Place	【競技】が行われる場所。 例：【日本】Place で勝つために、【任天堂の買収】Means に照準を合わせているのだ。	
時間 Time	【競技】が行われる時間。 例：【明日】Time 【マエケン】Means で勝ち、【あさって】Time 【ルイス】Means で勝つ。	

このような〈競技〉フレームのフレーム要素を全て具現化した文が(18)である。

(18)【2013年1月1日】Time【賞金一億円】Prize がかかった【天皇杯】Competition1 の【国立競技場】Place での【決勝戦】Competition2 に、【柏レイソル】Competitor は【渡部選手のヘディング】Means で【辛うじて】Manner【1-0】Score という【僅差】Margin で【ガンバ大阪】Opponent に勝利し【全88チーム】Competitors の中から【優勝】Rank を手にした。

〈競技〉フレームを図示すると次のようになる。

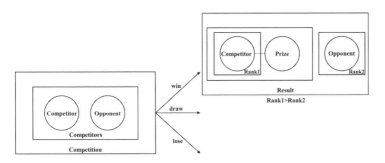

図1 〈競技〉フレームのプロトタイプ[*5]

図1は〈競技〉フレームのプロトタイプであり、他にも様々なサブタイプが存在する。例えば、「{競馬／パチンコ／ギャンブル}に勝つ」というような場合においては、競争相手が存在する必要はな

く、ある競技の仕組みそのものに勝つことでお金などの賞品を得るのである。そのため、イメージスキーマに表すと、図2のようになる。

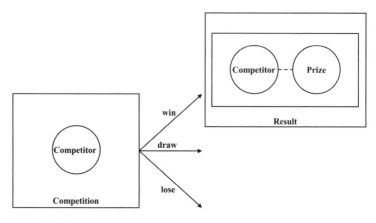

図2 〈競技〉フレームのサブタイプ1（競争相手がいない場合）

図2のフレームに使われる動詞は限られている。「勝利する」は、「*｛競馬／パチンコ／ギャンブル｝に勝利する」と言えないことから、必ず競争相手がいなければならない。「負かす」という動詞は競争相手をヲ格に取り、「*｛競馬／パチンコ／ギャンブル｝を負かす」とは言えない。このように、「勝つ」と近い概念を表すように思われる「勝利する」や「負かす」だが、これらの語の意味的な違いは、喚起する背景フレームの違い、及び背景フレームにおけるプロファイルの違いとして捉えられる。

　ここまでは単純動詞についての説明だったが、複合動詞の場合はさらに複雑な背景知識が必要となる。まず、「勝つ」を含む複合動詞に「勝ち残る」や「勝ち抜く」があるが、「勝ち残る」や「勝ち抜く」のような場合は勝ち残り式の競技に勝利した場合を表しており、その背景には図3のような勝ち残り式競技についての知識がある。

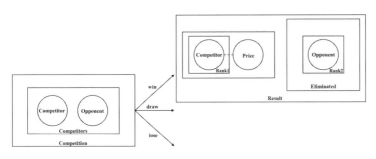

図3 〈競技〉フレームのサブタイプ2（勝ち残り式）

図3が示すように、「勝ち残る」と「勝ち抜く」は勝ち残り式の競技において、勝負に負けた選手（チーム）がその時点で脱落し、勝者が決定するという、〈競技〉フレームのサブタイプ2の背景知識に基づいている。

　次に、「勝ち進む」においては、勝ち残り式競技に加え、複数回勝利しなければ賞品を手に入れることができないトーナメント制についての背景知識が必要である。そして、「勝ち残った」ものが次のステージに進むことを「勝ち進む」として理解している。

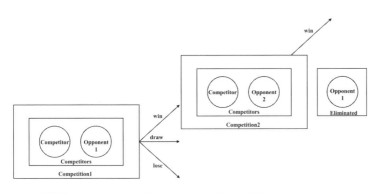

図4 〈競技〉フレームのサブタイプ3（トーナメント制）

　また、競技の中には、一定の回数行われるものがある。例えば、大相撲の取組は、日曜日から翌々週の日曜日までの1場所15日間で行われる。このシステムにおいて、最終的な成績は白星（勝ち）と黒星（負け）が同数になることはなく、必ず白星が黒星を上回る

か、その逆かである。「勝ち越す」という語はこのような背景知識に基づいて、＜複数回の勝負の中で負けの数より勝ちの数のほうが多くなる＞ということを表すと理解される。「勝ち越す」は「押し出しで勝ち越した」「春場所で勝ち越した」「8勝7敗で勝ち越した」のように、様々な概念をデ格で表すことができる。「押し出し」はフレーム要素の【手段】で、「春場所」は【競技】、「8勝7敗」は【成績】である。興味深い例として「千秋楽で勝ち越した」や「十日目で勝ち越した」のような表現があるが、この場合「千秋楽」や「十日目」は【競技】や【時間】として理解されるのではなく、勝ち越しが決まったときの段階（競技の進み具合）を表している。「*11月20日で勝ち越した」が言えないように、【時間】は「勝ち越す」のデ格としては具現化できない。このように、「勝ち越す」のデ格である「千秋楽」や「十日目」は、【段階】というフレーム要素が具現化したものであることがわかる。

　【段階】というフレーム要素は〈競技〉フレームには含まれていないが、相撲のような特殊な背景フレームに見られるものである。また、【成績】、【順位】、【点差】、【賞品】のようなフレーム要素も〈競技〉フレームに結びついており、〈競技〉フレームという背景知識がなければこれらを理解するのは困難である。そのため、フレーム意味論においては、主題役割（thematic role）のような、プリミティブとされる一定の数の意味役割を多種多様の状況に当てはめるのではなく、個別の背景状況に基づいて意味役割を設定するのである。加えて、〈競技〉フレームにおけるフレーム要素の多くは項として実現せず、付加詞に当たるものである。従来のLCSのような意味構造ではこのような項ではない意味要素を捉えることができなかったが、フレーム意味論では項だけでなく、付加詞として具現化する意味要素を含めて、動詞と文の中で共起する意味要素全体を捉えることが可能である。

　最後に、「勝ち上がる」という複合動詞についてだが、これは日本の縦型のトーナメント表に基づいているものであり、横型のトーナメント表が一般的である英語圏の文化にはない表現である。日本語の文字表記は縦書きにすることができるため、縦型のトーナメン

ト表が普及している。そのため、日本語では「勝ち上がる」という表現があるのに対し、英語の対応する表現は *win through* や *advance* であり、*win up というような表現は存在しない。

図5　日本語の縦型トーナメント表

図6　英語の横型トーナメント表

「勝ち上がる」という例のように、文化の違いは複合動詞の違いとして現れる。この点については次節で詳しく検討する。

3.2　背景フレームと文化

これまで語彙的意味フレームレベルの制約を見てきたが、そのレ

ベルでの制約を満たしたとしても、V1-V2 が複合動詞として確立されない場合がある。例えば、2節で取り上げた＜ある逃げる対象を捉えることに失敗する＞を表す「〜逃す」において、V1「嗅ぐ」は「見る」や「聞く」と同様に、「逃す」が持つ＜何かを捉えようとしている＞という前提的背景と一致する。そのため、V2「逃す」の語彙的意味フレームとの間に意味的な一致を形成できるが、「見逃す」や「聞き逃す」と違って「??嗅ぎ逃す」の容認度は低い。これは複合動詞に対応する背景フレームが、ある文化、またはコミュニティにおいて確立されているかどうかに関わってくる。そして、このような「文化的表象」は文化的慣習の違いによって違いが生じる。

3.2.1　異なる文化に基づく複合動詞の違い

第3章で述べたように、「??嗅ぎ逃す」は「香水の発表会でその香りを嗅ぐのを楽しみにしていたが、当日急用ができたために参加できなかった」というような背景があると、文脈情報がないときより容認度が上がると思われるが、完全に容認できるものになるとは言い難い。これは、「香水の発表会」のような私的表象を有する人にとっては容認度が上がるとしても、その言語社会においてその知識が1つの「文化的表象」として共有されていなければ、その複合動詞が使われることは少なく、結果的に「耳馴染み」がないと判断されて、完全には容認されないからだと考えられる。このように、複合動詞として成立するかどうかは、背景フレームが「文化的表象」であるかどうかに関わってくる。以下において、異なる社会における複合動詞の違い、また同じ社会の異なるコミュニティにおける複合動詞の違いを順番に見ていこう。

3.2.1.1　異なる社会における複合動詞の違い

日本語母語話者と中国語母語話者は異なる社会に属しており、その文化の違いは日本語と中国語の複合動詞の違いにも反映されている。例えば、中国語には「跪哭 *guì-kū*（kneel-cry）」、「跪爬 *guì-pá*（kneel-crawl）」、「哭唱 *kū-chàng*（cry-sing）」という複合動詞が存

在するが、これらは全て台湾の「孝女 xiào-nǚ」という文化的慣習に基づいてできたものである。孝女とは台湾の伝統的な葬式の際に、遺族の代わりに大げさに泣き叫ぶなどして悲しみや苦しみを表現し、死者を悼み、弔う「泣き女」のことである。彼女らは跪きながら泣き、そしてそのまま故人の霊前まで這い進んでいく。多くの場合は悲しみを表現するために跪いて泣きながら（または泣いているふりをしながら）、節をつけて歌うのである。このような場面が文化的表象として確立している台湾の人々にとって、「跪哭 guì-kū（kneel-cry）」、「跪爬 guì-pá（kneel-crawl）」、「哭唱 kū-chàng（cry-sing）」は容認可能な表現であるが、日本社会にはこのような風習がないため、「??ひざまずき泣く」、「??ひざまずき這う」、「?泣き歌う」の容認度は低い[*6]。

3.2.1.2 異なるコミュニティにおける複合動詞の違い

同じ言語社会でもコミュニティの違いによって、話者が異なるフレーム的知識を持ち、使用する複合動詞が異なる場合がある。例えば、「複合動詞用例データベース」に「萌え禿げる」という複合動詞があるが、これはネットで使われている「激しく萌える」という表現からきたものである。「激しく萌える」から「禿しく萌える」という表現が流行り、そこから「禿げ萌える」と「萌え禿げる」という表現が生まれたと考えられる。今ではそれぞれ＜禿げそうなほど萌える＞、＜萌えすぎたために禿げる＞という意味で使われている。

ほかにも同データベースには、「萌え上がる」「萌え狂う」「萌え転がる」「萌え殺す」「萌え死ぬ」「萌えたぎる」「萌え尽きる」「萌え悶える」という複合動詞があるが、これらは全て若者の「萌え[*7]」の文化から生まれたものだと考えられる[*8]。「萌え」の文化において、「萌える」が＜ある物や人に対し、一方的で強い愛着心・情熱・欲望などの気持ちを持つ＞という意味を表すことを知らなければ、これらの複合動詞を理解することはできない。このように、これらの例は特定のコミュニティの間でしか共有されていないものである。

表14 「萌える」が含まれる複合動詞の用例

複合動詞	「複合動詞用例データベース」における用例
萌え上がる	ここで登場するのが眼帯した伴だったらそりゃもう萌え上がるのに。
萌え狂う	そんなギャップに、我々はまた萌え狂うのであった。
萌え転がる	あんなに見事なラストシーンを見せつけられては、もう萌え転がる以外の選択肢は存在しません。
萌え殺す	かわいくて強い巫女さんとか、俺を萌え殺す気か？
萌え死ぬ	これは、女性にデートで言われたりしたら、もう萌え死ぬ言葉でしょう。
萌えたぎる	BLで久々に萌えたぎった。
萌え尽きる	呼び捨てだった事に萌え尽きそうになりました。
萌え禿げる	もう、想像しただけで萌え禿げる。
萌え悶える	ユチョンに萌え悶えるチャンミンに私が萌え悶える
禿げ萌える	でも、自分と会うために3時間も悩んだって言われたら禿げ萌えるだろ？

　また、専門用語として複合動詞が使われる場合もある。例えば、株取引の世界では売り注文が買い注文を上回っていることを「売り越す」といい、その逆を「買い越す」という。

　(19)海外投資家は8月に、日本株を1年ぶりに売り越した。
　　　　　　　　　　　　　　　　　　　　　　（「複合動詞用例データベース」）

　(20)欧州金融不安が後退し、外国人投資家が日本株を買い越す
　　　ようになってきた。　　　　　　　（「複合動詞用例データベース」）

　加えて、複合名詞から派生したと思われる「踏み上げる」という複合動詞があり、株取引の世界で使われる。「踏む」とは、信用取引で売った人が、株価が上昇している状態であるにも関わらず、損を覚悟で買い戻すことを言い、複合名詞の「踏み上げ」とは、この買戻しにより株価がさらに上昇することを意味するものであるという[*9]。

(21) 89円70銭くらいまで一気に踏み上げて、45銭くらいで止めて、今度は91円35銭くらいまで買う。
(「複合動詞用例データベース」)

また、「買い下がる」という複合動詞は相場が下降している時に、買いの新規注文を繰り返すことであるという。

(22) 78円くらいまで買い下がる覚悟でいれば安泰。
(「複合動詞用例データベース」)

そして、「買い上がる」は逆に、相場が上昇している時に、買いの新規注文を繰り返すことである[*10]。

(23) ただ、参議院議員選挙を控えた週末ということもあり、積極的に買い上がるような動きもなく上げ幅も限定的となりました。
(「複合動詞用例データベース」)

これらの複合動詞は株取引という制度に応じて生み出されたものであり、株取引についての知識がないと理解できないものである。
　料理に詳しい人たちが用いる複合動詞も多数存在しており、料理の知識がないと理解するのが難しい。

(24) 最後に、塩・コショウで味を調え、醤油をナベ肌から回し入れる。
(「複合動詞用例データベース」)

(25) フライパンに油少々をひいて弱火にかけ、卵を静かに割り入れる。
(「複合動詞用例データベース」)

(26) たっぷりのお出汁で、薄めの味に仕上げて、冷ましながら味を煮含めるのがオススメ。　(「複合動詞用例データベース」)

(27) 鍋にだし汁と里芋を入れ、里芋がやわらかくなったら小松

菜と干しわかめを加え味噌を<u>こし入れる</u>。

（「複合動詞用例データベース」）

(28) バラは脂が多いので、一度青葱と水で<u>茹でこぼして</u>から酒で煮るといいと思います。

（「複合動詞用例データベース」）

　これらの複合動詞のうち「割り入れる」は料理以外でも使われると思われるかもしれないが、料理以外の場面では、単に何かを割った後でどこかに入れるということはあっても、料理のように何かを入れる「ために」割ることはあまり考えられない。皿を割ってしまった後にゴミ袋に入れることはよくあることだが、これらの割る行為は対象をどこかに入れることを目的とするものではない。あくまでも結果として対象をどこかに入れただけにすぎない。「割り入れる」などが存在するのは、料理において卵をボウルなどに入れるための準備事象として卵を割る、ということがよく行われており、コミュニケーションにとって重要であるからである。これらの複合動詞は、料理に詳しい人たちのコミュニティで共有されている文化的表象に動機付けられて作り出されたものである。

　他にも相撲の世界で用いられている「寄り切る」や「寄り倒す」なども、相撲のルール（土俵から出たり、土俵に足の裏以外の部分がついたりすると負け）や技についての知識がないと理解できないものである。

四つ身になって、体を密着させ前か横に進みながら相手を土俵の外に出す。
(重心を下げ、差した手のほうに寄るのが定石)
a.「寄り切る」

四つ身で寄りながら、相手が土俵際残そうとするのを、体を密着させて倒す。
(相手より重心を下げて、相手の腰を浮かせる)
b.「寄り倒す」

図7　相撲の決まり手（「大相撲決まり手解説図」
〈http://www16.plala.or.jp/mr001/sumou.htm〉 2015/10/04 にアクセス）

以上のように、異なる社会やコミュニティにおいては、異なるフレーム的知識によって異なる言語表現が用いられ、複合動詞にも同様の現象が観察されることがわかる。

3.2.2　文化の変遷に基づく複合動詞の産出と衰退
　文化は一定のものではなく、流動的で変化し続けるものである。そして、文化の変遷に応じて、言語表現も変わる。本節では複合動詞が文化の変動に応じて変わるという現象について検討する。
　例えば、現実世界における新しい事象に対応してできた「焼き取る」という複合動詞がある（「*焼き消す」が成立しないことは第5章で見た）。

> (29) シミ取りの施術は、ダイヤモンド・ピーリングというものと、レーザーでシミを<u>焼き取る</u>ものとの2種類を同時にやりました。
> 　　　　　　　　　　　　　　　　　（「複合動詞用例データベース」）

V1の「焼く」は＜対象に熱を加える＞という意味で、またV2の「取る」は＜対象を除去する＞という意味で使われており、共に従来の意味で用いられている。この複合動詞が表す、＜対象に熱を加えることでそれを除去する＞という事象は、従来文化的表象としては存在しないものであったと思われる。しかし、近年の美容整形の技術の進歩によって、レーザーでシミやそばかすに照射して熱を加えることでそれを除去することが可能になり、普及し始めているため、文化的表象として確立されつつあると思われる。
　反対に、文化の一部が衰退することによって、複合動詞が使われなくなったという場合もある。例として、「マイナビウーマン」というインターネットサイトが、昭和生まれの読者416人に、若者に理解してもらえなかった言葉について聞いた調査によると、回答の中に、若い世代に「巻き戻す」ということを理解してもらえない、というものがあったそうである[*11]。かつて普及していたカセットテープは実際にテープを巻いて戻していた。しかし、カセットテープが、「巻く」という動作を必要としないDVDなどの光ディスク

媒体に取って代わられたため、若い世代の中に「巻き戻す」全体の意味は理解できるが、その中で「巻く」がどういう意味なのかが理解できない人が出てきた。このように、ある言語社会における文化の変遷に伴って、複合動詞の理解が失われることがありうる。

4. 複合動詞の適格性

本書では「複合動詞の適格性」を1つの大きな研究課題とする。本節では、複合動詞の適格性とはどのようなもので、どのように決定されるのかについて考察する。具体的に、従来の文法的な適格性と意味的な適格性に加え、使用頻度に基づく「耳馴染み度」という概念を取り入れる必要があると主張する。

4.1 影山(1993)における「レキシコンへの登録」説

影山(1993: 354-355)は、文の許容度が文法的か非文法的かという二分法で判断されるのに対して、語の適格性は(a)実在する、(b)実在しないが当該の言語として可能である、(c)実在せず当該言語でもともと不可能である、という3つの部類で判断されると主張した。そして、語については辞書に登録されているということが実在するということであり、また、語彙部門における語形成の派生結果は全て辞書に登録されていて、それによって、新しい語が作られたとき、それを耳慣れない語であると判断することができる、と述べている。

上述の3つの部類を詳しく見ていこう。まず(c)の部類についてだが、これは第4章で見てきたような複合動詞のコンストラクション的な制約に反するものに相当する。「*購買し取る(cf. 買い取る)」や「*削り除去する(cf. 削り落とす)」のような和語単純動詞の組み合わせでないもの、「*叩く壊す(cf. 叩き壊す)」や「*打て上げる(cf. 打ち上げる)」のようなV1が連用形でないものは、スーパースキーマのレベルで排除される。また、「*倒し押す(cf. 押し倒す)」や「*走り転ぶ(cf. 走って転ぶ)」のように、V1とV2の意味関係が特定の意味関係ではないものは、意味関係

スキーマのレベルで排除される。また、(a) の部類に相当するのは、本書における3つのレベルの制約を満たした「切り倒す」や「叩き潰す」などである。

ここで問題となるのは (b) の部類で、このタイプの複合動詞は均一なものではなく、その適格性には程度差が見られ、理由も単一ではない。前述した「??嗅ぎ逃す」という組み合わせも、「香水の発表会」というような背景知識があれば、完全にではなくても容認度は上がる。一方、前章で見た「??つなげ合わせる」「??走り上がる」などは、背景知識の有無によらない。このように (b) のタイプは均一ではなく、程度性があることが伺える。

このような容認度の程度性について、本書では音韻論の研究（秋永ほか 1992 など）で使われている「(耳) 馴染み度」という概念を取り入れることで説明する。

4.2 使用頻度に基づく耳馴染み度

本書の考えでは、ある複合動詞がレキシコンに登録されるには、まず基本条件として、第4章で述べたようなコンストラクションレベルの制約（形式上の制約及び意味関係の制約）、そして本章で述べたような語彙的意味フレームレベルの制約に適合する必要がある。どちらか一方の制約だけを満たしても複合動詞としては成立できない。例えば、本章で見た「??撫で壊す」のようなものは、コンストラクションの制約を満たしているが、語彙的意味フレームの制約を満たしていないため、複合動詞として成立できない。反対に、前項が単純動詞ではない「*圧迫し倒す」や主語が一致しない「*叩き死ぬ」は、意味的には問題ないのだが、コンストラクションの制約に反するため成立できない。

では、コンストラクションと語彙的意味フレームの両方の制約を満たせば、レキシコンに登録されるのかというと、そうではない。レキシコンに登録されるには、その複合動詞が一定以上の使用頻度を持っていなければならない。コンストラクションと語彙的意味フレームの制約に適合した上で、一定以上の使用頻度がある場合に、その語が耳馴染み度の高い語としてレキシコンに登録されるように

なると考えられる。

　Taylor（2012）は、話者は自分が接した用例を記憶にとどめており、頻度に関する情報を知識として持っていると主張している。ある複合動詞が容認可能かどうかにも、結局は「聞いたことがあるかどうか」を基準に判断するインフォーマントは多い。「??走り上がる」「??つなげ合わせる」などが可かどうかの判断は、結局のところ、耳馴染み度が高いかどうかによるものと思われる。

　複合動詞の適格性について本書は、ある複合動詞が成立するかどうかは、0か1かという絶対的なものではなく、コンストラクション的制約との適合性、語彙的意味フレームの整合性、そして耳馴染み度の複数の要因により、程度性を持つと考える。そうすることで、1)「*壊れ叩く」「*飛び溶ける」のように、意味的に不可能であり、かつ全く聞かないもの；2)「%嗅ぎ逃す」「%舐め落とす」のように、知識によっては容認可能になるもの（%で表す）；3)「??走り上がる」「??つなげ合わせる」のように、意味的には可能だが、あまり聞かないし使わないもの；4)「切り倒す」「叩き潰す」のように、意味的にも問題なく、よく聞くもの；というように、複合動詞の適格性を連続的なものとして考えることが可能となる。

表15　複合動詞の適格性

	コンストラクション的制約	語彙的意味フレーム的制約	耳馴染み度	適格性
「*壊れ叩く」「*飛び溶ける」	×	×	×	容認不可
「*圧迫し倒す」「*叩き死ぬ」「*読み書く」「*立ち食う」	×	○	×	容認不可
「%嗅ぎ逃す」「%舐め落とす」	○	×/○	×	知識によっては可能になる
「?走り上がる」「??つなげ合わせる」「??引き開ける」	○	○	×	可能だが存在するかどうか微妙
「切り倒す」「叩き潰す」	○	○	○	存在する

5. まとめ

　本章はフレーム意味論に基づき、百科事典的知識を含む語彙的意味フレームという意味構造を用いることで、複合動詞の意味形成における諸問題を説明できることを示した。複合動詞の結合制約を説明するには、動詞が表す事象そのものの情報だけではなく、それと関連する事象という背景知識も必要であり、動詞の意味には従来考えられていたよりも豊かな知識が含まれていることを明らかにすることができた。また、複合動詞の適格性について、コンストラクションの制約、語彙的意味フレームの制約、そして、耳馴染み度という概念を取り入れることで説明できることを示した。

---

*1　ただし、複合動詞の場合は語彙的意味フレームによる制約が唯一の意味的な制約ではなく、語彙的経済性（lexical economy）によっても制約を受ける。Matsumoto（2011）が述べているように、複合動詞は同じ意味を表す単一動詞、もしくはより確立された複合動詞によって阻止される。例えば、「*歩き上がる」という複合動詞は「上がる」という単一動詞によって排除される。また、語彙的複合動詞の語彙的意味フレームはV1とV2から常に合成的に導き出せるわけではなく、「落ち着く」などの意味的に不透明な複合動詞は［V1-V2］$_V$という複合動詞全体で、ある語彙的意味フレームと結びついている。
*2　2章で述べた影山（1993）の所有関係の合成（「洗い落とす」において全体の項が＜Th1のTh2＞になるというもの）についても、「こすりつける」の語彙的意味フレームのように、語彙的意味フレームの中の情報として示すことができる。
*3　「戦車が敵を蹴散らした」のように、＜追い払って散り散りにする＞という意味もあるが、ここでは「川床の砂利を蹴散らした」のように、実際に蹴るという動作によって何かを散乱させる意味について分析する。
*4　分析的でない例はV1-V2が1つの全体として個別動詞レベルのコンストラクションを形成し、全体の意味から個々の動詞の意味が理解されるため、この制限を受けない。
*5　紙幅の都合上、引き分けや負けの場合のイメージスキーマは省略する。ここでの点線は所有関係を表す。
*6　「?泣き歌う」はコンサートなどで歌手が感動して泣きながら歌うということが日本でもある程度文化的に確立されていると考えられるため、他の「??ひざまずき泣く」や「??ひざまずき這う」より容認度が高い。

＊7 「萌え」とは若者言葉で、「ある物や人に対して持つ、一方的で強い愛着心、情熱、欲望などの気持ち」で「必ずしも恋愛感情を意味するものではない」という（『デジタル大辞泉』）。

＊8 「萌え上がる」や「萌えたぎる」、「萌え尽きる」のような例はそれぞれ「燃え上がる」、「燃えたぎる」、「燃え尽きる」からのアナロジーによって作られたものであると考えられる。

＊9 「東京証券取引所：証券用語解説」〈http://www.tse.or.jp/glossary/gloss_h/hu_humiage.html〉（2014/10/8 にアクセス）

＊10 「金融用語集」〈http://www.financial-glossary.jp/〉（2014/10/08 にアクセス）

＊11 「昭和生まれに聞く、若者に理解してもらえなかった言葉「アッシー」「ラジカセ」」〈https://woman.mynavi.jp/article/140628-39/〉（2015/10/05 にアクセス）

第 7 章
フレームに基づく複合動詞の考察 II
―事象参与者と複合動詞の項―

　第 6 章で述べたように、本書はフレーム意味論に基づき、日本語の [V-V]_V 型の語彙的複合動詞の意味形成が、V1 と V2 の表している事象が 1 つの整合性の取れた語彙的意味フレームを構築することによって行われると考える。この考え方に基づいて、本章では複合動詞の項と参与者の性質について考察する。

　第 2 章で見たように、項構造の決定と項の同定は従来の複合動詞の研究において主要な関心事であった（影山 1993, Fukushima 2005 など）。ここではまず、この問題について、コンストラクションとフレームのアプローチがどのように考えるかを述べる。その上で、項以外の事象参与者を考察することで、複合動詞に関してさらに深い理解が得られることを指摘していく。複合動詞の意味の正確な記述のためには、項の同定のみでは不十分であり、項以外の事象参与者がどのように同定されるかも記述しなければならないことを指摘する。さらに、事象参与者を考察することで、項構造の分析では捉えにくかった現象が上手く捉えられることを、「割り入れる」などの分析を通して示す。最後に、複合動詞の項の性質が、主要部の動詞のみならず、両方の動詞によって制約されることを指摘する。

1. 複合動詞における項の同定と項構造

　本節ではまず、複合動詞の項がどのように同定されるか、また、複合動詞の項構造がどのように決定されるかについて考察する。複合動詞における項構造の決定には、第 4 章で見た意味関係のコンストラクションごとに異なったパターンがある。例えば、手段型や様態型では、複合動詞全体の項構造が意味的な主要部である V2 の項構造と一致する。比喩的様態型の多くの場合と V2 補助型では、複

合動詞全体の項構造が意味的な主要部であるV1の項構造と一致する。さらに事象対象型でもV1の項構造と一致し、付帯事象型では双方の項が全体の項に反映される場合がある。以下の例文における二重下線部の項は二重下線部の動詞の、一重下線部の項は一重下線部の動詞の項である。

(1) 手段型：太郎が {*ビーカー／薬品} を振り混ぜる
　　比喩的様態型：花が（*美しさを）咲き誇っている
　　事象対象型：不動産を買い控える。
　　付帯事象型：本を家に持ち帰る

このことは、どちらの動詞が項構造の決定に関して重要な役割を果たすかは、意味関係のコンストラクションの持つ性質であることを示している。

　これは項である事象参与者の同定パターンにおいても同様である。動詞の主語（最卓立項）がデフォルト的に同定されることは、スーパースキーマにおいて指定されているが、その例外や、目的語の同定パターンは各意味関係のコンストラクションごとに決まっている。これは第4章で見た通りである。

　例えば、手段型の複合動詞は以下のような語彙的意味フレームを持っていると考えられる。

表1a　手段型

	$[E_2 \text{ BY } E_1]$
中心事象	[【使役者】$_i$が【被使役者】$_j$に変化を生じさせる]$_{E_2}$ BY [【行為者】$_i$が【対象】$_j$あるいは【対象と関連する事物】に働きかける]$_{E_1}$
事象参与者	【使役者＝行為者】【被使役者】【対象】【対象と関連する事物】(【位置変化経路】【状態変化経路】）; …
関連事象	⋮

表1b　手段型を構成する動詞の関係

	V1	V2
中心事象	【行為者】$_i$ が【対象】$_j$ に働きかける	【使役者】$_i$ が【被使役者】$_j$ に変化を生じさせる
事象参与者	…	…
関連事象	…	…

　個々の複合動詞では、このコンストラクションの語彙的意味フレームに、V1、V2の語彙的意味フレームが埋め込まれ、さらに全体的性質が記載されている。埋め込まれるV1、V2の意味は、コンストラクションの持つ意味と一致するものでなければならない。項に関して言えば、動詞が持つ【破壊者】などの参与者は、その性質において、コンストラクションが持つ【行為者】などの参与者と意味的に合致しなければならない（前者は後者の一例でなければならない）。

　これは、Goldbergの項に関する意味的整合性の原則（The Semantic Coherence Principle）によるものである。意味的整合性の原則とは、意味的に適合する意味役割だけが合成できるというもので、意味的に適合するには、一方の意味役割がもう一方の意味役割の事例でなければならない。

(2) The Semantic Coherence Principle　　(Goldberg 1995: 50)
　　意味的に両立する役割のみが融合できる。r1とr2の2つの役割は、r1がr2の例であるか、r2がr1の例である場合に両立する。

この原則は、使役移動構文などの構文の項役割と、それに代入される動詞の意味役割の適合性に関わるものであるが、複合動詞のような形態論的なコンストラクションにおける項役割と、それに含まれる動詞の意味役割にも同じ関係が見られるということである。

　手段の複合動詞では、V2が意味的な主要部であり、V2の参与者

のうち、V2の項として実現する参与者が、複合動詞の項となる。また、同定に関しては、中心事象における参与者のインデックスによって同定関係が示される。

　複合動詞の事象参与者のうち、どれが主語になるかは、基本的には主要部動詞が単独で使われたときの主語の決定と同じ原則によると考えて良い。Fillmore（1977）、Dowty（1991）らは、主語決定には複数の要因があるとしている。Fillmoreが挙げるのは以下のものである。

　　(3)　The saliency hierarchy (Fillmore 1977: 78)
　　　　1. 行為的な要素は非行為的な要素よりも優先性が高い。
　　　　2. 原因的な要素は非原因的要素よりも高い。
　　　　3. 人間（あるいは有生物）の経験者は他の要素よりも高い。
　　　　4. 変化する要素は変化しない要素よりも高い。
　　　　5. 全体的、あるいは個別化された要素は、要素の部分よりも高い。
　　　　6. 「図」は「地」よりも高い。
　　　　7. 定的な要素は不定の要素よりも高い。

このような要因は、認知的卓立性やトピック性と関連するとされる（Levin & Rappaport Hovav 2005参照）。

2. 事象参与者の同定

　しかし、複合動詞の意味の正確な記述のためには、単なる項の同定以上の意味的な関係の記述が必要になる。項として実現するとは限らない、事象参与者への言及が必要なのである。この記述に関しては、個々の複合動詞、あるいは類似した複合動詞群の語彙的意味フレームを細かく見る必要がある。この点に関して、第3章で語彙的意味フレームを考察した「泣く」が関わる複合動詞から見ていこう。第3章で見たように、「泣く」には、項として実現する【泣く人】のみならず、【目】【涙】【頬】、さらには【周りの人】などが事

象参与者として存在する。これらは、複合動詞の意味において重要な役割を果たす。

　まず、「泣き落とす」について考えよう。この複合動詞において、V2の目的語に当たる被動作主の項は、V1の項とは同定されない（由本 2011）。しかし、泣き落とす対象は、「泣く」が表す事象においてどのような人であっても良いわけではない。V2の被動作主はV1の事象参与者として理解される必要がある。V2「落とす」の項である被動作主がV1「泣く」という事象に【周りの人】として参与していなければ、「泣き落とす」は意味的に成立できない。誰かの前で泣くことでその人を説得する（落とす）のであって、ほかの人がいないところで泣いても誰一人説得できないだろう。第3章で指摘したように、泣くことは、それを見聞きした人に影響を与える。その意味で、泣くのを見る【周りの人】は、「泣く」という動詞の周辺的事象参与者と考えることができる。〈説得〉という背景フレームを持つ「泣き落とす」ではそれが顕著であり、「泣く」の【周りの人】と「落とす」の【相手】が同定されて、「泣き落とす」の項として実現するのである。

　(4)の「泣き腫らす」と「泣き濡れる」についても同様のことが言える。

(4) a.　眼をまっ赤に泣き腫らしちゃったわ。
　　　　　　　　　　　　　　　（BCCWJ山口洋子『銀座春灯』）
　　b.　少女の顔は泣き濡れている。
　　　　　　　　　　　　　　（BCCWJ宮部みゆき『ブレイブ・ストーリー』）

　(4a)で、V2「腫らす」の目的語である「目」はV1「泣く」の項ではないが、泣く人の目でなければならない。この【目】も、周辺的事象参与者として「泣く」の語彙的意味フレームに参与している。(4b)の「泣き濡れる」では、V2「濡れる」の主語は、「泣く」の周辺的事象参与者である【頬】または【顔】と同定される。また、「濡れる」のデ格で実現する要素は、「泣く」における【涙】でなければならない。第3章で示したように、「泣く」は＜涙を流す＞こ

とを意味しており、V1「泣く」が表す事象において【涙】は文法的な項ではないが意味的に必須の参与者であり、これがV2「濡れる」のデ格と一致する。

　事象参与者の同定は、次のような場合にも見られる。[V_{TR}-V_{TR}]$_V$の「見回す」「見上げる」「見交わす」「見返す」「見渡す」「見通す」「見下ろす」「見据える」では、「太郎は部屋を見回した」のように、「見る」の項が全体の項として実現する。後項動詞は使役移動を表す動詞だが、その意味上の目的語は視線であると考えられる（松本1998: 62-63, 2016, Matsumoto 2003）。この「視線」は、「見る」においても周辺的事象参与者として事象に参与している。「見る」とは視線を投げかけることによって対象を知覚することだからである（Gruber 1976 も参照）。つまり、複合動詞の項として実現していない参与者においても、2つの動詞間で同定がなされている。

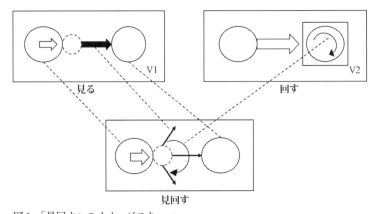

図1　「見回す」のイメージスキーマ
（左の○は認知主体、右の○は対象、白い矢印は使役、黒い矢印は移動の方向、点線の○は抽象的放射物、各要素を繋ぐ点線は対応関係を表している）

　松本（1998: 61-62）で述べているように「照りつける」「にらみつける」「怒鳴りつける」などのいわゆる「強意の「つける」」も同様である（姫野1975も参照）。これらの複合動詞は何らかの抽象物（光、視線、言語メッセージ）を移動させる事象を表すものであり、その移動物が「つける」の意味上の目的語であるが、これら

の抽象物は複合動詞の目的語としては現れない。このような抽象物もV1「照る」「にらむ」「怒鳴る」の事象参与者である。

　事象参与者の考察は、例文（5）における「泣き濡れる」や「寝静まる」のような、「主語一致の原則」に反する複合動詞（松本1998: 72–74を参照）の考察にも役立つ。

(5) a.　少女の顔は泣き濡れている。
　　　　　　　　　　（BCCWJ宮部みゆき『ブレイブ・ストーリー』）
　　b.　朝の早い長屋は寝静まっている。
　　　　　　　　　　（BCCWJ森村誠一『虹の刺客』）

これらの複合動詞は主語一致の原則に反するだけではなく、そもそもV1とV2に共通する項が存在しない。これはMatsumoto(1996a)で主張されている複合動詞のより一般的な結合制約として考えられる、複合する2つの動詞の表す出来事に共通の項が必要であるという「項共有の原則」にも反している。しかし、事象参与者を考察すると、事象参与者が共有されていることが分かる。V1「泣く」が表す事象において【涙】は項ではないが必須の参与者であり、これがV2「濡れる」のデ格と一致する。また、「泣く」の主語と「濡れる」の主語とは同一ではないが、後者は前者の身体部位でなければならない。

　同様のことは、「寝静まる」についても言える。「2階の子ども部屋は寝静まっている」における「寝静まる」はV1の項（子ども）がV2の事象（子ども部屋が静まる）に参与する必要があると考えることができる。「静まる」は場所を主語に取ることができるが、その場合にも、その場所にいて音を立てる（はずの）人間などが事象参与者として参加している。「寝る」の主語はその参与者と同定される。子どもが1階のリビングで寝ているために、2階の子ども部屋が静まっていても「2階の子ども部屋は寝静まっている」とは言えない。

　このように、複合動詞の意味の正確な記述には、項よりも幅広い、事象参与者というフレーム要素への言及が必要である。

3. V1 と V2 の対象項が異なる場合の意味解釈

次に、事象参与者という概念の有効性を示すために、複合動詞の V1 と V2 の対象が異なる場合の意味解釈について検討する。

通常の複合動詞は、2 つの他動詞からなる場合、V1 と V2 の主語が一致するだけでなく、目的語も同一である場合が多い。例えば、「ドアを蹴り破る」や「石を持ち上げる」などは V1 と V2 の目的語が同じ対象を指している。しかし、複合動詞の中には、一部 V1 と V2 の指す対象が異なるものが存在する。その例として、「洗い落とす」や「割り入れる」などが挙げられる。

(6) a. 熱いシャワーが、汗を洗い落として行く。
(BCCWJ 赤川次郎『愛情物語』)
b. ボウルに卵を割り入れて泡立て器でほぐし砂糖とラム酒を加えて、砂糖が溶けるまでよく混ぜる。
(BCCWJ 舘野鏡子『お菓子作り入門』)

上の例のように、「洗い落とす」や「割り入れる」のような V1 と V2 の対象(「洗い落とす」V1：体、V2：汗；「割り入れる」V1：卵、V2：卵の中身)が異なる場合、全体の複合動詞の項がどのように解釈されるのかは大きな課題であった(影山 1996、淺尾 2007、由本 2011 を参照)。

例えば、影山 (1996) は「卵を割り入れる」について次のように述べている。

(7) 行為　―――――▶ 状態変化の産物 ―――――▶ 位置変化
x CONTROL [y BECOME [[y BE AT-STATE] and [y'BE AT-PLACE]]]

この概念構造で、y を「卵」、y' を「卵の中身」とすると、y と y' は完全に同一物ではないものの、全体と部分の関係にあるという点で、同一物相当と見なすことができ、したがって概念構造で合成されたときに、内項 (y と y') の同

定が許される。　　　　　　　　　　（影山1996: 235–236)

　この分析では、卵の部分全体関係などの、本来フレーム知識として扱うべき情報が、LCSの中に含められている。
　由本（2011）は、このような場合に、目的語名詞の持つクオリア構造、及び動詞のクオリア構造に言及して説明しようとしている。例えば、「割り入れる」の場合は、「卵」についての知識、すなわち〔殻と黄身・白身の中身からなる〕という情報だけでは不十分で、それに加えて、「割る」が「卵」を目的語とした場合、＜殻を壊す＞という意味になるという知識があるからこそ、「割る」ことによって「入れる」のは卵の中身であるという解釈が導かれるのであるという。そして、結果として、2つの目的語が同一の物体であるかのごとく同定され、「割り入れる」という複合動詞が容認されると考えられると述べている（由本2011: 157–158）。
　しかし、「割る」という動詞が卵を目的語とした場合に＜殻を壊す＞という意味になるとしても、「入れる」の対象がなぜ中身（殻を含まないもの）であると解釈されるのか、という疑問が残る。「入れる」の意味のみからでは＜卵の中身＞という解釈は生まれない。「卵を割り入れる」という事象において、「入れる」のが卵の中身であることは、我々が持っている、卵の調理についての百科事典的知識（「卵調理」の背景フレーム）に基づくものである[*1]。
　本書ではフレーム意味論的アプローチによってこの問題を解決することができると考える。「割り入れる」の例に入る前に、「割る」という単独動詞の語彙的意味フレームを見てみよう。

表2 「割る」の語彙的意味フレーム

		$[waru]_V \leftrightarrow [E]$ 背景フレーム：分解フレーム
中心事象		【分解者】が【道具】を用いて、ある【分解対象（全体）】に力を加えることで【全体の部分】に分解する
事象参与者		【分解者】：【分解対象（全体）】を分解するために意図的な行為を行う意志的な主体（通常は人）。 【分解対象（全体）】：本来はまとまった状態にあるが、【分解者】の働きかけを受けて分解するもの。 【全体の部分】：【分解者】の働きかけによって【分解対象（全体）】が分解されたあとのもの。 【道具】：【分解者】が【分解対象（全体）】を分解するために操作するもの。 【接触物】：【分解者】が【分解対象（全体）】を分解するために利用する【分解対象（全体）】と接触する固いもの。
関連事象	目的	（【全体の部分】を利用するため；…）
	結果	（【分解対象（全体）】の本来の機能が失われる；…）
	前提的背景	（【分解対象（全体）】は一定の硬さのある固体である；…） ︙

表2が示すように、「割る」の語彙的意味フレームの事象参与者には、「割る」の目的語として具現化する【分解対象（全体）】だけではなく、分解したあとにできる【全体の部分】という事象参与者が存在する。

そして、「割る」がほかの動詞と結合し、複合動詞になると、複合動詞全体の目的語は【分解対象（全体）】を指す場合と、【全体の部分】を指す場合に分かれる。「（木を）割り裂く」という場合では、複合動詞全体の目的語は【分解対象（全体）】という事象参与者を指している。それに対して、(8) の「割り当てる」においては、複合動詞全体の目的語は【分解対象（全体）】（全ての機能）ではなく、【全体の部分】（特定の機能）を指している（この場合V1「割る」は＜分解する＞という具体的な意味ではなく、抽象的な＜分割する＞という意味を表している）。

(8) 十字キーとSETボタンに特定の機能を割り当てます。
　　（BCCWJデジタルcapa, Capa合同編集『キヤノンEOS KissデジタルN

キャッチアップbook』)

　それでは、「割る」のフレーム要素に【分解対象（全体）】と【全体の部分】が含まれているということを踏まえた上で、「割り入れる」という複合動詞について見てみよう。「割り入れる」において、V2「入れる」の対象がV1「割る」における【分解対象（全体）】を指すのか、それとも【全体の部分】を指すのかはニュートラルであり、背景フレームの知識によって補完される。

　まず、〈卵調理〉という背景フレームにおける「（卵を）割り入れる」の場合を考えてみよう。表3は、前段階型の「割り入れる」が「卵」を目的語として、〈卵調理〉の背景フレームにおいて解釈される場合の語彙的意味フレームである。この場合、卵の調理についての背景知識によって、V1「割る」の対象が【卵の殻】であること、そして、関連事象の【結果】が（殻が割れ卵の中身が取り出せる状態になる）に特定される。

表3　語彙的意味フレームに基づく「（卵を）割り入れる」の意味

$[wari_i\text{--}ireru_j]_V \leftrightarrow [E_j \text{ AFTER THE PRE-ACTION } E_i]$
背景フレーム：〈卵調理〉

中心事象	【移動使役者】が【卵の中身】を【容器】の中に移動させる$_{V2}$ AFTER THE PRE-ACTION OF 【移動使役者】が【卵】に衝撃を加え分解する$_{V1}$
事象参与者	【移動使役者】：【分解対象（全体）】を分解移動させる主体（通常は人）。 【卵】：主に鶏によって体外に生み出されたもので、【卵の殻】の中に黄身と白身からなる【卵の中身】が含まれている。 【卵の中身】：【移動使役者】の働きかけによって【卵】が分解されて取り出されるもの。 【容器】：ある境界を持ち、それにとって内部と外部に分けられるもの。【卵の中身】を入れるために外部から内部へ通る部分が開いている。 【卵の殻】：【卵の中身】を覆って保護している固いもの。 【道具】：【移動使役者】が【卵の殻】を破壊するために操作するもの。 【接触物】：【移動使役者】が【卵の殻】を破壊するために利用する【卵の殻】と接触する固いもの。

関連事象	結果	（【卵の中身】が【容器】の中に入る；…）	
	前提的背景	（【卵】に殻が付いている；【卵】が生である；…）	
	目的	（【卵】を調理するため） ⋮	

		V1「割る」	V2「入れる」
中心事象		【分解者】が【卵】に衝撃を加え分解する	【移動使役者】が【卵の中身】を【容器】の中に移動させる
事象参与者		【分解者】：【全体的な対象】を分解するために意図的な行為を行う意思的な主体（通常は人）。 【卵】：主に鶏によって体外に生み出されたもので、【卵の殻】の中に黄身と白身からなる【卵の中身】が含まれている。 【卵の中身】：【卵の殻】の内側にあり、【分解者】の働きかけによって【卵】が分解されて取り出されるもの。 【卵の殻】：【卵の中身】を覆って保護している固いもの。 【道具】：… 【接触物】：…	【移動使役者】：【卵】を移動させる主体（通常は人）。 【卵の中身】：【分解者】の働きかけによって【卵】が分解されて取り出されるもの。 【容器】：ある境界を持ち、それにとって内部と外部に分けられるもの。【卵の中身】を入れるために外部から内部へ通る部分が開いている。
関連事象	目的	（【卵の中身】を取り出すため；【卵の中身】を容器に入れるため；…）	前提的背景	（【卵の中身】が移動できる状態になっている；…）
	結果	（【卵】の殻が割れ【卵の中身】が取り出せる状態になる；…）	目的	（【卵】を調理するため；…） ⋮
	前提的背景	（【卵】に殻が付いている；…） ⋮		

そして、V1「割る」の結果により、【卵】が【卵の殻】と【卵の中身】に分割されるという情報が得られる。その上で、卵の調理についての百科事典的知識により、V2「入れる」の対象が【卵の殻】ではなく【卵の中身】となる。

ただし、〈卵調理〉以外の背景フレームで用いられる場合は、「（卵を）割り入れる」のV2「入れる」の対象は必ずしも【卵の中

身】であるとは限らない。【卵の殻】もV2「入れる」の対象となりうる。例えば、卵の殻の内側にある薄膜のことを「卵殻膜」というが、その主成分はタンパク質で、2層の網目状構造を持ち、古くは力士が怪我をした際に傷口に卵殻膜を貼り、傷を早く治したと言われている。そして、卵殻膜を細かくする技術、水に溶けるようにする技術により、食品や化粧品、繊維等、様々な商品に使用されており、水に溶ける卵殻膜には、ヒアルロン酸を産生する繊維芽細胞、肌のハリを保つのに必要なコラーゲンを増やす働きがあると言われている[*2]。このような〈卵殻膜〉フレームの背景知識があると、(9)におけるV2「入れる」の対象が【卵の殻】であると理解することが可能となる。

(9) この工場では卵殻膜を集めるために専用の機械を使って大きな容器の中に卵を割り入れている。

また、「カレーのルーを割り入れる」のような場合は、〈カレーの調理〉フレームの百科事典的知識により、V1「割る」の【結果】が（ルーの【全体】が分割され、いくつかのルーの【部分】ができる）となり、そして、卵の場合とは違い、V2「入れる」の対象がルーの【中身】ではなく【部分】となる。

これらの例から、「割り入れる」において、実際に入れるのが何であるかを決定するのは、使われている動詞や名詞に直接関わる知識だけではなく、〈卵調理〉〈卵殻膜〉〈カレーの調理〉などに関するフレームの知識が必要であることが分かる。本節で示したように、項以上に粒度の高い事象参与者という概念と、背景フレームを意味記述に導入することによって、「割り入れる」のような複合動詞の項に関する解釈を説明することが可能となる。

4. 事象参与者の同定と項の意味的性質

本節では事象参与者の同定という概念に基づいて、日本語複合動詞の項理解における問題点を指摘する。従来の研究においては、複

合動詞の項は、その主要部の動詞における項の性質を受け継ぐように考えられてきた。例えば、影山（1993: 103–104）は、「降り積もる」の主語は後項の選択制限を受け継いでいると主張する。しかし、項として実現される意味的な参与者も、非主要部の事象参与者と同定されるため、両方の動詞から制約を受けることになる。そして、その性質は、2つの動詞の事象参与者の役割を合成したものになる。ここではそのことを、「売り上げる」と「食べ歩く」を例に考察する[*3]。

4.1 「売り上げる」

次の例文を見てみよう。

(10) あのバンドは100万枚のアルバムを {売り上げた／売った／*上げた}。

(10)において、「売り上げる」の「100万枚のアルバム」という項は、V1「売る」の項であるが、V2「上げる」の項ではないように見える。この場合、第2章で見たような影山（1993）の項の受け継ぎという説明では、「売り上げる」における「100万枚のアルバム」という項は、V1「売る」から直接受け継いだものだということになる。そして、「売る」における「100万枚のアルバム」という項は売る対象となる【商品】という意味要素を表していることになる。しかし、「売り上げる」において、(11)のように、【商品】という意味要素はそのままでは「売り上げる」の項にはなれない。

(11) あのバンドはアルバムを {*売り上げた／売った}。

【商品】という意味要素を表している「アルバム」は、「売る」の項にはなれるが、「売り上げる」の項にはなれないのである。このことから、「売り上げる」の目的語となる場合には、「100万枚のアルバム」のように、特定の値を持つことが必要とされることが分かる。この事実は複合動詞全体の項の性質が、主要部の動詞の項の性質のみをそのまま受け継ぐのではないことを示している。本書では

このような現象を、V1「売る」の【商品】という事象参与者と、V2「上げる」の【スケールの達成値】という事象参与者が合成した結果（達成された売上数の商品、または売上数）だと考える。

表4 「売り上げる」の語彙的意味フレーム

	[uri_i-$ageru_i$]$_V$ ↔ [E_i BY E_i]	
	背景フレーム：〈商取引〉フレーム；〈量の変動〉フレーム	
中心事象	【売り手】が【商品の売上の達成値】を得る $_{V2}$ BY 繰り返し【売り手】が【商品】の所有権を【お金】と引き替えに【買い手】に渡す $_{V1}$	
事象参与者	【売り手】：【商品】の所有権を持ち、【お金】と交換にそれを【買い手】に渡す人または組織。 【商品】：【お金】と交換できる量的なもの。 【売上の達成値】：ある【期間】において、【売り手】が【商品】と引き換えに得るものの合計、または売った総数。 【買い手】：【お金】を所有し、【商品】を手に入れたい人または組織。 【お金】：【売り手】が【商品】と引き換えに得るもの。 【期間】：【売り手】が【商品】を販売する時間	
関連事象	目的	（【お金】を得るため；…）
	前提的背景	（一度限りの取引ではない；…）
	結果	（【売り手】が儲かる；…）
	様態	（一気に；徐々に；…）
	⋮	
	V1「売る」	V2「上げる」
中心事象	【売り手】が【商品】の所有権を【お金】と引き替えに【買い手】に渡す	【行為者】が【スケール（売上数、売上高）の達成値】を得る
事象参与者	【売り手】：【商品】の所有権を持ち、【お金】と交換にそれを【買い手】に渡す人または組織。 【商品】：【お金】と交換できるもの。 【お金】：【売り手】が【商品】と引き換えに得るもの。 【買い手】：【お金】を所有し、【商品】を手に入れたい人または組織。	【行為者】：【スケールの達成値】を得る人または組織。 【スケールの達成値】：段階的な性質の達成された値
関連事象	省略	省略

V2「上げる」は、ここでは抽象的な意味で使われているため、〈量の変動〉（Cause_change_of_position_on_a_scale）という背景フレームを喚起し、【行為者】がある【スケールの達成値】を漸進的に増加させ、最終的な値を得る、という意味を表す。

つまり、「売る」と「上げる」が結合して複合動詞化する際には、スケールは売上数と解釈され、本来「売る」が単独動詞として使用される場合の【商品】というフレーム要素は、「上げる」における【スケールの達成値】と意味的な整合性を保つために【達成された売上数の商品】として合成されるのである。

（12）のように、「売り上げる」が商品を直接項として取る場合、副詞的要素で売上数を表す枚数を入れると文の容認度が上がる。

　　（12）あのバンドはアルバムを100万枚売り上げた。

しかし、この場合も「売り上げる」が取る項は【達成された売上数の商品】であり、副詞的な要素によって、「アルバム」というものが【達成された売上数の商品】として解釈されると考えられる。加えて、表4が示すように【お金】が【スケールの達成値】と合成し、【達成売上金額】として理解される可能性もある（「1万円売り上げた」）。

このように、複合動詞全体の項の性質は、両方の動詞の課す制約を受け、V1とV2の事象参与者が合成したものであることが分かる。

4.2　「食べ歩く」
次に、「食べ歩く」と「飲み歩く」について見てみよう。

　　（13）夜の街を酒を飲み歩く。

上の例文が示すように、「食べ歩く」と「飲み歩く」はV1とV2の両方の項を持ちうる。これについて、影山（1993: 107–108）は、第2章で述べたように、主要部と非主要部の両方から項を受け継ぐ

と考えている[*4]。

(14) 主要部と非主要部からの受け継ぎ：「夜の街を酒を飲み歩く」
（影山 1993: 107）

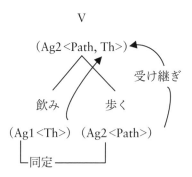

しかし、この経路項の性質は、単純に「歩く」の項を反映したものではない。この複合動詞の取る経路項はやや複雑である。(15)に示すように、道路などの経路のほか、地域、さらには店などを項として取ることができる。

(15) a. 太郎は {ラーメン横丁を／札幌中心部を／ラーメン店を} 食べ歩いた。
　　 b. 太郎は {その通りを／三宮の町を／三宮のバーを} 飲み歩いた。

このうち店などは、単独動詞としての「歩く」の項にはならない。なお、「回る」ではこれが可能である。

(16) a. 太郎は市内のラーメン屋を {食べ歩いた／*歩いた／回った}。
　　 b. 太郎は仲間と三宮のバーを {飲み歩いた／*歩いた／回った}。

なぜ、このように経路項の意味が変質した形で実現するのであろうか。動詞の語彙的意味フレームにおける事象参与者とその合成という観点から、次のように考えられる。(15)の「ラーメン屋を食べ歩いた」や「バーを飲み歩いた」における「ラーメン屋」や「バー」は、V2「歩く」の中心的事象参与者である【経路】を構成すると同時に、V1「食べる」、「飲む」の語彙的意味フレームにおける周辺的事象参与者である【飲食の場所】である。この【場所】は項ではないので、項の同定に参加しないが、事象参与者としては同定されるのである。そして、この同定ゆえに、経路項の性質が変容する。

　なぜ「ラーメン屋」などの本来経路としては認められないものがV2「歩く」の【経路】として認識されるのかというと、それは「食べ歩く」という複合動詞が付帯事象型のものであり、付帯事象が主事象である移動と同じ期間に継続するものでなければならないことと関係する（本書3章, Matsumoto 1996a, 松本1997, 1998を参照）。「食べる」や「飲む」はこの条件により、繰り返しの解釈を受ける。そして、図2のように、複数の場所（ラーメン屋など）で飲食するために、1つの店から次の店へと移動する必要があり、それが結果として移動の経路となるのである。

図2　「食べ歩く」、「飲み歩く」における【経路】[*5]

Lakoff (1987) が述べているように、複数の点がある場合、それらの点は経路として認識される。つまり、複合動詞「食べ歩く」「飲み歩く」において、「ラーメン屋」や「バー」は【複数の飲食の場所＝経路】である。

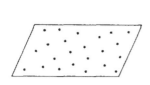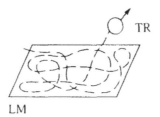

図3 点から経路が形成されるイメージスキーマ変形（Lakoff 1987: 428–429。LM はランドマーク＝地、TR はトラジェクター＝図）

「食べ歩く」の語彙的意味フレームは以下のように示される。

表5 「食べ歩く」の語彙的意味フレーム

	$[tabe_i\text{-}aruku_i]_V \leftrightarrow [E_i \text{ ACCOMPANIED BY } E_i]$ 背景フレーム：〈摂食〉フレーム；〈主体移動〉フレーム	
中心事象	【摂食移動主体】が【複数の飲食の場所＝経路】を移動する $_{V2}$ WITH THE CIRCUMSTANCE OF 【摂食移動主体】が【複数の飲食の場所】で【食べ物】を【口】に入れ、飲み込む $_{V1}$	
事象参与者	【摂食移動主体】：【食べ物】を摂取するために移動する人。 【食べ物】：【摂食移動主体】が摂取して消化する複数のもの。 【複数の飲食の場所＝経路】：【摂食移動主体】が【食べ物】を摂取するために複数の【飲食の場所】の間を移動する際に形成される道筋。 【飲食の場所】：【食べ物】を出す場所。 ⋮	
関連事象	⋮	
	V1「食べる」	V2「歩く」
中心事象	【摂食者】が【食べ物】を【口】に入れ、飲み込む	【移動主体】が（【足】を使って）【経路】を移動する
事象参与者	【摂食者】：【食べ物】を摂取する人。 【食べ物】：【摂食者】が摂取して消化するもの。 【飲食の場所】：【食べ物】を出す場所。 ⋮	【移動主体】：移動する人。 【経路】：【移動主体】が移動する道筋。 ⋮
関連事象	⋮	目的（食べるため；運動するため；…） ⋮

また、「〜歩く」で興味深い現象として、(17)の「飲み歩く」のように、経路上の移動は最初から最後まで徒歩でなくてもいいと思われる。

(17) 世界中の地酒を飲み歩く。

その意味で、「食べ歩く」「飲み歩く」におけるV2「歩く」は「回る」に意味が近い。しかし、「市内のラーメン屋を自転車で食べ歩いた」は不自然であり、＜歩く＞の意味は少なくとも典型条件としては残っていると思われる。「回る」に近いというのは、「食べ歩く」の経路を整合的にするためには、「回る＝あちこちに行く」と近い意味に解釈せざるを得ない、ということである。

4.3 「咲き狂う」

以上のように、同定された事象参与者は、双方の動詞によって意味的に制約される。ただし、これはデフォルト的な場合で、特定のコンストラクションが例外を許す場合がある。それは、「咲き狂う」「咲き誇る」などの比喩的様態の場合である。同定されている「咲く」の主語項と「狂う」「誇る」の主語項は意味的に矛盾する。「咲く」の主語は植物の花である必要がある一方、「狂う」「誇る」の主語は高等動物である必要がある。しかし、この複合動詞がそのような矛盾した主語を取れるのは、「咲く」と「狂う」の関係がAS IFであるからである。「狂ったように咲く」「誇ったように咲く」のであるから、矛盾が起こらないのである。

5. まとめ

本章はフレーム意味論に基づき、複合動詞の項と参与者の性質について考察した。複合動詞の意味を詳細に分析することで、項として現れない周辺的事象参与者が複合動詞の意味形成に関わることを明らかにした。そして、従来問題とされてきた「割り入れる」のように、V1とV2の目的語が異なる場合において、複合動詞の意味

が語彙的意味フレームに基づいて動的に形成されることを示した。また、V1 と V2 の項として実現されるとは限らないフレーム要素の合成によって、単独用法とは性質が異なる項が複合動詞の項として現れる場合があることを明らかにした。

＊1　「卵」が多義であり、中身を指す場合と、全体を指す場合があると考えることができる。しかし、「卵」が多義だとしても「(卵)を割り入れる」において「割る」のは「卵」の全体で、「入れる」のは「卵」の中身であると理解するには卵を調理する際の百科事典的知識が必要となる。
＊2　〈http://www.kewpie.co.jp/finechemical/materials/shellmembrane.html〉（2014/10/04 にアクセス）
＊3　Matsumoto（1996a: 200）で指摘したように、「降り積もる」の主語の選択制限は、実際には両方の動詞によって規定される。「?? 雨が降り積もる」がおかしいのは、雨が「積もる」ものではないからであり、「?? 木の葉が降り積もる」がおかしいのは、「木の葉」が降るものではないからである。
＊4　影山（1993）では、V1 と V2 の目的語の意味役割が異なる場合には、2つの意味役割が θ 同定を受けずに、V2 の項構造がそのまま引き継がれ、そこに欠けている情報が V1 から補充される、と述べている。ただし、一文中における 2 つ以上の対格（ヲ格）の生起を禁じる制約である二重対格制約（double-o constraint, Harada 1973）により、V1 と V2 の目的語に当たる項が同時にヲ格で現れることはない。
＊5　図2の丸は Figure であり、この場合は移動主体である。四角は Ground でこの場合は店を表している。矢印の線が移動及びその方向を表し、太線の部分は焦点化されていることを表す。

第8章
主語不一致複合動詞の形成メカニズム

　第2章で論じたように、日本語の語彙的複合動詞には前項動詞V1と後項動詞V2の主語が同一物を指さなければならないという「主語一致の原則」が存在する（由本1996，松本1998）。しかしながら、第4章で見たように、V1とV2の主語が一致しない「打ち上がる」「突き出る」「舞い上げる」「譲り受ける」「寝静まる」などの複合動詞も存在する（松本1998）。本研究はこのようなV1とV2の主語が異なるものがどのような動機付けによって成立しているかについて考察する。

　本章は巻末の日本語語彙的複合動詞リストの中から、主語が一致しない複合動詞を考察する[*1]。それらは大きく分けて、主語が一致する複合動詞に基づいて存在している「打ち上がる」「舞い上げる」「譲り受ける」などの派生型のものと、そうではない「寝静まる」の2種類に分けられる。ここでは特に前者について、複数のタイプに分けながら考察する。具体的に言うと、「打ち上がる」「突き出る」は共に主語が一致する他動詞の「打ち上げる」「突き出す」に基づく自動詞であり、特定の条件下においてプロファイルシフトがおこって成立している。ここではその条件について検討を行う。その中で、「痕跡的アブダクション」と呼ばれる現象について触れる。一方、「舞い上げる」「酔いつぶす」は、主語が一致する自動詞「舞い上がる」「酔いつぶれる」に基づいて成立している他動詞である。これらにもプロファイルシフトが関わっており、それがどのような条件によって成立するのかを考察する。さらに、派生型ではないものについては、メトニミーなどの認知的動機付けを指摘する。

1. 非使役化（自動詞化）のメカニズム

「打ち上がる」「突き出る」「焼き付く」などは、主語が一致する「打ち上げる」「突き出す」「焼き付ける」などから生成されたと主張されてきた（影山1993、松本1998など）。本書でもこれらの複合動詞が、対応する他動詞（使役動詞）に基づいて成立していると考える。このプロセスは逆形成（影山1993: 110）とされることもある。確かに「焼き付ける」→「焼き付く」などの場合は接辞の削除が行われているゆえに、逆形成と呼べるかもしれないが、「突き刺す」→「突き刺さる」などの場合は接辞が付加されており、逆形成と呼ぶことはできない（松本1998）。

これらの複合動詞は元となる複合動詞と、後項動詞の使役交替によって関連づけられている。日本語の単純動詞の使役交替に関しては様々な研究がなされており（Jacobsen 1991、影山 1996、松本 2000a, b, Matsumoto 2016など）、複合動詞における非使役化に関する多くの先行研究もそれとの関連で議論されている。例えば、陳劼懌（2010）、日高（2012）、Kageyama（2016b）などの先行研究では、LCSにおける使役交替の分析を援用しながら、複合動詞の非使役化に伴うLCSへの操作を議論している。

本節では付録の「日本語語彙的複合動詞リスト」の中から、非使役化したと考えられる複合動詞全96語を対象に考察する。以下のものである。

(1) 非使役化による主語不一致複合動詞
　　当てはまる、編み上がる、洗い上がる、入れかわる、窺い知れる、打ち上がる、売り切れる、置きかわる、押し上がる、思い浮かぶ、織り上がる、折り重なる、書き上がる、書き換わる、掻き消える、重ね合わさる、噛み合わさる、△醸し出る、着崩れる、切り替わる、組み上がる、組み合わさる、繰り上がる、繰り下がる、繰り広がる、消し飛ぶ、仕上がる、仕立て上がる、吸い上がる、すげ変わる、刷り上がる、すり替わる、擦り切れる、擦り減る、擦りむける、

競り上がる、染め上がる、炊き上がる、建ち上がる、突き上がる、突き刺さる、突き立つ、突き出る、△突き通る、突き抜ける、漬け上がる、付け加わる、積み上がる、積み重なる、釣り上がる、吊り上がる、吊り下がる、釣り下がる、煮上がる、煮崩れる、煮立つ、煮詰まる、煮溶ける、縫い上がる、抜き出る、抜きん出る、塗り上がる、塗りかわる、ねじ曲がる、練り上がる、△乗り代わる、弾き飛ぶ、張り付く、引き上がる、引き締まる、引き立つ、引きちぎれる、引き出る、ひっくり返る、吹き上がる、吹きかかる、吹き散る、吹き飛ぶ、吹っ飛ぶ、彫り上がる、巻き上がる、巻き起こる、巻き付く、巻き戻る、混ぜ合わさる、磨き上がる、見つかる、蒸し上がる、結びつく、めくり上がる、持ち上がる、盛り上がる、焼き上がる、焼き締まる、焼き付く、ゆで上がる。

「日本語語彙的複合動詞リスト」の中には、「売り上がる」「買い上がる」という、一見非使役化したように思われる例がある。しかし、これらは株取引の専門用語で、それぞれ＜相場が上昇しているときに、ある程度の間隔を開けながら段階的に売り注文を繰り返す＞、＜相場が上昇しているときに、買いの新規注文を繰り返す＞という特殊な意味で成立している。また、複合動詞からの派生ではなく、「売り上がり」「買い上がり」という複合名詞から作られたものだと思われる。そのため、これらの例は以下で取り上げる分析の対象から除外する。

1.1　複合動詞の非使役化についての先行研究

この種の複合動詞については、LCSに基づく研究として、陳劼懌（2010）、日高（2012）、Kageyama（2016b）がある。まず、陳劼懌（2010）は「吊り下がる」などの例に基づいて、V1とV2の結果の意味が一致し、V1の様態情報（本書で言う使役手段）がないか、弱い場合にのみ、複合動詞が自他交替する可能性があると主張し、これを（2）のように表す。

(2) 太郎が風鈴を天井に吊り下げる→風鈴が天井に吊り下がる

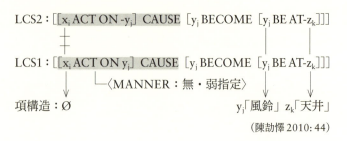

（陳劼懌 2010：44）

LCS2は主要部V2「下げる」のLCSで、LCS1はV1「吊る」のLCSである。そして、x、y、zは項で、それらを繋ぐ線は同定されることを表している。2つのx（主語として実現する項）が同定されないことを不等号で表している。外項のxは抑制され、それに伴い網掛けの部分も抑制されるという。この意味表示において、V1とV2のLCSの中で結果を表す部分（「風鈴」が「天井」に位置するという状態になる）が一致している。

しかし、「奪い取る」「切り離す」などのように、V1とV2の結果が一致すると思われる場合でも、自動詞が成立できない例は多くある。また、「打ち上がる」「吹き上がる」「入れかわる」などのような場合において、V2に見られる変化の結果がV1に含意されているとは考えにくい。

陳劼懌（2010）を受けて、日高（2012）は非使役化に意味構造上の動作主を存在量化（非焦点化）する「脱使役化（decausativization）」、そして、他動詞の使役構造における動作主を目的語と同一視するという「反使役化（anticausativization）」という2つのメカニズムがあると主張する。さらに、その必要条件としてV1とV2の両方が使役変化他動詞であることを挙げている。この条件に適合しない「洗い落ちる」や「吹き飛ぶ」などでは自他動詞の間に派生関係はなく、V1とV2が直接結合したものだとしている。

「反使役化」と「脱使役化」は影山（1996）が単純動詞の分析に用いているものである。まず、「反使役化」についてだが、これは他動詞の使役構造における動作主を被動作主と同一視するというも

のである。「反使役化」によって自動詞になった場合、意味構造上独立した動作主が存在しなくなり、もっぱら被動作主の性質によって、状態変化ないし位置変化が起こることになるという。

(3) 反使役化：x CONTROL $[y$ BECOME $[y$ BE AT-$z]]$
　　→　$x = y$ CONTROL $[y$ BECOME $[y$ BE AT-$z]]$

（日高 2012: 118）

例えば、「ドアが閉まる」という場合は、「ドアが自らの性質によって閉まる」ということを記述していることになるという。そして、「反使役化」は定義上、「目的語の性質によって自らそうなる」ことが可能な場合になされるプロセスであるので、目的語にそのような可能性が読み取れない場合は非使役化できないとしている。日高 (2012) は、このプロセスによって「（債務が）積み上がる」「（地面が）盛り上がる」などが派生しているとしている。

次に、「脱使役化」についてだが、日高（2012: 118）によると、「脱使役化」には意味構造上、独立した動作主が存在する。ただし、存在量化されているため、その動作主は統語構造上には現れないと分析されるという。

(4) 脱使役化：x CONTROL $[y$ BECOME $[y$ BE AT-$z]]$
　　　　　　　↓
　　　　　　　$\emptyset$

日高によると、複合動詞の「吊り上がる」「吸い上がる」「汲み上がる」などは、このプロセスによって派生したものだという。さらに、日高（2012: 121）によると、「脱使役化」は認知的に言えば非焦点化という操作であると考えられるという。複合動詞が脱使役化されるのは、V1の動作主が非焦点化された場合であり、そして非焦点化が可能なのは、基本的には、V1自体が本来的に人間の直接的な関与を前提としていない「吊る」や「吸う」などの動詞の場合であるという。動作主の存在を非焦点化することに対する動機付けの

1つが「道具の使用」であり、道具や機械が直接的な行為を行い、人間はむしろ間接的に関与するとみなされる場合は脱使役化しやすいという（日高 2012: 123）。

　単純動詞における反使役化の分析に関しては、Matsumoto (2000c) がすでに問題点を論じている。ここでは、複合動詞に関する問題点を指摘する。日高の分析では、コーパスの中で頻繁に見出される「本が積み上がっている」「パンが売り切れた」などの説明が上手くいかない。これらの場合、主語の「本」や「パン」は自らの性質によって上がったり、なくなったりしているとは考えられない。この意味で「反使役化」では説明できない。また、積み上げること、売り切ることに道具なども関与せず、動作主が非焦点化されて、脱使役化が起こっていることも考えにくい。

　また、一部の主語不一致複合動詞がV1とV2が直接結合したものであるとする根拠も薄い。日高はその証拠として、(5) と (6) のように「洗い落ちる」などの複合動詞が「他動詞／非能格動詞＋非対格動詞」の組み合わせの複合動詞と同じ振る舞いをすることを挙げている。同じ振る舞いとは、V1を副詞で修飾できないこと、否定のスコープがV1に及ばないことである。

(5) a. *シャツの汚れがジャブジャブ洗い落ちた。
　　 b. *健は懸命に走り疲れた。　　　　　（日高 2012: 127）

(6) a. 　シャツの汚れが洗い落ちなかった。
　　 b. 　健は走り疲れなかった。　　　（日高 2012: 127–128）

しかし、(7) と (8) のように、「他動詞／非能格動詞＋非対格動詞」の組み合わせであっても、副詞がV1を修飾することがあり得る。また、V1が否定のスコープに入る場合もある。

(7) わんわん｛泣いた／*崩れた／泣き崩れた｝。

(8) 彼女は涙をこらえ、人前で泣き崩れなかった。

(＝泣かなかった)

　さらに、日高（2012）が使役変化他動詞ではないとする「洗う」「吹く」などを含むもの中には、V1を修飾する副詞と共起できるものもある。

(9) a.　優しく｛洗う／*上がる／洗い上がる｝。
　　b.　強く｛吹く／*上がる／吹き上がる｝。

そのため、これらのテストをもって、V1とV2が直接結合している証拠とするのには問題があるように思われる。なお、V1を修飾する副詞は、それが複合動詞全体の表す状態変化に反映すると解釈されるときのみに可能になると思われる。これが（9a）と（5a）の違いだと考えられる。
　Kageyama（2016b）も非使役化型の主語不一致複合動詞について、反使役化と脱使役化から説明している。そして、この2つが適用される複合動詞の種類を明確化している。反使役化は、主題関係複合動詞に適用される。主題関係複合動詞は、第3章で述べたように、基本的にV2が項関係を決定し、V1がそれを何らかの意味で修飾するタイプの複合動詞（「打ち上げる」「吹き飛ばす」など）である。反使役化に基づく主語不一致複合動詞は、「打ち上がる」や「吹き飛ぶ」などのように、V1の表す事象が自然の力や、機械的な使役者によって引き起こされたものである場合において、容認度が上がるという。
　一方、脱使役化は、アスペクト複合動詞に適用されるメカニズムであるという。アスペクト複合動詞は、基本的にV1が項関係を決定し、V2がV1の事象に対して何らかの語彙的アスペクトを補足するタイプの複合動詞（「書き上げる」「建て替える」など）である。脱使役化はV1が何らかの産物（product）を作り出す事象を表す動詞に成立するという。注意が必要なことは、脱使役化では、V1の動作主が統語構造上に現れないだけで、意味的には存在しているという点である。この点で、独立した動作主がない反使役化による

複合動詞と異なるという。

　脱使役化における動作主の存在の根拠として挙げられているのは、(10a)のように動作主の存在を示唆する「苦労して」などの副詞がV1に関連して解釈される点である。また、(10b)のような形で動作主が表現される場合があることも挙げている。

(10) a. 　セーターが苦労して編み上がった。
　　 b. 　親父さんの手によって焼き上がったお好み焼き。

(Kageyama 2016b: 109)

　Kageyama（2016b）は反使役化が起こる条件として、自然の力や、機械的な使役者を挙げている点、そして、脱使役化が起こる条件として、何らかの産物を作り出す事象である必要があると主張している点において、従来の研究を大きく推し進めるものである。しかし、Kageyama（2016b）の主張も日高（2012）と同様に、なぜ「本が積み上がっている」や「パンが売り切れた」が言えるのかを説明できない。「積み上がる」は主題関係複合動詞であるが、V1の表す事象は自然の力や、機械的な使役者によって引き起こされたものではなく、V1の人間動作主がはっきりと意識されるものである。加えて、Kageyamaの基準では派生元の複合動詞がアスペクト複合動詞に分類される「売り切れる」「洗い上がる」「磨き上がる」の場合、V1は何らかの産物を作り出す事象を表すものではない。

1.2　非使役化の認知的動機付け
1.2.1　プロファイルシフト

　使役交替には「プロファイルシフト」（Langacker 1987，山梨2000など）が関わっている。プロファイルシフトとは、認知ドメイン（あるいはフレーム）の中で焦点化されている部分の転移である。例えば、Langacker（2003）が述べているように、*choose*という動的なプロセスと*chooser, choice*というモノ的な概念の関連性はプロファイルシフトという観点から捉えることができる。

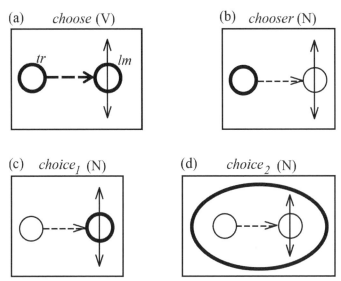

図1　プロセスからモノへのプロファイルシフト
(Langacker 2003: 253)

図1で太線の部分はプロファイルされていることを表す。*choose* と *chooser*, *choice* は本質的には同じ認知ドメインを持つが、プロファイルがどこにあるかによって異なる表現となる。

　動詞においては、自動詞と他動詞は異なるプロファイルを持つ。第3章で示した語彙的意味フレームにおいて、プロファイルとは中心事象である。ここでは、イメージスキーマによって表示する。

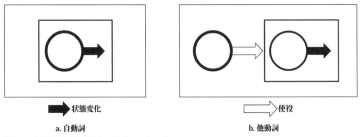

図2　自動詞と他動詞のイメージスキーマ

自動詞は主語に当たる項がプロファイルされ、他動詞は主語と目的語の両方がプロファイルされている。したがって、非使役化とは他

動詞主語のプロファイルを取り除いて背景化することである。他動詞の目的語のプロファイルは残るが、主語になるとプロファイルが変化する。主語はプロファイルの中でも Trajector とよばれ、顕著なプロファイルを持つ（通常のプロファイルよりさらに太い線で表示）。その意味では、プロファイルの中でも格上げ前景化が起こる。非使役化においては、このような背景化と格上げ前景化の両方が関わっている。これには、後で見るような特定の認知的な条件が関わる。

　以上の分析に従えば、自動詞の主語不一致複合動詞は、対応する他動詞の動的な使役事象から、図3のようなプロファイルシフトが起こることによって、自動詞として成立すると考えられる。

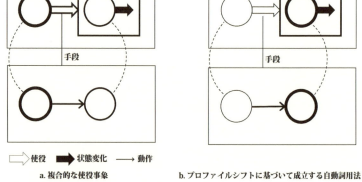

a. 複合的な使役事象　　　　　　　b. プロファイルシフトに基づいて成立する自動詞用法

図3　複合的な使役事象におけるプロファイルシフト

　左側の複合的な使役事象構造は、手段型のコンストラクションの意味であり、右側の非使役化された事象構造は原因型のコンストラクションの意味である。この2つのコンストラクションは以下のようなコンストラクションの対応関係（Booij 2010: 33）によって結びつけられていると考えられる（Matsumoto 2016 も参照）。

(11) [[V-Vcaus]v ↔ 図3a] ≈ [[V-Vnoncaus]v ↔ 図3b]
　　（≈は範列的な関係を表す）

このような複合的な使役事象において、プロファイルシフトが成立するには、使役者を背景化することと、被使役者を主語として格上げ前景化することが必要である。背景化された意味は中心事象ではなく背景事象のみに存在し、文法的な項としては実現しない。

なお、主語不一致複合動詞においても、V1の表すプロセス自体は、プロファイルされたままであると考えられる。Kageyama (2016b)は「はり付く」についてV1「はる」が本来の付着の意味を失っており、強い粘着の度合いを表しているとしている。このような例はV1がプロファイルされていないことを示すと考えられるかもしれない。しかし、「積み上がる」、「突き刺さる」、「擦り切れる」などの例では明らかに本来の意味を失っていない。「はり付く」などの例に関しては後に検討する。

どの複合動詞が非使役化するかについては複数の要因があり、有利に働く要因が多く、不利に働く要因が少ない場合に非使役化が可能になると考えられる。

使役者を背景化するのに有利な条件として、使役者の被使役者に対する働きかけが以下のような場合が考えられる。

(11) 使役者の背景化を有利にする条件

    a.　自然現象や機械など人間以外のものが使役者になる
    例：吹き上がる、弾き飛ぶ、吹きかかる、吹き散る、吹き飛ぶ、吹っ飛ぶ、突き上がる、吸い上がる、△醸し出る、巻き起こる

    b.　人間の使役者がいても、変化が起こる期間に継続的に関与しない
    例：炊き上がる、漬け上がる、ゆで上がる、染め上がる、蒸し上がる、焼き上がる、煮上がる、煮崩れる、煮詰まる、煮溶ける、煮立つ、巻き戻る、打ち上がる

    c.　働きかけが抽象的である、あるいはV1の意味が希薄化

してはっきりしない

例：書き換わる、付け加わる、巻き起こる、(話題が) 持ち上がる[*2]、繰り上がる、繰り下がる、繰り広がる、入れかわる、切り替わる、掻き消える、当てはまる、突き立つ、引き締まる、引き上がる、引き立つ、付け加わる

d. 被使役者の結果状態に、V1 の表す行為の結果が痕跡的に残り、使役者に関心が払われない

例：編み上がる、売り切れる、押し上がる、置きかわる、織り上がる、折り重なる、書き上がる、重ね合わさる、着崩れる、組み上がる、組み合わさる、仕立て上がる、擦り切れる、擦りむける、擦り減る、突き刺さる、突き出る、突き抜ける、積み上がる、積み重なる、つり上がる、つり下がる、縫い上がる、抜き出る、抜きん出る、塗り上がる、塗りかわる、ねじ曲がる、練り上がる、△乗り代わる、はり付く、引きちぎれる、彫り上がる、巻き上がる、巻きつく、混ぜ合わさる、磨き上がる、結びつく、めくり上がる、盛り上がる、焼きつく

背景化に不利に働く条件としては以下のものがある。

(12) 人間の特定の身体部位が関わる動作を表す
　　＊握り潰れる、＊嚙み砕ける

(11a, b) は Kageyama (2016b) で既に述べられているものである。

　プロファイルシフトにおいては、使役者の背景化以外に、被使役者が格上げ前景化されることも必要である。被使役者が格上げ前景化を受けるためには、認知主体の注意が被使役者に向けられていることが有利に働く。それには被使役者が以下のような場合が考えら

れる。

(13) 被使役者の格上げ前景化を有利にする要因
    a. 完成などにより新しい姿が出現する
   例：入れかわる、置きかわる、思い浮かぶ、書き換わる、醸し出る、切り替わる、仕上がる、仕立て上がる、漬け上がる、付け加わる、乗り代わる、巻き起こる、持ち上がる、編み上がる、織り上がる、書き上がる、組み上がる、組み合わさる、擦り切れる、擦りむける、煮上がる、縫い上がる、塗り上がる、塗りかわる、練り上がる、引き上がる、引き立つ、彫り上がる、巻き上がる、混ぜ合わさる、ゆで上がる、炊き上がる、蒸し上がる、焼き上がる、持ち上がる

    b. 認知主体の目を引く（素早く動くものや、色鮮やかなもの、光るものなど）[*3]
   例：洗い上がる、打ち上がる、染め上がる、突き上がる、弾き飛ぶ、吹き上がる、吹きかかる、吹き散る、吹き飛ぶ、磨き上がる、見つかる

以上の要因に関して、「～上げる」を例に見てみよう。主語が一致する手段型の「～上げる」は全部で105語ある。これらの全てについて、対応する主語不一致複合動詞があるかどうか、また、V1が、先のどの条件を満たしているかを調べた結果が表1である。ここでは、完成を表すもの、上方向への使役移動を表すもの、そのほかの3つに分けて提示している。なお、(+)は判断が分かれるケースである。

表1 「〜上げる」に対応する主語不一致複合動詞

使役動詞	主語不一致対	自然／機械	継続的関与無	抽象性	結果有	身体部位	出現	目立つ
漬け上げる	有り		+		+		+	
縫い上げる	有り				+		+	
染め上げる	有り	+			+		+	+
塗り上げる	有り				+		+	+
刷り上げる	有り				+		+	
茹で上げる	有り		+		+		+	
焼き上げる	有り		+		+		+	
炊き上げる	有り		+		+		+	
煮上げる	有り		+		+		+	
書き上げる	有り				+	✓	+	
編み上げる	有り				+		+	
織り上げる	有り				+		+	
彫り上げる	有り				+		+	
練り上げる	有り				+		+	
蒸し上げる	有り		+		+		+	
育て上げる					+			
紡ぎ上げる					+		+	
炒め上げる					+		+	
煎り上げる					+		+	
築き上げる					+		+	
作り上げる					+		+	
結い上げる					+		+	
建て上げる					+		+	
こね上げる					+		+	
折り上げる					+		+	
打ち上げる[*4]	有り	+	+		(+)			+
突き上げる	有り	+	+		(+)			+
吹き上げる	有り	+			(+)			+
積み上げる	有り				+			+
吊り上げる	有り	+			+			+
釣り上げる	有り				+		+	+
盛り上げる	有り				+			+
押し上げる	有り	(+)			+			
めくり上げる	有り				+			

222

使役動詞	主語不一致対	自然／機械	継続的関与無	抽象性	結果有	身体部位	出現	目立つ
持ち上げる	有り				+	✓		
吸い上げる	有り	+			(+)			
蹴り上げる					(+)	✓		+
投げ上げる					(+)	✓		+
汲み上げる					(+)			
吊るし上げる					+			(+)
掘り上げる					+		+	
抱き上げる					(+)	✓		
抱え上げる					+	✓		
担ぎ上げる					+	✓		
掴み上げる					+	✓		
つまみ上げる					+	✓		
まくり上げる					+			
しゃくり上げる								
ずり上げる								
掻き上げる						✓		
運び上げる								
挟み上げる		+						
乗り上げる		+						
拾い上げる						✓		
放り上げる						✓		
申し上げる						✓		
すくい上げる								
すすり上げる								
払い上げる								
引きずり上げる								
引っ張り上げる								
振り上げる								
洗い上げる	有り	+			+			+
磨き上げる	有り	+			+			+
鍛え上げる					+			+
研ぎ上げる					+			+
剃り上げる					+		+	+
並べ上げる					+			

第8章 主語不一致複合動詞の形成メカニズム

使役動詞	主語不一致対	自然/機械	継続的関与無	抽象性	結果有	身体部位	出現	目立つ
やり上げる								
売り上げる			+		+		+	+
引き上げる	有り		+	+	+			
組み上げる	有り		+		+			
買い上げる					+			
反り上げる	有り	+	+		+			
巻き上げる	有り	+			+			
仕上げる	有り				+		+	
仕立て上げる	有り				+		+	
繰り上げる	有り			+				
切り上げる	有り			+	+			
まとめ上げる				+	(+)			
救い上げる					(+)			
足し上げる				+	(+)			
こすり上げる		+			(+)			
擦り上げる		+			(+)			
弾き上げる					(+)			
抜き上げる					(+)			
揉み上げる					(+)			
削り上げる					+			
寄せ上げる		+			+			
ねじり上げる					+			
ひねり上げる					+			
褒め上げる						✓		
追い上げる								
たくし上げる			+					
揺すり上げる			+					
刈り上げる								
競り上げる								
支え上げる		+						
取り上げる								
おだて上げる						✓		
撮り上げる								
祭り上げる								
迫り上げる								

使役動詞	主語不一致対	自然／機械	継続的関与無	抽象性	結果有	身体部位	出現	目立つ
助け上げる								
張り上げる								
ぶち上げる								

　主語不一致複合動詞を持つものは36あるが、その全てが、先に挙げた、非使役化に有利に働く要因を2つ以上満たしている。

　また、有利に働く要因とした要因ごとに、それを満たす使役複合動詞が、対応する主語不一致複合動詞を持つケースと、持たないケースのどちらが多いかを見ると、全ての場合で前者が後者の同数以上になっている。一方、その要因を満たさない使役複合動詞では、対応する主語不一致複合動詞を持たないケースが圧倒的に多い。

表2　非使役化に有利に働く要因

	ペア有り	ペア無し	計
非継続的関与＋	11	3	14
非継続的関与－	25	67	92
自然／機械＋	10	6	16
自然／機械－	25	64	89
抽象性＋	3	2	5
抽象性－	33	68	101
結果＋	31	27	58
結果－	1	31	32
出現＋	18	13	31
出現－	18	56	74
目立つ＋	11	6	17
目立つ－	25	63	88

　反対に、背景化に不利に働く身体部位の関与については、その関与がある15語のうち、非使役化したペアを持つものは2語に過ぎず、ペアを持たないものの方が多い。

　興味深いことは、同じ要因が、完成を表す「～上がる」にも、それ以外の「～上がる」にも働いていることである。「打ち上がる」

と「炊き上がる」で異なるのは、複数の要因のうちのどの要因が関わるかが一部異なることである。完成の「〜上がる」の場合は、出現という格上げ前景化に関する要因を満たしているので、他の条件を満たしていなくても非使役化が起こりやすい。しかし、完成の「上げる」において、出現以外の条件も関与する。例えば、完成以外の「〜上げる」で継続的な人間の関与が無いケースでは8語中5語が、主語不一致複合動詞を持ち、非使役化に有利に働いている。これは、完成の「〜上げる」でも同様で、継続的な人間の関与が無いケースの6語中6語が、主語不一致複合動詞を持つ。使役移動の「〜上げる」と完成の「〜上げる」は主題関係複合動詞とアスペクト複合動詞に属すると思われるが、この2つに共通の要因が働いていることになる。この意味で、この2種類には、影山による分析のように別個のプロセスが働いているとする必要はない。

　それでは、反使役化と脱使役化のケースを区別するとされていた諸現象は、どのように説明されるであろうか。Kageyama（2016b: 109）は脱使役化における動作主の存在の根拠として、(14)（=(10)）の文を挙げている。

(14) a.　セーターが苦労して編み上がった。
　　 b.　親父さんの手によって焼き上がったお好み焼き。

このような例は、フレーム意味論的には以下のように説明される。(14)の動詞は完成を表す自動詞である。一般に完成を表す自動詞は、その周辺的参与者として作成者を持つ。作成者がいなければ、完成という出来事はあり得ないからである。この参与者の存在により、(15)のように、脱使役化によらない動詞でも、完成を表す動詞は作成者に言及する表現が可能である。

(15) a.　ケーキが {苦労して／努力の末} {でき上がった／できた／完成した}。
　　 b.　開拓者の手によって {できた／完成した} 植林地。

完成を表す「〜上がる」においても、V1に関わりなく、作成者が周辺的参与者として存在するものと思われる。

1.2.2 痕跡的アブダクションによる使役者の背景化

非使役化型の主語不一致複合動詞の一部は、「(本が) 積み上がる」や「(ナイフが) 突き刺さる」などのように、人間である使役者の被使役者に対する働きかけが直接的である。これらの例では、結果状態にV1の行為の結果が痕跡的に残り、「痕跡的アブダクション」という認知的メカニズムによって使役者が背景化していると考えられる。

(16) 痕跡的アブダクションが関わることが多い複合動詞

編み上がる、売り切れる、押し上がる、置きかわる、織り上がる、折り重なる、書き上がる、重ね合わさる、着崩れる、組み上がる、組み合わさる、仕立て上がる、擦り切れる、擦り減る、擦りむける、突き刺さる、突き出る、突き抜ける、積み上がる、積み重なる、つり上がる、つり下がる、縫い上がる、抜き出る、抜きん出る、塗り上がる、塗りかわる、ねじ曲がる、練り上がる、乗り代わる、はり付く、引きちぎれる、彫り上がる、巻き上がる、巻きつく、混ぜ合わさる、磨き上がる、結びつく、めくり上がる、盛り上がる、焼きつく

痕跡的アブダクションとは、認知主体が対象の持続的な状態を、ある動作によって引き起こされた状態変化の結果として捉えることである。例えば、国広（1985）によると、図4のような形は本質的には1つの五角形であるが、我々はそれを左上の角が「落ちた」四角として認識する、という。

図4　痕跡的アブダクション：角が「落ちた」四角
（国広1985を参照）

図4のような例は、実際には何も動作が起こってないのにも関わらず、あたかもある動作によって今の状態になったかのように捉えて表現したものである。国広（1985）、仲本（2010）はこのような認識を「痕跡的認知」と呼び、Matsumoto（1996b）はこのような変化を"subjective change"と呼んでいる。

　同様のアブダクションは、図4に見られるような虚構の変化だけではなく、実際の変化によって生じたと考えられる状態の表現においても使われる。例えば、「財布が床に落ちている」という表現が表している事象は、本質的には財布が床の上にある、という状態でしかない。しかし、我々は、通常財布というものは床の上にあるものではなく、誰かのポケットやバッグの中にある、という知識がある。そのような背景知識により、財布が床にあるのは誰かのポケットなどから「落ちた」ものだと推論し、「財布が落ちている」という表現を用いるのである。この場合、財布は実際に誰かのポケットなどから落ちた場合もあるし、他の原因によって床の上に位置するようになった可能性もあるが、いずれにしても財布が「落ちている」と認識して表現するのである。

　寺村（1984）は「財布が落ちている」「金魚が死んでいる」「家が倒れている」という表現を取り上げ、これらの表現は、人がその眼前の現象を、ある過去に起こった事象の痕跡と解釈した表現である、と述べており、本研究が想定する痕跡的アブダクションに近い。しかし、寺村（1984）は虚構の変化を扱っていないという点で本研究と異なる。

　主語不一致複合動詞のうち、使役事象が結果状態に反映される、

痕跡残存型の主語不一致複合動詞は、この痕跡的アブダクションという認知メカニズムに基づいて使用することができる。私たちは、ある状態がある変化によって生じたと推論するだけではなく、その変化を生じさせた使役行為も推論することができる。「岩が突き出ている」のような場合、岩の状態を見て、それが単に「出た」結果であるだけでなく、あたかも「突くことによって出た」結果だと想像することができる。つまり、状態からそれを産み出した変化を、さらにその変化を産み出した使役事象（V1）を復元するのである。(17) は、実際の使役変化の結果であると推論される場合、(18) は架空の使役変化の結果であると想定される場合である。

(17) a. 本が積み上がっている。
　　　b. ナイフが突き刺さっている。
　　　c. シャンデリアが吊り下がっている。

(18) a. 半島が突き出ている。
　　　b. 彼は目尻が吊り上がっている。
　　　c. 土が盛り上がっている。

(17)、(18) では主語不一致複合動詞をテイル形にして結果状態をプロファイルしている。その意味スキーマは以下のように表せる。

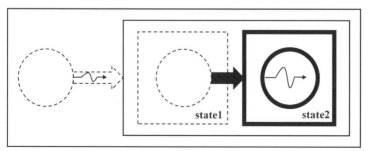

図5　痕跡残存型の主語不一致複合動詞の結果プロファイル化（波型の矢印は痕跡として残るような変化を表す）

眼前の状況を、変化の結果起こった状態だと想像し、その変化を起

こす使役事象を想像して表現していることになる。この場合、使役事象はあくまでも推論によるものであるため、背景化される（想像の使役事象であるため点線で表している）。

（17）と（18）の違いは、時間的性質の違いである。（17）では図5における左から右への時間の推移が現実の時間であるのに対し、（18）ではそれが仮想の時間の推移である。日本語のテイル形は、結果を焦点化し、変化の時間性も抽象化した解釈を許すということである。

先に、「はり付く」についてV1「はる」が本来の付着の意味を失っており、強い粘着の度合いを表しているというKageyama (2016b)の見解について触れたが、これは「はり付く」が痕跡的アブダクションに基づいて使われるため、強い粘着の度合いを表すように感じられるのだと思われる。

なお、痕跡残存型の主語不一致複合動詞は全ての場合に痕跡的アブダクションによって使われるわけではない。（19）のうち、aとbは痕跡的アブダクションによる表現だが、cはそうではない。

(19) a. 落ちたナイフが突き刺さっていた。
　　 b. 床に突き刺さったナイフ。
　　 c. 落ちたナイフが突き刺さった。

2. 使役化のメカニズム

前節の非使役化とは逆に、「舞い上げる」などは、「舞い上がる」からの「使役化」によって成立しているとされる。このような主語不一致複合動詞には次のものがある。

(20) 使役化による複合動詞
　　 a. 滑り落とす、ずり下ろす、のし上げる、舞い上げる、揺れ動かす
　　 b. 絡みつける、染みつける、立ち上げる、跳ね上げる、酔い潰す、沸き上げる、沸き起こす

3章で述べたように、これらは2種類のものに分けられる。1つは、様態型の複合動詞に基づく（20a）のもの、もう1つは原因型の複合動詞に基づく（20b）のものである。

「舞い上がる」などの複合動詞は、その語彙的意味フレームにおいて【原因】を関連事象として含んでいる。これは、「舞い上がる」という事象が風などによって起こされる、という情報である（「舞い上がる」が共原因性の様態型複合動詞であることも参照）。このような原因は背景化されている。つまり、語彙的意味フレームにおいて中心事象ではなく、関連事象である。使役化においては、このように背景化されている原因が前景化（プロファイル）される。それによって使役動詞として成立していると考えられる。「舞い上がる」と「舞い上げる」の対応関係は以下のように表される。

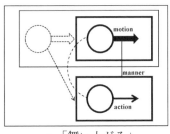 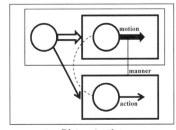

　　a.「舞い上がる」　　　　　　b.「舞い上げる」

図6　様態型からのプロファイルシフト

(21) [[V-Vnoncaus]v ↔ 図6a] ≈ [[V-Vcaus]v ↔ 図6b]

ここで重要なのは、「舞い上げる」においては「舞い上がる」に原因という新しい要素を意味構造に導入したのではないということである。原因は「舞い上がる」において背景的に存在し、それを前景化（プロファイル化）することによって項として実現するようになったということである。

「酔い潰れる／酔い潰す」は以下のような関係にある。

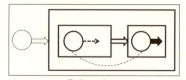 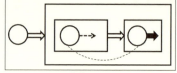

　　　　　a.「酔い潰れる」　　　　　b.「酔い潰す」

図7　原因型からのプロファイルシフト

このような複合動詞は、極めて限定的である。例えば、「飛び降りる」や「起き上がる」に対する使役形は存在しない。

「舞い上げる」のような複合動詞の意味は、日本語の使役動詞に対する一般的な制約に従わなければならない。そのような一般的な制約が、このような複合動詞ペアの成立に対する必要条件となる（松本1998）。このような因果関係の必要性は第4章で見た通りである。複合動詞に関しては具体的に以下のような制約があると考えられる。

(22) 外的原因へのプロファイルシフトが可能となる条件
　　a.　V1の表す事象にもV2の表す事象にも被使役者の意志が介在しない
　　b.　V2の表す事象のみならずV1の表す事象も、同じ直接の外的原因によって引き起こされたものである

(22)に挙げた2つの条件は、共にMatsumoto (1996a)、松本 (1997, 1998) における一般的制約である「決定的使役の条件」(Determinative Causation Condition) とも一貫している（松本1998）。

(23) 決定的使役の条件 (Determinative Causation Condition)：
　　語彙的に表現される使役においては、原因となる出来事が、結果となる出来事の発生と進行を完全に決定できるものでなければならない。　　　　　　　　　　（松本1998: 56）

まずは、被使役者の意志が介在しないという1つ目の条件について

である。被使役者の意志が介入する場合においては、原因となる出来事が結果となる出来事の発生と進行を完全に決定できるとは限らないため、決定的使役の条件に反することになる。

　単純動詞の場合は、意志的な動作を表す「食べる」や「歩く」などに使役者を付加する場合は語彙的な使役化ができず、生産的な使役化の手段として「させる」を用いて「食べさせる」「歩かせる」になる。それに対し、非意志的な動作を表す「壊れる」「潰れる」などは、対応する語彙的使役動詞（「壊す」「潰す」など）が存在する場合が多い（生産的使役と語彙的使役については Shibatani 1976 などを参照）。

　複合動詞の「飛び降りる」などは意志的動作を表すため、「飛び降りさせる」のように、生産的使役によって使役者を付加することは可能だが、語彙的な手段を用いて使役化できない。一方、「舞い上がる」や「滑り落ちる」などの複合動詞は非意志的な動作を表しているため、「舞い上げる」「滑り落とす」のように、対応する語彙的使役を持つことが可能となるのである（松本 1998: 73 を参照）。

　単純動詞においては意志的な事象を表す動詞でも、被使役者の意志性が抑圧されれば使役動詞を持ちうる。「客を駅で降ろす」などである。それに対して、複合動詞の場合「飛び降りる」に対する「*飛び降ろす」は不可である。複合動詞全体の使役化については、前項においても後項においても被使役者の意志が介在してはならないからである。

　次に、V1 と V2 の事象が同じ外的原因によって引き起こされたものである、という 2 つ目の条件についてである。「舞い上げる」において、被使役者の上昇移動とその際のヒラヒラという様態は、直接使役者（風など）によって引き起こされたものであるため、決定的使役の条件に適合する。一方、「*舞い落とす」が存在しないのは、それが表そうとする事象（使役者が被使役者に働きかけて、それをヒラヒラと下降させる）において、下降の際にヒラヒラと舞うのが使役者の働きかけとは関係なく、重力と空気抵抗で起こることだからである[*5]。このように、同じ外的原因によらない様態型複合動詞は、条件に反するため、語彙的な手段で使役化することが

できない。

　なお、日高（2013）はこの種の複合動詞の制約を考察して、V1の表す事象が、V2の表す移動の間中に（繰り返し）続く様態として解釈可能であることを使役化の必要条件と考えている。しかし、使役化された「酔い潰す」のような場合、V1は様態ではなく、原因である。また、「駆け上がる」や「歩き回る」、「舞いおりる」などはV1が「移動の間中続く様態」として解釈可能であるにもかかわらず、これらに対応する他動詞形の「*駆け上げる」「*歩き回す」「*舞いおろす」は存在しない。これらの例は被使役者の意志が介在するため、決定的使役の条件によって排除される。

3. 動詞の入れ替えによる対応関係

　以上見てきた主語不一致複合動詞は、接辞操作を伴った使役化、非使役化によるものであった。一部の主語不一致複合動詞は、それらをモデルにして、形態的に関連していない動詞の入れ替えを行うことによって成立している。一部の話者が使う、「萌え殺す」「笑い殺す」がその例である。

(24) 少年っぽかったり、大人っぽかったり、プーは私たちを萌え殺す気に違いない…　　（「複合動詞用例データベース」）

(25) 頼むからこの顔文字使わないでくれ、俺を笑い殺す気か
　　　　　　　　　　　　　　（「複合動詞用例データベース」）

　これらは、「萌え死ぬ」「笑い死ぬ」に対応する主語不一致複合動詞として存在している。これは、原因―結果型と主語不一致複合動詞との間の対応スキーマを、形態論的な関係がないものにまで拡張したものである。

　これと類する複合動詞は他にも見ることができる。使役交替においては、他動詞と二重他動詞がペアをなす場合がある（松本2000a, b）。

(26) 教わる ≈ 教える、授かる ≈ 授ける、預かる ≈ 預ける

これらは、同じ事象を別の参与者を主語にして描いている。つまり、同じ事象に対して、視点の転移を行っていることになる。このような交替は、以下の複合動詞にも見える。これは非使役化によるものである。

(27) 申しつかる ≈ 申しつける、仰せつかる ≈ 仰せつける、言いつかる ≈ 言いつける

これをモデルにして、語の入れ替えが起こったと思われるのが、以下の例である。「申し受ける」は主語が一致する「申し渡す」の後項動詞を入れ替えたものである。

(28) 申し受ける ≈ 申し渡す、譲り受ける ≈ 譲り渡す

このほか、主語が一致しない「死に別れる」（相手が死んで、その人と別れるという意味）は、「生き別れる」に基づいて成立したと思われる。

4. メトニミー

これまで論じてきた主語不一致複合動詞は第3章で派生型としたものである。これらとは性質の異なる主語不一致複合動詞もある。それが松本 (1998) で挙げられている、メトニミーによって形成されたと考えられるもので、以下の4つである。

(29) メトニミーによって形成された主語不一致複合動詞
　　 寝静まる、泣き濡れる、濡れ広がる、思い乱れる

　　　　　　　　　　　　　　　　　　　　　　計4語

Radden & Kövecses (1999) によると、メトニミーとは、1つの

概念から、同じ概念領域内の別の概念にアクセスするという認知プロセスである。つまり、メトニミーとは、単一の概念領域の中でプロファイルが移行することによって成り立つ捉え方である（この概念領域は理想認知モデル（Idealized Cognitive Model, ICM）またはフレームとして考えることもできる）。例えば、「涙」が＜悲しみ＞を表す場合、このメトニミーは「感情表出」という1つの概念領域内での要素間の関係によって成り立っている。

　第7章で述べたように、「寝静まる」の場合、V1の主語は寝る人で、V2の主語は寝る場所であり、V1とV2の主語が異なる。しかし、メトニミーの観点から考えると、寝る人、そして、その人が寝る場所は共に「寝る」の語彙的意味フレームに属する要素である。加えて、「寝る」の語彙的意味フレームにおいて、関連事象の【結果】として（その場所が静かになる）という情報が含まれている。このような隣接性から、メトニミーによって、V1とV2の主語は同一物として見なすことができ、主語一致の原則に適合することができる。同様に、「泣き濡れる」においても、泣く人、そして涙によって濡れたその人の頬は共に「泣く」の語彙的意味フレームに属する要素で、2つは部分と全体の関係にある。それに加え、「泣く」の【結果】として、（泣くと頬が濡れる）という情報があるため、メトニミーによって同一物として見なすことができる。「思い乱れる」においても、思う人と乱れる心は「思う」の語彙的意味フレームの参与者であり、「思う」の【結果】として（心が乱れる）という情報が含まれている。

5. その他

　巻末のリストには、このような説明が不可能な主語不一致複合動詞も若干見られる。「伝え聞く」「見当たる」「並び称する」などがそうである。これらはV1とV2の関係が一般的ではない、特異なものがほとんどである。「伝え聞く」などは「伝え聞き」などの複合名詞から派生したと思われる。「見当たる」はかつて存在した「見当てる」が死語化したため共時的には派生型と見なせないもの

である。「並び称する」はV1の主語とV2の目的語が一致するが、「並び称せられる」のように受身で使うことがほとんどであることが、その成立と関連しているのかもしれない。

6. まとめ

　以上見てきたように、主語が一致しない日本語の語彙的複合動詞には様々なタイプがあるが、特異なものを除いて、それぞれが何らかの認知的な動機付けによって成立していると考えられる。
　このように、本章では事態認識のレベルから考えることで、人間の一般的な認知能力に基づいて、主語不一致語彙的複合動詞の形成メカニズム及びその条件を明らかにした。同時に、プロファイルシフトがどのような条件で起こるのかということについても、光を当てることができた。

---

*1　「投げ込む」「除き去る」「逃げ出す」などは、主語が不一致であるようにも見えるが、松本（2009）が述べているように、「込む」「去る」の拘束的意味として使役移動動詞、「出す」の拘束的意味として移動動詞の用法があると考え、主語不一致複合動詞とは見なさない。「込む」は移動動詞の場合、「太郎は部屋の中へと駆け込んだ」のように、＜入る＞という主体移動を表す。一方、使役移動動詞としては、「太郎は石を池の中に投げ込んだ」のように、＜入れる＞という客体移動を表す。このように、「駆け込む」においても、「投げ込む」においても、V1とV2の主語は同一物（太郎）を指している。
*2　「新たな問題が持ち上がった」のような場合を指す。「荷物が重くて持ち上がらなかった」のような場合は、Kageyama（2016b）が述べているように、英語の中間構文（middle construction）に相当する用法だと思われる。
*3　このほか、知覚していた存在が突然消失することも挙げられるかもしれない（「売り切れる」「消し飛ぶ」「煮溶ける」「△掻き消える」など）。被使役者が突然消失した場合において、前景化されるのは、記憶の中の消える寸前の被使役者である。
*4　「打ち上がる」は一見使役者が背景化していなくても成立すると思われるが、「複合動詞用例データベース」において、ガ格を取る用例611例は、花火やロケット、衛星の打ち上げ、または波によって海岸に打ち上げられることに限られ、611例全てが器具、または自然の力によって使役者が背景化したもの

である。
*5　日高（2013）は「舞い落とす」を存在する組み合わせとして分析しているが、「複合動詞用例データベース」やBCCWJには存在していない。

第9章
本書の意義と今後の展望

1. まとめ

　本書は複合動詞の形成メカニズムを説明するには、コンストラクションの制約と語彙的意味フレームの制約という2つの制約から考える必要があると主張し、複合語の分析において、従来の主流だった語彙概念構造などによる分析ではなく、コンストラクション形態論とフレーム意味論を用いて分析を行った。その結果、日本語ではどのような複合動詞が存在し、どのようなものが存在しない（あるいは、存在できない）のかについて明らかにすることができた。

　第1章において、複合動詞には2つの異なるタイプの制約があると主張し、本研究の研究対象や研究目的、使用するデータ、そして、全体の構成について述べた。

　第2章では、「他動性調和の原則」や「主語一致の原則」などの、複合動詞の結合の制約に関する先行研究を取り上げ、残された問題点を指摘した。そして、先行研究で複合動詞の分析に取り入れられている意味構造として、影山（1996）や由本（2005, 2010）などにおいて用いられている語彙概念構造（LCS）を取り上げ、LCSは背景的情報を含んでいないという問題点があることを指摘した。そして、近年LCSの代案として挙げられている、百科辞典的知識を取り入れたクオリア構造を取り上げ、本書で用いる語彙的意味フレームという意味構造との違いを明らかにした。

　第3章では本研究が用いる理論的枠組みであるコンストラクション形態論とフレーム意味論、そして文化的表象という概念を紹介した。

　第4章においては、コンストラクション形態論のアプローチから、複合動詞をコンストラクションとして考え、日本語の語彙的複合動

詞の体系を階層的スキーマネットワークで示した。日本語複合動詞における一般的な制約である主語一致の原則は日本語複合動詞のスーパースキーマに相当し、主語が一致しないものについては、スーパースキーマの一部特性を継承しない下位スキーマを形成しているとした。また、V1とV2の意味関係をコンストラクションの意味として捉えた。さらに、なぜV1とV2が特定の意味関係にある場合にのみ複合動詞として成立するのか、という動機付けを検討した。その結果、2つの動詞が独立した事象を表す複合動詞のほとんどには、「広義の因果関係による必然的な共起性」という認知的な動機付けが存在することを明らかにした。

第5章では、引き続きコンストラクション形態論に基づいて、階層的スキーマネットワークの中でより具体的なレベルである、コンストラクション的イディオムのレベルと個別動詞のレベルのコンストラクションを見た。そして、複合動詞が新たに作られるときは、コンストラクション的イディオムという、部分的な空きスロットがあるスキーマに動詞を挿入して作り出すことを示した。複合動詞の非合成的な性質は、個別動詞レベルのコンストラクションの情報としてレキシコンに登録されることを主張し、さらに用法基盤モデルの観点から、そのような複合動詞は高い使用頻度に支えられていることを示した。加えて、合成的なものでも一定以上の頻度があるものは、ひとまとまりとしてレキシコンに登録される必要があることを、複合動詞の意味拡張や限定的な生産性と阻止という現象を取り上げて示した。

第6章では、フレーム意味論のアプローチから、語の意味構造にフレームという「百科事典的知識」を含む背景状況の知識構造を結びつけることで、複合動詞の結合制約について説明した。具体的には、動詞の語彙的意味フレーム、及びそれを構成するフレーム要素を定式化した。その上で、語彙的複合動詞の成立はV1とV2の表している事象が1つの整合性の取れた「語彙的意味フレーム」を構築することによって行われると考え、V1とV2のフレーム要素に意味的一致がない場合、あるいはフレーム要素の間で不整合が生じる場合は複合動詞として成立できないという条件を、意味構造のレ

ベルで具体的に提案した。その事例研究として、前項動詞V1と結合することで、ある対象を捉えることに失敗することを表すV2「～落とす」「～逃す」「～漏らす」を取り上げて分析を行った。その結果、語彙的意味フレームに含まれる関連事象という情報によって、従来のLCSによる分析では説明できなかった「*見漏らす」のような結合不可のパターンを説明できることを明らかにした。また、複合動詞における多義語の意味がどのように決定されるのかを、「～取る」を例に示した。加えて、動詞の意味構造に背景的な知識を含める必要があることを、「勝つ」及びそれが喚起する〈競技〉フレームを例に示した。背景フレームと文化の関わりについては、異なる社会と異なるコミュニティにおいて、異なる複合動詞が作られることを例に説明した。さらに、新しい文化事象の出現に伴って複合動詞が作り出されたり、反対に、文化のある側面の衰退と共に複合動詞が廃れたりする場合について述べた。最後に、複合動詞の適格性についても従来の定義を検討しなおし、「耳馴染み度」という概念を取り入れることで、適格性を連続的なものとして捉えることができることを示した。

　第7章は複合動詞の項と参与者について検討し、日本語の語彙的複合動詞の意味形成において、「事象参与者」という項として実現されるとは限らないフレーム要素が関わることを示した。そして、従来の研究では説明できなかった「ラーメン屋を食べ歩く」などのように、複合動詞全体の項が構成要素の項をそのまま受け継いではいないものについて、フレーム要素を用いることで説明し、項形成の新しい考え方を提示した。

　第8章では、日本語の語彙的複合動詞におけるV1とV2の主語が一致しないものの多くは、他の複合動詞からの派生によるものとし、それには非使役化と使役化という2つのタイプがあることを示した。それら主語不一致複合動詞は「プロファイルシフト」が関わり、また「痕跡的アブダクション」などの認知的な動機付けによって成立している場合があることを明らかにした。

2. 本書の意義

　本書は共にスキーマ的な思考方式に基づいたコンストラクションとフレームという道具立てを取り入れ、さらに両者を組み合わせることで、複合動詞の成立とそこに関わる認知的なメカニズムを明らかにした。

　還元主義的な考えでは、構成体の全体の意味はその構成要素の意味の総和であり、構成要素から全体の意味が予測できるとされる。しかし、それではなぜ複合動詞が特定の意味関係に解釈されるのかを説明できない。そのため、本書は複合の形式自体に意味があるというコンストラクションの概念を導入することによって、複合動詞における合成的な面と非合成的な面を同時に捉えられることを示した。これによって、input から合成的に複合動詞を作るというトップダウン型なアプローチではなく、コンストラクション形態論に代表されるボトムアップ型の output-oriented なアプローチから分析するという、パラダイムシフトが必要であることを示した。

　また、本書はフレーム意味論に基づき、語の意味構造にフレームという「百科事典的知識」を含む背景状況の知識構造を結びつけることで、複合動詞の意味的な面における様々な問題を解決した。フレーム意味論を用いた分析では語彙的意味フレームを具体的に定義・記述したものはほとんどなく、一部それを試みた研究は存在するが、Baker (1999) のように対象を特定の語彙 (*see*) に限定したものしかない。その意味で、本書はフレーム意味論を用いた数少ない具体的かつ包括的な研究として、今後のフレーム意味論的アプローチの研究に貢献できると考える。

　複合動詞という2つの動詞の組み合わせについて分析することによって、本書は動詞の意味には従来考えられていたよりも豊かな知識が含まれていることを明らかにすることができた。複合動詞という語形成について研究することは個別の言語現象を明らかにするということだけではなく、最終的に動詞の性質がどのようなものであるのか、そして、人間にとって複合事象とは何か、ということを究明することへと繋がるのである。

3. 今後の展望

　本書は日本語の複合動詞について分析してきたが、中国語や韓国語など、複合動詞という言語形式を有する他の言語（Kageyama et al. 2018を参照）についても本稿で主張したことが適用されるかどうかを検証する必要がある。

　また、本書では[V-V]$_V$型の語彙的複合動詞を研究対象としたが、「話し始める」「書き終わる」のような統語的複合動詞、「立ち読みする」「開け閉めする」など、[[V-V]$_N$する]$_V$型の複雑述語、「走って転ぶ」「立って歩く」のようなV1がテ形の複雑述語なども、複合動詞との概念的な違いを考える上で、研究を進める必要があると考える（Matsumoto 2018も参照）。

　さらに、本書で用いたフレーム・コンストラクション的なアプローチは2つの動詞が関わる構造のみに適用されるものではない。複合語に限っても「手渡す」や「旅立つ」のような[N-V]$_V$型の複合動詞、そして複合名詞などにも応用できる。そのような包括的研究によって、フレーム・コンストラクション的なアプローチの妥当性が検証されると思われる。

付録　日本語語彙的複合動詞リスト

このリストは「複合動詞用例データベース」の日本語複合動詞リスト（ver. 1.3）を基に、一部問題がある例を削除し、「複合動詞用例データベース」の収録方法では拾えなかった複合動詞を加え（1章を参照）、V1 と V2 の意味関係などを併せて示したものである（4章を参照）。なお、表の複合動詞は意味関係のタイプ別に分けた上で、五十音順に並べてある。

1. 用例数 1 は「複合動詞用例データベース」における頻度、用例数 2 は「現代日本語書き言葉均衡コーパス BCCWJ」における頻度である。
2. 意味関係には以下のものが含まれる：原因、手段、前段（前段階）、背景、様態、付帯（付帯事象）、同一（同一事象）、事象（事象対象）、比喩（比喩的様態）、希薄（V1 希薄）、補助（V2 補助）、他（その他）、不透（不透明）、派生。
3. 拘束性（5章を参照）における略語は以下のものがある：bf（bound form, 拘束形態）、bm（bound meaning, 拘束意味）、sf（specific form, 特異語形）。
4. 合成性（5章を参照）における略語は以下のものがある：NC sm（non-compositional, specific meaning, 非合成的　特定意味）、NC fs（non-compositional, frame specified, 非合成的　特定場面）、NC V1（non-compositional, V1 idiosyncratic, 非合成的　V1 特異）、NC V2（non-compositional, V2 idiosyncratic, 非合成的　V2 特異）、NC rel（non-compositional, relation idiosyncratic, 非合成的　関係特異）、UA（unanalyzable, 非分析的）。
5. 備考欄においては、以下の情報などを付与している。
   - 文法限定：「飽き足りる」のように、もっぱら「飽き足りず」という特定の形態で現れるような複合動詞を指す（5章を参照）。
   - 意味拡張：意味拡張がある場合を指す（5章を参照）。
   - 複合名詞：「老いぼれる」のように、複合名詞（「老いぼれ」）に基づいて成立しているような場合を指す（5章を参照）。
   - 連濁：「飢え死ぬ」のように V2 の語頭子音が連濁を起こす場合を指す。
   - メトニミー：メトニミー関係に基づく主語不一致の複合動詞を指す。
   - 文語的：「巡り来る」のように、文語的な表現に用いられる場合を指す。

No.	複合動詞	前項	後項	用例数1	用例数2	意味関係	拘束性	合成性	備考
1	上がり込む	上がる	込む	1521	109	原因	V2bf		
2	飽き足りる	飽きる	足りる	102	25	原因	V1bm		文法的限定
3	飽き足る	飽きる	足る	56	118	原因	V1bm		文法的限定
4	与り知る	与る	知る	150	31	原因		NC rel	文法的限定
5	遊び疲れる	遊ぶ	疲れる	164	32	原因			
6	遊び惚ける	遊ぶ	惚ける	95	38	原因	V2bf		
7	あふれ落ちる	あふれる	落ちる	206	8	原因			
8	あふれ出す	あふれる	出す	89	160	原因	V2bm		
9	歩き疲れる	歩く	疲れる	455	31	原因			
10	行き当たる	行く	当たる	1548	87	原因			
11	行き着く	行く	着く	1675	557	原因			
12	行き届く	行く	届く	1544	480	原因		NC sm	
13	生き残る	生きる	残る	2378	1107	原因			
14	居着く	居る	着く	1610	118	原因	V2bm		
15	入り混じる	入る	混じる	2646	301	原因	V1bf		
16	入り乱れる	入る	乱れる	1462	147	原因	V1bf		
17	窺い知る	窺う	知る	1360	90	原因			
18	浮かび出る	浮かぶ	出る	494	28	原因			意味拡張

#	複合動詞	V1	V2	頻度1	頻度2	原因	V2b	NC	備考
19	浮かび出す	浮かぶ	出す	129	0	原因	V2bm		
20	浮き出る	浮く	出る	1906	160	原因			
21	写り込む	写る	込む	1912	11	原因	V2bf		
22	埋まり込む	埋まる	込む	85	0	原因	V2bf		
23	生まれ落ちる	生まれる	落ちる	501	45	原因		NC sm	
24	生まれ変わる	生まれる	変わる	2039	572	原因			
25	生み落とす	生む	落とす	1782	66	原因			
26	追いつく	追う	つく	2650	1256	原因	V2bm		
27	老いぼれる	老いる	ぼれる	347	36	原因	V2bm	NC V2	複合名詞、連濁
28	覆い被さる	覆う	被さる	1428	175	原因			
29	起き上がる	起きる	上がる	1728	904	原因			
30	落ちかかる	落ちる	かかる	1134	35	原因	V2bm		
31	落ち込む	落ちる	込む	3279	1536	原因	V2bf	NC sm	
32	溺れ死ぬ	溺れる	死ぬ	1111	43	原因			連濁
33	思い当たる	思う	当たる	1667	503	原因	V2bm		
34	思い至る	思う	至る	1475	132	原因	V2bm		
35	思い知る	思う	知る	1870	216	原因		NC fs	
36	思いとどまる	思う	とどまる	1166	209	原因		NC sm	
37	思い残す	思う	残す	1344	34	原因			文法的限定
38	思い乱れる	思う	乱れる	360	6	原因			メトニミー
39	泳ぎ着く	泳ぐ	着く	236	18	原因			
40	降り立つ	降りる	立つ	1744	375	原因		NC fs	
41	折れ込む	折れる	込む	122	1	原因	V2bf		
42	折れ曲がる	折れる	曲がる	1603	105	原因			
43	帰り着く	帰る	着く	1513	186	原因			
44	書き潰す	書く	潰す	110	1	原因			
45	貸し倒れる	貸す	倒れる	133	0	原因			
46	勝ち上がる	勝つ	上がる	2260	115	原因			
47	勝ち残る	勝つ	残る	1685	88	原因			
48	勝ち誇る	勝つ	誇る	1103	170	原因			
49	噛み込む	噛む	込む	1669	5	原因	V2bf		
50	絡まりつく	絡まる	つく	241	0	原因			
51	絡みつく	絡む	つく	1807	243	原因			
52	枯れ落ちる	枯れる	落ちる	491	8	原因			
53	消え去る	消える	去る	1517	367	原因	V2bm		
54	消え果てる	消える	果てる	93	0	原因			
55	気負い立つ	気負う	立つ	115	12	原因			
56	聞き飽きる	聞く	飽きる	1146	26	原因			
57	聞き知る	聞く	知る	245	41	原因			
58	聴き疲れる	聴く	疲れる	372	0	原因			
59	聞き惚れる	聞く	惚れる	2046	61	原因			
60	着こなす	着る	こなす	2047	0	原因	V2bm		
61	着膨れる	着る	膨れる	168	16	原因			連濁

62	切れ落ちる	切れる	落ちる	342	7	原因		
63	食い飽きる	食う	飽きる	150	3	原因		
64	食い荒らす	食う	荒らす	1582	55	原因		
65	食い倒れる	食う	倒れる	154	0	原因		連濁
66	食い散らかす	食う	散らかす	1295	0	原因		
67	食い散らす	食う	散らす	358	6	原因		
68	腐り落ちる	腐る	落ちる	487	3	原因		
69	崩れ落ちる	崩れる	落ちる	1592	263	原因		
70	崩れ折れる	崩れる	折れる	108	2	原因		
71	崩れかかる	崩れる	かかる	558	0	原因	V2bm	
72	崩れ去る	崩れる	去る	1314	89	原因	V2bm	
73	砕け落ちる	砕ける	落ちる	147	5	原因		
74	砕け散る	砕ける	散る	1354	108	原因		
75	狂い死ぬ	狂う	死ぬ	287	0	原因		連濁
76	恋い焦がれる	恋う	焦がれる	953	35	原因	V2bf	
77	漕ぎ上がる	漕ぐ	上がる	77	5	原因		
78	漕ぎ着ける	漕ぐ	着ける	1397	237	原因	NC sm	意味拡張
79	焦げつく	焦げる	つく	591	97	原因		意味拡張
80	凍え死ぬ	凍える	死ぬ	549	17	原因		連濁
81	凍えつく	凍える	つく	82	0	原因		
82	こびりつく	こびる	つく	1970	302	原因	V1bf	
83	こぼれ落ちる	こぼれる	落ちる	1442	182	原因		
84	凝り固まる	凝る	固まる	1170	82	原因		意味拡張
85	咲き薫る	咲く	薫る	104	4	原因		
86	咲き進む	咲く	進む	1218	5	原因		
87	咲き揃う	咲く	揃う	1143	24	原因		
88	咲き並ぶ	咲く	並ぶ	168	0	原因		
89	咲き匂う	咲く	匂う	357	8	原因		
90	刺さり込む	刺さる	込む	102	0	原因	V2bf	
91	差し込む	差す	込む	5989	1207	原因	V2bf	
92	差し届く	差す	届く	148	0	原因		
93	錆びつく	錆びる	つく	271	86	原因		意味拡張
94	沈み込む	沈む	込む	2272	201	原因	V2bf	
95	滴り落ちる	滴る	落ちる	1376	146	原因		
96	死に絶える	死ぬ	絶える	1339	84	原因		
97	染み込む	染みる	込む	1617	606	原因	V2bf	意味拡張
98	染み出す	しみる	出す	719	29	原因		
99	染み付く	染みる	付く	1454	190	原因		
100	しゃべり疲れる	しゃべる	疲れる	77	0	原因		
101	過ぎ去る	過ぎる	去る	2028	321	原因	V2bm	
102	住み着く	住む	着く	1839	413	原因	V2bm	
103	擦り切る	擦る	切る	278	5	原因		
104	擦りむく	擦る	むく	472	37	原因		

105	ずれ動く	ずれる	動く	429	4	原因		
106	ずれ落ちる	ずれる	落ちる	923	10	原因		
107	ずれ込む	ずれる	込む	1558	61	原因	V2bf	
108	迫り上がる	迫る	上がる	587	94	原因	V1bf	
109	反り上がる	反る	上がる	371	5	原因		
110	反り立つ	反る	立つ	366	0	原因		
111	耐え忍ぶ	耐える	忍ぶ	1278	108	原因		
112	絶え果てる	絶える	果てる	160	0	原因		
113	倒れ落ちる	倒れる	落ちる	109	0	原因		
114	倒れかかる	倒れる	かかる	557	61	原因	V2bm	
115	立ち上がる	立つ	上がる	3329	4750	原因		意味拡張
116	立ち込める	立つ	込める	1537	316	原因	V2bm	NC V2
117	建ち並ぶ	建つ	並ぶ	1970	532	原因		
118	建て替わる	建てる	替わる	284	2	原因		
119	食べ飽きる	食べる	飽きる	955	12	原因		
120	食べ荒らす	食べる	荒らす	331	4	原因		
121	食べ散らかす	食べる	散らかす	479	0	原因		
122	垂れ落ちる	垂れる	落ちる	1235	7	原因		
123	垂れかかる	垂れる	かかる	1009	0	原因	V2bm	
124	垂れ込める	垂れる	込める	1300	100	原因	V2bm	NC V2
125	垂れ下がる	垂れる	下がる	1654	259	原因		
126	垂れ流す	垂れる	流す	1637	97	原因		意味拡張
127	ちぎれ落ちる	ちぎれる	落ちる	85	0	原因		
128	縮み上がる	縮む	上がる	700	55	原因		意味拡張
129	散り落ちる	散る	落ちる	177	5	原因		
130	散り込む	散る	込む	160	0	原因	V2bf	
131	散り去る	散る	去る	185	0	原因		
132	散り敷く	散る	敷く	565	14	原因	V2bm	NC V2
133	使い潰す	使う	潰す	1355	1	原因		
134	使い果たす	使う	果たす	1603	0	原因	V2bm	
135	尽き果てる	尽きる	果てる	1233	0	原因		
136	付け上がる	付ける	上がる	994	51	原因		
137	詰め上がる	詰める	上がる	148	0	原因		
138	出来上がる	できる	上がる	1765	2530	原因	V2bm	
139	出揃う	出る	揃う	1537	109	原因		
140	出外れる	出る	外れる	128	14	原因		
141	通り越す	通る	越す	1452	283	原因		意味拡張
142	溶け落ちる	溶ける	落ちる	865	1	原因		
143	溶け崩れる	溶ける	崩れる	143	4	原因		
144	溶け去る	溶ける	去る	170	3	原因	V2bm	
145	溶け出す	溶ける	出す	1923	158	原因	V2bm	
146	飛び上がる	飛ぶ	上がる	2916	587	原因		意味拡張
147	飛び落ちる	飛ぶ	落ちる	105	12	原因		

148	飛び下がる	飛ぶ	下がる	439	9	原因		
149	飛び出す	飛ぶ	出す	3235	2662	原因	V2bm	
150	飛び立つ	飛ぶ	立つ	2063	528	原因		
151	飛び散る	飛ぶ	散る	1624	411	原因		
152	飛びつく	飛ぶ	つく	2113	499	原因	V2bm	
153	飛び抜ける	飛ぶ	抜ける	664	114	原因	NC sm	意味拡張
154	泊まり込む	泊まる	込む	1343	81	原因	V2bf	
155	流れ出す	流れる	出す	140	330	原因	V2bm	
156	流れ着く	流れる	着く	1868	51	原因		
157	泣き崩れる	泣く	崩れる	1376	86	原因	NC V2	
158	泣き沈む	泣く	沈む	95	2	原因		
159	泣き疲れる	泣く	疲れる	125	10	原因		
160	泣き濡れる	泣く	濡れる	272	23	原因		メトニミー
161	泣き腫らす	泣く	腫らす	95	41	原因		
162	習い覚える	習う	覚える	164	24	原因		
163	成り上がる	成る	上がる	1336	81	原因	NC fs	
164	成り代わる	成る	代わる	1385	78	原因		
165	成り下がる	成る	下がる	1519	84	原因	NC sm	
166	慣れ親しむ	慣れる	親しむ	1462	148	原因		
167	煮え上がる	煮える	上がる	98	0	原因	V2bm	
168	逃げ失せる	逃げる	失せる	201	4	原因		
169	逃げ込む	逃げる	込む	1778	397	原因	V2bf	
170	逃げ散る	逃げる	散る	160	19	原因		
171	にじみ出す	にじむ	出す	187	51	原因	V2bm	
172	脱ぎ散らかす	脱ぐ	散らかす	362	0	原因		
173	脱ぎ散らす	脱ぐ	散らす	119	7	原因		
174	抜け上がる	抜ける	上がる	130	4	原因		
175	抜け落ちる	抜ける	落ちる	1860	176	原因		
176	脱げ落ちる	脱げる	落ちる	414	2	原因		
177	抜け替わる	抜ける	替わる	638	7	原因		
178	抜け出す	抜ける	出す	2330	996	原因	V2bm	
179	濡れ輝く	濡れる	輝く	63	1	原因		
180	濡れ光る	濡れる	光る	690	10	原因		
181	濡れ広がる	濡れる	広がる	95	0	原因		メトニミー
182	寝落ちる	寝る	落ちる	346	0	原因	V2bm	複合名詞
183	寝静まる	寝る	静まる	1392	90	原因		メトニミー
184	寝過ごす	寝る	過ごす	1567	59	原因		
185	寝違える	寝る	違える	1498	19	原因	NC sm	
186	粘りつく	粘る	つく	1087	24	原因		
187	寝ぼける	寝る	ぼける	1033	174	原因		
188	伸び上がる	伸びる	上がる	1493	95	原因		
189	伸び広がる	伸びる	広がる	207	10	原因		
190	昇り立つ	昇る	立つ	168	3	原因		

191	登り着く	登る	着く	667	5	原因		
192	飲み飽きる	飲む	飽きる	275	6	原因		
193	飲み潰れる	飲む	潰れる	268	3	原因		
194	のめり込む	のめる	込む	1229	297	原因	V1, V2bf	
195	乗り込む	乗る	込む	2205	1657	原因	V2bf	
196	乗り出す	乗る	出す	2221	1429	原因	V2bm	意味拡張
197	乗り潰す	乗る	潰す	1482	21	原因		
198	這い出す	這う	出す	1368	141	原因	V2bm	
199	生え変わる	生える	変わる	3500	48	原因		
200	生え茂る	生える	茂る	272	5	原因		
201	生え揃う	生える	揃う	1911	31	原因		
202	計り知る	計る	知る	815	21	原因		文法的限定
203	剥がれ落ちる	剥がれる	落ちる	1490	55	原因		
204	吐き散らかす	吐く	散らかす	208	0	原因		
205	吐き散らす	吐く	散らす	1132	26	原因		
206	履き潰す	履く	潰す	1150	12	原因		
207	剥げ落ちる	剥げる	落ちる	1183	39	原因		
208	弾け散る	弾ける	散る	124	6	原因		
209	弾け飛ぶ	弾ける	飛ぶ	1341	39	原因		意味拡張
210	外れ落ちる	外れる	落ちる	159	0	原因		
211	離れ落ちる	離れる	落ちる	178	0	原因		
212	跳ね上がる	跳ねる	上がる	1724	275	原因		
213	はまり込む	はまる	込む	1464	96	原因	V2bf	
214	はみ出す	食む	出す	2087	523	原因	V1bf, V2bm	NC V1
215	張り裂ける	張る	裂ける	1004	89	原因		
216	腫れ上がる	腫れる	上がる	1379	143	原因		
217	冷え固まる	冷える	固まる	333	5	原因		
218	干からびる	干る	からびる	0	113	原因	V1, V2bf	
219	引き退く	引く	退く	132	13	原因		
220	吹きこぼす	吹く	こぼす	276	6	原因		
221	吹きこぼれる	吹く	こぼれる	1709	26	原因		
222	吹き溜まる	吹く	溜まる	427	9	原因		
223	吹き散らす	吹く	散らす	427	14	原因		
224	含み込む	含む	込む	144	37	原因	V2bf	
225	膨れ上がる	膨れる	上がる	1598	452	原因		
226	伏せ込む	伏せる	込む	273	0	原因	V2bf	
227	踏み荒らす	踏む	荒らす	924	17	原因		
228	踏み散らす	踏む	散らす	202	3	原因		
229	踏み止まる	踏む	とどまる	885	163	原因	V1bm	
230	降り落ちる	降る	落ちる	307	7	原因		

231	降りかかる	降る	かかる	1614	277	原因	V2bm		意味拡張
232	振り替わる	振る	替わる	142	10	原因			
233	降り込む	降る	込む	1346	18	原因	V2bf		
234	降り敷く	降る	敷く	200	3	原因			
235	降り積む	降る	積む	1144	15	原因	V2bm	NC V2	
236	降り積もる	降る	積もる	1587	115	原因			
237	振り乱す	振る	乱す	1523	80	原因			
238	奮い立つ	奮う	立つ	1109	169	原因			
239	触れ親しむ	触れる	親しむ	144	1	原因			
240	へばりつく	へばる	付く	1515	184	原因	V1bm		
241	滅び去る	滅ぶ	去る	618	20	原因	V2bm		
242	まくれ上がる	まくれる	上がる	701	13	原因			
243	混ざり込む	混ざる	込む	273	0	原因	V2bf		
244	混じり込む	混じる	込む	179	0	原因	V2bf		
245	待ちくたびれる	待つ	くたびれる	458	43	原因			
246	待ち焦がれる	待つ	焦がれる	1372	66	原因	V2bf		
247	まといつく	纏う	つく	506	41	原因	V1bm		
248	迷い込む	迷う	込む	1795	162	原因	V2bf		
249	回り込む	回る	込む	2000	267	原因	V2bf		
250	見飽きる	見る	飽きる	1224	65	原因			
251	満ちあふれる	満ちる	あふれる	1475	250	原因			意味拡張
252	満ち足りる	満ちる	足りる	1075	150	原因			
253	見とれる	見る	とれる	1401	350	原因	V2bf	NC V2	
254	見慣れる	見る	慣れる	1195	392	原因			
255	見惚れる	見る	惚れる	1386	4	原因			
256	群れ成す	群れる	成す	84	6	原因			
257	めくれ上がる	めくれる	上がる	1265	39	原因			
258	めり込む	滅る	込む	1779	124	原因	V1, V2bf	NC V1	
259	燃え上がる	燃える	上がる	1618	387	原因			意味拡張
260	燃え落ちる	燃える	落ちる	429	13	原因			
261	萌え死ぬ	萌える	死ぬ	363	0	原因			
262	燃え死ぬ	燃える	死ぬ	94	0	原因			
263	萌え出す	萌える	出す	250	0	原因	V2bm		
264	燃え立つ	燃える	立つ	1244	86	原因			
265	萌え立つ	萌える	立つ	219	9	原因	V2bm		
266	燃え尽きる	燃える	尽きる	1600	167	原因			意味拡張
267	萌え尽きる	萌える	尽きる	228	0	原因			
268	燃えつく	燃える	つく	157	32	原因			
269	萌え禿げる	萌える	禿げる	187	3	原因			
270	潜り込む	潜る	込む	1686	643	原因	V2bf		
271	漏れ落ちる	漏れる	落ちる	160	0	原因			

272	漏れ聞こえる	漏れる	聞こえる	1263	21	原因		
273	漏れ込む	漏れる	込む	196	0	原因	V2bf	
274	漏れ出す	漏れる	出す	1686	34	原因	V2bm	
275	漏れ伝わる	漏れる	伝わる	549	12	原因		
276	焼け落ちる	焼ける	落ちる	1140	557	原因		
277	焼け焦げる	焼ける	焦げる	953	46	原因		
278	焼け死ぬ	焼ける	死ぬ	1263	50	原因		
279	焼け爛れる	焼ける	爛れる	745	34	原因		
280	焼けつく	焼ける	つく	1220	53	原因		
281	焼け太る	焼ける	太る	224	0	原因	V2bm	複合名詞、連濁
282	痩せ衰える	痩せる	衰える	88	53	原因		
283	痩せこける	痩せる	こける	129	66	原因	V2bm	
284	痩せ細る	痩せる	細る	524	100	原因		
285	敗れ去る	敗れる	去る	1336	31	原因		
286	酔い潰れる	酔う	潰れる	579	84	原因		
287	読み飽きる	読む	飽きる	96	0	原因		
288	読みこなす	読む	こなす	1432	0	原因	V2bm	
289	寄り付く	寄る	付く	2351	158	原因	V2bm	
290	湧き上がる	湧く	上がる	3070	414	原因		意味拡張
291	湧き起こる	湧く	起こる	3298	259	原因		意味拡張
292	沸き出す	沸く	出す	523	119	原因	V2bm	
293	湧き出る	湧く	出る	2322	216	原因		
294	忘れ去る	忘れる	去る	1115	218	原因	V2bm	
295	笑い崩れる	笑う	崩れる	821	10	原因		
296	笑い死ぬ	笑う	死ぬ	920	0	原因		
297	挙げ連ねる	挙げる	連ねる	139	3	手段		
298	開け放つ	開ける	放つ	742	115	手段		
299	開け広げる	開ける	広げる	187	5	手段		
300	預け入れる	預ける	入れる	1926	20	手段		
301	預け置く	預ける	置く	87	0	手段	V2bm	
302	扱いこなす	扱う	こなす	210	0	手段		
303	当てはめる	当てる	はめる	1891	544	手段	NC sm	
304	暴き出す	暴く	出す	1191	40	手段		
305	浴びせかける	浴びせる	かける	1424	78	手段		
306	炙り出す	炙る	出す	1389	58	手段		
307	焙り出す	焙る	出す	243	58	手段		
308	編み上げる	編む	上げる	1613	32	手段	V2bm	
309	編み合わせる	編む	合わせる	149	2	手段		
310	編み入れる	編む	入れる	280	3	手段		
311	編みくるむ	編む	くるむ	710	0	手段		
312	編み込む	編む	込む	2012	42	手段	V2bf	
313	編み出す	編む	出す	1585	185	手段	NC sm	意味拡張
314	編み立てる	編む	立てる	123	3	手段		

315	編みつける	編む	つける	507	0	手段		
316	編みつなぐ	編む	繋ぐ	98	0	手段		
317	洗い上げる	洗う	上げる	2221	17	手段	V2bm	
318	洗い落とす	洗う	落とす	1530	61	手段		
319	洗い清める	洗う	清める	1197	30	手段		
320	洗い去る	洗う	去る	103	2	手段	V2bm	
321	洗い出す	洗う	出す	1888	83	手段		意味拡張
322	洗い流す	洗う	流す	2321	344	手段		
323	射当てる	射る	当てる	107	5	手段		
324	言い当てる	言う	当てる	1590	142	手段		
325	言い争う	言う	争う	1391	96	手段		
326	言い表す	言う	表す	1719	295	手段		
327	言い置く	言う	置く	257	77	手段	V2bm	
328	言い聞かせる	言う	聞かせる	1625	1002	手段		
329	言いくるめる	言う	くるめる	1286	65	手段	V2bf	
330	言い込める	言う	込める	69	3	手段	V2bm	
331	言い添える	言う	添える	327	130	手段		
332	言い繕う	言う	繕う	654	31	手段		
333	言い伝える	言う	伝える	318	78	手段		
334	言いなす	言う	做す	247	0	手段	V2bf	
335	言い習わす	言う	習わす	130	9	手段	V2bf	
336	言い抜ける	言う	抜ける	112	2	手段	V2bm	
337	言い逃れる	言う	逃れる	647	39	手段		
338	言い残す	言う	残す	1552	263	手段		背景型のケースも
339	言い含める	言う	含める	721	58	手段	V2bm	
340	言い伏せる	言う	伏せる	121	1	手段	V2bm	
341	言いふらす	言う	ふらす	1907	107	手段	V2bf	
342	言い負かす	言う	負かす	1423	18	手段		
343	言い渡す	言う	渡す	2014	361	手段	V2bm	NC fs
344	射落とす	射る	落とす	518	30	手段		
345	射かける	射る	かける	311	46	手段		
346	生け込む	生ける	込む	88	0	手段	V2bf	
347	鋳込む	鋳る	込む	1202	24	手段	V2bf	
348	射込む	射る	込む	191	9	手段	V2bf	
349	射殺す	射る	殺す	252	3	手段		
350	いじめ殺す	いじめる	殺す	161	3	手段		
351	いじり壊す	いじる	壊す	163	0	手段		
352	射すくめる	射る	すくめる	213	22	手段	V2bm	
353	炒め上げる	炒める	上げる	87	0	手段	V2bm	
354	炒め合わせる	炒める	合わせる	1147	104	手段		
355	慈しみ育てる	慈しむ	育てる	213	8	手段		
356	鋳潰す	鋳る	潰す	216	12	手段		
357	射通す	射る	通す	163	11	手段		

358	射止める	射る	止める	1393	73	手段	V2bm	NC V2	意味拡張
359	射貫く	射る	貫く	2113	89	手段	V2bm	NC V2	
360	いびり殺す	いびる	殺す	158	3	手段			
361	いびり出す	いびる	出す	289	7	手段			
362	燻し出す	燻す	出す	325	4	手段			
363	いぶり出す	いぶる	出す	435	1	手段			
364	煎り上げる	煎る	上げる	235	1	手段	V2bm		
365	煎りつける	煎る	つける	169	3	手段			
366	入れ合わせる	入れる	合わせる	244	1	手段			
367	祝い励ます	祝う	励ます	171	1	手段			
368	植え込む	植える	込む	1144	86	手段	V2bf		
369	植え継ぐ	植える	継ぐ	211	4	手段			
370	植え付ける	植える	付ける	2218	579	手段			意味拡張
371	受け入れる	受ける	入れる	4893	5217	手段		NC sm	
372	請け負う	請ける	負う	2138	304	手段		NC sm	
373	受け答える	受ける	答える	505	27	手段			
374	受け継ぐ	受ける	継ぐ	2505	1299	手段			
375	受け取る	受ける	取る	3829	5235	手段			
376	歌いこなす	歌う	こなす	1494	0	手段	V2bm		
377	歌い継ぐ	歌う	継ぐ	1280	42	手段			
378	打ち上げる	打つ	上げる	3479	818	手段			
379	打ち当てる	打つ	当てる	0	7	手段			
380	打ち合わせる	打つ	合わせる	1456	133	手段			
381	討ち入る	討つ	入る	578	17	手段	V2bf		
382	打ち落とす	打つ	落とす	3447	96	手段			
383	打ち返す	打つ	返す	2747	81	手段			
384	打ち替える	打つ	替える	1292	6	手段			
385	打ち固める	打つ	固める	208	4	手段			
386	打ち勝つ	打つ	勝つ	1714	209	手段			意味拡張
387	打ち崩す	打つ	崩す	1632	24	手段			
388	打ち砕く	打つ	砕く	1782	181	手段			
389	打ち比べる	打つ	比べる	378	0	手段			
390	打ち込む	打つ	込む	5154	1227	手段	V2bf		複数意味
391	打ち殺す	打つ	殺す	2403	134	手段			
392	打ち壊す	打つ	壊す	1354	18	手段			
393	打ち倒す	打つ	倒す	2139	75	手段			
394	打ち出す	打つ	出す	2580	1157	手段			意味拡張
395	打ち立てる	打つ	立てる	1514	249	手段		NC sm	
396	打ち継ぐ	打つ	継ぐ	379	4	手段			
397	打ち飛ばす	打つ	飛ばす	239	0	手段			
398	打ち取る	打つ	取る	4859	232	手段		NC sm	
399	打ち鳴らす	打つ	鳴らす	1551	136	手段			
400	打ち抜く	打つ	抜く	4120	121	手段	V2bm	NC V2	

401	打ち延ばす	打つ	延ばす	151	4	手段		
402	打ちのめす	打つ	のめす	1295	224	手段	V2bf	意味拡張
403	討ち果たす	討つ	果たす	946	0	手段	V2bm	
404	打ち放つ	打つ	放つ	996	9	手段		
405	打ちひしぐ	打つ	ひしぐ	137	89	手段	V2bf	
406	打ち滅ぼす	打つ	滅ぼす	875	17	手段		
407	打ち割る	打つ	割る	89	7	手段		
408	移し入れる	移す	入れる	346	5	手段		
409	移し替える	移す	替える	4112	137	手段		
410	写し込む	写す	込む	1688	18	手段	V2bf	
411	写し出す	写す	出す	1498	692	手段	V2bm	
412	写し止める	写す	止める	283	3	手段		
413	写し取る	写す	取る	2486	117	手段		
414	移し取る	移す	取る	276	6	手段		
415	奪い返す	奪う	返す	1580	74	手段	V2bm	
416	奪い去る	奪う	去る	1371	79	手段	V2bm	
417	奪い取る	奪う	取る	1562	307	手段		
418	生み出す	生む	出す	3777	3381	手段		意味拡張
419	生みつける	生む	つける	1862	78	手段		
420	埋め合わす	埋める	合わす	134	6	手段	NC sm	意味拡張
421	埋め合わせる	埋める	合わせる	1327	80	手段	NC sm	意味拡張
422	埋め込む	埋める	込む	1366	524	手段	V2bf NC sm	
423	埋め殺す	埋める	殺す	127	0	手段		
424	埋め戻す	埋める	戻す	1807	39	手段		
425	売り上げる	売る	上げる	2545	75	手段	V2bm	
426	売り浴びせる	売る	浴びせる	280	0	手段		
427	売り崩す	売る	崩す	322	2	手段		
428	売り込む	売る	込む	2140	290	手段	V2bf	NC V2
429	売りさばく	売る	さばく	1287	83	手段		
430	売り出す	売る	出す	1641	410	手段		
431	売り飛ばす	売る	飛ばす	1493	62	手段		
432	売り抜ける	売る	抜ける	1703	10	手段	V2bm	NC sm 複合名詞
433	売り払う	売る	払う	1631	153	手段		
434	売り戻す	売る	戻す	275	8	手段		
435	売り渡す	売る	渡す	1739	143	手段		
436	描き込む	描く	込む	1983	26	手段	V2bf	
437	描き出す	描く	出す	1575	424	手段	V2bm	
438	えぐり出す	えぐる	出す	1203	28	手段		
439	えぐり取る	えぐる	取る	624	25	手段		
440	選び出す	選ぶ	出す	1751	181	手段		
441	選び取る	選ぶ	取る	1541	86	手段		
442	選び抜く	選ぶ	抜く	1257	46	手段	NC sm	
443	選び分ける	選ぶ	分ける	194	8	手段		

444	選り分ける	選る	分ける	1330	0	手段	V1bf	
445	追い落とす	追う	落とす	1373	62	手段		
446	追い返す	追う	返す	1290	203	手段		
447	追い越す	追う	越す	2141	414	手段		
448	追いすがる	追う	すがる	1383	67	手段		
449	追い迫る	追う	迫る	120	1	手段		
450	追い出す	追う	出す	2629	790	手段		
451	追い散らす	追う	散らす	460	19	手段		
452	追い抜く	追う	抜く	1964	190	手段		
453	追い払う	追う	払う	1997	554	手段		
454	追い求める	追う	求める	1614	205	手段		
455	追いやる	追う	やる	1271	426	手段		
456	覆い隠す	覆う	隠す	1608	174	手段		意味拡張
457	覆い被せる	覆う	被せる	693	9	手段		
458	覆い込む	覆う	込む	195	0	手段	V2bf	
459	覆い包む	覆う	包む	285	6	手段		
460	置き換える	置く	換える	3738	819	手段		
461	送り返す	送る	返す	1566	208	手段		
462	送り込む	送る	込む	2438	737	手段	V2bf	
463	送り出す	送る	出す	1849	861	手段		
464	送り届ける	送る	届ける	1370	194	手段		
465	送り戻す	送る	戻す	195	3	手段		
466	押さえつける	押さえる	つける	3045	427	手段		
467	押し開ける	押す	開ける	837	89	手段		
468	押し上げる	押す	上げる	1756	389	手段		
469	押し当てる	押す	当てる	1757	288	手段		
470	押し入れる	押す	入れる	1137	23	手段		
471	教え込む	教える	込む	1458	210	手段	V2bf	
472	教え授ける	教える	授ける	122	0	手段		
473	教え諭す	教える	諭す	982	14	手段		
474	教え示す	教える	示す	139	5	手段		
475	教え育てる	教える	育てる	380	7	手段		
476	教え伝える	教える	伝える	339	2	手段		
477	教え育む	教える	育む	163	2	手段		
478	教え導く	教える	導く	1173	26	手段		
479	押し返す	押す	返す	1584	117	手段		
480	押し固める	押す	固める	804	13	手段		
481	押し勝つ	押す	勝つ	253	0	手段		
482	押し込む	押す	込む	2296	963	手段	V2bf	
483	押し込める	押す	込める	1550	2	手段		意味拡張
484	押し下げる	押す	下げる	1987	66	手段		
485	押し沈める	押す	沈める	144	2	手段		
486	押し進める	押す	進める	3024	452	手段	NC sm	

487	押し倒す	押す	倒す	1575	155	手段		意味拡張
488	押し出す	押す	出す	2087	621	手段		
489	押し立てる	押す	立てる	388	65	手段		
490	押し縮める	押す	縮める	299	2	手段		
491	押し付ける	押す	付ける	2865	1870	手段		意味拡張
492	押し潰す	押す	潰す	1424	370	手段		
493	押し通す	押す	通す	1528	150	手段	NC sm	
494	押しとどめる	押す	とどめる	1365	127	手段		
495	押し飛ばす	押す	飛ばす	146	1	手段		
496	押しとめる	押す	止める	152	38	手段		
497	押し流す	押す	流す	1369	132	手段		
498	押しのける	押す	のける	1562	292	手段		
499	推し量る	推す	量る	1563	126	手段	V1bm NC V1	
500	押し開く	押す	開く	1349	57	手段		
501	押し広げる	押す	広げる	1462	80	手段		
502	押し曲げる	押す	曲げる	759	3	手段		
503	押し回す	押す	回す	460	8	手段		
504	押し戻す	押す	戻す	1572	123	手段		
505	押し破る	押す	破る	162	6	手段		
506	押しやる	押す	やる	1545	217	手段		
507	押し分ける	押す	分ける	352	48	手段		
508	落とし入れる	落とす	入れる	1333	10	手段		意味拡張
509	落とし込む	落とす	込む	2130	104	手段	V2bf	
510	落とし込める	落とす	込める	1377	0	手段	NC sm	
511	脅し取る	脅す	取る	1641	26	手段		
512	おびき出す	おびく	出す	1488	54	手段	V1bf	
513	おびき寄せる	おびく	寄せる	1441	62	手段	V1bf	
514	覚え込む	覚える	込む	698	54	手段	V2bf	
515	思い浮かべる	思う	浮かべる	1941	1037	手段	V2bm	
516	思い描く	思う	描く	1803	411	手段	V2bm	
517	思い起こす	思う	起こす	1424	582	手段	V2bm	
518	思い定める	思う	定める	879	54	手段		
519	思い出す	思う	出す	3655	9199	手段	V2bm	
520	思いとどめる	思う	とどめる	275	8	手段	V2bm	
521	思い量る	思う	量る	88	1	手段	V2bm	
522	織り上げる	織る	上げる	1630	44	手段	V2bm	
523	折り上げる	折る	上げる	668	16	手段		
524	織り合わせる	織る	合わせる	95	2			
525	折り重ねる	折る	重ねる	625	4	手段		
526	折り込む	折る	込む	2095	82	手段	V2bf	
527	織り込む	織る	込む	1837	335	手段	V2bf	意味拡張
528	折り下げる	折る	下げる	109	0	手段		
529	織り出す	織る	出す	1370	24	手段		

530	折り畳む	折る	畳む	2210	386	手段		
531	折り取る	折る	取る	797	23	手段		
532	織り成す	織る	成す	1516	163	手段	NC sm	
533	折り曲げる	折る	曲げる	1963	235	手段		
534	織り交ぜる	織る	交ぜる	1492	85	手段		意味拡張
535	買い与える	買う	与える	2060	67	手段		
536	買い集める	買う	集める	1584	84	手段		
537	買い入れる	買う	入れる	1669	141	手段	NC fs	
538	買い受ける	買う	受ける	1741	70	手段		
539	買い換える	買う	換える	6758	565	手段		
540	買い込む	買う	込む	1742	239	手段	V2bf	NC V2
541	飼い殺す	飼う	殺す	509	0	手段		
542	買い支える	買う	支える	1823	9	手段		
543	買い揃える	買う	揃える	1538	49	手段		
544	掻い出す	掻く	出す	186	12	手段	V1sf	
545	買い建てる	買う	建てる	181	1	手段		
546	買い溜める	買う	溜める	307	6	手段		
547	買い整える	買う	整える	143	13	手段		
548	買い取る	買う	取る	3635	665	手段	NC fs	
549	飼い馴らす	飼う	馴らす	463	75	手段		意味拡張
550	買い戻す	買う	戻す	1819	194	手段		
551	買い求める	買う	求める	1666	247	手段		
552	抱え上げる	抱える	上げる	1976	35	手段		
553	抱え出す	抱える	出す	176	0	手段		
554	書き上げる	書く	上げる	3355	341	手段	V2bm	
555	かき集める	掻く	集める	1514	214	手段		
556	嗅ぎ当てる	嗅ぐ	当てる	180	12	手段		意味拡張
557	書き表す	書く	表す	1934	91	手段		
558	掻き合わせる	掻く	合わせる	203	22	手段		
559	掻き抱く	掻く	抱く	477	11	手段		
560	書き入れる	書く	入れる	2313	161	手段		
561	書き写す	書く	写す	2443	160	手段		
562	書き置く	書く	置く	432	5	手段	V2bm	
563	書き送る	書く	送る	788	141	手段		
564	書き起こす	書く	起こす	2102	32	手段	V2bm	
565	掻き起こす	掻く	起こす	101	4	手段		
566	掻き落とす	掻く	落とす	903	13	手段		
567	書き換える	書く	換える	7641	432	手段		
568	掻き切る	掻く	切る	475	50	手段		
569	掻き崩す	掻く	崩す	102	0	手段		
570	書き加える	書く	加える	2274	104	手段		
571	掻き消す	掻く	消す	1410	194	手段		意味拡張
572	書き込む	書く	込む	7555	1659	手段	V2bf	

573	掻き込む	掻く	込む	1174	24	手段	V2bf	
574	書き記す	書く	記す	1370	183	手段		
575	書き進む	書く	進む	383	7	手段	V2bm	
576	書き添える	書く	添える	1330	119	手段		
577	書き出す	書く	出す	3395	406	手段		
578	掻き出す	掻く	出す	1629	90	手段		
579	嗅ぎ出す	嗅ぐ	出す	143	6	手段	V2bm	
580	書き溜める	書く	溜める	1000	44	手段		
581	書き継ぐ	書く	継ぐ	322	26	手段		
582	書き連ねる	書く	連ねる	1174	74	手段		
583	書きとどめる	書く	とどめる	364	65	手段		
584	書き留める	書く	留める	1606	259	手段	V2bm	
585	書き取る	書く	取る	1685	65	手段	V2bm	
586	掻き取る	掻く	取る	1469	39	手段		
587	嗅ぎ取る	嗅ぐ	取る	1164	80	手段	V2bm	
588	掻き鳴らす	掻く	鳴らす	1066	44	手段		
589	書き並べる	書く	並べる	1043	16	手段		
590	書き残す	書く	残す	1547	236	手段		
591	かき混ぜる	掻く	混ぜる	1980	437	手段		
592	かき回す	掻く	回す	1275	320	手段		意味拡張
593	掻き乱す	掻く	乱す	1308	89	手段		意味拡張
594	掻きむしる	掻く	むしる	1448	174	手段		
595	書き戻す	書く	戻す	2328	0	手段		
596	掻き寄せる	掻く	寄せる	299	14	手段		
597	掻き分ける	掻く	分ける	1568	347	手段		
598	嗅ぎ分ける	嗅ぐ	分ける	1412	76	手段		
599	掛け合わす	掛ける	合わす	331	3	手段		
600	掛け合わせる	掛ける	合わせる	1893	92	手段		
601	掛け流す	掛ける	流す	525	7	手段		
602	掛け渡す	掛ける	渡す	637	16	手段		
603	囲い込む	囲う	込む	1521	70	手段	V1, V2bf	意味拡張
604	囲み込む	囲む	込む	87	0	手段	V2bf	
605	重ね合わす	重ねる	合わす	455	21	手段		
606	重ね合わせる	重ねる	合わせる	1805	282	手段		
607	飾りつける	飾る	つける	1319	85	手段		
608	貸し与える	貸す	与える	655	27	手段		
609	貸し出す	貸す	出す	2114	361	手段		
610	かじり取る	かじる	取る	148	11	手段		
611	貸し渡す	貸す	渡す	419	9	手段		
612	かすめ取る	かすめる	取る	1069	38	手段		
613	稼ぎ出す	稼ぐ	出す	1611	17	手段	V2bm	
614	数え入れる	数える	入れる	89	4	手段		

615	語り継ぐ	語る	継ぐ	1875	181	手段		
616	語り伝える	語る	伝える	1192	62	手段		
617	勝ち得る	勝つ	得る	1513	77	手段		
618	勝ち進む	勝つ	進む	1619	60	手段		
619	勝ち取る	勝つ	取る	2200	347	手段		
620	担ぎ上げる	担ぐ	上げる	1710	60	手段		意味拡張
621	担ぎ下ろす	担ぐ	下ろす	193	1	手段		
622	担ぎ込む	担ぐ	込む	286	76	手段	V2bf	
623	担ぎ出す	担ぐ	出す	1172	38	手段		意味拡張
624	兼ね合わせる	兼ねる	合わせる	189	10	手段		
625	噛み切る	噛む	切る	1758	71	手段		
626	噛み砕く	噛む	砕く	1431	113	手段		意味拡張
627	噛み殺す	噛む	殺す	1431	133	手段		
628	噛みちぎる	噛む	ちぎる	883	31	手段		
629	噛み潰す	噛む	潰す	896	56	手段		
630	噛み破る	噛む	破る	103	8	手段		
631	噛み分ける	噛む	分ける	126	9	手段		
632	醸し出す	醸す	出す	1637	418	手段		
633	通い合わせる	通う	合わせる	797	5	手段		
634	絡め合わせる	絡める	合わせる	325	3	手段		
635	絡め取る	絡める	取る	1617	85	手段		
636	駆り集める	駆る	集める	135	28	手段	V1bm	
637	借り入れる	借りる	入れる	1969	155	手段		
638	刈り入れる	刈る	入れる	315	15	手段		
639	借り受ける	借りる	受ける	1649	147	手段		
640	刈り落とす	刈る	落とす	91	0	手段		
641	借り換える	借りる	換える	3281	47	手段		
642	狩り殺す	狩る	殺す	145	0	手段		
643	刈り揃える	刈る	揃える	125	2	手段		
644	刈り倒す	刈る	倒す	173	7	手段		
645	借り出す	借りる	出す	1043	85	手段		
646	駆り出す	駆る	出す	793	94	手段		
647	狩り出す	狩る	出す	441	27	手段		
648	刈り取る	刈る	取る	2368	160	手段		意味拡張
649	狩り取る	狩る	取る	156	0	手段		
650	刈り払う	刈る	払う	390	11	手段		
651	考え出す	考える	出す	1406	394	手段	V2bm	
652	感じ取る	感じる	取る	2358	984	手段	V2bm	
653	着替える	着る	替える	2839	1145	手段		
654	着飾る	着る	飾る	1373	172	手段		
655	聞き合わせる	聞く	合わせる	116	12	手段		
656	聞き入れる	聞く	入れる	1542	277	手段	NC sm	
657	聞き置く	聞く	置く	655	3	手段	V2bm	

658	聞き比べる	聞く	比べる	3276	33	手段		
659	聞き従う	聞く	従う	1351	8	手段		
660	聴き進む	聴く	進む	322	0	手段	V2bm	
661	聞き出す	聞く	出す	2010	450	手段	V2bm	
662	聞きただす	聞く	質す	680	30	手段		
663	聞き取る	聞く	取る	4648	1029	手段	V2bm	
664	聞きなす	聞く	做す	169	4	手段		
665	聞き分ける	聞く	分ける	3415	111	手段		
666	着比べる	着る	比べる	79	0	手段		
667	刻み入れる	刻む	入れる	189	3	手段		
668	刻みつける	刻む	つける	1364	105	手段		
669	築き上げる	築く	上げる	1551	361	手段	V2bm	
670	着せ替える	着せる	替える	1536	13	手段		
671	着せかける	着せる	かける	333	5	手段		
672	着せ付ける	着せる	付ける	197	0	手段		
673	鍛え上げる	鍛える	上げる	1406	86	手段	V2bm	
674	切り落とす	切る	落とす	3132	426	手段		意味拡張
675	切り刻む	切る	刻む	1824	161	手段		
676	切り崩す	切る	崩す	1517	85	手段		意味拡張
677	切り込む	切る	込む	3119	235	手段	V2bf	NC sm
678	切り殺す	切る	殺す	2178	64	手段		
679	切り裂く	切る	裂く	4067	395	手段		
680	切り下げる	切る	下げる	1634	98	手段		
681	切り去る	切る	去る	110	0	手段	V2bm	
682	切り進む	切る	進む	465	7	手段		
683	切り捨てる	切る	捨てる	3887	424	手段		意味拡張
684	切り揃える	切る	揃える	1620	81	手段		
685	切り倒す	切る	倒す	2533	117	手段		
686	切り出す	切る	出す	2596	831	手段		
687	切り縮める	切る	縮める	159	0	手段		
688	切り継ぐ	切る	継ぐ	241	0	手段		
689	切り詰める	切る	詰める	1972	150	手段		意味拡張
690	切り整える	切る	整える	107	5	手段		
691	切り飛ばす	切る	飛ばす	1006	11	手段		
692	切り取る	切る	取る	3056	817	手段		
693	切り抜く	切る	抜く	2378	177	手段		
694	切り抜ける	切る	抜ける	1862	258	手段	NC sm	
695	切り離す	切る	離す	1955	1019	手段		意味拡張
696	切り払う	切る	払う	1520	33	手段		
697	切り開く	切る	開く	2092	572	手段		
698	切り伏せる	切る	伏せる	1242	25	手段	V2bm	
699	切り戻す	切る	戻す	3138	60	手段	NC fs	
700	切り分ける	切る	分ける	1881	322	手段		

701	悔い改める	悔いる	改める	2057	59	手段		
702	食い殺す	食う	殺す	1514	34	手段		
703	食いちぎる	食う	ちぎる	1364	61	手段	V1bm	
704	食いつく	食う	つく	1861	221	手段	V1bm	
705	食いつなぐ	食う	繋ぐ	1221	59	手段		NC sm
706	食い潰す	食う	潰す	1418	72	手段	V2bf	NC sm
707	食い破る	食う	破る	1307	15	手段		
708	くぐり入る	くぐる	入る	106	0	手段	V2bf	
709	くくり出す	括る	出す	140	0	手段		
710	くくりつける	括る	つける	1730	165	手段		
711	くぐり抜ける	くぐる	抜ける	1574	266	手段		
712	砕き割る	砕く	割る	75	1	手段		
713	口説き落とす	口説く	落とす	1759	36	手段		
714	汲み上げる	汲む	上げる	2010	160	手段		
715	組み上げる	組む	上げる	610	72	手段	V2bm	
716	組み合わす	組む	合わす	1056	165	手段		
717	組み合わせる	組む	合わせる	3080	1958	手段		意味拡張
718	組み入れる	組む	入れる	1763	329	手段		
719	汲み入れる	汲む	入れる	168	9	手段		意味拡張
720	組み替える	組む	替える	3585	371	手段	V1bm	NC V1
721	組み込む	組む	込む	2560	1200	手段	V2bf	NC sm
722	汲み込む	汲む	込む	137	4	手段	V2bf	
723	組み敷く	組む	敷く	934	38	手段		
724	汲み出す	汲む	出す	1447	54	手段		
725	組み立てる	組む	立てる	1774	818	手段		
726	組み付ける	組む	付ける	2596	0	手段		
727	汲み取る	汲む	取る	1904	272	手段		意味拡張
728	組み伏せる	組む	伏せる	631	25	手段		
729	汲み干す	汲む	干す	67	0	手段	V2bm	
730	組み戻す	組む	戻す	145	6	手段		
731	繰り上げる	繰る	上げる	2051	315	手段	V1bf	
732	繰り合わせる	繰る	合わせる	59	6	手段	V1bf	
733	繰り入れる	繰る	入れる	2084	151	手段	V1bf	NC sm
734	繰り替える	繰る	替える	144	20	手段	V1bf	
735	繰り越す	繰る	越す	1808	191	手段	V1bf, V2bm	
736	繰り下げる	繰る	下げる	1729	124	手段	V1bf	
737	繰り出す	繰る	出す	2584	465	手段	V1bf	
738	くり抜く	くる	抜く	2140	205	手段	V1bf	
739	繰り広げる	繰る	広げる	1729	959	手段	V1bf	NC sm
740	繰り回す	繰る	回す	920	8	手段	V1bf	
741	繰り戻す	繰る	戻す	151	8	手段	V1bf	
742	くるみ込む	くるむ	込む	210	0	手段	V2bf	

743	加え合わせる	加える	合わせる	371	5	手段		
744	加え入れる	加える	入れる	160	3	手段		
745	くわえ込む	くわえる	込む	1093	38	手段	V2bf	
746	蹴落とす	蹴る	落とす	2049	61	手段	V1bf	意味拡張
747	消し去る	消す	去る	1823	138	手段	V2bm	
748	消し飛ばす	消す	飛ばす	0	4	手段		
749	消し止める	消す	止める	522	32	手段		
750	削り上げる	削る	上げる	121	0	手段	V2bm	
751	削り落とす	削る	落とす	1718	42	手段		
752	削り切る	削る	切る	595	0	手段		
753	削り殺す	削る	殺す	368	0	手段		
754	削り出す	削る	出す	1845	2	手段		
755	削り飛ばす	削る	飛ばす	94	0	手段		
756	削り取る	削る	取る	1931	149	手段		
757	蹴散らかす	蹴る	散らかす	485	1	手段	V1bf	意味拡張
758	蹴散らす	蹴る	散らす	1615	129	手段	V1bf	意味拡張
759	蹴飛ばす	蹴る	飛ばす	1352	256	手段	V1bf	
760	蹴破る	蹴る	破る	1260	30	手段	V1bf	
761	蹴り開ける	蹴る	開ける	189	7	手段		
762	蹴り上げる	蹴る	上げる	773	92	手段		
763	蹴り入れる	蹴る	入れる	1074	5	手段		
764	蹴り落とす	蹴る	落とす	1017	11	手段		
765	蹴り下ろす	蹴る	下ろす	101	2	手段		
766	蹴り返す	蹴る	返す	846	8	手段	V2bm	
767	蹴り砕く	蹴る	砕く	114	0	手段		
768	蹴り込む	蹴る	込む	1965	26	手段	V2bf	
769	蹴り転がす	蹴る	転がす	200	0	手段		
770	蹴り殺す	蹴る	殺す	744	2	手段		
771	蹴り壊す	蹴る	壊す	168	0	手段		
772	蹴り倒す	蹴る	倒す	1172	11	手段		
773	蹴り出す	蹴る	出す	1588	27	手段		
774	蹴り潰す	蹴る	潰す	113	1	手段		
775	蹴り飛ばす	蹴る	飛ばす	1692	62	手段		
776	蹴り破る	蹴る	破る	204	1	手段		
777	請い願う	請う	願う	583	57	手段		
778	請い求める	請う	求める	139	8	手段		
779	漕ぎ出す	漕ぐ	出す	1657	28	手段		意味拡張
780	こじ開ける	こず（こじる）	開ける	1520	148	手段	V1bf	
781	こし入れる	漉す	入れる	120	1	手段		
782	こし出す	漉す	出す	76	1	手段		
783	こし取る	漉す	取る	560	14	手段		
784	こすり上げる	こする	上げる	530	15	手段	V2bm	

付録　263

785	こすり洗う	こする	洗う	98	0	手段			
786	こすり合わせる	こする	合わせる	1348	83	手段			
787	こすり落とす	こする	落とす	1288	14	手段			
788	こすり付ける	こする	付ける	1400	192	手段			
789	こすり取る	こする	取る	641	14	手段			
790	こね上げる	こねる	上げる	118	10	手段			
791	こね合わせる	こねる	合わせる	130	0	手段			
792	こびへつらう	こびる	へつらう	750	14	手段			
793	探し当てる	探す	当てる	1469	170	手段			
794	探し出す	探す	出す	3246	616	手段	V2bm		
795	探り当てる	探る	当てる	1400	110	手段			
796	探り入れる	探る	入れる	228	2	手段			
797	探り出す	探る	出す	1465	87	手段	V2bm		
798	支え励ます	支える	励ます	115	0	手段			
799	刺し穿つ	刺す	穿つ	242	0	手段			
800	刺し殺す	刺す	殺す	1337	93	手段			
801	指し示す	指す	示す	2008	325	手段			
802	刺し貫く	刺す	貫く	1082	38	手段			
803	刺し通す	刺す	通す	337	7	手段			
804	差し伸ばす	差す	伸ばす	218	18	手段	V1bm	NCV1	
805	差し伸べる	差す	伸べる	1699	463	手段	V2bf		
806	誘い入れる	誘う	入れる	768	5	手段			
807	誘い込む	誘う	込む	1513	87	手段	V2bf		
808	誘い出す	誘う	出す	1545	126	手段			
809	さらけ出す	さらける	出す	1647	291	手段	V1bf		
810	晒し出す	晒す	出す	251	0	手段			
811	敷き並べる	敷く	並べる	613	1	手段			
812	しごき出す	しごく	出す	605	0	手段			
813	沈め込む	沈める	込む	106	0	手段	V2bf		
814	仕立て上げる	仕立てる	上げる	1631	149	手段	V2bm		意味拡張
815	仕遂げる	する	遂げる	77	0	手段			
816	縛り付ける	縛る	付ける	1601	318	手段			
817	絞り入れる	絞る	入れる	410	3	手段			
818	絞り込む	絞る	込む	1759	345	手段	V2bf	NCsm	
819	絞り出す	絞る	出す	1544	265	手段			
820	絞り取る	絞る	取る	2296	63	手段			
821	仕舞い込む	仕舞う	込む	1127	225	手段	V2bf		
822	絞め落とす	絞める	落とす	583	3	手段			
823	締め固める	締める	固める	1431	3	手段			
824	締めくくる	締める	括る	1717	358	手段		NCsm	
825	絞め殺す	絞める	殺す	1310	84	手段			
826	締め出す	締める	出す	1540	195	手段			意味拡張
827	調べ出す	調べる	出す	436	0	手段	V2bm		

828	吸い上げる	吸う	上げる	2011	171	手段		
829	吸い込む	吸う	込む	2758	1147	手段	V2bf	
830	吸い殺す	吸う	殺す	98	2	手段		
831	吸い出す	吸う	出す	2070	50	手段		
832	吸い付く	吸う	付く	1481	185	手段		
833	吸い付ける	吸う	付ける	1261	1	手段		
834	吸い取る	吸う	取る	2325	285	手段		
835	吸い寄せる	吸う	寄せる	1392	98	手段		意味拡張
836	据え置く	据える	置く	2097	134	手段	V2bm	NC sm
837	据え付ける	据える	付ける	1944	107	手段		
838	すくい上げる	すくう	上げる	1468	148	手段		
839	救い上げる	救う	上げる	916	17	手段		
840	すくい入れる	掬う	入れる	92	1	手段		
841	救い出す	救う	出す	1650	193	手段		
842	すくい出す	すくう	出す	259	11	手段		
843	すくい取る	掬う	取る	1401	83	手段		
844	すげ替える	すげる	替える	1114	22	手段	V1bf	
845	すすり上げる	すする	上げる	392	37	手段		
846	すすり込む	すする	込む	248	10	手段	V2bf	
847	捨て置く	捨てる	置く	1282	65	手段	V2bm	
848	捨て去る	捨てる	去る	1675	171	手段	V2bm	
849	住み継ぐ	住む	継ぐ	916	1	手段		
850	擦り上げる	擦る	上げる	1163	15	手段	V2bm	
851	刷り上げる	刷る	上げる	284	6	手段		
852	ずり上げる	ずる	上げる	535	14	手段	V1bf	
853	擦り合わせる	擦る	合わせる	1368	83	手段		意味拡張
854	すり入れる	する	入れる	116	1	手段		
855	擦り落とす	擦る	落とす	568	14	手段		
856	擦り下ろす	擦る	下ろす	87	233	手段		
857	すり替える	する	替える	1836	179	手段		意味拡張
858	刷り重ねる	刷る	重ねる	155	1	手段		
859	刷り込む	刷る	込む	1697	192	手段	V2bf	意味拡張
860	擦り込む	擦る	込む	1495	22	手段	V2bf	
861	刷り出す	刷る	出す	279	0	手段		
862	擦り立てる	擦る	立てる	110	11	手段		
863	擦り付ける	擦る	付ける	1403	192	手段		
864	揺り潰す	揺る	潰す	185	0	手段		
865	擦り取る	擦る	取る	700	14	手段		
866	磨り減らす	磨る	減らす	401	74	手段		意味拡張
867	すり混ぜる	する	混ぜる	1305	56	手段		
868	座り比べる	座る	比べる	74	0	手段		
869	せき止める	塞く	止める	1615	117	手段	V1bf	
870	せびり取る	せびる	取る	220	2	手段		

871	攻め入る	攻める	入る	1680	69	手段	V2bf	
872	攻め落とす	攻める	落とす	1727	44	手段		
873	責め落とす	責める	落とす	80	0	手段		
874	攻め勝つ	攻める	勝つ	160	0	手段		
875	攻め崩す	攻める	崩す	90	0	手段		
876	攻め殺す	攻める	殺す	111	3	手段		
877	責め殺す	責める	殺す	80	6	手段		
878	攻め倒す	攻める	倒す	142	0	手段		
879	攻め潰す	攻める	潰す	100	2	手段		
880	攻め取る	攻める	取る	781	11	手段		
881	攻め滅ぼす	攻める	滅ぼす	797	20	手段		
882	迫り上げる	迫る	上げる	153	3	手段	V1bf	
883	競り上げる	競る	上げる	87	15	手段		
884	競り落とす	競る	落とす	1593	35	手段		
885	迫り出す	迫る	出す	2953	86	手段	V1bf, V2bm	
886	煎じ出す	煎じる	出す	137	1	手段		
887	煎じ詰める	煎じる	詰める	454	38	手段	V2bm	意味拡張
888	添い遂げる	添う	遂げる	1327	28	手段		
889	そぎ落とす	そぐ	落とす	1477	86	手段		意味拡張
890	そぎ切る	そぐ	切る	116	0	手段		
891	そぎ取る	そぐ	取る	852	26	手段		
892	注ぎ入れる	注ぐ	入れる	1654	50	手段		
893	注ぎかける	注ぐ	かける	839	1	手段	V2bm	
894	注ぎ込む	注ぐ	込む	1696	308	手段	V2bf	意味拡張
895	注ぎ出す	注ぐ	出す	525	0	手段		
896	注ぎ分ける	注ぐ	分ける	475	10	手段		
897	備え置く	備える	置く	1596	31	手段	V2bm	
898	備え付ける	備える	付ける	2660	230	手段		
899	染め上げる	染める	上げる	1637	68	手段	V2bm	
900	染め出す	染める	出す	596	13	手段		
901	染め付ける	染める	付ける	452	3	手段		
902	染め分ける	染める	分ける	413	18	手段		
903	反り上げる	反る	上げる	187	0	手段		
904	剃り落とす	剃る	落とす	649	28	手段		
905	反り投げる	反る	投げる	181	0	手段		
906	耐え凌ぐ	耐える	凌ぐ	375	1	手段		
907	炊き上げる	炊く	上げる	2062	49	手段	V2bm	
908	抱き上げる	抱く	上げる	1479	292	手段		
909	炊き合わせる	炊く	合わせる	191	3	手段		
910	抱き起こす	抱く	起こす	1352	77	手段		
911	抱き下ろす	抱く	下ろす	170	4	手段		
912	炊き込む	炊く	込む	2038	146	手段	V2bf	

913	抱き込む	抱く	込む	1329	75	手段	V2bf	意味拡張
914	焚き染める	焚く	染める	267	7	手段	V2bf	
915	抱きしめる	抱く	締める	2971	1181	手段		
916	抱きすくめる	抱く	すくめる	824	56	手段		
917	炊き出す	炊く	出す	257	15	手段		
918	焚きつける	焚く	つける	1193	58	手段		
919	抱き包む	抱く	包む	187	2	手段		
920	抱きとめる	抱く	止める	1423	79	手段		
921	抱き取る	抱く	取る	353	31	手段		
922	抱き寄せる	抱く	寄せる	1732	214	手段		
923	たくし上げる	たくる	上げる	1564	57	手段	V1bf	
924	たぐり寄せる	たぐる	寄せる	1022	95	手段	V1bf	
925	足し上げる	足す	上げる	134	0	手段		
926	足し合わせる	足す	合わせる	1698	26	手段		
927	助け上げる	助ける	上げる	138	9	手段		
928	助け起こす	助ける	起こす	805	43	手段		
929	助け出す	助ける	出す	1655	89	手段		
930	尋ね出す	尋ねる	出す	93	9	手段	V2bm	
931	戦い取る	戦う	取る	105	13	手段		
932	叩き上げる	叩く	上げる	431	29	手段	V2bm	NC sm
933	叩き入れる	叩く	入れる	233	0	手段		
934	叩き起こす	叩く	起こす	1181	92	手段		
935	叩き落とす	叩く	落とす	1780	19	手段		
936	叩き折る	叩く	折る	965	16	手段		
937	叩き下ろす	叩く	下ろす	118	4	手段		
938	叩き切る	叩く	切る	2562	55	手段		
939	叩き込む	叩く	込む	2170	205	手段	V2bf	意味拡張
940	叩き殺す	叩く	殺す	777	14	手段		
941	叩き壊す	叩く	壊す	1350	39	手段		
942	叩き出す	叩く	出す	1684	137	手段		意味拡張
943	叩き潰す	叩く	潰す	1735	131	手段		意味拡張
944	叩き飛ばす	叩く	飛ばす	90	2	手段		
945	叩き直す	叩く	直す	1245	11	手段		NC sm
946	叩き抜く	叩く	抜く	107	0	手段		
947	叩き伸ばす	叩く	伸ばす	91	4	手段		
948	叩きのめす	叩く	のめす	1427	96	手段	V2bf	
949	叩き伏せる	叩く	伏せる	756	13	手段	V2bm	NC rel
950	叩き割る	叩く	割る	1557	57	手段		
951	裁ち落とす	裁つ	落とす	131	10	手段		
952	断ち切る	断つ	切る	2701	424	手段		
953	建て上げる	建てる	上げる	595	0	手段	V2bm	
954	建て替える	建てる	替える	1953	170	手段		
955	立て直す	立てる	直す	1633	441	手段		NC sm

956	建て直す	建てる	直す	1534	0	手段		
957	辿り着く	辿る	着く	1834	1772	手段		
958	食べ比べる	食べる	比べる	1530	35	手段		
959	食べ進む	食べる	進む	1295	5	手段	V2bm	
960	騙し取る	騙す	取る	3470	132	手段		
961	溜め込む	溜める	込む	3593	259	手段	V2bf	
962	たらし込む	たらす	込む	401	21	手段	V2bf	
963	ちぎり入れる	ちぎる	入れる	87	2	手段		
964	ちぎり取る	ちぎる	取る	207	8	手段		
965	使い比べる	使う	比べる	684	1	手段		
966	使いこなす	使う	こなす	1936	0	手段		
967	使い慣らす	使う	慣らす	140	1	手段		
968	使い古す	使う	古す	143	85	手段	V2bf	
969	掴み上げる	掴む	上げる	1075	31	手段		
970	掴み出す	掴む	出す	293	44	手段		
971	掴み取る	掴む	取る	1390	127	手段		
972	突き上げる	突く	上げる	1663	321	手段		意味拡張
973	突き当てる	突く	当てる	608	2	手段		
974	継ぎ合わせる	継ぐ	合わせる	620	17	手段		
975	接ぎ合わせる	接ぐ	合わせる	242	13	手段		
976	突き入る	突く	入る	83	7	手段	V2bf	
977	突き入れる	突く	入れる	1754	33	手段		
978	突き穿つ	突く	穿つ	178	0	手段		
979	突き動かす	突く	動かす	1473	117	手段		意味拡張
980	突き落とす	突く	落とす	2069	206	手段		
981	突き下ろす	突く	下ろす	131	7	手段		
982	突き固める	突く	固める	783	34	手段		
983	突き崩す	突く	崩す	1329	62	手段		
984	突き込む	突く	込む	1084	2125	手段	V2bf	
985	つぎ込む	つぐ	込む	1826	242	手段	V2bf	意味拡張
986	突き殺す	突く	殺す	456	5	手段		
987	突き刺す	突く	刺す	1902	321	手段		
988	突き倒す	突く	倒す	508	28	手段		
989	突き出す	突く	出す	2225	1020	手段		
990	突き立てる	突く	立てる	1585	189	手段		
991	突きつける	突く	つける	2064	778	手段	V2bm	意味拡張
992	突き通す	突く	通す	1451	27	手段		
993	突き飛ばす	突く	飛ばす	1539	197	手段		
994	突き抜く	突く	抜く	357	10	手段		
995	突き放す	突く	放す	1622	291	手段		意味拡張
996	突き戻す	突く	戻す	89	3	手段		
997	突き破る	突く	破る	1544	160	手段		
998	作り上げる	作る	上げる	5236	1783	手段	V2bm	

999	作り変える	作る	変える	4600	225	手段		
1000	作り育てる	作る	育てる	371	21	手段		
1001	作り出す	作る	出す	5591	2761	手段	V2bm	
1002	作りつける	作る	つける	294	2	手段		
1003	作りなす	作る	成す	147	6	手段		
1004	付け合わせる	付ける	合わせる	426	20	手段	NCfs	
1005	付け入る	付ける	入る	1506	56	手段	V2bf	NC V1
1006	付け替える	付ける	替える	2310	110	手段		
1007	付け加える	付ける	加える	1684	1614	手段		
1008	着けこなす	着ける	こなす	160	0	手段		
1009	告げ知らせる	告げる	知らせる	1629	19	手段		
1010	付け狙う	付ける	狙う	1273	34	手段		
1011	伝え継ぐ	伝える	継ぐ	114	3	手段		
1012	伝え残す	伝える	残す	636	8	手段		
1013	伝え広める	伝える	広める	329	3	手段		
1014	つつき出す	つつく	出す	257	3	手段		意味拡張
1015	突っ撥ねる	突く	撥ねる	129	77	手段	V1V2sf	NC sm
1016	包み隠す	包む	隠す	1098	79	手段		
1017	包み込む	包む	込む	2268	568	手段	V2bf	
1018	綴り合わせる	綴る	合わせる	118	10	手段		
1019	勤め上げる	勤める	上げる	1388	41	手段	V2bm	
1020	つなぎ合わす	繋ぐ	合わす	218	0	手段		
1021	つなぎ合わせる	繋ぐ	合わせる	1642	132	手段		
1022	つなぎ替える	繋ぐ	替える	1362	9	手段		
1023	つなぎ込む	繋ぐ	込む	227	0	手段	V2bf	
1024	つなぎ止める	繋ぐ	止める	1380	132	手段		意味拡張
1025	つまみ上げる	つまむ	上げる	1256	83	手段		
1026	つまみ入れる	つまむ	入れる	125	9	手段		
1027	摘み出す	つまむ	出す	203	62	手段		意味拡張
1028	積み上げる	積む	上げる	2152	777	手段		
1029	積み重ねる	積む	重ねる	1865	615	手段		意味拡張
1030	積み立てる	積む	立てる	2225	349	手段	NC sm	
1031	積み付ける	積む	付ける	554	0	手段		
1032	摘み取る	摘む	取る	2082	163	手段		
1033	紡ぎ上げる	紡ぐ	上げる	219	0	手段	V2bm	
1034	紡ぎ出す	紡ぐ	出す	1505	50	手段		
1035	詰め合わせる	詰める	合わせる	852	15	手段		
1036	詰め込む	詰める	込む	2358	643	手段	V2bf	
1037	貫き通す	貫く	通す	1541	77	手段	NC sm	
1038	釣り上げる	釣る	上げる	3017	0	手段		
1039	吊り上げる	吊る	上げる	2111	523	手段		
1040	吊り下ろす	吊る	下ろす	689	4	手段		
1041	吊り込む	吊る	込む	650	0	手段	V2bf	

1042	釣り込む	釣る	込む	294	26	手段	V2bf	
1043	吊り下げる	吊る	下げる	1837	156	手段		
1044	釣り出す	釣る	出す	396	5	手段		
1045	吊り出す	吊る	出す	224	5	手段		
1046	吊るし上げる	吊るす	上げる	1217	34	手段		
1047	連れ込む	連れる	込む	2044	217	手段	V2bf	NC fs
1048	連れ出す	連れる	出す	1808	465	手段		
1049	照らし合わす	照らす	合わす	223	5	手段	V2bm	NC sm
1050	照らし合わせる	照らす	合わせる	1528	182	手段	V2bm	NC sm
1051	照らし出す	照らす	出す	1535	309	手段	V2bm	
1052	問い質す	問う	質す	1230	269	手段		
1053	問い求める	問う	求める	78	0	手段		
1054	溶かし入れる	溶かす	入れる	349	3	手段		
1055	溶かし込む	溶かす	込む	1509	39	手段	V2bf	
1056	溶かし出す	溶かす	出す	1204	4	手段		
1057	解き明かす	解く	明かす	1646	141	手段		
1058	説き明かす	説く	明かす	1239	18	手段		
1059	研ぎ上げる	研ぐ	上げる	317	8	手段	V2bm	
1060	溶き入れる	溶く	入れる	951	29	手段		
1061	説き起こす	説く	起こす	445	27	手段		
1062	説き示す	説く	示す	152	3	手段		
1063	解き進む	解く	進む	128	2	手段		
1064	研ぎ澄ます	研ぐ	澄ます	1542	145	手段		意味拡張
1065	解き放す	解く	放す	425	13	手段		
1066	解き放つ	解く	放つ	1540	282	手段		意味拡張
1067	説き伏せる	説く	伏せる	1296	66	手段	V2bm	
1068	解きほぐす	解く	ほぐす	1422	174	手段		
1069	溶きほぐす	溶く	ほぐす	462	174	手段		
1070	解きほどく	解く	ほどく	252	3	手段		
1071	溶き混ぜる	溶く	混ぜる	186	3	手段		
1072	閉じ合わせる	閉じる	合わせる	381	7	手段		
1073	綴じ合わせる	綴じる	合わせる	163	0	手段		
1074	綴じ込む	綴じる	込む	586	24	手段	V2bf	
1075	閉じ込める	閉じる	込める	1758	919	手段		
1076	綴じつける	綴じる	つける	87	0	手段		
1077	とどめ置く	とどめる	置く	441	7	手段	V2bm	
1078	留め置く	留める	置く	1142	66	手段	V2bm	
1079	止めつける	とめる	つける	1991	1	手段		
1080	取り上げる	取る	上げる	6385	4822	手段		
1081	取り集める	取る	集める	126	15	手段		
1082	取り合わす	取る	合わす	135	1	手段		
1083	取り合わせる	取る	合わせる	748	39	手段		
1084	取り入れる	取る	入れる	6181	2790	手段		意味拡張

1085	取り返す	取る	返す	1945	342	手段	V2bm	
1086	撮り比べる	撮る	比べる	724	2	手段		
1087	取り込む	取る	込む	4133	1675	手段	V2bf	意味拡張
1088	取り去る	取る	去る	1857	252	手段	V2bm	
1089	取り出す	取る	出す	4134	4335	手段		意味拡張
1090	撮り溜める	撮る	溜める	292	19	手段		
1091	取りのける	取る	のける	188	0	手段		
1092	取り除く	取る	除く	2594	1557	手段		
1093	取り外す	取る	外す	3461	438	手段		
1094	流し入れる	流す	入れる	2199	152	手段		
1095	流し落とす	流す	落とす	520	4	手段		
1096	流し込む	流す	込む	2452	344	手段	V2bf	
1097	流し去る	流す	去る	662	13	手段	V2bm	
1098	流し捨てる	流す	捨てる	112	3	手段		
1099	流し出す	流す	出す	1369	14	手段		
1100	眺め楽しむ	眺める	楽しむ	103	1	手段		
1101	泣き落とす	泣く	落とす	161	5	手段		
1102	なぎ倒す	薙ぐ	倒す	1567	109	手段	V1bf	
1103	なぎ払う	薙ぐ	払う	1702	38	手段	V1bf	
1104	慰め励ます	慰める	励ます	156	4	手段		
1105	殴り勝つ	殴る	勝つ	685	0	手段		
1106	殴り殺す	殴る	殺す	1365	55	手段		
1107	殴り壊す	殴る	壊す	134	0	手段		
1108	殴り倒す	殴る	倒す	1291	59	手段		
1109	殴り飛ばす	殴る	飛ばす	1634	16	手段		
1110	投げ上げる	投げる	上げる	1691	40	手段		
1111	投げ与える	投げる	与える	407	21	手段		
1112	投げ当てる	投げる	当てる	220	0	手段		
1113	投げ入れる	投げる	入れる	1911	188	手段		
1114	投げ置く	投げる	置く	127	0	手段	V2bm	
1115	投げ落とす	投げる	落とす	1557	31	手段		
1116	投げ下ろす	投げる	下ろす	1283	6	手段		
1117	投げ返す	投げる	返す	1445	50	手段	V2bm	意味拡張
1118	投げ勝つ	投げる	勝つ	545	4	手段	NC fs	
1119	投げ込む	投げる	込む	2080	434	手段	V2bf	複数意味
1120	投げ殺す	投げる	殺す	142	0	手段		
1121	投げ捨てる	投げる	捨てる	1748	315	手段		
1122	投げ倒す	投げる	倒す	803	5	手段		
1123	投げ出す	投げる	出す	1746	737	手段		
1124	投げ飛ばす	投げる	飛ばす	1573	63	手段		
1125	投げ放つ	投げる	放つ	235	0	手段		
1126	投げ渡す	投げる	渡す	1103	6	手段		
1127	成し遂げる	成す	遂げる	1921	659	手段		

1128	なすりつける	なする	つける	1518	76	手段			意味拡張
1129	なだめすかす	なだめる	すかす	449	44	手段	V2bf		
1130	撫でさする	撫でる	さする	753	33	手段			
1131	撫で擦る	撫でる	擦る	294	0	手段			
1132	なぶり殺す	なぶる	殺す	437	7	手段			
1133	なめ取る	なめる	取る	93	36	手段			
1134	並べ上げる	並べる	上げる	143	3	手段			
1135	並べ入れる	並べる	入れる	524	24	手段			
1136	並べ立てる	並べる	立てる	1414	117	手段	V2bm	NC sm	
1137	煮上げる	煮る	上げる	564	0	手段	V2bm		
1138	煮絡める	煮る	絡める	283	9	手段			
1139	握りしめる	握る	締める	2880	909	手段			
1140	握り潰す	握る	潰す	1196	83	手段			
1141	煮殺す	煮る	殺す	98	3	手段			
1142	煮しめる	煮る	しめる	95	20	手段	V2bf	NC V2	
1143	煮出す	煮る	出す	2506	102	手段			
1144	煮つける	煮る	つける	397	56	手段			
1145	煮詰める	煮る	詰める	2035	332	手段	V2bm		意味拡張
1146	煮溶かす	煮る	溶かす	1422	39	手段			
1147	煮含める	煮る	含める	1128	29	手段			
1148	縫い上げる	縫う	上げる	1256	14	手段	V2bm		
1149	縫い合わす	縫う	合わす	427	12	手段			
1150	縫い合わせる	縫う	合わせる	2218	154	手段			
1151	縫い進む	縫う	進む	129	4	手段			
1152	縫い縮める	縫う	縮める	776	4	手段			
1153	縫い付ける	縫う	付ける	2660	153	手段			
1154	縫い閉じる	縫う	閉じる	164	0	手段			
1155	縫い止める	縫う	止める	625	30	手段			
1156	縫い留める	縫う	留める	189	0	手段			
1157	縫い取る	縫う	取る	121	15	手段	V2bm		
1158	抜き上げる	抜く	上げる	1697	0	手段			
1159	抜き合わせる	抜く	合わせる	105	7	手段			
1160	抜き去る	抜く	去る	1633	40	手段	V2bm		
1161	脱ぎ去る	脱ぐ	去る	739	3	手段	V2bm		
1162	脱ぎ捨てる	脱ぐ	捨てる	1783	242	手段			
1163	抜き出す	抜く	出す	2462	249	手段			
1164	抜き付ける	抜く	付ける	174	0	手段			
1165	抜き取る	抜く	取る	1948	358	手段			
1166	抜き放つ	抜く	放つ	1268	54	手段			
1167	拭い去る	拭う	去る	1350	87	手段	V2bm		意味拡張
1168	拭い取る	拭う	取る	870	24	手段			
1169	盗み返す	盗む	返す	148	0	手段	V2bm		
1170	盗み去る	盗む	去る	91	5	手段	V2bm		

1171	盗み出す	盗む	出す	1881	120	手段		
1172	盗み取る	盗む	取る	1333	23	手段		
1173	塗り上げる	塗る	上げる	427	5	手段	V2bm	
1174	塗り隠す	塗る	隠す	396	0	手段		
1175	塗り固める	塗る	固める	1302	37	手段		意味拡張
1176	塗り消す	塗る	消す	159	0	手段		
1177	塗り込む	塗る	込む	1766	45	手段	V2bf	
1178	塗り込める	塗る	込める	1205	53	手段		
1179	塗り付ける	塗る	付ける	1505	90	手段		
1180	塗り潰す	塗る	潰す	1873	230	手段		
1181	塗り伸ばす	塗る	伸ばす	607	1	手段		
1182	塗り広げる	塗る	広げる	1436	8	手段		
1183	ねじ伏せる	ねじる (ねず)	伏せる	1436	79	手段	V1bf, V2bm	意味拡張
1184	ねじ曲げる	ねじる (ねず)	曲げる	1311	105	手段	V1bf	意味拡張
1185	ねじり上げる	ねじる	上げる	839	24	手段		
1186	ねじり合わせる	ねじる	合わせる	108	2	手段		
1187	ねじり切る	ねじる	切る	223	0	手段		
1188	ねじり込む	ねじる	込む	835	0	手段	V2bf	意味拡張
1189	ねじり戻す	ねじる	戻す	142	0	手段		
1190	寝取る	寝る	取る	2128	57	手段	NC fs	
1191	粘り勝つ	粘る	勝つ	95	0	手段		
1192	練り上げる	練る	上げる	1488	125	手段	V2bm	意味拡張
1193	練り合わす	練る	合わす	83	1	手段		
1194	練り合わせる	練る	合わせる	1236	36	手段		
1195	練り固める	練る	固める	153	4	手段		
1196	練り込む	練る	込む	1954	128	手段	V2bf	
1197	練り出す	練る	出す	163	0	手段		
1198	練り混ぜる	練る	混ぜる	1281	33	手段		
1199	乗せ替える	乗せる	替える	3155	10	手段		
1200	除き去る	除く	去る	367	9	手段	V2bm	
1201	述べ伝える	述べる	伝える	427	44	手段		
1202	飲み下す	飲む	下す	1229	59	手段	V2bm	
1203	飲み比べる	飲む	比べる	1672	14	手段		
1204	飲み込む	飲む	込む	2293	1655	手段	V2bf	
1205	飲み干す	飲む	干す	1719	511	手段	V2bm	V2補助型のケースも
1206	乗り比べる	乗る	比べる	1646	1	手段		
1207	乗りこなす	乗る	こなす	1747	0	手段		
1208	乗り継ぐ	乗る	継ぐ	3518	238	手段		
1209	呪い殺す	呪う	殺す	1436	11	手段		
1210	剥がし取る	剥がす	取る	486	3	手段		
1211	量り入れる	量る	入れる	99	0	手段		

1212	計り取る	計る	取る	569	19	手段		
1213	掃き集める	掃く	集める	268	13	手段		
1214	はぎ合わせる	接ぐ	合わせる	377	13	手段		
1215	掃き入れる	掃く	入れる	137	0	手段		
1216	剥ぎ落とす	剥ぐ	落とす	89	0	手段		意味拡張
1217	吐きかける	吐く	かける	1506	10	手段		
1218	掃き清める	掃く	清める	431	20	手段		
1219	履き比べる	履く	比べる	325	2	手段		
1220	履きこなす	履く	こなす	1509	0	手段		
1221	掃き込む	掃く	込む	75	0	手段	V2bf	
1222	吐き捨てる	吐く	捨てる	1744	320	手段		
1223	履き捨てる	履く	捨てる	440	1	手段		
1224	掃き捨てる	掃く	捨てる	208	2	手段		
1225	吐き出す	吐く	出す	2251	1029	手段		意味拡張
1226	掃き出す	掃く	出す	870	26	手段		
1227	掃き取る	掃く	取る	220	2	手段		
1228	剥ぎ取る	剥ぐ	取る	1984	245	手段		
1229	吐き戻す	吐く	戻す	1054	11	手段		
1230	掃き寄せる	掃く	寄せる	85	12	手段		
1231	運び上げる	運ぶ	上げる	1135	37	手段		
1232	運び入れる	運ぶ	入れる	1501	67	手段		
1233	運び下ろす	運ぶ	下ろす	181	4	手段		
1234	運び込む	運ぶ	込む	1649	379	手段	V2bf	
1235	運び出す	運ぶ	出す	1612	223	手段		
1236	挟み上げる	挟む	上げる	115	1	手段		
1237	挟み入れる	挟む	入れる	83	2	手段		
1238	挟み切る	挟む	切る	165	0	手段		
1239	挟み込む	挟む	込む	1927	125	手段	V2bf	
1240	挟み潰す	挟む	潰す	111	0	手段		
1241	弾き落とす	弾く	落とす	128	3	手段		
1242	弾き返す	弾く	返す	1636	57	手段		
1243	弾き出す	弾く	出す	1382	124	手段		意味拡張
1244	弾き飛ばす	弾く	飛ばす	1728	89	手段		
1245	走り勝つ	走る	勝つ	355	0	手段		
1246	はたき落とす	はたく	落とす	376	19	手段		
1247	はたき込む	はたく	込む	107	0	手段	V2bf	
1248	放ち出す	放つ	出す	147	0	手段		
1249	撥ね上げる	撥ねる	上げる	108	96	手段		
1250	跳ね返す	跳ねる	返す	1789	196	手段		
1251	撥ね返す	撥ねる	返す	439	0	手段		意味拡張
1252	跳ね出す	跳ねる	出す	226	0	手段		
1253	跳ね飛ばす	跳ねる	飛ばす	1365	95	手段		
1254	はねのける	撥ねる	のける	1325	115	手段		

1255	はめ込む	はめる	込む	2107	301	手段	V2bf	
1256	はめ殺す	はめる	殺す	73	0	手段		
1257	払い上げる	払う	上げる	206	3	手段		
1258	払い打つ	払う	打つ	351	3	手段		
1259	払い落とす	払う	落とす	1546	75	手段		
1260	祓い清める	祓う	清める	1296	5	手段		
1261	払い込む	払う	込む	2208	113	手段	V2bf	NC sm
1262	払い下げる	払う	下げる	1051	54	手段		
1263	払い出す	払う	出す	2538	30	手段		NC sm
1264	払いのける	払う	のける	1306	179	手段		
1265	払い戻す	払う	戻す	1983	112	手段		
1266	払い渡す	払う	渡す	336	5	手段		
1267	貼り合わす	貼る	合わす	155	0	手段		
1268	貼り合わせる	貼る	合わせる	2276	82	手段		
1269	貼り重ねる	貼る	重ねる	303	6	手段		
1270	貼り込む	貼る	込む	2321	0	手段	V2bf	
1271	張り倒す	張る	倒す	1138	27	手段		
1272	貼りだす	貼る	出す	1493	40	手段	V2bm	NC sm
1273	張り付ける	張る	付ける	1822	1146	手段		
1274	張り飛ばす	張る	飛ばす	327	16	手段		
1275	張り回す	張る	回す	82	4	手段		
1276	張り巡らす（張り巡らせる）	張る	巡らす	2915	347	手段	V2bf	
1277	張り渡す	張る	渡す	348	21	手段		
1278	引き上げる	引く	上げる	3557	2453	手段		意味拡張
1279	引き当てる	引く	当てる	2150	45	手段		
1280	引き入る	引く	入る	207	0	手段	V2bf	
1281	引き入れる	引く	入れる	1589	167	手段		
1282	引き受ける	引く	受ける	2754	1935	手段		NC sm
1283	引き写す	引く	写す	313	11	手段		NC sm
1284	引き起こす	引く	起こす	2860	2243	手段		NC sm
1285	引き落とす	引く	落とす	1811	139	手段		
1286	引き下ろす	引く	下ろす	1924	67	手段		
1287	引き切る	引く	切る	532	10	手段		
1288	弾き比べる	弾く	比べる	889	1	手段		
1289	弾きこなす	弾く	こなす	1512	0	手段	V2bm	
1290	引き込む	引く	込む	2209	579	手段	V2bf	
1291	引き込める	引く	込める	1524	0	手段		
1292	ひき殺す	ひく	殺す	1624	48	手段		
1293	引き裂く	引く	裂く	1649	427	手段		意味拡張
1294	引き下げる	引く	下げる	2404	787	手段		
1295	引き去る	引く	去る	362	10	手段	V2bm	
1296	引きずり上げる	引きずる	上げる	1067	0	手段		

1297	引きずり落とす	引きずる	落とす	912	0	手段		
1298	引きずり降ろす	引きずる	降ろす	1001	0	手段		意味拡張
1299	引きずり込む	引きずる	込む	1573	0	手段	V2bf	意味拡張
1300	引きずり出す	引きずる	出す	1394	0	手段		意味拡張
1301	引きずり戻す	引きずる	戻す	138	0	手段		
1302	引き倒す	引く	倒す	1281	39	手段		
1303	引き出す	引く	出す	2742	2108	手段		NC sm
1304	挽き出す	挽く	出す	126	0	手段		
1305	引きちぎる	引く	ちぎる	1349	142	手段		
1306	引きつける	引く	つける	1905	1045	手段		意味拡張
1307	引き留める	引く	留める	1490	416	手段	V1bm	NC V1
1308	引き取る	引く	取る	3540	1407	手段	V1bm	NC sm 意味拡張
1309	弾き鳴らす	弾く	鳴らす	136	0	手段		
1310	引き抜く	引く	抜く	2358	607	手段		意味拡張
1311	引き延ばす	引く	延ばす	1513	291	手段		意味拡張
1312	引き剥がす	引く	剥がす	1767	127	手段		意味拡張
1313	引き剥ぐ	引く	剥ぐ	93	3	手段		
1314	引き外す	引く	外す	583	2	手段		
1315	引き離す	引く	離す	1782	420	手段		
1316	引き回す	引く	回す	1680	71	手段		
1317	引きむしる	引く	むしる	110	0	手段		
1318	引き戻す	引く	戻す	1582	283	手段		
1319	引き破る	引く	破る	323	6	手段		
1320	引き寄せる	引く	寄せる	1971	912	手段		意味拡張
1321	挽き割る	挽く	割る	200	0	手段		
1322	引っこ抜く	引く	抜く	1699	75	手段	V1sf	
1323	引っ込める	引く	込める	1937	374	手段	V1sf	NC fs
1324	引っ張り上げる	引っ張る	上げる	1291	0	手段		
1325	引っ張り下ろす	引っ張る	下ろす	236	0	手段		
1326	引っ張り込む	引っ張る	込む	1372	0	手段	V2bf	意味拡張
1327	引っ張り出す	引っ張る	出す	1576	0	手段		意味拡張
1328	ひねり入れる	ひねる	入れる	97	0	手段		
1329	ひねり上げる	ひねる	上げる	662	15	手段		
1330	ひねり込む	ひねる	込む	152	0	手段	V2bf	
1331	ひねり殺す	ひねる	殺す	167	3	手段		
1332	ひねり倒す	ひねる	倒す	201	1	手段		
1333	ひねり出す	ひねる	出す	1488	73	手段		意味拡張
1334	ひねり潰す	ひねる	潰す	935	26	手段		
1335	ひねり回す	ひねる	回す	103	10	手段		
1336	ひねり戻す	ひねる	戻す	70	4	手段		
1337	冷やし固める	冷やす	固める	1537	78	手段		
1338	拾い上げる	拾う	上げる	1794	348	手段		
1339	拾い集める	拾う	集める	1515	128	手段		

1340	拾い出す	拾う	出す	1567	45	手段	V2bm	
1341	封じ込む	封じる	込む	924	20	手段	V2bf	NC sm
1342	封じ込める	封じる	込める	403	219	手段		NC sm
1343	吹き上げる	吹く	上げる	2948	194	手段		他動詞の「吹く」
1344	吹き入れる	吹く	入れる	455	2	手段		
1345	吹き起こす	吹く	起こす	104	1	手段		
1346	吹き落とす	吹く	落とす	113	6	手段		
1347	吹き替える	吹く	替える	2340	71	手段		NC sm
1348	吹き重ねる	吹く	重ねる	166	0	手段		
1349	拭き清める	拭く	清める	243	7	手段		
1350	吹き比べる	吹く	比べる	419	2	手段		
1351	吹き消す	吹く	消す	1713	60	手段		
1352	吹き込む	吹く	込む	2018	603	手段	V2bf	
1353	吹き倒す	吹く	倒す	97	6	手段		
1354	吹き出す	吹く	出す	3161	911	手段		
1355	吹き付ける	吹く	付ける	1534	316	手段		
1356	吹き飛ばす	吹く	飛ばす	2353	516	手段		意味拡張
1357	拭き取る	拭く	取る	2479	439	手段		
1358	吹き鳴らす	吹く	鳴らす	1391	36	手段		
1359	吹き払う	吹く	払う	815	29	手段		
1360	防ぎ止める	防ぐ	止める	185	10	手段		
1361	ぶち殺す	打つ	殺す	0	23	手段		
1362	吹っかける	吹く	かける	1541	101	手段	V1sf	NC sm
1363	踏み固める	踏む	固める	1024	46	手段		
1364	踏み砕く	踏む	砕く	373	10	手段		
1365	踏み消す	踏む	消す	135	11	手段		
1366	踏み越える	踏む	越える	1403	70	手段		意味拡張
1367	踏み殺す	踏む	殺す	374	6	手段		
1368	踏み壊す	踏む	壊す	290	0	手段		
1369	踏み倒す	踏む	倒す	1993	52	手段		
1370	踏み出す	踏む	出す	2282	881	手段		意味拡張
1371	踏み潰す	踏む	潰す	1611	119	手段		
1372	踏みとどめる	踏む	とどめる	150	1	手段	V1bm	
1373	踏み鳴らす	踏む	鳴らす	1192	65	手段		
1374	踏みならす	踏む	均す	467	38	手段		
1375	踏み抜く	踏む	抜く	1828	7	手段		
1376	踏み破る	踏む	破る	115	11	手段		
1377	踏み割る	踏む	割る	106	3	手段		
1378	振り上げる	振る	上げる	1125	369	手段		
1379	振り当てる	振る	当てる	1056	18	手段	V1bm	NC V1
1380	振り入れる	振る	入れる	997	53	手段		
1381	振り動かす	振る	動かす	382	10	手段		
1382	振り起こす	振る	起こす	78	2	手段		

1383	振り落とす	振る	落とす	1310	102	手段		
1384	振り下ろす	振る	下ろす	1841	273	手段		
1385	振り替える	振る	替える	1986	224	手段		NCsm
1386	振りかける	振る	かける	1319	454	手段		
1387	振りかざす	振る	かざす	1289	238	手段		意味拡張
1388	振りかぶる	振る	かぶる	2139	137	手段	V2bf	
1389	振り込む	振る	込む	3384	1213	手段	V2bf	NCsm
1390	振り絞る	振る	絞る	1457	257	手段		NCsm
1391	振り捨てる	振る	捨てる	292	30	手段		
1392	振り出す	振る	出す	2271	130	手段		
1393	振り立てる	振る	立てる	718	30	手段		
1394	振り飛ばす	振る	飛ばす	703	5	手段		
1395	振り放す	振る	放す	130	11	手段		
1396	振り払う	振る	払う	1052	305	手段		
1397	振りほどく	振る	ほどく	1431	123	手段		
1398	振りまく	振る	撒く	1403	247	手段		意味拡張
1399	振り混ぜる	振る	混ぜる	1824	10	手段		
1400	振り回す	振る	回す	1975	962	手段		意味拡張
1401	振り向ける	振る	向ける	1477	173	手段		
1402	振り分ける	振る	分ける	1334	163	手段		
1403	振るい入れる	振るう	入れる	168	21	手段		
1404	奮い起こす	奮う	起こす	745	56	手段	V2bm	
1405	振るい落とす	振るう	落とす	432	29	手段		
1406	ふるいかける	ふるう	かける	165	0	手段		
1407	篩い分ける	篩う	分ける	537	5	手段		
1408	踏んづける	踏む	つける	1146	0	手段	V1sf	
1409	へし折る	圧す	折る	1928	91	手段	V1bf	NCV1
1410	葬り去る	葬る	去る	1388	97	手段	V2bm	意味拡張
1411	放り上げる	放る	上げる	533	24	手段		
1412	放り落とす	放る	落とす	106	0	手段		
1413	放り込む	放る	込む	1876	532	手段	V2bf	意味拡張
1414	放り捨てる	放る	捨てる	507	15	手段		意味拡張
1415	放り出す	放る	出す	1327	577	手段		意味拡張
1416	ほじくり出す	ほじくる	出す	793	13	手段		意味拡張
1417	褒め殺す	褒める	殺す	732	1	手段	V2bm	
1418	掘り上げる	掘る	上げる	1991	41	手段		
1419	彫り上げる	彫る	上げる	620	24	手段	V2bm	
1420	掘り当てる	掘る	当てる	1607	41	手段		
1421	彫り入れる	彫る	入れる	127	0	手段		
1422	掘り起こす	掘る	起こす	1774	251	手段		意味拡張
1423	掘り崩す	掘る	崩す	522	38	手段		
1424	彫り込む	彫る	込む	1845	71	手段	V2bf	
1425	掘り進む	掘る	進む	1743	27	手段		

1426	彫り進む	彫る	進む	92	2	手段		
1427	掘り出す	掘る	出す	1960	355	手段		
1428	彫り出す	彫る	出す	446	42	手段	V2bm	
1429	彫りつける	彫る	つける	118	13	手段		
1430	掘り取る	掘る	取る	782	11	手段		
1431	掘り抜く	掘る	抜く	215	13	手段		
1432	巻き上げる	巻く	上げる	2076	321	手段		意味拡張
1433	巻き起こす	巻く	起こす	1712	250	手段		意味拡張
1434	巻き込む	巻く	込む	2747	1760	手段	V2bf	NC sm
1435	巻き締める	巻く	締める	273	1	手段	V2bm	NC V2
1436	撒き散らす	撒く	散らす	1753	257	手段		
1437	巻きつける	巻く	つける	2193	545	手段		
1438	巻き留める	巻く	留める	109	5	手段		
1439	巻き取る	巻く	取る	2715	58	手段		
1440	巻き戻す	巻く	戻す	1746	79	手段		
1441	まくり上げる	まくる	上げる	931	83	手段		
1442	曲げ込む	曲げる	込む	90	0	手段	V2bf	
1443	混ぜ合わす	混ぜる	合わす	1207	13	手段		
1444	混ぜ合わせる	混ぜる	合わせる	2386	773	手段		
1445	混ぜ込む	混ぜる	込む	2062	79	手段	V2bf	
1446	まつり付ける	まつる	付ける	107	1	手段		
1447	まとめ上げる	まとめる	上げる	1409	129	手段	V2bm	
1448	学び取る	学ぶ	取る	1453	109	手段	V2bm	
1449	招き入れる	招く	入れる	1489	152	手段		
1450	招き込む	招く	込む	102	3	手段	V2bf	
1451	招き寄せる	招く	寄せる	1189	52	手段		
1452	まぶしつける	まぶす	つける	1342	2	手段		
1453	守り生かす	守る	生かす	498	0	手段		
1454	守り勝つ	守る	勝つ	1101	0	手段		
1455	守り支える	守る	支える	259	0	手段		
1456	守り育てる	守る	育てる	1427	60	手段		
1457	守り継ぐ	守る	継ぐ	399	4	手段		
1458	守り伝える	守る	伝える	1047	13	手段		
1459	守り育む	守る	育む	610	3	手段		
1460	守り導く	守る	導く	197	4	手段		
1461	見いだす	見る	出す	2010	2584	手段	V2bf	
1462	磨き上げる	磨く	上げる	1554	155	手段	V2bm	
1463	磨き落とす	磨く	落とす	216	0	手段		
1464	磨き高める	磨く	高める	256	0	手段		
1465	見極める	見る	極める	2097	935	手段	V2bm	NC V2
1466	見比べる	見る	比べる	1328	345	手段		
1467	見定める	見る	定める	1504	178	手段		
1468	見知る	見る	知る	518	725	手段		

1469	導き入れる	導く	入れる	893	28	手段			
1470	導き出す	導く	出す	1899	387	手段			
1471	見つけ出す	見つける	出す	1848	0	手段	V2bm		
1472	見取る	見る	取る	4609	266	手段		NC sm	
1473	見習う	見る	習う	2332	391	手段			
1474	見抜く	見る	抜く	2387	870	手段			
1475	見計らう	見る	計らう	1498	310	手段	V2bm	NC V2	
1476	見計る	見る	計る	111	0	手段			
1477	見守る	見る	守る	2260	2209	手段			
1478	見破る	見る	破る	2139	253	手段	V2bm		
1479	見分ける	見る	分ける	2502	740	手段			
1480	迎え取る	迎える	取る	126	7	手段			
1481	貪り取る	貪る	取る	103	1	手段			
1482	蒸し上げる	蒸す	上げる	1400	0	手段	V2bm		
1483	蒸し殺す	蒸す	殺す	184	2	手段			
1484	むしり取る	むしる	取る	1481	108	手段			
1485	結び合わす	結ぶ	合わす	134	11	手段			
1486	結び合わせる	結ぶ	合わせる	909	51	手段			
1487	結びつける	結ぶ	つける	2008	1424	手段			意味拡張
1488	めくり上げる	めくる	上げる	1055	0	手段			
1489	めくり返す	めくる	返す	111	0	手段			
1490	召し抱える	召す	抱える	349	61	手段	V1bf		
1491	召し出す	召す	出す	193	38	手段	V1bf		
1492	召し使う	召す	使う	113	23	手段	V1bf		
1493	召し寄せる	召す	寄せる	54	7	手段	V1bf		
1494	申し入れる	申す	入れる	1840	358	手段			
1495	申し送る	申す	送る	719	22	手段		NC fs	
1496	申し越す	申す	越す	63	2	手段	V2bm		
1497	申し込む	申す	込む	5039	1836	手段	V2bf	NC fs	
1498	申し添える	申す	添える	1204	50	手段			
1499	申し立てる	申す	立てる	1237	477	手段	V2bm		
1500	申し渡す	申す	渡す	1089	124	手段	V1, V2bm	NC fs	
1501	もぎ取る	もぐ	取る	1533	173	手段			意味拡張
1502	持ち上げる	持つ	上げる	2800	1362	手段			意味拡張
1503	持ち込む	持つ	込む	3094	2136	手段	V2bf		意味拡張
1504	持ち出す	持つ	出す	2721	1384	手段			意味拡張
1505	戻し入れる	戻す	入れる	956	42	手段			
1506	揉み消す	揉む	消す	1192	120	手段			意味拡張
1507	揉み込む	揉む	込む	1415	66	手段	V2bf		
1508	揉み出す	揉む	出す	458	9	手段			
1509	揉み潰す	揉む	潰す	169	8	手段			意味拡張
1510	揉みほぐす	揉む	ほぐす	1483	82	手段			

1511	貰い受ける	貰う	受ける	1337	49	手段		
1512	盛り上げる	盛る	上げる	2395	719	手段		意味拡張
1513	盛り合わせる	盛る	合わせる	1219	57	手段		
1514	盛り込む	盛る	込む	3153	1090	手段	V2bf	NC sm
1515	守り立てる	守る	立てる	337	74	手段	V1bf	
1516	焼き上げる	焼く	上げる	2065	186	手段	V2bm	
1517	焼き落とす	焼く	落とす	121	3	手段		
1518	焼き固める	焼く	固める	1008	6	手段		
1519	焼き切る	焼く	切る	1510	19	手段		
1520	焼き焦がす	焼く	焦がす	436	5	手段		
1521	焼き込む	焼く	込む	1627	37	手段	V2bf	
1522	焼き殺す	焼く	殺す	1363	54	手段		
1523	焼き締める	焼く	締める	280	3	手段		
1524	焼き捨てる	焼く	捨てる	642	37	手段		
1525	焼き付ける	焼く	付ける	943	210	手段		意味拡張
1526	焼き取る	焼く	取る	145	0	手段		
1527	焼きなます	焼く	なます	224	0	手段	V2bf	
1528	焼き払う	焼く	払う	1552	113	手段		
1529	焼き滅ぼす	焼く	滅ぼす	224	5	手段		
1530	焼き戻す	焼く	戻す	558	2	手段		
1531	雇い入れる	雇う	入れる	2097	101	手段		
1532	破り捨てる	破る	捨てる	1352	58	手段		
1533	破り取る	破る	取る	170	19	手段		
1534	やり上げる	やる	上げる	139	0	手段	V2bm	
1535	やりこなす	やる	こなす	487	0	手段		
1536	やり過ごす	遣る	過ごす	1407	224	手段	V2bm	
1537	やり遂げる	やる	遂げる	1639	292	手段		
1538	結い上げる	結う	上げる	915	52	手段		
1539	揺すり上げる	揺する	上げる	230	7	手段		
1540	揺すり起こす	揺する	起こす	296	2	手段		
1541	ゆすり取る	ゆする	取る	503	7	手段		
1542	譲り渡す	譲る	渡す	1743	86	手段		
1543	茹で上げる	茹でる	上げる	1465	30	手段	V2bm	
1544	揺り動かす	揺る	動かす	1356	84	手段	V1bf	
1545	揺り起こす	揺る	起こす	605	48	手段	V1bf	
1546	結わえ付ける	結わえる	付ける	131	24	手段		
1547	寄せ上げる	寄せる	上げる	178	0	手段		
1548	寄せ集める	寄せる	集める	1249	63	手段		
1549	呼び集める	呼ぶ	集める	1115	64	手段		
1550	呼び入れる	呼ぶ	入れる	570	30	手段		
1551	呼び起こす	呼ぶ	起こす	1503	315	手段		NC sm
1552	呼び込む	呼ぶ	込む	2137	262	手段	V2bf	NC fs
1553	呼び覚ます	呼ぶ	覚ます	1444	160	手段		意味拡張

1554	呼び出す	呼ぶ	出す	3218	1400	手段		
1555	呼び止める	呼ぶ	止める	1423	305	手段	NC fs	
1556	呼び戻す	呼ぶ	戻す	1552	240	手段		
1557	呼び求める	呼ぶ	求める	903	11	手段		
1558	呼び寄せる	呼ぶ	寄せる	1886	380	手段		
1559	読み味わう	読む	味わう	239	3	手段		
1560	読み合わせる	読む	合わせる	378	12	手段		
1561	読み勝つ	読む	勝つ	246	0	手段		
1562	読み聞かせる	読む	聞かせる	1962	120	手段		
1563	読み比べる	読む	比べる	1338	23	手段		
1564	読み進む	読む	進む	1552	105	手段		
1565	読み出す	読む	出す	2731	64	手段		
1566	読み継ぐ	読む	継ぐ	196	39	手段		
1567	読み解く	読む	解く	2491	119	手段		
1568	読み取る	読む	取る	2413	1552	手段	V2bm	
1569	寄り切る	寄る	切る	468	25	手段	V2bm	NC fs
1570	寄りすがる	寄る	すがる	330	8	手段		意味拡張
1571	寄り倒す	寄る	倒す	144	4	手段	NC fs	
1572	選り出す	選る	出す	148	14	手段	V1bf	
1573	選り抜く	選る	抜く	252	7	手段	V1bf	
1574	分かち与える	分かつ	与える	219	14	手段	V1bf	
1575	分け与える	分ける	与える	1808	110	手段		
1576	分け入る	分ける	入る	1420	146	手段	V2bf	
1577	分け隔てる	分ける	隔てる	738	30	手段		
1578	笑い飛ばす	笑う	飛ばす	1327	131	手段	V2bm	
1579	割り当てる	割る	当てる	3884	712	手段	V1bm	
1580	割り入る	割る	入る	183	5	手段	V2bf	
1581	割り裂く	割る	裂く	160	7	手段		
1582	割り出す	割る	出す	2042	237	手段	NC sm	
1583	割り開く	割る	開く	631	9	手段		
1584	割りほぐす	割る	ほぐす	300	36	手段		
1585	割り戻す	割る	戻す	404	12	手段		
1586	仰ぎ見る	仰ぐ	見る	1361	85	前段		
1587	明け渡す	明ける	渡す	1956	130	前段	NC fs	
1588	入れ混ぜる	入れる	混ぜる	1293	0	前段		
1589	植え育てる	植える	育てる	154	5	前段		
1590	受け伝える	受ける	伝える	107	4	前段		
1591	受け持つ	受ける	持つ	1863	385	前段	NC sm	
1592	移し植える	移す	植える	233	6	前段		
1593	生まれ育つ	生まれる	育つ	1200	392	前段		
1594	産み捨てる	産む	捨てる	122	0	前段		
1595	生み育てる	生む	育てる	2764	86	前段		
1596	生み育む	生む	育む	140	0	前段		

1597	置き忘れる	置く	忘れる	2074	0	前段		統語的用法
1598	掛け捨てる	掛ける	捨てる	108	7	前段		複合名詞？
1599	聞き伝える	聞く	伝える	161	12	前段		複合名詞、様々な意味
1600	聞きとがめる	聞く	咎める	408	32	前段		
1601	畳み込む	畳む	込む	1251	36	前段	V2bf	
1602	包み焼く	包む	焼く	213	0	前段		
1603	積み出す	積む	出す	586	21	前段		
1604	出迎える	出る	迎える	1596	575	前段		
1605	狙い撃つ	狙う	撃つ	2571	26	前段		意味拡張
1606	混ぜ入れる	混ぜる	入れる	689	15	前段		
1607	丸め込む	丸める	込む	1580	69	前段	V2bf	
1608	見とがめる	見る	咎める	500	71	前段		
1609	迎え入れる	迎える	入れる	1517	303	前段		
1610	茹でこぼす	茹でる	こぼす	982	22	前段	V2bm	NC V2
1611	割り入れる	割る	入れる	1138	25	前段		
1612	割り付ける	割る	付ける	2408	22	前段		NC sm
1613	割り振る	割る	振る	2289	198	前段		NC sm
1614	言い落とす	言う	落とす	76	5	背景	V2bm	
1615	言い負ける	言う	負ける	187	2	背景		
1616	行き倒れる	行く	倒れる	606	0	背景		複合名詞
1617	受け流す	受ける	流す	1672	117	背景	V2bm	
1618	打ち負ける	打つ	負ける	3051	3	背景		
1619	打ち漏らす	打つ	漏らす	408	5	背景		
1620	売り逃す	売る	逃す	83	17	背景		
1621	売れ残る	売れる	残る	2116	153	背景		
1622	押し負ける	押す	負ける	1192	2	背景		
1623	思い違える	思う	違える	157	5	背景	V2bf	
1624	買い逃す	買う	逃す	1413	10	背景		
1625	買い負ける	買う	負ける	111	0	背景		
1626	書き落とす	書く	落とす	185	11	背景	V2bm	
1627	書き漏らす	書く	漏らす	116	7	背景		
1628	掛け違える	掛ける	違える	246	2	背景	V2bf	意味拡張
1629	消え残る	消える	残る	327	4	背景		
1630	聞き落とす	聞く	落とす	446	6	背景	V2bm	
1631	聞き過ごす	聞く	過ごす	163	5	背景		
1632	聞き捨てる	聞く	捨てる	61	12	背景		
1633	聞き違える	聞く	違える	523	19	背景	V2bf	
1634	聞き流す	聞く	流す	1772	223	背景	V2bm	
1635	聞き逃す	聞く	逃す	2026	96	背景		
1636	聞き漏らす	聞く	漏らす	619	43	背景		
1637	食い残す	食う	残す	185	6	背景		
1638	食いはぐれる	食う	はぐれる	534	9	背景	V2bm	複合名詞、連濁
1639	暮れ残る	暮れる	残る	478	6	背景		

1640	咲き散る	咲く	散る	241	0	背景		
1641	咲き残る	咲く	残る	816	9	背景		
1642	仕損じる	する	損じる	1086	0	背景	V2bm	
1643	競り勝つ	競る	勝つ	1452	39	背景		
1644	競り負ける	競る	負ける	1035	8	背景		
1645	食べこぼす	食べる	こぼす	323	0	背景		
1646	食べ逃す	食べる	逃す	130	0	背景		
1647	食べ残す	食べる	残す	1474	50	背景		
1648	散り残る	散る	残る	253	2	背景		
1649	使い捨てる	使う	捨てる	1515	40	背景		
1650	使い残す	使う	残す	95	24	背景		
1651	積み下ろす	積む	下ろす	498	12	背景		
1652	積み残す	積む	残す	272	14	背景		
1653	釣り落とす	釣る	落とす	103	0	背景		
1654	釣り負ける	釣る	負ける	273	0	背景		
1655	溶け残る	溶ける	残る	785	12	背景		
1656	取り落とす	取る	落とす	1182	87	背景		
1657	取りこぼす	取る	こぼす	1674	25	背景		意味拡張
1658	取り違える	取る	違える	1646	119	背景	V2bf	意味拡張
1659	取り逃がす	取る	逃がす	1350	51	背景		
1660	取り逃す	取る	逃す	1394	14	背景		
1661	撮り逃す	撮る	逃す	578	0	背景		
1662	取り残す	取る	残す	889	460	背景		
1663	取りはぐれる	取る	はぐれる	441	6	背景	V2bm	
1664	殴り負ける	殴る	負ける	331	0	背景		
1665	飲み残す	飲む	残す	238	30	背景		
1666	乗り換える	乗る	換える	6710	668	背景		意味拡張
1667	乗り過ごす	乗る	過ごす	1515	13	背景		
1668	乗り捨てる	乗る	捨てる	1264	49	背景		
1669	乗り逃す	乗る	逃す	98	0	背景		
1670	履き違える	履く	違える	1449	43	背景	V2bf	意味拡張
1671	踏み違える	踏む	違える	130	4	背景	V2bf	
1672	踏み外す	踏む	外す	1521	110	背景		
1673	見失う	見る	失う	1786	602	背景		
1674	見落とす	見る	落とす	1470	433	背景	V2bm	
1675	見過ごす	見る	過ごす	1167	359	背景	V2bm	
1676	見捨てる	見る	捨てる	1821	531	背景		NC sm
1677	見逃す	見る	逃す	1277	1440	背景		
1678	見残す	見る	残す	107	1	背景		
1679	燃え残る	燃える	残る	545	12	背景		
1680	焼け残る	焼ける	残る	304	72	背景		
1681	やり残す	やる	残す	590	85	背景		
1682	読み落とす	読む	落とす	271	8	背景	V2bm	

1683	読み過ごす	読む	過ごす	346	6	背景	V2bm	
1684	読み捨てる	読む	捨てる	428	7	背景		
1685	読み違える	読む	違える	1338	24	背景	V2bf	
1686	読み飛ばす	読む	飛ばす	471	41	背景		
1687	読み逃す	読む	逃す	213	0	背景		
1688	遊び回る	遊ぶ	回る	1198	58	様態		
1689	暴れ込む	暴れる	込む	143	4	様態	V2bf	
1690	暴れ回る	暴れる	回る	1169	94	様態		
1691	あふれ出る	あふれる	出る	1283	201	様態		意味拡張
1692	歩み行く	歩む	行く	304	0	様態	V1bm	文語的
1693	歩み入る	歩む	入る	247	11	様態	V1bm, V2bf	
1694	歩み去る	歩む	去る	529	49	様態	V1bm	
1695	歩み出る	歩む	出る	711	29	様態	V1bm	
1696	歩み寄る	歩む	寄る	1651	527	様態	V1bm	意味拡張
1697	現れ出る	現れる	出る	1214	51	様態		
1698	歩き去る	歩く	去る	900	42	様態		
1699	歩き進む	歩く	進む	327	2	様態		
1700	歩き回る	歩く	回る	1828	473	様態		
1701	言い回る	言う	回る	338	0	様態		
1702	窺い見る	窺う	見る	160	14	様態		
1703	浮かび上がる	浮かぶ	上がる	1945	1101	様態		
1704	浮かれ歩く	浮かれる	歩く	68	2	様態		
1705	浮き上がる	浮く	上がる	1726	401	様態		意味拡張
1706	動き回る	動く	回る	1945	594	様態		
1707	歌い歩く	歌う	歩く	110	1	様態		
1708	打ち寄せる	打つ	寄せる	1471	94	様態		
1709	生まれ出る	生まれる	出る	1516	107	様態		
1710	うろつき回る	うろつく	回る	357	0	様態		
1711	押し歩く	押す	歩く	281	5	様態		
1712	押し入る	押す	入る	1576	168	様態	V2bf	
1713	躍り上がる	躍る	上がる	238	53	様態		意味拡張
1714	踊り歩く	踊る	歩く	460	8	様態		
1715	躍り込む	躍る	込む	144	14	様態	V2bf	
1716	躍り出る	躍る	出る	1485	150	様態		意味拡張
1717	踊り跳ねる	踊る	跳ねる	114	6	様態		
1718	踊り回る	踊る	回る	242	6	様態		
1719	泳ぎ去る	泳ぐ	去る	173	4	様態		
1720	泳ぎ出る	泳ぐ	出る	130	3	様態		
1721	泳ぎ回る	泳ぐ	回る	1690	63	様態		
1722	泳ぎ渡る	泳ぐ	渡る	175	0	様態		
1723	かいくぐる	掻く	くぐる	1410	83	様態	V1sf	NC sm
1724	輝き出る	輝く	出る	600	5	様態		

1725	駆け上がる	駆ける	上がる	1605	311	様態		
1726	駆け入る	駆ける	入る	132	17	様態	V2bf	
1727	駆け降りる	駆ける	降りる	2462	224	様態		
1728	駆け下る	駆ける	下る	1090	32	様態		
1729	駆け込む	駆ける	込む	2096	598	様態	V2bf	
1730	駆け去る	駆ける	去る	231	26	様態		
1731	駆けずり回る	駆けずる	回る	1110	6	様態	V1bf	
1732	駆け抜ける	駆ける	抜ける	1952	341	様態		
1733	駆け登る	駆ける	登る	2636	175	様態		
1734	駆け回る	駆ける	回る	1461	246	様態		
1735	駆け巡る	駆ける	巡る	1464	343	様態		意味拡張
1736	駆け戻る	駆ける	戻る	562	89	様態		
1737	駆け寄る	駆ける	寄る	1484	604	様態		
1738	繰り込む	繰る	込む	535	45	様態	V1, V2bf	NC V1
1739	漕ぎ下る	漕ぐ	下る	95	2	様態		
1740	漕ぎ進む	漕ぐ	進む	463	5	様態		
1741	漕ぎ出る	漕ぐ	出る	63	2	様態		
1742	漕ぎ行く	漕ぐ	行く	123	0	様態	V2sf	文語的
1743	漕ぎ渡る	漕ぐ	渡る	108	0	様態		
1744	こぼれ出る	こぼれる	出る	1190	36	様態		
1745	転がり落ちる	転がる	落ちる	1446	129	様態		
1746	転がり込む	転がる	込む	1607	168	様態	V2bf	意味拡張
1747	転がり出る	転がる	出る	536	35	様態		
1748	転がり回る	転がる	回る	339	0	様態		
1749	転げ落ちる	転げる	落ちる	1577	166	様態		
1750	転げ込む	転げる	込む	150	33	様態	V2bf	
1751	転げ出る	転げる	出る	87	5	様態		
1752	転げ回る	転げる	回る	1236	58	様態		
1753	咲き出る	咲く	出る	226	6	様態		
1754	さまよい歩く	さまよう	歩く	989	0	様態		
1755	さまよい出る	さまよう	出る	134	0	様態		
1756	騒ぎ回る	騒ぐ	回る	122	2	様態		
1757	沈み行く	沈む	行く	1589	33	様態	V2sf	文語的
1758	忍び入る	忍ぶ	入る	244	22	様態	V2bf	
1759	忍び込む	忍ぶ	込む	1722	394	様態	V2bf	意味拡張
1760	忍び寄る	忍ぶ	寄る	1468	198	様態		意味拡張
1761	染み出る	しみる	出る	1181	38	様態		
1762	進み入る	進む	入る	319	2	様態	V2bf	
1763	進み出る	進む	出る	1804	271	様態		
1764	進み行く	進む	行く	849	0	様態	V2sf	文語的
1765	滑り落ちる	滑る	落ちる	1569	167	様態		
1766	滑り降りる	滑る	降りる	2348	96	様態		

1767	滑り込む	滑る	込む	1486	388	様態	V2bf		意味拡張
1768	滑り出る	滑る	出る	1011	33	様態			
1769	滑り抜ける	滑る	抜ける	201	0	様態			
1770	ずり上がる	ずる	上がる	909	14	様態	V1bf		
1771	ずり落ちる	ずる	落ちる	1074	88	様態	V1bf		
1772	ずり下がる	ずる	下がる	1218	12	様態	V1bf		
1773	擦り抜ける	擦る	抜ける	540	294	様態	V1bm	NC V1	
1774	擦り寄る	擦る	寄る	1501	116	様態		NC fs	意味拡張
1775	漂い出る	漂う	出る	101	6	様態			
1776	立ち上る	立つ	上る	3007	632	様態			
1777	伝い落ちる	伝う	落ちる	1274	19	様態			
1778	伝い降りる	伝う	降りる	177	0	様態			
1779	伝い流れる	伝う	流れる	429	5	様態			
1780	伝わり落ちる	伝わる	落ちる	280	3	様態			
1781	溶け入る	溶ける	入る	178	11	様態	V2bf		
1782	溶け出る	溶ける	出る	921	11	様態			
1783	飛び入る	飛ぶ	入る	567	15	様態	V2bf		
1784	飛び移る	飛ぶ	移る	2218	97	様態			
1785	飛び起きる	飛ぶ	起きる	1023	182	様態			
1786	飛び降りる	飛ぶ	降りる	2719	641	様態			
1787	飛び越える	飛ぶ	越える	2130	304	様態			意味拡張
1788	飛び越す	飛ぶ	越す	2006	74	様態			意味拡張
1789	飛び込む	飛ぶ	込む	4538	2023	様態	V2bf		意味拡張
1790	飛び去る	飛ぶ	去る	1472	158	様態			
1791	飛び出る	飛ぶ	出る	1767	172	様態			
1792	飛び退く	飛ぶ	退く	1455	112	様態	V2bf		
1793	飛び乗る	飛ぶ	乗る	1921	277	様態			
1794	飛び離れる	飛ぶ	離れる	306	16	様態			
1795	飛び回る	飛ぶ	回る	2252	408	様態			意味拡張
1796	飛び渡る	飛ぶ	渡る	141	0	様態			
1797	眺め見る	眺める	見る	225	0	様態			
1798	流れ入る	流れる	入る	1216	6	様態	V2bf		
1799	流れ落ちる	流れる	落ちる	1824	256	様態			
1800	流れ下る	流れる	下る	1462	55	様態			
1801	流れ来る	流れる	来る	1117	4	様態			文語的
1802	流れ込む	流れる	込む	2381	662	様態	V2bf		
1803	流れ去る	流れる	去る	1216	61	様態			
1804	流れ出る	流れる	出る	1738	325	様態			
1805	流れ行く	流れる	行く	1095	0	様態	V2sf		文語的
1806	流れ寄る	流れる	寄る	216	4	様態			
1807	泣きじゃくる	泣く	しゃくる	1273	131	様態	V2bf	NC V2	
1808	なだれ落ちる	なだれる	落ちる	235	5	様態	V1bf		

1809	なだれ込む	なだれる	込む	1271	153	様態	V1, V2bf	
1810	滲み出る	にじむ	出る	1467	335	様態		
1811	にじり寄る	にじる	寄る	1156	77	様態	V1bf	NC V1
1812	抜け出る	抜ける	出る	1566	192	様態		
1813	練り歩く	練る	歩く	1851	119	様態	V1bm	
1814	練り回る	練る	回る	156	0	様態	V1bm	
1815	覗き見る	覗く	見る	1420	82	様態		
1816	のた打ち回る	のたうつ	回る	1246	77	様態		
1817	伸び出る	伸びる	出る	140	8	様態		
1818	昇り行く	昇る	行く	203	0	様態	V2sf	文語的
1819	乗り入る	乗る	入る	116	4	様態	V2bf	
1820	乗り越える	乗る	越える	2397	1504	様態		NCV1
1821	乗り回る	乗る	回る	145	0	様態		
1822	這い上がる	這う	上がる	1674	228	様態		意味拡張
1823	這い入る	這う	入る	87	5	様態	V2bf	
1824	這い降りる	這う	降りる	119	0	様態		
1825	這い込む	這う	込む	150	13	様態	V2bf	
1826	這い進む	這う	進む	267	7	様態		
1827	這い出る	這う	出る	1383	55	様態		
1828	這い登る	這う	登る	617	65	様態		
1829	這い回る	這う	回る	1496	95	様態		
1830	這い寄る	這う	寄る	1251	18	様態		
1831	生え出る	生える	出る	199	4	様態		
1832	弾け出る	弾ける	出る	121	4	様態		
1833	はしゃぎ回る	はしゃぐ	回る	842	21	様態		
1834	走り降りる	走る	降りる	249	11	様態		
1835	走り下る	走る	下る	103	3	様態		
1836	走り来る	走る	来る	264	5	様態		文語的
1837	走り込む	走る	込む	2417	169	様態	V2bf	
1838	走り去る	走る	去る	1394	298	様態		
1839	走り過ぎる	走る	過ぎる	1111	35	様態		
1840	走り出る	走る	出る	532	125	様態		
1841	走り抜ける	走る	抜ける	1891	237	様態	V2bm	
1842	走り回る	走る	回る	2102	684	様態		
1843	走り寄る	走る	寄る	1411	150	様態		
1844	馳せ参じる	馳せる	参じる	277	64	様態	V1, V2bf	
1845	跳ね起きる	跳ねる	起きる	815	79	様態		
1846	跳ね返る	跳ねる	返る	1681	233	様態		
1847	跳ね回る	跳ねる	回る	1374	38	様態		
1848	はみ出る	食む	出る	1856	140	様態	V1bf	NC V1
1849	吹き入る	吹く	入る	313	3	様態	V2bf	

1850	吹き降りる	吹く	降りる	159	0	様態		
1851	吹き出る	吹く	出る	2931	182	様態		
1852	吹き通す	吹く	通す	259	4	様態	V2bm	
1853	吹き抜ける	吹く	抜ける	1502	206	様態		
1854	踏み歩く	踏む	歩く	197	0	様態		
1855	踏み出る	踏む	出る	127	6	様態		
1856	ほとばしり出る	ほとばしる	出る	651	53	様態		
1857	舞い上がる	舞う	上がる	1677	378	様態		意味拡張
1858	舞い落ちる	舞う	落ちる	1420	45	様態		
1859	舞い降りる	舞う	降りる	1474	178	様態		意味拡張
1860	舞い込む	舞う	込む	1622	175	様態	V2bf	意味拡張
1861	舞い立つ	舞う	立つ	289	8	様態		
1862	舞い散る	舞う	散る	1911	26	様態		
1863	舞い出る	舞う	出る	124	5	様態		
1864	舞い飛ぶ	舞う	飛ぶ	1077	6	様態		
1865	舞い上る	舞う	上る	278	1	様態		
1866	曲がり落ちる	曲がる	落ちる	171	0	様態		
1867	まかり出る	まかる	出る	0	16	様態	V1bf	NC V1
1868	まかり通る	まかる	通る	1660	172	様態	V1bf	NC sm
1869	迷い出る	迷う	出る	184	10	様態		意味拡張
1870	乱れ散る	乱れる	散る	157	4	様態		
1871	乱れ飛ぶ	乱れる	飛ぶ	1199	35	様態		
1872	群れ泳ぐ	群れる	泳ぐ	261	0	様態		
1873	群れ立つ	群れる	立つ	212	0	様態		
1874	群れ飛ぶ	群れる	飛ぶ	784	11	様態		
1875	萌え転がる	萌える	転がる	466	0	様態		
1876	萌え出る	萌える	出る	598	7	様態		
1877	持ち歩く	持つ	歩く	2799	441	様態		
1878	持ち運ぶ	持つ	運ぶ	1195	92	様態		
1879	漏れ出る	漏れる	出る	1638	45	様態		
1880	揺れ動く	揺れる	動く	1588	314	様態		
1881	よじ登る	よじる	登る	1669	287	様態	V1sf	
1882	渡り歩く	渡る	歩く	1599	136	様態		NC V1
1883	愛し慈しむ	愛す	慈しむ	103	0	付帯		
1884	愛し敬う	愛す	敬う	102	0	付帯		
1885	愛し育てる	愛す	育てる	108	0	付帯		
1886	愛し楽しむ	愛す	楽しむ	82	0	付帯		
1887	愛し守る	愛す	守る	192	0	付帯		
1888	喘ぎ苦しむ	喘ぐ	苦しむ	95	2	付帯		
1889	喘ぎ泣く	喘ぐ	泣く	55	0	付帯		
1890	喘ぎ悶える	喘ぐ	悶える	197	0	付帯		
1891	崇め称える	崇める	称える	134	0	付帯		

1892	崇め祭る	崇める	祭る	131	0	付帯	V2bm	
1893	揚げ焼く	揚げる	焼く	78	0	付帯		
1894	遊び歩く	遊ぶ	歩く	1212	26	付帯		
1895	遊び暮らす	遊ぶ	暮らす	396	14	付帯		
1896	集まり住む	集まる	住む	107	5	付帯		
1897	荒らし回る	荒らす	回る	1116	15	付帯		
1898	合わせ持つ	合わせる	持つ	3208	288	付帯		
1899	慌てふためく	慌てる	ふためく	1252	138	付帯	V2bf	NC V2
1900	言い寄る	言う	寄る	1522	169	付帯		NC fs
1901	怒り悲しむ	怒る	悲しむ	93	0	付帯		
1902	行き過ぎる	行く	過ぎる	913	26	付帯		意味拡張
1903	生き別れる	生きる	別れる	162	12	付帯		「死に別れる」から
1904	居座る	居る	座る	1805	259	付帯		NC fs
1905	炒め煮る	炒める	煮る	141	0	付帯		
1906	挑みかかる	挑む	かかる	1090	18	付帯	V2bm	
1907	居並ぶ	居る	並ぶ	1475	98	付帯		NC fs
1908	居眠る	居る	眠る	513	6	付帯	V1bm	NC V1	複合名詞
1909	居残る	居る	残る	1369	99	付帯		NC fs
1910	祈り求める	祈る	求める	831	7	付帯		
1911	忌み嫌う	忌む	嫌う	1505	106	付帯	V1bf	
1912	浮かれ騒ぐ	浮かれる	騒ぐ	292	12	付帯		
1913	浮かれ出る	浮かれる	出る	152	5	付帯		
1914	歌い踊る	歌う	踊る	1185	31	付帯		
1915	歌い叫ぶ	歌う	叫ぶ	149	0	付帯		
1916	打ちかかる	打つ	かかる	227	1	付帯	V2bm	
1917	打ちかける	打つ	かける	327	10	付帯	V2bm	
1918	訴え出る	訴える	出る	1435	41	付帯		
1919	移り変わる	移る	変わる	1444	139	付帯		
1920	生まれ来る	生まれる	来る	1083	0	付帯		文語的
1921	売り歩く	売る	歩く	1373	65	付帯		
1922	売り回る	売る	回る	156	2	付帯		
1923	生い茂る	生う	茂る	1878	252	付帯	V1bf	
1924	追い使う	追う	使う	222	4	付帯		NC sm
1925	起き出す	起きる	出す	1670	135	付帯	V2bm	
1926	襲いかかる	襲う	かかる	1905	643	付帯	V2bm	
1927	襲い来る	襲う	来る	1413	0	付帯		文語的
1928	恐れ敬う	恐れる	敬う	210	0	付帯		
1929	落ち延びる	落ちる	延びる	1484	64	付帯	V1, V2bm	
1930	踊り明かす	踊る	明かす	613	6	付帯		
1931	躍りかかる	躍る	かかる	186	29	付帯	V2bm	
1932	驚き慌てる	驚く	慌てる	155	11	付帯		
1933	驚き喜ぶ	驚く	喜ぶ	214	4	付帯		

1934	怯え震える	怯える	震える	111	0	付帯		
1935	思い焦がれる	思う	焦がれる	289	11	付帯	V2bf	
1936	思い慕う	思う	慕う	216	0	付帯		
1937	思い悩む	思う	悩む	1419	166	付帯		
1938	思い惑う	思う	惑う	533	15	付帯		
1939	思い迷う	思う	迷う	578	11	付帯		
1940	思いわずらう	思う	わずらう	677	60	付帯		
1941	買い回る	買う	回る	186	0	付帯		
1942	帰り来る	帰る	来る	427	38	付帯		文語的
1943	抱え持つ	抱える	持つ	378	9	付帯		
1944	掲げ持つ	掲げる	持つ	112	3	付帯		
1945	嗅ぎ回る	嗅ぐ	回る	680	53	付帯		
1946	隠し持つ	隠す	持つ	1305	127	付帯		
1947	隠れ住む	隠れる	住む	1339	34	付帯		
1948	かけ回す	かける	回す	264	9	付帯		
1949	重ね塗る	重ねる	塗る	191	0	付帯		複合名詞？
1950	かじりつく	かじる	つく	1468	88	付帯		
1951	語り明かす	語る	明かす	929	21	付帯		
1952	担ぎ回る	担ぐ	回る	88	0	付帯		
1953	悲しみ嘆く	悲しむ	嘆く	126	5	付帯		
1954	兼ね備える	兼ねる	備える	1624	233	付帯	V1bm	NC V1
1955	兼ね持つ	兼ねる	持つ	128	0	付帯		
1956	かぶりつく	かぶる	つく	1519	79	付帯	V1bf, V2bm	
1957	噛み付く	噛む	付く	1992	471	付帯		意味拡張
1958	聞こえ来る	聞こえる	来る	158	0	付帯		文語的
1959	切り下ろす	切る	下ろす	909	36	付帯		
1960	切りかかる	切る	かかる	3379	8	付帯	V2bm	
1961	食い歩く	食う	歩く	99	2	付帯		
1962	食い込む	食う	込む	2344	410	付帯	V2bf	NC sm
1963	配り歩く	配る	歩く	607	5	付帯		
1964	組み付く	組む	付く	1947	74	付帯		
1965	食らいつく	食らう	つく	1382	99	付帯		意味拡張
1966	苦しみ悩む	苦しむ	悩む	607	19	付帯		
1967	苦しみもがく	苦しむ	もがく	587	3	付帯		
1968	苦しみ悶える	苦しむ	悶える	345	7	付帯		
1969	蹴りかかる	蹴る	かかる	367	0	付帯	V2bm	
1970	恋い慕う	恋う	慕う	952	19	付帯		
1971	探し歩く	探す	歩く	1746	46	付帯		
1972	探し回る	探す	回る	1512	220	付帯		
1973	探し求める	探す	求める	2933	240	付帯		
1974	咲き継ぐ	咲く	継ぐ	116	3	付帯	V2bm	
1975	咲き広がる	咲く	広がる	156	3	付帯		

1976	探り歩く	探る	歩く	292	1	付帯		
1977	探り回る	探る	回る	114	1	付帯		
1978	叫び回る	叫ぶ	回る	109	1	付帯		
1979	下げ渡す	下げる	渡す	746	21	付帯	V1bm	複合名詞
1980	捧げ持つ	捧げる	持つ	706	42	付帯		
1981	差し出る	差す	出る	71	27	付帯		光など
1982	去り行く	去る	行く	1443	42	付帯	V2sf	意味拡張、文語的
1983	しがみつく	しがむ	つく	2486	721	付帯	V1bf, V2bm	
1984	慕い求める	慕う	求める	332	0	付帯		
1985	慕い寄る	慕う	寄る	172	7	付帯		
1986	忍び会う	忍ぶ	会う	84	4	付帯		
1987	忍び出る	忍ぶ	出る	152	5	付帯		
1988	忍び泣く	忍ぶ	泣く	92	16	付帯		
1989	しゃぶりつく	しゃぶる	つく	781	11	付帯	V2bm	
1990	調べ回る	調べる	回る	135	0	付帯		
1991	透かし見る	透かす	見る	517	12	付帯		
1992	すがりつく	すがる	つく	1302	179	付帯		
1993	過ぎ行く	過ぎる	行く	1299	56	付帯	V2sf	意味拡張、文語的
1994	すすり泣く	すする	泣く	1253	131	付帯		
1995	住み暮らす	住む	暮らす	267	11	付帯		
1996	すり寄せる	擦る	寄せる	678	76	付帯		
1997	迫り来る	迫る	来る	1561	94	付帯		文語的
1998	攻め上がる	攻める	上がる	1529	27	付帯		
1999	攻めかかる	攻める	かかる	615	38	付帯	V2bm	
2000	攻め下る	攻める	下る	143	9	付帯		
2001	攻め来る	攻める	来る	315	0	付帯		文語的
2002	攻め込む	攻める	込む	2152	190	付帯	V2bf	
2003	攻め上る	攻める	上る	642	41	付帯		
2004	攻め寄せる	攻める	寄せる	1338	59	付帯		
2005	攻め寄る	攻める	寄る	242	2	付帯		
2006	そそり立つ	そそる	立つ	1252	124	付帯	V1bf	
2007	備え持つ	備える	持つ	935	4	付帯		
2008	そびえ立つ	そびえる	立つ	2447	200	付帯		
2009	背き去る	背く	去る	125	1	付帯		
2010	抱きつく	抱く	つく	3381	428	付帯		
2011	訪ね歩く	訪ねる	歩く	1358	54	付帯		
2012	尋ね歩く	尋ねる	歩く	298	13	付帯		
2013	尋ね求める	尋ねる	求める	364	6	付帯		
2014	立ち歩く	立つ	歩く	917	9	付帯		
2015	立ち枯れる	立つ	枯れる	428	14	付帯		
2016	立ち去る	立つ	去る	1444	815	付帯		
2017	立ちすくむ	立つ	すくむ	1093	256	付帯		

2018	立ち止まる	立つ	止まる	1584	1383	付帯		連濁
2019	立ちはだかる	立つ	はだかる	1585	291	付帯	V2bf	
2020	立ち働く	立つ	働く	857	71	付帯		
2021	立ち向かう	立つ	向かう	2122	582	付帯	NC sm	
2022	立ち寄る	立つ	寄る	1993	1062	付帯	NC fs	
2023	食べ歩く	食べる	歩く	1467	41	付帯	NC fs	
2024	ちぎれ飛ぶ	ちぎれる	飛ぶ	690	7	付帯		
2025	掴みかかる	掴む	かかる	1661	84	付帯	V2bm	
2026	付き従う	付く	従う	1556	90	付帯		
2027	付き添う	付く	添う	2018	540	付帯	V2bm	NC fs	V2＜そばにいる＞
2028	付きまとう	付く	纏う	1537	539	付帯	V2bm	
2029	付け回る	付ける	回る	141	0	付帯	V1bm	NC V1
2030	伝い歩く	伝う	歩く	292	12	付帯		
2031	伝え歩く	伝える	歩く	60	0	付帯		
2032	集い来る	集う	来る	152	0	付帯		文語的
2033	詰め寄る	詰める	寄る	1676	209	付帯	V1bm	NC V1
2034	釣り歩く	釣る	歩く	1077	3	付帯		
2035	釣り下る	釣る	下る	877	0	付帯		
2036	連れ歩く	連れる	歩く	1471	31	付帯		
2037	連れ帰る	連れる	帰る	1627	133	付帯		
2038	連れ去る	連れる	去る	1869	201	付帯		
2039	連れ添う	連れる	添う	1380	103	付帯	V2bm	NC fs	V2＜そばにいる＞
2040	連れ回る	連れる	回る	79	0	付帯		
2041	連れ戻す	連れる	戻す	1566	179	付帯		
2042	出回る	出る	回る	2869	511	付帯	NC fs	
2043	通り過ぎる	通る	過ぎる	1624	1227	付帯		
2044	通り抜ける	通る	抜ける	1808	532	付帯		
2045	閉じこもる	閉じる	籠る	1689	449	付帯	V1bm	NC V1
2046	届け出る	届ける	出る	3062	892	付帯		
2047	怒鳴り込む	怒鳴る	込む	1540	43	付帯	V2bf	
2048	飛びかかる	飛ぶ	かかる	1842	234	付帯	V2bm	
2049	飛び過ぎる	飛ぶ	過ぎる	443	0	付帯		
2050	泊まり歩く	泊まる	歩く	804	15	付帯		
2051	撮り歩く	撮る	歩く	696	0	付帯		
2052	眺め暮らす	眺める	暮らす	115	6	付帯		
2053	泣き明かす	泣く	明かす	87	14	付帯		
2054	泣き暴れる	泣く	暴れる	86	0	付帯		
2055	泣き悲しむ	泣く	悲しむ	284	8	付帯		
2056	泣き暮らす	泣く	暮らす	392	12	付帯		
2057	泣き叫ぶ	泣く	叫ぶ	1714	219	付帯		
2058	泣き騒ぐ	泣く	騒ぐ	160	10	付帯		
2059	鳴き騒ぐ	鳴く	騒ぐ	129	0	付帯		
2060	泣きすがる	泣く	すがる	1096	1	付帯		

2061	泣きつく	泣く	つく	1862	84	付帯		
2062	泣き寝入る	泣く	寝入る	111	0	付帯		
2063	泣き伏す	泣く	伏す	257	32	付帯		
2064	泣き悶える	泣く	悶える	156	2	付帯		
2065	鳴き渡る	鳴く	渡る	465	0	付帯		
2066	泣きわめく	泣く	わめく	1218	104	付帯		
2067	殴りかかる	殴る	かかる	1409	106	付帯	V2bm	
2068	嘆き悲しむ	嘆く	悲しむ	1286	92	付帯		
2069	嘆き暮らす	嘆く	暮らす	59	1	付帯		
2070	嘆き苦しむ	嘆く	苦しむ	152	0	付帯		
2071	名乗り出る	名乗る	出る	1675	95	付帯		
2072	悩み苦しむ	悩む	苦しむ	1169	39	付帯		
2073	悩み迷う	悩む	迷う	190	0	付帯		
2074	並び立つ	並ぶ	立つ	1641	49	付帯		
2075	並べ置く	並べる	置く	97	0	付帯		
2076	逃げ落ちる	逃げる	落ちる	95	3	付帯		
2077	逃げ帰る	逃げる	帰る	1290	117	付帯		
2078	逃げ去る	逃げる	去る	1027	88	付帯		
2079	逃げ出る	逃げる	出る	240	2	付帯		
2080	逃げ粘る	逃げる	粘る	484	6	付帯		
2081	逃げ惑う	逃げる	惑う	1420	124	付帯		
2082	逃げ回る	逃げる	回る	1415	190	付帯		
2083	逃げ戻る	逃げる	戻る	254	14	付帯		
2084	逃げ行く	逃げる	行く	166	0	付帯	V2sf	文語的
2085	担い立つ	担う	立つ	107	3	付帯	V2bm	
2086	願い出る	願う	出る	1974	190	付帯		
2087	願い求める	願う	求める	746	6	付帯		
2088	寝ぐずる	寝る	ぐずる	71	0	付帯		
2089	逃れ去る	逃れる	去る	100	9	付帯		
2090	逃れ出る	逃れる	出る	222	20	付帯		
2091	のし上がる	のす	上がる	1325	134	付帯	V1bf	NC V1
2092	のし歩く	のす	歩く	385	16	付帯	V1bf	NC V1
2093	のしかかる	のす	かかる	1433	300	付帯	V1bf	NC V1
2094	乗っ取る	乗る	取る	2393	580	付帯	V1sf	NC fs
2095	昇り来る	昇る	来る	188	0	付帯		文語的
2096	飲み明かす	飲む	明かす	1270	12	付帯		
2097	飲み歩く	飲む	歩く	1351	48	付帯		NC fs
2098	飲み騒ぐ	飲む	騒ぐ	334	1	付帯		
2099	飲み回す	飲む	回す	159	2	付帯		
2100	乗り上げる	乗る	上げる	1944	127	付帯		
2101	乗り歩く	乗る	歩く	133	1	付帯		
2102	乗りかかる	乗る	かかる	1114	33	付帯	V2bm	意味拡張
2103	乗り進める	乗る	進める	144	0	付帯		

2104	運び去る	運ぶ	去る	984	50	付帯		
2105	離れ去る	離れる	去る	275	11	付帯		
2106	離れ行く	離れる	行く	341	0	付帯	V2sf	文語的
2107	跳ね踊る	跳ねる	踊る	134	6	付帯		
2108	張り出す	張る	出す	1789	291	付帯	V2bm	NC V2
2109	弾き語る	弾く	語る	1360	11	付帯		複合名詞、連濁
2110	引きこもる	引く	籠る	2649	300	付帯	V1bm	NC V1
2111	引き下がる	引く	下がる	1215	267	付帯		
2112	引き連れる	引く	連れる	1622	288	付帯		文法的限定
2113	拾い歩く	拾う	歩く	133	0	付帯		
2114	吹き寄せる	吹く	寄せる	604	34	付帯		
2115	伏し拝む	伏す	拝む	161	11	付帯		
2116	踏み入る	踏む	入る	1436	40	付帯	V2bf	
2117	踏み入れる	踏む	入れる	1719	551	付帯		
2118	踏み込む	踏む	込む	2262	1113	付帯	V2bf	意味拡張
2119	踏み迷う	踏む	迷う	123	12	付帯		
2120	振り向く	振る	向く	2086	1637	付帯		
2121	震えおののく	震える	おののく	96	0	付帯	V2bf	
2122	触れ歩く	触れる	歩く	114	8	付帯		
2123	触れ回る	触れる	回る	1184	32	付帯	NC V1	
2124	経巡る	経る	巡る	672	24	付帯		
2125	誇り高ぶる	誇る	高ぶる	135	0	付帯		
2126	紛れ込む	紛れる	込む	1613	242	付帯	V2bf	
2127	混ぜこねる	混ぜる	こねる	89	1	付帯		
2128	待ち暮らす	待つ	暮らす	57	1	付帯		
2129	待ち望む	待つ	望む	1798	225	付帯		
2130	待ち伏せる	待つ	伏せる	1197	0	付帯		
2131	まつわりつく	まつわる	つく	1124	80	付帯		
2132	まとわりつく	まとわる	つく	1729	210	付帯	V1bf	
2133	学び育つ	学ぶ	育つ	313	0	付帯		
2134	迷い悩む	迷う	悩む	344	3	付帯		
2135	回し入れる	回す	入れる	1275	54	付帯		
2136	回し飲む	回す	飲む	85	3	付帯		複合名詞？
2137	見送る	見る	送る	2633	1403	付帯		意味拡張
2138	見回る	見る	回る	1641	159	付帯		
2139	迎え撃つ	迎える	撃つ	2351	177	付帯		
2140	むしゃぶりつく	むしゃぶる	つく	870	52	付帯	V1bf, V2bm	
2141	むせび泣く	むせぶ	泣く	1061	36	付帯	V1bf	
2142	群がり咲く	群がる	咲く	92	0	付帯		
2143	群れ遊ぶ	群れる	遊ぶ	322	4	付帯		
2144	群れ咲く	群れる	咲く	437	8	付帯		
2145	巡り歩く	巡る	歩く	909	37	付帯		

2146	巡り来る	巡る	来る	814	1	付帯		文語的
2147	申し出る	申す	出る	1523	862	付帯		
2148	燃え移る	燃える	移る	1583	35	付帯		
2149	燃え進む	燃える	進む	94	2	付帯		
2150	燃え広がる	燃える	広がる	1352	44	付帯		
2151	萌え悶える	萌える	悶える	91	0	付帯		
2152	もがき苦しむ	もがく	苦しむ	1211	32	付帯		
2153	悶え喘ぐ	悶える	喘ぐ	204	2	付帯		
2154	悶え苦しむ	悶える	苦しむ	1139	12	付帯		
2155	悶え泣く	悶える	泣く	142	4	付帯		
2156	持ち帰る	持つ	帰る	2343	1163	付帯		
2157	持ち越す	持つ	越す	1672	150	付帯	NC sm	
2158	持ち去る	持つ	去る	1767	139	付帯		
2159	持ち回る	持つ	回る	555	3	付帯		
2160	持ち寄る	持つ	寄る	1687	151	付帯	NC fs	
2161	求め行く	求める	行く	241	0	付帯	V2sf	文語的
2162	焼き揚げる	焼く	揚げる	165	0	付帯		
2163	養い育てる	養う	育てる	559	11	付帯		
2164	寄せ来る	寄せる	来る	988	1	付帯		文語的
2165	呼び回る	呼ぶ	回る	74	0	付帯		
2166	寄り来る	寄る	来る	374	1	付帯		文語的
2167	寄り添う	寄る	添う	2132	512	付帯	V2bm	NC fs
2168	喜び勇む	喜ぶ	勇む	500	75	付帯	V2bf	
2169	喜び祝う	喜ぶ	祝う	392	2	付帯		
2170	喜び楽しむ	喜ぶ	楽しむ	345	4	付帯		
2171	分かち持つ	分かつ	持つ	265	22	付帯	V1bf	
2172	渡り来る	渡る	来る	167	0	付帯		文語的
2173	渡り行く	渡る	行く	179	0	付帯	V2sf	文語的
2174	わめき叫ぶ	わめく	叫ぶ	93	0	付帯		
2175	笑いこける	笑う	転ける	155	14	付帯	V2bm	
2176	笑い転げる	笑う	転げる	1172	105	付帯		
2177	笑い悶える	笑う	悶える	305	0	付帯		
2178	割り込む	割る	込む	1588	567	付帯	V2bf	NC sm
2179	遊び興じる	遊ぶ	興じる	0	2	同一		
2180	遊び戯れる	遊ぶ	戯れる	695	8	同一		
2181	炙り焼く	炙る	焼く	117	0	同一		
2182	行き通う	行く	通う	224	1	同一		
2183	祈り願う	祈る	願う	242	0	同一		
2184	入れ込む	入れる	込む	1836	103	同一	V2bf	意味拡張
2185	打ち叩く	打つ	叩く	176	11	同一		
2186	恨み憎む	恨む	憎む	100	1	同一		
2187	驕り高ぶる	驕る	高ぶる	1369	19	同一		
2188	恐れおののく	恐れる	おののく	1058	67	同一	V2bf	

2189	驚き呆れる	驚く	呆れる	281	19	同一	V2bm	
2190	書き綴る	書く	綴る	1014	98	同一		
2191	隠れ潜む	隠れる	潜む	326	8	同一		
2192	消え失せる	消える	失せる	1324	246	同一		
2193	肥え太る	肥える	太る	816	19	同一		
2194	咲き開く	咲く	開く	121	2	同一		
2195	好き好む	好く	好む	233	44	同一	V1bf	
2196	責めさいなむ	責める	さいなむ	839	24	同一		
2197	抱き抱える	抱く	抱える	1136	239	同一		
2198	立ち現れる	立つ	現れる	1188	108	同一	V1bm	NCV1
2199	戯れ遊ぶ	戯れる	遊ぶ	312	3	同一		
2200	努め励む	努める	励む	138	7	同一		
2201	照り輝く	照る	輝く	883	26	同一		
2202	照り映える	照る	映える	669	36	同一	V2bm	
2203	飛び跳ねる	飛ぶ	跳ねる	1766	173	同一		
2204	富み栄える	富む	栄える	168	9	同一		
2205	鳴き叫ぶ	鳴く	叫ぶ	415	7	同一		
2206	鳴り響く	鳴る	響く	1782	373	同一		
2207	逃げ隠れる	逃げる	隠れる	290	8	同一		
2208	逃げ延びる	逃げる	延びる	945	61	同一	V2bm	
2209	願い祈る	願う	祈る	258	0	同一		
2210	寝転がる	寝る	転がる	1417	200	同一		
2211	寝転ぶ	寝る	転ぶ	1360	223	同一		
2212	寝そべる	寝る	そべる	1457	271	同一	V2bf	NCV2
2213	入り込む	入る	込む	1992	1649	同一	V2bf	
2214	跳ね飛ぶ	跳ねる	飛ぶ	253	28	同一		
2215	光り輝く	光る	輝く	1624	215	同一		
2216	放り投げる	放る	投げる	1522	264	同一		意味拡張
2217	褒め称える	褒める	称える	1513	129	同一		
2218	舞い踊る	舞う	踊る	1214	21	同一		
2219	曲がりくねる	曲がる	くねる	678	200	同一		
2220	増し加える	増す	加える	0	4	同一		
2221	増し加わる	増す	加わる	355	2	同一		
2222	迷い苦しむ	迷う	苦しむ	184	0	同一		
2223	満ち満ちる	満ちる	満ちる	276	117	同一		
2224	貪り食う	貪る	食う	1192	43	同一		
2225	貪り食らう	貪る	食らう	175	1	同一		
2226	群がり集まる	群がる	集まる	96	8	同一		
2227	群れ集まる	群れる	集まる	136	6	同一		
2228	群れ集う	群れる	集う	376	8	同一		
2229	巡り回る	巡る	回る	224	0	同一		
2230	申し述べる	申す	述べる	1320	195	同一		
2231	持ちこたえる	持つ	堪える	1300	203	同一		

2232	揺さ振る	揺する?	振る	673	564	同一	V1V2sf	複合名詞、連濁
2233	揺すぶる	揺する	振る	1110	96	同一	V1V2sf	複合名詞、連濁
2234	寄り集まる	寄る	集まる	796	86	同一		
2235	寄り集う	寄る	集う	128	6	同一		
2236	上げ渋る	上げる	渋る	218	0	事象	V2bm	
2237	言いさす	言う	さす	73	0	事象	V2bf	
2238	言い渋る	言う	渋る	396	1	事象	V2bm	
2239	言い募る	言う	募る	1426	91	事象	V2bm	
2240	言いのける	言う	のける	464	3	事象	V2bm	
2241	行き渋る	行く	渋る	111	1	事象	V2bm	
2242	売り惜しむ	売る	惜しむ	190	1	事象	V2bm	
2243	売り渋る	売る	渋る	81	1	事象	V2bm	
2244	思いふける	思う	ふける	212	2	事象	V2bm	
2245	買い渋る	買う	渋る	239	1	事象	V2bm	
2246	買い控える	買う	控える	1360	0	事象		複合名詞、連濁
2247	隠しおおせる	隠す	おおせる	337	0	事象	V2bf	
2248	貸し渋る	貸す	渋る	428	36	事象	V2bm	
2249	食い渋る	食う	渋る	838	2	事象	V2bm	
2250	咲き初める	咲く	初める	0	6	事象	V2bf	
2251	下げ渋る	下げる	渋る	1404	16	事象	V2bm	
2252	下げ止まる	下げる	止まる	1788	50	事象		複合名詞、連濁
2253	滑り止まる	滑る	止まる	116	0	事象		複合名詞、連濁
2254	出し惜しむ	出す	惜しむ	783	16	事象	V2bm	
2255	出し渋る	出す	渋る	1485	12	事象	V2bm	
2256	務め上げる	務める	上げる	817	9	事象	V2bm	
2257	泣き止む	泣く	止む	1793	145	事象		
2258	鳴き止む	鳴く	止む	446	30	事象		
2259	鳴り止む	鳴る	止む	1427	67	事象		
2260	逃げおおせる	逃げる	おおせる	900	0	事象	V2bf	
2261	伸び悩む	伸びる	悩む	1718	285	事象	V2bm	
2262	飲み疲れる	飲む	疲れる	65	4	事象		
2263	払い渋る	払う	渋る	246	0	事象	V2bm	
2264	吹き募る	吹く	募る	144	7	事象	V2bm	
2265	吹き止む	吹く	止む	94	7	事象		
2266	降り募る	降る	募る	0	5	事象	V2bm	
2267	降り止む	降る	止む	696	26	事象		
2268	吠え止む	吠える	止む	81	0	事象		
2269	舞い納める	舞う	納める	189	10	事象	V2bm	NC V2
2270	やりおおせる	やる	おおせる	114	0	事象	V2bf	
2271	読みさす	読む	さす	91	0	事象	V2bf	
2272	読み疲れる	読む	疲れる	111	1	事象		
2273	読みふける	読む	ふける	1418	82	事象	V2bm	
2274	喘ぎ狂う	喘ぐ	狂う	73	1	比喩		

2275	遊び狂う	遊ぶ	狂う	135	6	比喩		
2276	暴れ狂う	暴れる	狂う	1162	8	比喩		
2277	荒れ狂う	荒れる	狂う	1371	140	比喩		
2278	言い捨てる	言う	捨てる	1500	110	比喩		
2279	怒り狂う	怒る	狂う	1105	126	比喩		
2280	売り叩く	売る	叩く	221	12	比喩		
2281	踊り狂う	踊る	狂う	1196	41	比喩		
2282	躍り狂う	躍る	狂う	99	0	比喩		
2283	買い漁る	買う	漁る	1452	68	比喩		
2284	書き捨てる	書く	捨てる	456	21	比喩		
2285	書き飛ばす	書く	飛ばす	868	11	比喩		
2286	書き流す	書く	流す	544	5	比喩		
2287	書き殴る	書く	殴る	1021	31	比喩		複合名詞
2288	聴き漁る	聴く	漁る	159	1	比喩		
2289	着崩す	着る	崩す	1337	16	比喩		複合名詞
2290	着流す	着る	流す	196	16	比喩		複合名詞
2291	切り立つ	切る	立つ	1589	145	比喩	V1bm	NC V1	V1比喩的様態
2292	切れ上がる	切れる	上がる	583	18	比喩		
2293	食い漁る	食う	漁る	591	0	比喩		
2294	狂い咲く	狂う	咲く	588	3	比喩		V1比喩的様態、複合名詞、連濁
2295	狂い泣く	狂う	泣く	148	3	比喩		V1比喩的様態
2296	咲き競う	咲く	競う	1378	18	比喩		
2297	咲き狂う	咲く	狂う	0	1	比喩		
2298	咲きこぼれる	咲く	こぼれる	906	5	比喩		
2399	咲き誇る	咲く	誇る	1932	121	比喩		
2300	咲き乱れる	咲く	乱れる	1699	188	比喩		
2301	叫び狂う	叫ぶ	狂う	175	0	比喩		
2302	叩き売る	叩く	売る	942	20	比喩		複合名詞
2303	立ち迷う	立つ	迷う	70	7	比喩		霧など
2304	散り乱れる	散る	乱れる	124	3	比喩		
2305	突き進む	突く	進む	1255	330	比喩		V1比喩的様態
2306	突っ込む	突く	込む	3773	2125	比喩	V1sf, V2bf, V1bm	意味拡張
2307	突っ走る	突く	走る	1322	265	比喩	V1V2sf, V1bm	意味拡張
2308	轟き叫ぶ	轟く	叫ぶ	546	0	比喩		V1比喩的様態
2309	流し打つ	流す	打つ	825	4	比喩		NC sm	V1比喩的様態、複合名詞
2310	流し見る	流す	見る	373	0	比喩		V1比喩的様態、複合名詞
2311	流し読む	流す	読む	309	0	比喩		V1比喩的様態、複合名詞

2312	流れ歩く	流れる	歩く	423	12	比喩		V1比喩的様態
2313	泣き狂う	泣く	狂う	480	0	比喩		
2314	殴り込む	殴る	込む	1149	16	比喩	V2bf	V1比喩的様態、複合名詞
2315	投げ打つ	投げる	打つ	1019	70	比喩	NC sm	
2316	投げ売る	投げる	売る	319	1	比喩		V1比喩的様態、複合名詞
2317	盗み聞く	盗む	聞く	367	8	比喩		V1比喩的様態、複合名詞、連濁
2318	盗み撮る	盗む	撮る	88	0	比喩		V1比喩的様態、複合名詞
2319	盗み見る	盗む	見る	1491	110	比喩		V1比喩的様態、複合名詞
2320	盗み読む	盗む	読む	181	2	比喩		V1比喩的様態、複合名詞
2321	拾い読む	拾う	読む	144	0	比喩		複合名詞
2322	吹き荒れる	吹く	荒れる	983	223	比喩		
2323	吹きすさぶ	吹く	すさぶ	1486	0	比喩	V2bf	
2324	含み笑う	含む	笑う	95	14	比喩		V1比喩的様態、複合名詞
2325	降り注ぐ	降る	注ぐ	1849	430	比喩		意味拡張
2326	舞い狂う	舞う	狂う	182	8	比喩		
2327	乱れ打つ	乱れる	打つ	529	5	比喩		V1比喩的様態、複合名詞
2328	乱れ狂う	乱れる	狂う	573	1	比喩		
2329	乱れ咲く	乱れる	咲く	724	5	比喩		V1比喩的様態、複合名詞、連濁
2330	乱れ舞う	乱れる	舞う	345	3	比喩		V1比喩的様態
2331	貪り読む	貪る	読む	133	11	比喩		V1比喩的様態
2332	萌え狂う	萌える	狂う	346	0	比喩		
2333	燃え狂う	燃える	狂う	99	9	比喩		
2334	燃え盛る	燃える	盛る	1571	150	比喩	V2bf	意味拡張
2335	悶え狂う	悶える	狂う	738	9	比喩		
2336	読み漁る	読む	漁る	1608	72	比喩		
2337	読み流す	読む	流す	1279	11	比喩		
2338	笑い狂う	笑う	狂う	246	0	比喩		
2339	打ち明ける	打つ	明ける	1998	949	希薄	V1, V2bm	NC sm
2340	打ち当たる	打つ	当たる	305	6	希薄	V1bm	NC V1
2341	打ち興じる	打つ	興じる	303	8	希薄	V1bm	NC V1
2342	打ち切る	打つ	切る	2472	364	希薄	V1bm	NC sm
2343	打ち消す	打つ	消す	1859	263	希薄	V1bm	NC sm
2344	打ち沈む	打つ	沈む	240	12	希薄	V1bm	NC sm
2345	打ち捨てる	打つ	捨てる	262	73	希薄	V1bm	NC V1

2346	打ち揃う	打つ	揃う	90	12	希薄	V1bm	NC V1
2347	打ち続く	打つ	続く	728	33	希薄	V1bm	NC V1
2348	打ち払う	打つ	払う	1488	29	希薄	V1bm	NC V1
2349	打ち開く	打つ	開く	127	2	希薄	V1bm	NC V1
2350	打ち振る	打つ	振る	347	22	希薄	V1bm	NC V1
2351	打ち震える	打つ	震える	1317	33	希薄	V1bm	NC V1
2352	打ち負かす	打つ	負かす	1529	99	希薄	V1bm	NC V1
2353	打ち見る	打つ	見る	61	4	希薄	V1bm	NC V1
2354	打ち破る	打つ	破る	2293	316	希薄	V1bm	NC V1
2355	押し頂く	押す	頂く	225	31	希薄	V1bm	NC V1
2356	押し隠す	押す	隠す	721	57	希薄	V1bm	NC V1
2357	押し殺す	押す	殺す	1538	256	希薄	V1bm	NC sm
2358	押し迫る	押す	迫る	1083	33	希薄	V1bm	NC V1
2359	押し黙る	押す	黙る	1274	187	希薄	V1bm	NC V1
2360	押し包む	押す	包む	287	8	希薄	V1bm	NC V1
2361	押し広める	押す	広める	345	7	希薄	V1bm	NC V1
2362	押し寄せる	押す	寄せる	2052	727	希薄	V1bm	NC V1
2363	押し渡る	押す	渡る	253	8	希薄	V1bm	NC V1
2364	掻き口説く	掻く	口説く	170	13	希薄	V1bm	NC V1
2365	かき曇る	掻く	曇る	82	9	希薄	V1bm	NC V1
2366	かけ離れる	掛ける	離れる	1347	424	希薄	V1bm	NC V1
2367	掛け持つ	掛ける	持つ	874	37	希薄	V1bm	NC V1
2368	切り替える	切る	替える	2977	1605	希薄	V1bm	NC V1
2369	切り回す	切る	回す	492	34	希薄	V1bm	NC sm
2370	食いとどめる	食う	とどめる	231	0	希薄	V1bm	NC V1
2371	こき使う	扱く	使う	1340	101	希薄	V1bm	NC V1
2372	差し上げる	差す	上げる	1852	902	希薄	V1bm	NC V1
2373	差し入れる	差す	入れる	1200	258	希薄	V1bm	NC V1	意味拡張
2374	差し押さえる	差す	押さえる	683	244	希薄	V1bm	NC V1
2375	差し替える	差す	替える	4075	112	希薄	V1bm	NC V1
2376	差し替わる	差す	替わる	660	1	希薄	V1bm	NC V1
2377	差し障る	差す	障る	1434	43	希薄	V1bm	NC V1
2378	差し迫る	差す	迫る	1142	153	希薄	V1bm	NC V1
2379	差し出す	差す	出す	2338	1964	希薄	V1bm	NC V1
2380	差し遣わす	差す	遣わす	76	10	希薄	V1bm	NC V1
2381	差し止める	差す	止める	1524	171	希薄	V1bm	NC V1
2382	差し挟む	差す	挟む	1300	107	希薄	V1bm	NC V1	意味拡張
2383	差し控える	差す	控える	1510	199	希薄	V1bm	NC V1
2384	差し引く	差す	引く	2401	697	希薄	V1bm	NC V1
2385	差し招く	差す	招く	105	16	希薄	V1bm	NC V1
2386	差し回す	差す	回す	83	8	希薄	V1bm	NC V1
2387	差し向ける	差す	向ける	1517	194	希薄	V1bm	NC V1
2388	差し戻す	差す	戻す	1841	54	希薄	V1bm	NC sm

2389	差し渡す	差す	渡す	430	7	希薄	V1bm	NC V1	
2390	立ち至る	立つ	至る	324	77	希薄	V1bm	NC V1	
2391	立ち入る	立つ	入る	2024	691	希薄	V2bf	NC fs	意味拡張
2392	立ち返る	立つ	返る	1719	214	希薄	V1bm	NC sm	
2393	立ち騒ぐ	立つ	騒ぐ	596	20	希薄	V1bm	NC V1	
2394	立ち退く	立つ	退く	1587	100	希薄	V2bf	NC V1	
2395	立ち戻る	立つ	戻る	1459	140	希薄	V1bm	NC sm	
2396	立てこもる	立てる	籠る	1537	184	希薄	V1bm	NC V1	
2397	突き当たる	突く	当たる	1605	271	希薄	V1bm	NC V1	
2398	突き合わす	突く	合わす	251	6	希薄	V1bm	NC V1	
2399	突き合わせる	突く	合わせる	1721	166	希薄	V1bm	NC V1	
2400	突き返す	突く	返す	871	71	希薄	V1bm	NC V1	
2401	突っかかる	突く	かかる	1465	87	希薄	V1sf, V1bm	NC V1	
2402	突っかける	突く	かける	317	0	希薄	V1sf, V1bm	NC V1	
2403	突っ立つ	突く	立つ	359	0	希薄	V1sf, V1bm	NC V1	
2404	取り扱う	取る	扱う	3142	1653	希薄	V1bm	NC V1	
2405	執り行う	執る	行う	2005	262	希薄	V1bm	NC V1	
2406	取り押さえる	取る	押さえる	1848	99	希薄	V1bm	NC V1	
2407	取り替える	取る	替える	2267	779	希薄	V1bm	NC V1	
2408	取り囲む	取る	囲む	1749	781	希薄	V1bm	NC V1	
2409	取り片付ける	取る	片付ける	85	0	希薄	V1bm	NC V1	
2410	取り交わす	取る	交わす	1631	118	希薄	V1bm	NC sm	条約などにのみ使われる
2411	取り決める	取る	決める	1510	262	希薄	V1bm	NC V1	
2412	取り崩す	取る	崩す	2245	198	希薄	V1bm	NC sm	
2413	取り消す	取る	消す	1967	1307	希薄	V1bm	NC V1	
2414	取り殺す	取る	殺す	202	11	希薄	V1bm	NC V1	
2415	取り壊す	取る	壊す	1959	278	希薄	V1bm	NC V1	
2416	取り下げる	取る	下げる	2333	181	希薄	V1bm	NC sm	提案などにのみ使われる
2417	取り仕切る	取る	仕切る	1612	193	希薄	V1bm	NC V1	
2418	取り鎮める	取る	鎮める	78	7	希薄	V1bm	NC V1	
2419	取り調べる	取る	調べる	1438	251	希薄	V1bm	NC V1	
2420	取りすがる	取る	すがる	339	59	希薄	V1bm	NC V1	
2421	取り捨てる	取る	捨てる	157	8	希薄	V1bm	NC V1	
2422	取り澄ます	取る	澄ます	146	42	希薄	V1bm	NC V1	文法的限定
2423	取り揃える	取る	揃える	1635	112	希薄	V1bm	NC V1	
2424	取り散らかす	取る	散らかす	90	0	希薄	V1bm	NC V1	
2425	取り繕う	取る	繕う	1352	162	希薄	V1bm	NC V1	
2426	取り付ける	取る	付ける	5262	2045	希薄	V1bm	NC V1	

2427	取り潰す	取る	潰す	460	30	希薄	V1bm	NC sm	組織などにのみ使われる
2428	取り計らう	取る	計らう	474	88	希薄	V1bm	NC V1	
2429	取り運ぶ	取る	運ぶ	115	6	希薄	V1bm	NC V1	
2430	取り省く	取る	省く	138	0	希薄	V1bm	NC V1	
2431	取り払う	取る	払う	1576	284	希薄	V1bm	NC V1	
2432	取り巻く	取る	巻く	2098	1488	希薄	V1bm	NC V1	
2433	取り混ぜる	取る	混ぜる	322	47	希薄	V1bm	NC V1	
2434	取りまとめる	取る	まとめる	1642	679	希薄	V1bm	NC V1	
2435	取り回す	取る	回す	1416	27	希薄	V1bm	NC V1	
2436	取り乱す	取る	乱す	1149	206	希薄	V1bm	NC V1	
2437	取り結ぶ	取る	結ぶ	1337	63	希薄	V1bm	NC V1	
2438	取り戻す	取る	戻す	3000	2265	希薄	V1bm	NC V1	
2439	取り止める	取る	止める	1587	195	希薄	V1bm	NC V1	
2440	取り寄せる	取る	寄せる	2018	476	希薄	V1bm	NC sm	
2441	引き合わす	引く	合わす	130	27	希薄	V1bm	NC V1	
2442	引き合わせる	引く	合わせる	1515	109	希薄	V1bm	NC sm	
2443	引き起こる	引く	起こる	807	0	希薄	V1bm	NC V1	
2444	引き返す	引く	返す	1735	947	希薄	V1bm	NC sm	
2445	引き換える	引く	換える	1721	334	希薄	V1bm	NC sm	意味拡張
2446	引き比べる	引く	比べる	310	22	希薄	V1bm	NC V1	
2447	引き絞る	引く	絞る	1583	55	希薄	V1bm	NC sm	
2448	引きしめる	引く	締める	1103	602	希薄	V1bm	NC V1	意味拡張
2449	引き継ぐ	引く	継ぐ	3023	1418	希薄	V1bm	NC V1	
2450	引き続く	引く	続く	2553	4181	希薄	V1bm	NC V1	文法的限定
2451	引き詰める	引く	詰める	289	17	希薄	V1bm	NC V1	
2452	引きつる	引く	つる	1464	387	希薄	V1bm	NC sm	
2453	引きとどめる	引く	とどめる	284	0	希薄	V1bm	NC V1	
2454	引き結ぶ	引く	結ぶ	353	54	希薄	V1bm	NC V1	
2455	引き渡す	引く	渡す	2303	480	希薄	V1bm	NC sm	
2456	引っかかる	引く	かかる	2144	1413	希薄	V1sf	NC V1	意味拡張
2457	引っ掻く	引く	掻く	1552	374	希薄	V1sf	NC V1	
2458	引っかける	引く	かける	1757	606	希薄	V1sf	NC V1	
2459	引っ被る	引く	被る	102	0	希薄	V1sf	NC V1	
2460	ぶち上げる	打つ	上げる	1374	37	希薄	V1bm	NC sm	
2461	ぶち当たる	打つ	当たる	1582	101	希薄	V1bm	NC V1	
2462	ぶち壊す	打つ	壊す	1600	142	希薄	V1bm	NC V1	
2463	ぶっかける	打つ	掛ける	0	77	希薄	V1sf	NC V1	
2464	ぶっ殺す	打つ	殺す	0	54	希薄	V1sf	NC V1	
2465	ぶっ壊す	打つ	壊す	0	51	希薄	V1sf	NC V1	
2466	ぶっ壊れる	打つ	壊れる	0	34	希薄	V1sf	NC V1	
2467	ぶっ倒す	打つ	倒す	0	6	希薄	V1sf	NC V1	
2468	ぶったまげる	打つ	たまげる	0	15	希薄	V1sf	NC V1	

2469	ぶっ潰す	打つ	潰す	0	35	希薄	V1sf	NC V1
2470	ぶっ飛ばす	打つ	飛ばす	0	101	希薄	V1sf	NC V1
2471	振り仰ぐ	振る	仰ぐ	711	70	希薄	V1bm	NC V1
2472	持てはやす	持てる	はやす	1169	238	希薄	V1, V2bf	NC V1
2473	煽り返す	煽る	返す	844	0	補助	V2bm	
2474	煽り立てる	煽る	立てる	1346	82	補助	V2bm	
2475	呆れ返る	呆れる	返る	1289	86	補助	V2bm	
2476	呆れ果てる	呆れる	果てる	1159	61	補助	V2bm	
2477	開け放つ	開ける	放つ	1471	167	補助	V2bm	
2478	明け行く	明ける	行く	345	0	補助	V2bm, V2sf	文法的限定、文語的
2479	明け渡る	明ける	渡る	103	2	補助	V2bm	
2480	預け替える	預ける	替える	220	8	補助	V2bm	
2481	遊び込む	遊ぶ	込む	270	0	補助	V2bf	
2482	当たり散らす	当たる	散らす	1313	55	補助	V2bm	
2483	暴き立てる	暴く	立てる	437	21	補助	V2bm	
2484	あふれ返る	あふれる	返る	1323	115	補助	V2bm	
2485	甘えかかる	甘える	かかる	215	0	補助	V2bm	
2486	洗い替える	洗う	替える	70	0	補助	V2bm	
2487	洗い込む	洗う	込む	464	0	補助	V2bf	
2488	洗い立てる	洗う	立てる	80	0	補助	V2bm	
2489	荒れ果てる	荒れる	果てる	626	0	補助	V2bm	
2490	合わせ込む	合わせる	込む	703	0	補助	V2bf	
2491	居合わせる	居る	合わせる	1641	327	補助	V2bm	
2492	言い誤る	言う	誤る	50	0	補助	V2bm	
2493	言い返す	言う	返す	1841	553	補助	V2bm	
2494	言い替える	言う	替える	1835	1187	補助	V2bm	
2495	言い交わす	言う	交わす	89	0	補助	V2bm	
2496	言い切る	言う	切る	2259	1074	補助	V2bm	
2497	言いくさる	言う	くさる	243	1	補助	V2bm	
2498	言い足す	言う	足す	160	27	補助	V2bm	
2499	言い立てる	言う	立てる	1420	90	補助	V2bm	NC sm
2500	言い散らす	言う	散らす	235	1	補助	V2bm	
2501	言い付ける	言う	付ける	585	251	補助	V2bm	NC V2
2502	言い放つ	言う	放つ	1729	360	補助	V2bm	
2503	言い張る	言う	張る	1749	485	補助	V2bm	NC V2
2504	言い回す	言う	回す	167	9	補助	V2bm	
2505	言い淀む	言う	淀む	727	76	補助	V2bm	
2506	言い分ける	言う	分ける	568	9	補助	V2bm	
2507	怒り散らす	怒る	散らす	140	0	補助	V2bm	
2508	生き急ぐ	生きる	急ぐ	956	27	補助	V2bm	
2509	行き遅れる	行く	遅れる	746	0	補助		

2510	行き交う	行く	交う	1738	319	補助	V2bf		
2511	生き返る	生きる	返る	1932	274	補助	V2bm		
2512	行き違う	行く	違う	1219	38	補助	V2bm		
2513	行き悩む	行く	悩む	295	0	補助	V2bm		
2514	生き延びる	生きる	延びる	1743	594	補助	V2bm		
2515	いきり立つ	いきる	立つ	1014	110	補助	V2bm		
2516	行き渡る	行く	渡る	1667	0	補助	V2bm		意味拡張
2517	勇み立つ	勇む	立つ	156	19	補助	V2bm		
2518	いじめ返す	いじめる	返す	135	0	補助	V2bm		
2519	いじり回す	いじる	回す	487	42	補助	V2bm		
2520	射出す	射る	出す	86	19	補助	V2bm		
2521	痛み入る	痛む	入る	272	15	補助	V2bf		
2522	痛めつける	痛める	つける	1544	214	補助	V2bm		
2523	威張り腐る	威張る	腐る	295	0	補助	V2bm		
2524	威張り散らす	威張る	散らす	976	28	補助	V2bm		
2525	入れ替える	入れる	替える	2319	582	補助	V2bm		
2526	入れ違う	入れる	違う	1098	24	補助	V1, V2bm	NC V1	複合名詞
2527	色めき立つ	色めく	立つ	1176	0	補助		NC sm	
2528	植え替える	植える	替える	5186	150	補助	V2bm		
2529	植え戻す	植える	戻す	108	0	補助	V2bm		
2530	浮き立つ	浮く	立つ	1449	111	補助	V2bm	NC sm	
2531	請け合う	請ける	合う	508	145	補助	V2bm	NC V2	
2532	受け止める	受ける	止める	2783	2420	補助	V2bm	NC V2	
2533	薄れ行く	薄れる	行く	1279	0	補助	V2bm, V2sf		文語的
2534	歌い上げる	歌う	上げる	1742	96	補助	V2bm		
2535	歌い交わす	歌う	交わす	104	0	補助	V2bm		
2536	歌い込む	歌う	込む	663	8	補助	V2bf		
2537	歌い分ける	歌う	分ける	417	1	補助	V2bm		
2538	打ちあぐむ	打つ	あぐむ	203	2	補助	V2bf		
2539	打ち合わす	打つ	合わす	240	8	補助	V2bm		
2540	打ち急ぐ	打つ	急ぐ	148	5	補助	V2bm		
2541	打ち下ろす	打つ	下ろす	1700	57	補助	V2bm		
2542	打ち据える	打つ	据える	1184	55	補助	V2bm	NC V2	
2543	打ち付ける	打つ	付ける	1881	305	補助	V2bm		
2544	打ち分ける	打つ	分ける	1838	32	補助	V2bf		
2545	訴えかける	訴える	かける	1683	132	補助	V2bm		
2546	移り行く	移る	行く	1333	0	補助	V2bm, V2sf	NC sm	文語的
2547	移ろい行く	移ろう	行く	716	0	補助	V2bm, V2sf		文語的
2548	生まれ合わせる	生まれる	合わせる	173	4	補助	V2bm		

2549	生まれつく	生まれる	つく	310	171	補助	V2bm	
2550	生み分ける	生む	分ける	1240	45	補助	V2bm	
2551	埋め立てる	埋める	立てる	2325	226	補助	V2bm	NC V2
2552	売り急ぐ	売る	急ぐ	647	7	補助	V2bm	
2553	売りつける	売る	つける	2591	170	補助	V2bm	
2554	えぐり込む	えぐる	込む	238	1	補助	V2bf	
2555	演じ分ける	演ずる	分ける	1412	16	補助	V2bm	
2556	追い上げる	追う	上げる	1770	94	補助	V2bm	NC V2
2557	追いかける	追う	かける	2359	2071	補助	V2bm	NC V2
2558	追い込む	追う	込む	2774	1229	補助	V2bf	
2559	老い込む	老いる	込む	316	0	補助	V2bf	
2560	追い立てる	追う	立てる	1306	189	補助	V2bm	
2561	追い詰める	追う	詰める	1827	832	補助	V2bm	
2562	追い回す	追う	回す	1558	134	補助	V2bm	
2563	老い行く	老いる	行く	151	0	補助	V2bm, V2sf	文語的
2564	仰せ付ける	仰せる	付ける	0	52	補助		
2565	拝み倒す	拝む	倒す	392	10	補助	V2bm	
2566	起き直る	起きる	直る	218	27	補助	V2bm	<正しく〜の状態になる>
2567	送りつける	送る	つける	1523	191	補助	V2bm	
2568	押さえ込む	押さえる	込む	3267	359	補助	V2bf	
2569	押しかかる	押す	かかる	344	0	補助	V1, V2bm	NC V1
2570	押し切る	押す	切る	1576	270	補助	V2bm	
2571	恐れ入る	恐れる	入る	1023	294	補助	V2bf	
2572	おだて上げる	おだてる	上げる	145	7	補助	V2bm	
2573	落ち着き払う	落ち着く	払う	165	0	補助	V2bm	
2574	落ち行く	落ちる	行く	749	0	補助	V2bm, V2sf	文語的
2575	追っかけ回す	追っかける	回す	385	0	補助	V2bm	
2576	追っかける	追う	かける	1565	0	補助	V2bm	NC V2
2577	脅し上げる	脅す	上げる	144	0	補助	V2bm	
2578	脅しつける	脅す	つける	319	22	補助	V2bm	
2579	踊り込む	踊る	込む	187	6	補助	V2bf	
2580	衰え行く	衰える	行く	173	0	補助	V2bm, V2sf	文語的
2581	驚き入る	驚く	入る	315	37	補助	V2bf	
2582	思い余る	思う	余る	114	55	補助	V2bm	文法的限定
2583	思い合わせる	思う	合わせる	819	36	補助	V2bm	
2584	思い入る	思う	入る	650	2	補助	V2bf	
2585	思い返す	思う	返す	1271	313	補助	V2bm	
2586	思い切る	思う	切る	943	543	補助	V2bm	NC V2	文法的限定

2587	思い込む	思う	込む	3303	914	補助	V2bf	NC fs
2588	思い立つ	思う	立つ	1150	403	補助	V2bm	
2589	思いつく	思う	つく	2450	1816	補助	V2bm	
2590	思い詰める	思う	詰める	1407	268	補助	V2bm	NC V2
2591	思いなす	思う	做す	971	12	補助	V2bf	
2592	思い巡らす	思う	巡らす	0	62	補助	V2bm	
2593	思いやる	思う	遣る	2163	381	補助	V2bm	NC V2
2594	泳ぎ込む	泳ぐ	込む	108	0	補助	V2bf	
2595	折り返す	折る	返す	2910	272	補助	V2bm	
2596	買い上げる	買う	上げる	1879	226	補助	V2bm	
2597	買い急ぐ	買う	急ぐ	456	2	補助	V2bm	
2598	飼い込む	飼う	込む	1107	0	補助	V2bf	NC fs
2599	買い占める	買う	占める	1937	86	補助	V2bm	
2600	買い進める	買う	進める	470	1	補助	V2bm	
2601	買い足す	買う	足す	1762	138	補助	V2bm	
2602	買い叩く	買う	叩く	1379	48	補助	V2bm	NC V2
2603	買い付ける	買う	付ける	1971	111	補助	V2bm	NC V2
2604	買い増す	買う	増す	1954	20	補助	V2bm	
2605	買い分ける	買う	分ける	123	0	補助	V2bm	
2606	帰り行く	帰る	行く	226	0	補助	V2bm	文語的
2607	薫り立つ	薫る	立つ	661	13	補助		
2608	抱え込む	抱える	込む	1671	485	補助	V2bf	
2609	かがみ込む	かがむ	込む	69	210	補助	V2bf	
2610	輝き渡る	輝く	渡る	96	0	補助	V2bm	
2611	掻き上げる	掻く	上げる	1890	240	補助	V2bm	
2612	書き下ろす	書く	下ろす	2422	99	補助	V2bm	
2613	書き下す	書く	下す	1088	19	補助	V2bm	
2614	書き進める	書く	進める	1762	36	補助	V2bm	
2615	書き足す	書く	足す	2574	48	補助	V2bm	
2616	掻き立てる	掻く	立てる	1483	428	補助	V2bm	
2617	書き立てる	書く	立てる	1377	82	補助	V2bm	
2618	書き散らす	書く	散らす	1196	26	補助	V2bm	
2619	書きつける	書く	つける	949	182	補助	V2bm	
2620	嗅ぎつける	嗅ぐ	つける	1116	136	補助	V2bm	
2621	書き分ける	書く	分ける	2655	43	補助	V2bm	
2622	隠し込む	隠す	込む	151	3	補助	V2bf	
2623	掛け替える	掛ける	替える	1063	55	補助	V2bm	
2624	掛け込む	掛ける	込む	123	2	補助	V2bf	NC sm
2625	掛け違う	掛ける	違う	118	13	補助	V2bm	
2626	駆けつける	駆ける	つける	2819	1347	補助	V2bm	
2627	飾り立てる	飾る	立てる	1292	117	補助	V2bm	
2628	貸し切る	貸す	切る	1685	75	補助	V2bm	
2629	貸し込む	貸す	込む	95	0	補助	V2bf	

2630	貸し付ける	貸す	付ける	2538	198	補助	V2bm		
2631	数え上げる	数える	上げる	1259	108	補助	V2bm		
2632	数え立てる	数える	立てる	100	12	補助	V2bm		
2633	語り下ろす	語る	下ろす	141	0	補助	V2bm		
2634	語りかける	語る	かける	1691	631	補助	V2bm		
2635	勝ち抜く	勝つ	抜く	2121	0	補助	V2bm		
2636	噛み合う	噛む	合う	2405	272	補助	V2bm	NC sm	
2637	噛み返す	噛む	返す	211	1	補助	V2bm		
2638	噛みしめる	噛む	締める	1784	522	補助	V2bm		意味拡張
2639	通い詰める	通う	詰める	1290	60	補助	V2bm		
2640	刈り上げる	刈る	上げる	1638	34	補助	V2bm		
2641	借り上げる	借りる	上げる	1594	33	補助	V2bm		
2642	借り切る	借りる	切る	1259	0	補助	V2bm		
2643	刈り込む	刈る	込む	2383	76	補助	V2bf		
2644	駆り立てる	駆る	立てる	1454	301	補助	V1, V2bm	NC V2	
2645	枯れ上がる	枯れる	上がる	241	4	補助			
2646	枯れ込む	枯れる	込む	590	1	補助	V2bf		
2647	枯れ果てる	枯れる	果てる	782	0	補助	V2bm		
2648	枯れ行く	枯れる	行く	249	1	補助	V2bm, V2sf		文語的
2649	変わり果てる	変わる	果てる	526	0	補助	V2bm		
2650	変わり行く	変わる	行く	1236	33	補助	V2bm, V2sf		文語的
2651	考え合わせる	考える	合わせる	1305	178	補助	V2bm		
2652	考え込む	考える	込む	1480	754	補助	V2bf		
2653	考えつく	考える	つく	1166	253	補助	V2bm		
2654	感じ入る	感じる	入る	1415	91	補助	V2bf		
2655	消え入る	消える	入る	1261	90	補助	V2bf		
2656	消え行く	消える	行く	1704	51	補助	V2bm, V2sf		文語的
2657	気負い込む	気負う	込む	51	0	補助	V2bf		
2658	聞き入る	聞く	入る	2926	214	補助	V2bf		
2659	聞き返す	聞く	返す	2587	556	補助	V2bm		
2660	聞き込む	聞く	込む	3301	81	補助	V2bf		
2661	聴き進める	聴く	進める	165	0	補助	V2bm		
2662	聞き違う	聞く	違う	76	12	補助	V2bm		
2663	聞きつける	聞く	つける	1249	266	補助	V2bm		
2664	聞き届ける	聞く	届ける	751	63	補助	V2bm	NC sm	
2665	着込む	着る	込む	1842	237	補助	V2bf		
2666	刻み込む	刻む	込む	1439	272	補助	V2bf		
2667	鍛え込む	鍛える	込む	201	0	補助	V2bf		
2668	着回す	着る	回す	1212	30	補助	V2bm		

No.	語	V1	V2	頻度	BCCWJ	補助	型	NC	備考
2669	決め込む	決める	込む	1608	233	補助	V2bf		
2670	決めつける	決める	つける	2057	625	補助	V2bm	NC V2	
2671	切り上げる	切る	上げる	3206	318	補助	V2bm	NC V1	様々な意味
2672	切り返す	切る	返す	1380	146	補助	V2bm	NC V2	
2673	切り足す	切る	足す	251	2	補助	V2bm		
2674	切りつける	切る	つける	3713	170	補助	V2bm		
2675	切り結ぶ	切る	結ぶ	1823	33	補助	V2bm	NC V2	
2676	切れ込む	切れる	込む	1876	48	補助	V2bf		
2677	着分ける	着る	分ける	156	1	補助	V2bm		
2678	食い上げる	食う	上げる	179	0	補助	V2bm		
2679	食い切る	食う	切る	929	3	補助	V2bm		
2680	食い締める	食う	締める	264	3	補助	V2bm	NC sm	
2681	食い倒す	食う	倒す	541	0	補助	V2bm		
2682	腐り果てる	腐る	果てる	182	0	補助	V2bm		
2683	腐り行く	腐る	行く	180	0	補助	V2bm, V2sf		文語的
2684	崩れ込む	崩れる	込む	219	4	補助	V2bf		
2685	崩れ行く	崩れる	行く	702	0	補助	V2bm, V2sf		文語的
2686	朽ち果てる	朽ちる	果てる	1080	0	補助	V2bm		
2687	朽ち行く	朽ちる	行く	170	0	補助	V2bm, V2sf		文語的
2688	酌み交わす	酌む	交わす	1532	0	補助	V2bm		
2689	組み分ける	組む	分ける	105	1	補助	V2bm		
2690	食らい込む	食らう	込む	144	1	補助	V2bf		
2691	暮れなずむ	暮れる	なずむ	0	25	補助	V2bf		
2692	暮れ行く	暮れる	行く	1263	7	補助	V2bm, V2sf		文語的
2693	消し込む	消す	込む	1791	0	補助	V2bf	NC fs	
2694	削り込む	削る	込む	1404	16	補助	V2bf		
2695	蹴りつける	蹴る	つける	1220	3	補助	V2bm		
2696	蹴り分ける	蹴る	分ける	102	0	補助	V2bm		
2697	凍りつく	凍る	つく	1841	464	補助	V2bm		
2698	こき下ろす	扱く	下ろす	1479	68	補助	V2bm	NC sm	
2699	小突き回す	小突く	回す	127	0	補助	V2bm		
2700	こね回す	こねる	回す	1212	27	補助	V2bm		
2701	困り抜く	困る	抜く	58	0	補助	V2bm		
2702	困り果てる	困る	果てる	1269	0	補助	V2bm		
2703	混み合う	混む	合う	1683	148	補助	V2bm	NC V2	
2704	込み入る	込む	入る	192	120	補助	V1, V2bf		
2705	壊れ行く	壊れる	行く	237	0	補助	V2bm, V2sf		文語的
2706	冴え返る	冴える	返る	456	21	補助	V2bm		

2707	冴え渡る	冴える	渡る	1417	0	補助	V2bm		
2708	騒ぎ立つ	騒ぐ	立つ	480	14	補助	V2bm		
2709	咲き上がる	咲く	上がる	164	0	補助	V2bm		
2710	咲き分ける	咲く	分ける	343	0	補助	V2bm		
2711	叫び返す	叫ぶ	返す	409	25	補助	V2bm		
2712	叫び散らす	叫ぶ	散らす	197	0	補助	V2bm		
2713	支え上げる	支える	上げる	113	0	補助	V2bm		
2714	ささくれ立つ	ささくれる	立つ	1090	35	補助	V2bm		連濁
2715	囁きかける	囁く	かける	1450	39	補助	V2bm		
2716	差し入る	差す	入る	274	12	補助	V2bf		
2717	刺し返す	刺す	返す	115	1	補助	V2bm		
2718	差し掛かる	差す	掛かる	1735	578	補助	V1, V2bm	NC	V1
2719	差しかける	差す	かける	422	27	補助	V2bm		
2720	差し切る	差す	切る	1421	2	補助	V2bm		
2721	刺し違える	刺す	違える	1529	31	補助	V2bf	NC	V2
2722	さすり上げる	さする	上げる	289	1	補助	V2bm		
2723	誘い返す	誘う	返す	97	0	補助	V2bm		
2724	誘いかける	誘う	かける	1109	29	補助	V2bm		
2725	寂れ行く	寂れる	行く	137	0	補助	V2bm, V2sf		文語的
2726	晒し上げる	晒す	上げる	1293	0	補助	V2bm		
2727	騒ぎ立てる	騒ぐ	立てる	1406	150	補助	V2bm		
2728	ざわめき立つ	ざわめく	立つ	685	14	補助	V2bm		
2729	叱りつける	叱る	つける	1388	160	補助	V2bm		
2730	叱り飛ばす	叱る	飛ばす	1051	16	補助	V2bm		
2731	敷き込む	敷く	込む	1962	13	補助	V2bf		
2732	敷き詰める	敷く	詰める	2352	328	補助	V2bm		
2733	しごき上げる	しごく	上げる	488	5	補助	V2bm		
2734	静まり返る	静まる	返る	1276	478	補助	V2bm		
2735	死に急ぐ	死ぬ	急ぐ	634	13	補助	V2bm		
2736	死に遅れる	死ぬ	遅れる	53	0	補助	V2bm		
2737	死に行く	死ぬ	行く	2403	0	補助	V2bm, V2sf		文語的
2738	縛り上げる	縛る	上げる	1519	97	補助	V2bm		
2739	絞り上げる	絞る	上げる	1046	46	補助	V2bm		
2740	染み入る	しみる	入る	1246	54	補助	V2bf		
2741	染みとおる	しみる	とおる	301	54	補助	V2bm		
2742	染み渡る	しみる	渡る	749	0	補助	V2bm		
2743	締め上げる	締める	上げる	2531	113	補助	V2bm		
2744	締め切る	締める	切る	2589	197	補助	V2bm	NC	sm
2745	締め込む	締める	込む	1846	7	補助	V2bf		

2746	閉め込む	閉める	込む	346	0	補助	V2bf		
2747	示し合わす	示す	合わす	65	3	補助	V2bm		
2748	示し合わせる	示す	合わせる	127	60	補助	V2bm		
2749	締め付ける	締める	付ける	2138	533	補助	V2bm		意味拡張
2750	しゃがみ込む	しゃがむ	込む	1280	312	補助	V2bf		
2751	しゃくり上げる	しゃくる	上げる	671	89	補助	V1bf, V2bm		
2752	しゃぶり上げる	しゃぶる	上げる	92	0	補助	V2bm		
2753	しゃべりかける	しゃべる	かける	1222	0	補助	V2bm		
2754	しゃべり散らす	しゃべる	散らす	145	0	補助	V2bm		
2755	じゃれかかる	じゃれる	かかる	138	0	補助	V2bm		
2756	洒落込む	洒落る	込む	1322	15	補助	V2bf		
2757	じゃれつく	じゃれる	つく	1287	36	補助	V2bm	NC V2	
2758	しょげ返る	しょげる	返る	95	0	補助	V2bm		
2759	調べ上げる	調べる	上げる	1407	76	補助	V2bm		
2760	知れ渡る	知れる	渡る	1511	0	補助			
2761	信じ込む	信ずる	込む	1331	209	補助	V2bf		
2762	透き通る	透く	通る	1686	329	補助	V1bf, V2bm		
2763	すくみ上がる	すくむ	上がる	173	38	補助	V2bm		
2764	廃れ行く	廃れる	行く	287	0	補助	V2bm, V2sf		文語的
2765	住み替える	住む	替える	1677	22	補助			
2766	住み込む	住む	込む	1202	89	補助	V2bf		
2767	住みなす	住む	成す	244	4	補助	V2bm	NC V2	
2768	住み分ける	住む	分ける	840	22	補助	V2bm		
2769	澄み渡る	澄む	渡る	1441	0	補助	V2bm		
2770	擦れ違う	擦る	違う	1554	601	補助	V2bm	NC V1	意味拡張
2771	座り込む	座る	込む	1636	646	補助	V2bf		
2772	背負い込む	背負う	込む	1511	73	補助	V2bf	NC sm	
2773	咳き込む	咳く	込む	1846	257	補助	V2bf		
2774	急き込む	急く	込む	179	19	補助	V1, V2bf		
2775	急き立てる	急く	立てる	568	98	補助	V1bf, V2bm		
2776	攻めあぐむ	攻める	あぐむ	706	9	補助	V2bf		
2777	責め上げる	責める	上げる	219	0	補助	V2bm		
2778	攻め急ぐ	攻める	急ぐ	135	0	補助	V2bm		
2779	攻め返す	攻める	返す	170	0	補助	V2bm		
2780	攻めかける	攻める	かける	112	17	補助	V2bm		
2781	責め倒す	責める	倒す	71	0	補助	V2bm		
2782	攻め立てる	攻める	立てる	1442	60	補助	V2bm		
2783	責め立てる	責める	立てる	1351	89	補助	V2bm		

2784	責めつける	責める	つける	169	5	補助	V2bm	
2785	注ぎ足す	注ぐ	足す	1439	36	補助	V2bm	手段ともとれる
2786	育ち行く	育つ	行く	147	8	補助	V2bm, V2sf	文語的
2787	育て上げる	育てる	上げる	1564	172	補助	V2bm	
2788	反っくり返る	反る	返る	204	19	補助	V1bf, V2bm	
2789	剃り上げる	剃る	上げる	547	37	補助	V2bm	
2790	反り返す	反る	返す	110	2	補助	V2bm	
2791	反り返る	反る	返る	1648	108	補助	V2bm	
2792	剃り込む	剃る	込む	109	0	補助	V2bf	
2793	存じ上げる	存じる	上げる	756	74	補助	V2bm	
2794	絶え入る	絶える	入る	98	14	補助	V2bf	
2795	倒し込む	倒す	込む	705	1	補助	V2bf	
2796	倒れ込む	倒れる	込む	1526	283	補助	V2bf	
2797	倒れ行く	倒れる	行く	359	0	補助	V2bm, V2sf	文語的
2798	炊き分ける	炊く	分ける	189	0	補助	V2bm	
2799	猛り立つ	猛る	立つ	104	13	補助	V1bf	
2800	尋ね返す	尋ねる	返す	469	35	補助	V2bm	
2801	尋ねかける	尋ねる	かける	371	0	補助	V2bm	
2802	叩き返す	叩く	返す	871	20	補助	V2bm	
2803	叩き分ける	叩く	分ける	84	0	補助	V2bm	
2804	畳み掛ける	畳む	かける	1133	126	補助	V2bm	NC sm
2805	立ち遅れる	立つ	遅れる	589	18	補助	V2bm	意味拡張
2806	立ち込む	立つ	込む	1439	7	補助	V2bf	
2807	立ち尽くす	立つ	尽くす	1519	396	補助	V2bm	NC V2
2808	立ち直る	立つ	直る	1611	596	補助	V2bm	
2809	建て込む	建てる	込む	1316	22	補助	V2bf	
2810	建て増す	建てる	増す	159	23	補助	V2bm	
2811	立て分ける	立てる	分ける	143	0	補助	V2bm	
2812	頼み込む	頼む	込む	1350	176	補助	V2bf	
2813	食べ合わせる	食べる	合わせる	507	13	補助	V2bm	
2814	食べ込む	食べる	込む	115	0	補助	V2bf	
2815	食べ進める	食べる	進める	1259	4	補助	V2bm	
2816	食べ分ける	食べる	分ける	619	0	補助	V2bm	
2817	騙し込む	騙す	込む	79	3	補助	V2bf	
2818	黙りこくる	黙る	こくる	547	120	補助	V2bf	
2819	黙り込む	黙る	込む	1193	376	補助	V2bf	
2820	垂れ込む	垂れる	込む	743	28	補助	V2bf	NC V2
2821	散り急ぐ	散る	急ぐ	307	5	補助	V2bm	
2822	散り行く	散る	行く	1457	0	補助	V2bm, V2sf	文語的

2823	使い込む	使う	込む	2130	164	補助	V2bf	
2824	使い回す	使う	回す	1664	102	補助	V2bm	NC fs
2825	使い分ける	使う	分ける	1628	606	補助	V2bm	
2826	疲れ果てる	疲れる	果てる	1165	0	補助	V2bm	
2827	突きかかる	突く	かかる	96	17	補助	V2bm	
2828	突き切る	突く	切る	83	0	補助	V2bm	
2829	継ぎ足す	継ぐ	足す	1833	45	補助	V2bm	手段ともとれる
2830	突き回す	突く	回す	135	12	補助	V2bm	
2831	作り込む	作る	込む	2532	41	補助	V2bf	
2832	作り足す	作る	足す	202	1	補助	V2bm	
2833	作り分ける	作る	分ける	1255	5	補助	V2bm	
2834	漬け込む	漬ける	込む	2906	195	補助	V2bf	
2835	付け込む	付ける	込む	1506	210	補助	V2bf	NC sm
2836	付け足す	付ける	足す	1610	124	補助	V2bm	NC sm
2837	付け回す	付ける	回す	697	48	補助	V2bm	
2838	つつき回す	つつく	回す	618	12	補助	V2bm	
2839	つねり上げる	つねる	上げる	152	0	補助	V2bm	
2840	積み替える	積む	替える	1789	29	補助	V2bm	
2841	積み込む	積む	込む	2289	241	補助	V2bf	
2842	積み増す	積む	増す	1458	33	補助	V2bm	
2843	詰め替える	詰める	替える	1154	90	補助	V2bm	
2844	詰めかける	詰める	かける	1391	205	補助	V2bm	NC sm
2845	詰め切る	詰める	切る	306	0	補助	V2bm	
2846	釣り分ける	釣る	分ける	148	0	補助	V2bm	
2847	連れ立つ	連れる	立つ	347	182	補助	V2bm	NC V2
2848	連れ回す	連れる	回す	1537	35	補助	V2bm	
2849	出遅れる	出る	遅れる	1311	0	補助	V2bm	
2850	出っ張る	出る	張る	1827	101	補助	V1V2sf	NC V2
2851	出払う	出る	払う	424	32	補助	V2bm	NC V2
2852	出張る	出る	張る	1479	42	補助	V2sf	NC V2	連濁
2853	照らしつける	照らす	つける	101	0	補助	V2bm	
2854	照り返す	照る	返す	1273	29	補助	V2bm	
2855	照り込む	照る	込む	78	0	補助	V2bf	
2856	照りつける	照る	つける	1603	131	補助	V2bm	
2857	問い合わす	問う	合わす	802	5	補助	V2bm	NC V2
2858	問い合わせる	問う	合わせる	914	1992	補助	V2bm	NC V2
2859	問い返す	問う	返す	1294	166	補助	V2bm	
2860	問いかける	問う	かける	1795	666	補助	V2bm	
2861	問い詰める	問う	詰める	1587	287	補助	V2bm	
2862	通りすがる	通る	すがる	1111	10	補助	V2bm	NC V2
2863	咎め立てる	咎める	立てる	213	21	補助	V2bm	
2864	解き進める	解く	進める	386	0	補助	V2bm	
2865	説きつける	説く	つける	106	11	補助	V2bm	

No	複合語	V1	V2	頻度1	頻度2	補助	V2種	備考
2866	溶け込む	溶ける	込む	2111	493	補助	V2bf	意味拡張
2867	溶け行く	溶ける	行く	117	0	補助	V2bm, V2sf	文語的
2868	轟き渡る	轟く	渡る	327	0	補助	V2bm	
2869	怒鳴り上げる	怒鳴る	上げる	114	0	補助	V2bm	
2870	怒鳴り返す	怒鳴る	返す	662	52	補助	V2bm	
2871	怒鳴り立てる	怒鳴る	立てる	144	7	補助	V2bm	
2872	怒鳴り散らす	怒鳴る	散らす	1292	59	補助	V2bm	
2873	怒鳴りつける	怒鳴る	つける	1434	212	補助	V2bm	
2874	怒鳴り飛ばす	怒鳴る	飛ばす	85	4	補助	V2bm	
2875	飛び交う	飛ぶ	交う	1957	453	補助	V2bf	意味拡張
2876	飛び違う	飛ぶ	違う	82	2	補助	V2bm	
2877	撮り下ろす	撮る	下ろす	538	26	補助	V2bm	
2878	取り掛かる	取る	掛かる	1742	825	補助	V1, V2bm	NC V1
2879	取り立てる	取る	立てる	1592	365	補助	V2bm	NC V2
2880	取り分ける	取る	分ける	2044	149	補助	V2bm	
2881	眺め入る	眺める	入る	483	16	補助	V2bf	
2882	眺め下ろす	眺める	下ろす	166	11	補助	V2bm	
2883	眺め回す	眺める	回す	605	79	補助	V2bm	
2884	眺めやる	眺める	遣る	519	58	補助	V2bm	
2885	眺め渡す	眺める	渡す	233	37	補助	V2bm	
2886	泣き入る	泣く	入る	341	3	補助	V2bf	
2887	鳴き交わす	鳴く	交わす	478	0	補助	V2bm	
2888	泣き込む	泣く	込む	102	1	補助	V2bf	
2889	鳴き立てる	鳴く	立てる	164	20	補助	V2bm	
2890	殴り返す	殴る	返す	1166	22	補助	V2bm	
2891	殴りつける	殴る	つける	1574	186	補助	V2bm	
2892	投げ急ぐ	投げる	急ぐ	70	0	補助	V2bm	
2893	投げかける	投げる	かける	1698	613	補助	V2bm	意味拡張
2894	投げつける	投げる	つける	2136	497	補助	V2bm	
2895	投げ分ける	投げる	分ける	1608	4	補助	V2bm	
2896	撫で上げる	撫でる	上げる	1488	36	補助	V2bm	
2897	撫で下ろす	撫でる	下ろす	1598	211	補助	V2bm	NC fs
2898	撫でつける	撫でる	つける	523	112	補助	V2bm	
2899	撫で回す	撫でる	回す	1507	91	補助	V2bm	
2900	なめ上げる	なめる	上げる	65	23	補助	V2bm	
2901	なめ回す	なめる	回す	1142	97	補助	V2bm	
2902	悩み込む	悩む	込む	87	0	補助	V2bf	
2903	鳴らし込む	鳴らす	込む	364	0	補助	V2bf	
2904	鳴らし分ける	鳴らす	分ける	139	0	補助	V2bm	
2905	並べ替える	並べる	替える	2731	130	補助	V2bm	
2906	成り済ます	成る	済ます	1833	179	補助	V2bm	NC V2

2907	成り立つ	成る	立つ	2707	2334	補助	V2bm	NC sm
2908	成り果てる	成る	果てる	1471	0	補助	V2bm	NC fs
2909	鳴り渡る	鳴る	渡る	982	0	補助	V2bm	
2910	煮え返る	煮える	返る	288	8	補助	V2bm	
2911	煮え繰り返る	煮え繰る	返る	609	0	補助	V1bf, V2bm	
2912	煮えたぎる	煮える	たぎる	1295	61	補助	V2bm	NC V2	意味拡張
2913	煮え立つ	煮える	立つ	762	21	補助	V2bm	
2914	匂い立つ	匂う	立つ	1298	42	補助	V2bm	
2915	似通う	似る	通う	1336	225	補助	V2bm	NC V2
2916	握り返す	握る	返す	1607	61	補助	V2bm	
2917	握り替える	握る	替える	89	2	補助	V2bm	
2918	握り込む	握る	込む	1535	24	補助	V2bf	
2919	逃げ遅れる	逃げる	遅れる	1200	0	補助	V2bm	
2920	煮込む	煮る	込む	3853	646	補助	V2bf	
2921	煮立てる	煮る	立てる	1260	169	補助	V2bm	
2922	似つく	似る	つく	116	102	補助	V2bm		文法的限定
2923	睨み上げる	睨む	上げる	370	0	補助	V2bm	
2924	睨み下ろす	睨む	下ろす	114	3	補助	V2bm	
2925	睨み返す	睨む	返す	1285	58	補助	V2bm	
2926	睨み据える	睨む	据える	455	42	補助	V2bm	
2927	睨みつける	睨む	つける	1917	740	補助	V2bm	
2928	縫い込む	縫う	込む	747	27	補助	V2bf	
2929	縫い進める	縫う	進める	202	1	補助	V2bm	
2930	抜き返す	抜く	返す	1492	16	補助	V2bm	
2931	塗り替える	塗る	替える	2724	165	補助	V2bm		意味拡張
2932	塗り足す	塗る	足す	310	3	補助	V2bm	
2933	塗り立てる	塗る	立てる	59	3	補助	V2bm	
2934	塗り分ける	塗る	分ける	2030	64	補助	V2bm	
2935	寝入る	寝る	入る	1051	140	補助	V2bf	
2936	願い上げる	願う	上げる	109	20	補助	V2bm	
2937	願い下げる	願う	下げる	211	2	補助	V2bm	
2938	寝かし込む	寝かす	込む	238	0	補助	V2bf	
2939	寝かしつける	寝かす	つける	2053	81	補助	V2bm	
2940	寝腐る	寝る	腐る	224	0	補助	V2bm	
2941	寝込む	寝る	込む	1629	255	補助	V2bf	NC V2
2942	寝つく	寝る	つく	1107	257	補助	V2bm	
2943	粘り込む	粘る	込む	258	0	補助	V2bf	
2944	眠りこける	眠る	こける	1044	61	補助	V2bm	
2945	眠り込む	眠る	込む	891	168	補助	V2bf	
2946	狙い澄ます	狙う	澄ます	182	21	補助	V2bm	
2947	載せ替える	載せる	替える	4579	31	補助	V2bm	
2948	覗き込む	覗く	込む	2494	1440	補助	V2bf	

2949	伸び行く	伸びる	行く	679	0	補助	V2bm, V2sf	文語的
2950	述べ立てる	述べる	立てる	409	35	補助	V2bm	
2951	のぼせ上がる	のぼせる	上がる	386	39	補助		
2952	登り返す	登る	返す	2409	20	補助	V2bm	
2953	上り詰める	上る	詰める	3771	291	補助	V2bm	
2954	飲み合わせる	飲む	合わせる	206	2	補助		
2955	飲み交わす	飲む	交わす	1096	0	補助	V2bm	
2956	飲み倒す	飲む	倒す	224	1	補助	V2bm	NC V2
2957	飲み分ける	飲む	分ける	340	3	補助	V2bm	
2958	乗り合わす	乗る	合わす	275	3	補助	V2bm	
2959	乗り合わせる	乗る	合わせる	1561	94	補助	V2bm	
2960	乗り遅れる	乗る	遅れる	1523	0	補助	V2bm	
2961	乗り切る	乗る	切る	2226	715	補助	V2bm	NC sm
2962	乗り組む	乗る	組む	1844	100	補助	V2bm	NC sm
2963	乗り付ける	乗る	付ける	1617	101	補助	V2bm	NC V2
2964	乗り回す	乗る	回す	2002	135	補助	V2bm	
2965	乗り分ける	乗る	分ける	219	5	補助	V2bm	
2966	履き下ろす	履く	下ろす	163	0	補助	V2bm	
2967	履き替える	履く	替える	2462	99	補助	V2bm	
2968	履き込む	履く	込む	1791	0	補助	V2bf	
2969	吐きつける	吐く	つける	296	0	補助		
2970	履き分ける	履く	分ける	168	0	補助		
2971	禿げ上がる	禿げる	上がる	1128	49	補助		
2972	禿げ散らかす	禿げる	散らかす	260	0	補助		
2973	挟みつける	挟む	つける	459	0	補助	V2bm	
2974	恥じ入る	恥じる	入る	1101	53	補助	V2bf	
2975	働きかける	働く	かける	1778	753	補助		
2976	話しかける	話す	かける	8884	2058	補助	V2bm	
2977	話し込む	話す	込む	1386	156	補助	V2bf	
2978	撥ね付ける	撥ねる	付ける	381	108	補助	V2bm	NC sm
2979	はやし立てる	はやす	立てる	1272	102	補助	V1bf, V2bm	
2980	張り上げる	張る	上げる	1830	410	補助	V2bm	NC sm
2981	貼り返す	貼る	返す	126	0	補助	V2bm	
2982	張り替える	張る	替える	5793	101	補助	V2bm	
2983	張り込む	張る	込む	1761	123	補助	V2bf	NC sm
2984	貼り足す	貼る	足す	125	0	補助	V2bm	
2985	貼り詰める	張る	詰める	1578	332	補助	V2bm	NC sm
2986	貼り分ける	貼る	分ける	287	0	補助	V2bm	
2987	晴れ上がる	晴れる	上がる	638	64	補助	V2bm	
2988	晴れ渡る	晴れる	渡る	1350	0	補助	V2bm	

2989	干上がる	干る	上がる	1304	100	補助	V1bf, V2bm	
2990	冷え込む	冷える	込む	2153	236	補助	V2bf	意味拡張
2991	弾き上げる	弾く	上げる	143	0	補助	V2bm	
2992	弾き込む	弾く	込む	1590	0	補助	V2bf	
2993	引きずり回す	引きずる	回す	810	0	補助	V2bm	
2994	弾き分ける	弾く	分ける	564	0	補助	V2bm	
2995	浸り込む	浸る	込む	258	2	補助	V2bf	
2996	引っ掻き回す	引っ掻く	回す	1417	0	補助	V2bm	
2997	引っ張り回す	引っ張る	回す	487	0	補助	V2bm	
2998	ひねくり回す	ひねくる	回す	282	11	補助	V1bf, V2bm	
2999	響き渡る	響く	渡る	1847	0	補助	V2bm	
3000	広がり行く	広がる	行く	160	0	補助	V2bm, V2sf	文語的
3001	深まり行く	深まる	行く	225	0	補助	V2bm, V2sf	文語的
3002	吹き下ろす	吹く	下ろす	2297	37	補助	V2bm	
3003	吹き返す	吹く	返す	1559	101	補助	V2bm	
3004	拭き込む	拭く	込む	112	35	補助	V2bf	
3005	吹き放つ	吹く	放つ	71	0	補助	V2bm	
3006	吹き戻す	吹く	戻す	237	4	補助	V2bm	
3007	吹き分ける	吹く	分ける	362	4	補助	V2bm	
3008	吹き渡る	吹く	渡る	1460	0	補助	V2bm	
3009	老け込む	老ける	込む	1306	60	補助	V2bf	
3010	塞ぎ込む	塞ぐ	込む	552	56	補助	V2bf	NC sm
3011	踏み誤る	踏む	誤る	140	2	補助	V2bm	
3012	踏み替える	踏む	替える	901	19	補助	V2bm	
3013	踏み切る	踏む	切る	2554	680	補助	V2bm	NC sm
3014	踏みしめる	踏む	締める	1888	173	補助	V2bm	意味拡張
3015	踏み足す	踏む	足す	166	0	補助	V2bm	
3016	踏みつける	踏む	つける	1779	281	補助	V2bm	
3017	踏み増す	踏む	増す	256	0	補助	V2bm	
3018	踏み分ける	踏む	分ける	309	26	補助	V2bm	
3019	振り遅れる	振る	遅れる	1428	0	補助	V2bm	
3020	振り返す	振る	返す	1459	78	補助	V2bm	
3021	ぶり返す	振る	返す	1342	78	補助	V1bf, V2bm	NC V1
3022	振り切る	振る	切る	1779	262	補助	V2bm	NC sm
3023	降りしきる	降る	しきる	1586	118	補助	V2bf	
3024	振り抜く	振る	抜く	2364	0	補助	V2bm	
3025	震え上がる	震える	上がる	1087	168	補助	V2bm	
3026	ふんぞり返る	ふんぞる	返る	1167	0	補助	V1bf, V2bm	

3027	へたり込む	へたる	込む	1313	118	補助	V2bf	
3028	減り行く	減る	行く	158	0	補助	V2bm, V2sf	文語的
3029	吠え返す	吠える	返す	103	1	補助	V2bm	
3030	吠えかかる	吠える	かかる	435	5	補助	V2bm	
3031	吠え立てる	吠える	立てる	571	44	補助	V2bm	
3032	ほじくり返す	ほじくる	返す	1333	16	補助	V2bm	意味拡張
3033	微笑み返す	微笑む	返す	1010	39	補助	V2bm	
3034	微笑みかける	微笑む	かける	1375	0	補助	V2bm	
3035	褒め上げる	褒める	上げる	782	15	補助	V2bm	
3036	褒めそやす	褒める	そやす	1410	43	補助	V2bf	NC V2
3037	褒めちぎる	褒める	ちぎる	1898	50	補助	V2bm	
3038	掘り返す	掘る	返す	1716	121	補助	V2bm	
3039	掘り込む	掘る	込む	1389	20	補助	V2bf	
3040	掘り下げる	掘る	下げる	2070	251	補助	V2bm	意味拡張
3041	掘り進める	掘る	進める	1438	15	補助	V2bm	
3042	彫り進める	彫る	進める	168	2	補助	V2bm	
3043	掘り倒す	掘る	倒す	79	0	補助	V2bm	
3044	惚れ込む	惚れる	込む	1535	145	補助	V2bf	
3045	滅び行く	滅ぶ	行く	1317	0	補助	V2bm, V2sf	文語的
3046	曲がり込む	曲がる	込む	254	3	補助	V2bf	
3047	巻き返す	巻く	返す	1103	42	補助	V2bm	意味拡張
3048	巻き換える	巻く	換える	99	8	補助	V2bm	
3049	捲くし立てる	まくす	立てる	899	196	補助	V1bf, V2bm	
3050	負け込む	負ける	込む	166	0	補助	V2bf	
3051	混ぜ返す	混ぜる	返す	1100	34	補助	V2bm	
3052	待ち合わす	待つ	合わす	101	0	補助	V2bm	
3053	待ち合わせる	待つ	合わせる	1972	284	補助	V2bm	
3054	待ち受ける	待つ	受ける	1682	545	補助		NC sm
3055	待ち構える	待つ	構える	1601	427	補助	V2bm	NC V2
3056	待ち設ける	待つ	設ける	69	4	補助	V2bm	NC V2
3057	待ち侘びる	待つ	侘びる	556	107	補助	V2bm	NC V2
3058	祭り上げる	祭る	上げる	1173	49	補助	V2bm	
3059	回し込む	回す	込む	398	5	補助	V2bf	
3060	見上げる	見る	上げる	2740	2394	補助	V2bm	
3061	見誤る	見る	誤る	1499	71	補助	V2bm	
3062	見合わす	見る	合わす	444	12	補助	V2bm	
3063	見合わせる	見る	合わせる	2235	746	補助	V2bm	意味拡張
3064	見入る	見る	入る	1515	338	補助	V2bf	
3065	見下ろす	見る	下ろす	3175	1346	補助	V2bm	
3066	見返す	見る	返す	1927	366	補助	V2bm	

3067	見返る	見る	返る	675	136	補助	V2bm	
3068	磨き込む	磨く	込む	633	26	補助	V2bf	
3069	磨き立てる	磨く	立てる	51	11	補助	V2bm	
3070	見かける	見る	かける	2544	3317	補助	V2bm	NC fs
3071	見交わす	見る	交わす	298	0	補助	V2bm	
3072	見下す	見る	下す	2758	267	補助	V2bm	NC sm
3073	見下げる	見る	下げる	1245	39	補助	V2bm	
3074	見据える	見る	据える	1730	669	補助	V2bm	
3075	見澄ます	見る	澄ます	85	19	補助	V2bm	NC V2
3076	見せつける	見せる	つける	1954	503	補助	V2bm	
3077	見違える	見る	違える	1320	160	補助	V2bf	NC sm
3078	見通す	見る	通す	1891	476	補助	V2bm	意味拡張
3079	見届ける	見る	届ける	1668	395	補助	V2bm	NC sm
3080	見果てる	見る	果てる	68	0	補助	V2bm	文法的限定
3081	見晴らす	見る	晴らす	1350	51	補助	V2bm	
3082	見紛う	見る	紛う	1482	84	補助	V2bf	
3083	見回す	見る	回す	2485	1529	補助	V2bm	
3084	見やる	見る	遣る	2308	571	補助	V2bm	NC V2
3085	見渡す	見る	渡す	1838	1136	補助	V2bm	
3086	向き合う	向く	合う	2789	955	補助	V2bm	NC sm
3087	向き直る	向く	直る	2658	455	補助	V2bm	
3088	蒸し返す	蒸す	返す	1410	74	補助	V2bm	
3089	むせ返る	むせる	返る	1046	73	補助	V2bm	
3090	むせ込む	むせる	込む	90	2	補助	V2bf	
3091	めかし込む	めかす	込む	145	12	補助	V1, V2bf	
3092	召し上がる	召す	上がる	1642	400	補助	V1bf	
3093	召し上げる	召す	上げる	818	53	補助	V1bf, V2bm	
3094	申し上げる	申す	上げる	5672	9918	補助	V2bm	
3095	申し付ける	申す	付ける	1056	149	補助	V2bm	NC V2
3096	萌え上がる	萌える	上がる	330	1	補助	V2bm	
3097	燃えたぎる	燃える	たぎる	1204	24	補助	V2bm	NC V2	意味拡張
3098	萌えたぎる	萌える	たぎる	300	0	補助	V2bm	NC V2	意味拡張
3099	持ち合わす	持つ	合わす	1036	7	補助	V2bm	
3100	持ち合わせる	持つ	合わせる	1657	503	補助	V2bm	
3101	持ち替える	持つ	替える	3847	121	補助	V2bm	
3102	持ちかける	持つ	かける	1841	424	補助	V2bm	NC sm
3103	もつれ込む	もつれる	込む	51	28	補助	V2bf	NC sm
3104	持て余す	持つ	余す	1660	300	補助	V1sf	
3105	揉み上げる	揉む	上げる	470	13	補助	V2bm	
3106	揉み回す	揉む	回す	170	0	補助	V2bm	
3107	盛り返す	盛る	返す	1442	89	補助	V2bm	NC sm

3108	盛り付ける	盛る	付ける	1406	350	補助	V2bm	
3109	病みつく	病む	つく	215	42	補助		
3110	やり返す	やる	返す	1198	95	補助	V2bm	
3111	やり込む	やる	込む	1885	7	補助	V2bf	
3112	酔いしれる	酔う	しれる	1409	141	補助	V2bf	NC V2
3113	寄せかける	寄せる	かける	80	3	補助	V2bm	
3114	酔っ払う	酔う	払う	1245	551	補助	V1V2sf, V2bm	NC V2
3115	呼び上げる	呼ぶ	上げる	310	5	補助	V2bm	
3116	呼び返す	呼ぶ	返す	425	27	補助	V2bm	
3117	呼びかける	呼ぶ	かける	3246	1710	補助	V2bm	NC sm
3118	呼び交わす	呼ぶ	交わす	165	13	補助	V2bm	
3119	呼び立てる	呼ぶ	立てる	80	27	補助	V2bm	
3120	呼びつける	呼ぶ	つける	1557	147	補助	V2bm	
3121	呼び分ける	呼ぶ	分ける	1120	12	補助	V2bm	
3122	読み上げる	読む	上げる	2634	466	補助	V2bm	
3123	読み誤る	読む	誤る	390	11	補助	V2bm	
3124	読み返す	読む	返す	1851	384	補助	V2bm	
3125	読み替える	読む	替える	2824	486	補助	V2bm	
3126	読み砕く	読む	砕く	96	0	補助	V2bm	
3127	読み下す	読む	下す	853	39	補助	V2bm	
3128	読み込む	読む	込む	4093	625	補助	V2bf	
3129	読み進める	読む	進める	1611	81	補助	V2bm	
3130	読み違う	読む	違う	129	24	補助	V2bm	
3131	読み散らす	読む	散らす	110	1	補助	V2bm	
3132	読み分ける	読む	分ける	371	4	補助	V2bm	
3133	沸き返る	沸く	返る	847	44	補助	V2bm	
3134	沸き立つ	沸く	立つ	2809	162	補助	V2bm	意味拡張
3135	渡り返す	渡る	返す	354	1	補助	V2bm	
3136	詫び入る	詫びる	入る	68	0	補助	V2bf	
3137	わめき立てる	わめく	立てる	485	47	補助	V2bm	
3138	わめき散らす	わめく	散らす	1294	72	補助	V2bm	
3139	笑い返す	笑う	返す	865	38	補助	V2bm	
3140	笑いかける	笑う	かける	1643	251	補助	V2bm	
3141	割り返す	割る	返す	210	0	補助	V2bm	
3142	割り切る	割る	切る	1645	587	補助	V2bm	意味拡張
3143	明け暮れる	明ける	暮れる	1528	254	他		NC sm
3144	当てこする	当てる	こする	148	15	他		複合名詞
3145	当てつける	当てる	つける	438	55	他		NC sm	複合名詞
3146	あり余る	有る	余る	1455	141	他	V2bm	
3147	あり合わせる	有る	合わせる	140	2	他	V2bm	複合名詞?
3148	ありふれる	有る	触れる	423	328	他	V2bm	NC V2
3149	言い及ぶ	言う	及ぶ	282	3	他		

3150	行き暮れる	行く	暮れる	64	0	他	V2bm	NC rel	
3151	行き詰まる	行く	詰まる	1444	422	他			複合名詞、連濁
3152	生き長らえる	生きる	永らえる	1053	123	他	V2bf		
3153	生け捕る	生ける	捕る	502	31	他	V1V2bm	NC V1	複合名詞、連濁
3154	居直る	居る	直る	1115	81	他	V2bm	NC sm	
3155	受け付ける	受ける	付ける	3038	1441	他	V2bm	NC V2	
3156	受け渡す	受ける	渡す	1743	50	他		NC V1	複合名詞？
3157	打ち止める	打つ	止める	142	12	他			複合名詞、連濁
3158	移り住む	移る	住む	1732	324	他			
3159	生まれ持つ	生まれる	持つ	611	35	他		NC rel	
3160	売り上がる	売る	上がる	155	0	他	V2bf		複合名詞
3161	売り越す	売る	越す	178	0	他			複合名詞
3162	売り逃げる	売る	逃げる	668	5	他			複合名詞
3163	選りすぐる	選る	すぐる	390	87	他	V1, V2bf		複合名詞
3164	置き去る	置く	去る	277	6	他			複合名詞
3165	落ち合う	落ちる	合う	1617	190	他	V1bm	NC V1	
3166	落ちこぼれる	落ちる	こぼれる	1274	58	他		NC sm	複合名詞？
3167	落ち着く	落ちる	着く	3063	4909	他		NC sm	
3168	落ち着ける	落ちる	着ける	1764	283	他		NC sm	
3169	おっつける	押す	つける	934	0	他	V1sf	NC fs	相撲
3170	思い上がる	思う	上がる	635	102	他		NC sm	
3171	思い及ぶ	思う	及ぶ	127	18	他			
3172	思い過ごす	思う	過ごす	352	2	他	V2bm		複合名詞？様々な意味
3173	折り合う	折る	合う	1268	114	他	V1bm	NC V1	
3174	買い上がる	買う	上がる	629	12	他		NC rel	複合名詞
3175	かいつまむ	掻く	つまむ	495	83	他	V1sf	NC sm	V1特異から比喩的意味に拡張
3176	返り咲く	返る	咲く	1396	68	他		NC sm	複合名詞、連濁
3177	書き抜く	書く	抜く	705	10	他	V2bm		
3178	重ね着る	重ねる	着る	61	0	他			複合名詞、連濁
3179	かち合う	かつ	合う	1135	37	他	V1bf, V2bm	NC V1	
3180	勝ち越す	勝つ	越す	2147	113	他		NC sm	
3181	かなぐり捨てる	かなぐる	捨てる	780	60	他	V1bf	NC V1	
3182	考え及ぶ	考える	及ぶ	96	11	他			
3183	聞き及ぶ	聞く	及ぶ	1047	98	他			
3184	聞きかじる	聞く	かじる	146	19	他	V2bm		
3185	着付ける	着る	付ける	2549	33	他		NC fs	
3186	食い下がる	食う	下がる	1337	125	他	V1bm	NC sm	
3187	食いしばる	食う	縛る	2058	279	他	V2bm	NC V2	
3188	食い違う	食う	違う	1589	209	他	V1, V2bm	NC sm	

3189	食い止める	食う	止める	1804	377	他	V1bm	NC V1	
3190	食い延ばす	食う	延ばす	73	0	他		NC rel	
3191	汲み置く	汲む	置く	194	0	他		NC fs	複合名詞
3192	こじつける	こじる	つける	1401	41	他	V1bf	NC sm	
3193	仕上げる	する	上げる	2533	1535	他	V1bm	NC V1	
3194	しけこむ	しける	込む	507	14	他	V1, V2bf	NC V1	
3195	仕込む	する	込む	2575	360	他	V2bf	NC sm	
3196	仕分ける	する	分ける	2556	112	他	V1bm	NC V1	
3197	住み替わる	住む	替わる	72	0	他			
3198	染め重ねる	染める	重ねる	120	0	他			
3199	染め抜く	染める	抜く	79	53	他	V2bm	NC rel	
3200	叩き付ける	叩く	付ける	1954	594	他	V2bm	NC sm	
3201	立ち会う	立つ	会う	3424	600	他		NC sm	
3202	立ち塞がる	立つ	塞がる	1569	142	他		NC rel	
3203	立て込む	立てる	込む	1319	50	他	V2bf	NC sm	
3204	試し打つ	試す	打つ	53	0	他			複合名詞
3205	突き詰める	突く	詰める	1321	231	他		NC sm	
3206	作り置く	作る	置く	183	0	他		NC fs	複合名詞
3207	漬け置く	漬ける	置く	485	0	他		NC fs	複合名詞
3208	付け外す	付ける	外す	90	0	他			複合名詞
3209	伝え聞く	伝える	聞く	1343	92	他		NC sm	複合名詞？
3210	突っ切る	突く	切る	1687	104	他	V1sf, V1bm	NC sm	
3211	積み入れる	積む	入れる	94	0	他			
3212	釣り合う	釣る	合う	1951	153	他	V2bm	NC V1	
3213	出会う	出る	会う	5011	5328	他	V1bm	NC V1	
3214	出歩く	出る	歩く	1633	146	他		NC fs	
3215	出かける	出る	かける	2203	7314	他	V2bm	NC V2	
3216	出盛る	出る	盛る	86	3	他	V2bf		複合名詞
3217	でっち上げる	でっちる	上げる	1616	181	他	V1bf	NC sm	
3218	出直す	出る	直す	978	153	他		NC fs	
3219	出向く	出る	向く	2574	797	他		NC fs	
3220	出戻る	出る	戻る	1936	15	他		NC fs	複合名詞
3221	説き及ぶ	説く	及ぶ	225	5	他			
3222	飛び歩く	飛ぶ	歩く	295	10	他	V1bm	NC V1	
3223	取り置く	取る	置く	588	42	他			複合名詞
3224	取り付く	取る	付く	3274	671	他	V1bm	NC V1	
3225	取り直す	取る	直す	1756	320	他	V1bm	NC V1	
3226	並み居る	並む	居る	1368	35	他	V1bf	NC sm	
3227	並び替える	並ぶ	替える	2033	20	他		NC sm	「並べ替える」からか？
3228	並び称する	並ぶ	称する	86	0	他		NC rel	V2漢語動詞で例外的

3229	似合う	似る	合う	9115	1639	他	V2bm	NC V1	
3230	塗り重ねる	塗る	重ねる	1850	35	他			
3231	寝返る	寝る	返る	1683	111	他			複合名詞?連濁、主に比喩的意味
3232	狙い定める	狙う	定める	301	3	他			
3233	のけ反る	のける	反る	816	278	他	V1bf, V2sf	NC V1	連濁
3234	乗り入れる	乗る	入れる	1993	203	他		NC sm	
3235	乗り移る	乗る	移る	2092	169	他	V1bm	NC V1	
3236	乗り越す	乗る	越す	1739	21	他			
3237	這いずる	這う	擦る	1258	46	他	V2bf		
3238	這い蹲る	這う	蹲る	918	45	他	V2bf	NC V2	
3239	禿げ萌える	禿げる	萌える	318	0	他			V1 程度?言葉遊び?
3240	引き据える	引く	据える	68	32	他	V1, V2bm	UA	
3241	引きずる	引く	擦る	2183	1724	他	V2bf		
3242	引き立てる	引く	立てる	1781	397	他	V1V2bm	NC sm	
3243	引き分ける	引く	分ける	1920	92	他	V1bm	NC V1	
3244	ひっくり返す	ひっくる	返す	2252	571	他	V1bf	NC V1	
3245	引っ越す	引く	越す	5041	1048	他	V1sf	NC V1	
3246	引っ込む	引く	込む	1749	354	他	V1sf, V2bm	NC V1	
3247	引っさげる	引く	下げる	262	0	他	V1sf	NC V1	意味拡張
3248	ひっぱたく	引く	はたく	1447	134	他	V1V2sf	NC V1	
3249	吹きさらす	吹く	さらす	195	0	他		NC rel	複合名詞
3250	踏み上げる	踏む	上げる	222	0	他			複合名詞
3251	踏み下ろす	踏む	下ろす	646	8	他			
3252	踏みこたえる	踏む	堪える	125	0	他			意味拡張
3253	踏み躙る	踏む	躙る	1195	219	他	V2bf	NC V2	
3254	踏ん張る	踏む	張る	1826	283	他	V1V2sf	NC sm	
3255	吠えつく	吠える	つく	118	1	他	V2bm		
3256	舞い戻る	舞う	戻る	1275	185	他		NC V1	
3257	負け越す	負ける	越す	2758	43	他		NC sm	
3258	曲げ伸ばす	曲げる	伸ばす	172	0	他			複合名詞
3259	まとめ読む	まとめる	読む	121	0	他			複合名詞
3260	見合う	見る	合う	2023	771	他	V1bm	NC V1	統語的用法
3261	見当たる	見る	当たる	1846	1069	他	V2bm	NC V2	
3262	見受ける	見る	受ける	1281	677	他	V2bm	NC V2	
3263	見え透く	見える	透く	129	63	他	V2bf	NC rel	文法的限定
3264	見限る	見る	限る	1510	83	他	V2bm	NC V2	
3265	見かねる	見る	兼ねる	385	12	他	V2bm	NC V2	統語的用法
3266	見切る	見る	切る	2406	203	他	V2bm	NC V2	
3267	見透かす	見る	透かす	1349	160	他	V2bm	NC V2	

No.	語	V1	V2	頻度1	頻度2	自他	意味	語彙	備考
3268	見せびらかす	見せる	開かす	1367	139	他	V2bf	NC V2	連濁
3269	見損なう	見る	損なう	638	0	他	V2bm	NC sm	統語的用法
3270	見初める	見る	初める	459	63	他	V2bf	NC fs	
3271	見立てる	見る	立てる	1826	363	他	V2bm	NC V2	
3272	見つめる	見る	つめる	2413	6834	他	V2bm	NC V2	
3273	見直す	見る	直す	3112	2014	他	V2bm	NC sm	統語的用法
3274	見放す	見る	放す	1418	154	他	V2bm	NC V2	
3275	見張る	見る	張る	1738	1410	他	V2bm	NC V2	
3276	見開く	見る	開く	4156	656	他			
3277	見向く	見る	向く	173	134	他		NC fs	複合名詞
3278	貪りつく	貪る	つく	312	0	他	V2bm		
3279	巡り会う	巡る	会う	1470	456	他			
3280	召し捕る	召す	捕る	202	14	他	V1bf, V2bm	UA	
3281	申し合わせる	申す	合わせる	588	130	他		NC sm	
3282	盛り下げる	盛る	下げる	1074	3	他		NC sm	「盛り上げる」から
3283	行き止まる	行く	止まる	834	8	他			複合名詞、連濁
3284	寄せ付ける	寄せる	付ける	1521	165	他	V2bm	NC sm	
3285	呼び慕う	呼ぶ	慕う	452	0	他			
3286	呼び捨てる	呼ぶ	捨てる	813	8	他			複合名詞
3287	寄りかかる	寄る	かかる	1563	359	他	V1, V2bm	NC V1	
3288	渡り合う	渡る	合う	1513	98	他	V1, V2bm	NC sm	
3289	割り引く	割る	引く	1997	137	他	V2sf	NC sm	複合名詞、連濁
3290	当て込む	当てる	込む	979	44	不透	V2bf	UA	
3291	ありつく	有る	つく	1573	109	不透		UA	
3292	入り組む	入る	組む	1452	233	不透	V1bf	UA	
3293	入れ上げる	入れる	上げる	114	29	不透		UA	
3294	打ち解ける	打つ	解ける	1483	237	不透		UA	
3295	うっちゃる	打つ	やる	80	52	不透	V1V2sf	UA	
3296	押しかける	押す	かける	1808	418	不透		UA	
3297	押し詰まる	押す	詰まる	97	29	不透		UA	
3298	落ち入る	落ちる	入る	1120	1	不透	V2bf	UA	
3299	落ちぶれる	落ちる	ふれる?	1642	89	不透	V2bf?	UA	複合名詞、連濁
3300	思し召す	思す	召す	342	65	不透	V1, V2bm	UA	
3301	折り入る	折る	入る	76	14	不透	V2bf	UA	文法的限定
3302	買い被る	買う	被る	172	51	不透		UA	
3303	買い越す	買う	越す	105	7	不透		UA	
3304	買い下がる	買う	下がる	581	0	不透		UA	複合名詞
3305	かっぱらう	搔く	払う	639	39	不透	V1V2sf		連濁
3306	食い入る	食う	入る	510	132	不透	V2bf	UA	文法的限定

3307	食い詰める	食う	詰める	250	26	不透		UA
3308	くっつく	食う	つく	4155	1088	不透	V1sf	UA
3309	くっつける	食う	つける	2213	457	不透	V1sf	UA	「くっつく」から
3310	繰り返す	繰る	返す	2919	9164	不透	V1bf	UA
3311	繰り延べる	繰る	延べる	1430	113	不透	V1, V2bf	UA
3312	込み上げる	込む	上げる	2004	631	不透	V1bf, V2bm	UA
3313	差し当たる	差す	当たる	78	177	不透		UA	文法的限定
3314	差し置く	差す	置く	683	78	不透		UA
3315	差し立てる	差す	立てる	262	5	不透	V2bm	UA	複合名詞、郵便物に限定
3316	差し支える	差す	支える	1484	549	不透	V2bf	UA
3317	仕掛ける	する	掛ける	2966	1337	不透	V1bm	UA
3318	仕立てる	する	立てる	2107	617	不透	V1bm	UA
3319	仕留める	する	留める	2082	204	不透	V1bm	UA
3320	支払う	する	払う	4414	4542	不透	V1bf	NCV1
3321	仕向ける	する	向ける	1247	239	不透	V1bm	UA
3322	せっつく	責る?	つく	1081	51	不透	V1bf	UA
3323	出し抜く	出す	抜く	1508	83	不透		UA
3324	立ち回る	立つ	回る	892	90	不透		UA
3325	立ち行く	立つ	行く	569	64	不透	V2bm	UA
3326	立て替える	立てる	替える	1925	284	不透		
3327	ついばむ	突く	食む	1687	94	不透	V1V2sf	UA	連濁
3328	付き合う	付く	合う	7408	5612	不透	V2bm	UA
3329	突き止める	突く	止める	2039	625	不透		UA
3330	突っ張る	突く	張る	1672	205	不透	V1V2sf	UA
3331	出くわす	出る	くわす	1950	453	不透	V2bf	UA
3332	取り入る	取る	入る	1469	105	不透	V2bf	UA
3333	取り組む	取る	組む	4435	5835	不透		UA
3334	取り締まる	取る	締まる	2201	504	不透		
3335	取り次ぐ	取る	次ぐ	1638	185	不透		
3336	取り留める	取る	留める	1320	115	不透	V1bm	NCV1	文法的限定
3337	取り成す	取る	成す	490	97	不透		
3338	取り持つ	取る	持つ	1501	86	不透		UA
3339	張り切る	張る	切る	1731	464	不透		UA
3340	引き払う	引く	払う	1659	90	不透		UA
3341	ひっくるめる	引く	くるめる	330	108	不透	V1sf	UA
3342	ひったくる	引く	たくる	2063	121	不透	V1sf, V2bf	UA
3343	ひっつく	引く	つく	1243	74	不透	V1sf	UA
3344	引っ張る	引く	張る	2534	3279	不透	V1V2sf	UA
3345	開き直る	開く	直る	1552	308	不透	V2bm	UA

3346	ぶちまける	打つ	まける	1539	243	不透	V1sf, V2bf	UA	
3347	吹っ切れる	吹く	切れる	1550	91	不透	V1sf	UA	
3348	振り返る	振る	返る	3314	4659	不透		UA	
3349	振り付ける	振る	付ける	556	9	不透		UA	複合名詞
3350	振る舞う	振る	舞う	1690	1090	不透	V1sf	UA	
3351	触れ込む	触れる	込む	340	4	不透	V2bf	UA	
3352	ふんだくる	踏む	たくる	353	30	不透	V1V2sf	UA	連濁
3353	ぼったくる	ぼる	たくる	223	23	不透	V2bf	UA	
3354	見くびる	見る	くびる	1101	77	不透	V2bf	UA	
3355	見越す	見る	越す	1471	214	不透		UA	
3356	見込む	見る	込む	4682	1525	不透	V2bf	UA	
3357	見せかける	見せる	かける	1941	370	不透		UA	
3358	見繕う	見る	繕う	1175	24	不透	V2bm	UA	
3359	見つける	見る	つける	4322	9264	不透		UA	形態的に不透明
3360	見積もる	見る	積もる	2635	400	不透		UA	
3361	みなす	見る	做す	3272	4167	不透	V2bf	UA	
3362	見舞う	見る	舞う	2776	824	不透		UA	意味拡張
3363	滅入る	滅る	入る	1653	181	不透	V1, V2bf	UA	
3364	持ち崩す	持つ	崩す	1047	21	不透		UA	
3365	持ち直す	持つ	直す	1591	163	不透		UA	
3366	持てなす	持てる	成す	130	361	不透	V1bf	UA	
3367	やっつける	やる	つける	2113	423	不透	V1sf, V2bm	UA	形態的に不透明
3368	やり込める	やる	込める	1834	43	不透		UA	
3369	よこす	寄る	越す	1436	793	不透	V1sf	UA	
3370	当てはまる	当てる	はまる	2148	1188	派生		NC sm	原因—結果
3371	編み上がる	編む	上がる	461	3	派生	V2bm		原因—結果
3372	洗い上がる	洗う	上がる	650	2	派生	V2bm		原因—結果
3373	言いつかる	言う	つかる	167	22	派生	V2bf	NC V2	入れ替え
3374	入れ替わる	入れる	替わる	3238	474	派生			原因—結果
3375	窺い知れる	窺う	知れる	1345	64	派生			原因—結果
3376	打ち上がる	打つ	上がる	2089	61	派生			原因—結果
3377	売り切れる	売る	切れる	1680	192	派生			原因—結果
3378	仰せつかる	仰す	付かる	1499	54	派生	V1, V2bf	NC V2	入れ替え
3379	置き換わる	置く	換わる	2276	73	派生		NC sm	原因—結果
3380	押し上がる	押す	上がる	142	3	派生			原因—結果
3381	思い浮かぶ	思う	浮かぶ	1715	437	派生			原因—結果
3382	織り上がる	織る	上がる	306	3	派生	V2bm		原因—結果
3383	折り重なる	折る	重なる	1120	93	派生			原因—結果
3384	書き上がる	書く	上がる	718	19	派生	V2bm		原因—結果

3385	書き換わる	書く	換わる	1802	5	派生			原因―結果
3386	掻き消える	掻く	消える	1174	53	派生	V1bm	NC V1	原因―結果
3387	重ね合わさる	重ねる	合わさる	230	0	派生			原因―結果
3388	噛み合わさる	噛む	合わさる	222	2	派生			原因―結果
3389	醸し出る	醸す	出る	138	0	派生			原因―結果
3390	絡みつける	絡む	つける	255	0	派生			原因―使役変化
3391	着崩れる	着る	崩れる	626	5	派生			原因―結果
3392	切り替わる	切る	替わる	4020	282	派生			原因―結果
3393	組み上がる	組む	上がる	1549	21	派生			原因―結果
3394	組み合わさる	組む	合わさる	1407	75	派生			原因―結果
3395	繰り上がる	繰る	上がる	2134	28	派生	V1bf	NC sm	原因―結果
3396	繰り下がる	繰る	下がる	851	6	派生	V1bf		原因―結果
3397	繰り広がる	繰る	広がる	175	0	派生	V1bf		原因―結果
3398	消し飛ぶ	消す	飛ぶ	1446	48	派生			原因―結果
3399	仕上がる	する	上がる	2068	671	派生	V1, V2bm	NC V1	原因―結果
3400	仕立て上がる	仕立てる	上がる	545	5	派生	V2bm		原因―結果
3401	死に別れる	死ぬ	別れる	536	28	派生			入れ替え、「生き別れる」から
3402	染み付ける	染みる	付ける	238	0	派生	V1bf		原因―使役変化
3403	吸い上がる	吸う	上がる	101	0	派生			原因―結果
3404	すげ変わる	すげる	変わる	180	0	派生	V1bf	NC V1	原因―結果
3405	滑り落とす	滑る	落とす	338	6	派生			様態―使役移動
3406	刷り上がる	刷る	上がる	309	16	派生	V2bm		原因―結果
3407	ずり下ろす	ずる	下ろす	263	7	派生	V1bf		様態―使役移動
3408	すり替わる	する	替わる	1230	45	派生	V1bm	NC V1	原因―結果
3409	擦り切れる	擦る	切れる	1395	118	派生			原因―結果
3410	擦り減る	擦る	減る	2297	150	派生			原因―結果
3411	擦りむける	擦る	むける	350	15	派生			原因―結果
3412	競り上がる	競る	上がる	396	2	派生			原因―結果
3413	染め上がる	染める	上がる	649	2	派生	V2bm		原因―結果
3414	炊き上がる	炊く	上がる	1896	135	派生	V2bm		原因―結果
3415	建ち上がる	建つ	上がる	260	9	派生			原因―結果
3416	立ち上げる	立つ	上げる	3143	693	派生		NC sm	原因―使役変化
3417	突き上がる	突く	上がる	294	25	派生			原因―結果
3418	突き刺さる	突く	刺さる	1567	391	派生			原因―結果
3419	突き立つ	突く	立つ	1039	386	派生	V1bm		原因―結果、V1比喩的様態
3420	突き出る	突く	出る	1838	364	派生			原因―結果
3421	突き通る	突く	通る	633	2	派生			原因―結果
3422	突き抜ける	突く	抜ける	1625	253	派生		NC V1	原因―結果
3423	漬け上がる	漬ける	上がる	142	7	派生	V2bm		原因―結果
3424	付け加わる	付ける	加わる	939	37	派生			原因―結果

3425	積み上がる	積む	上がる	1434	61	派生		原因—結果
3426	積み重なる	積む	重なる	1452	156	派生		原因—結果
3427	釣り上がる	釣る	上がる	2433	0	派生		原因—結果
3428	吊り上がる	吊る	上がる	726	118	派生		原因—結果
3429	吊り下がる	吊る	下がる	438	24	派生		原因—結果
3430	釣り下がる	釣る	下がる	339	0	派生		原因—結果
3431	煮上がる	煮る	上がる	606	18	派生	V2bm	原因—結果
3432	煮崩れる	煮る	崩れる	1024	8	派生		原因—結果
3433	煮立つ	煮る	立つ	1350	281	派生		原因—結果
3434	煮詰まる	煮る	詰まる	1323	108	派生	V2bm	原因—結果
3435	煮溶ける	煮る	溶ける	96	1	派生		原因—結果
3436	縫い上がる	縫う	上がる	207	6	派生	V2bm	原因—結果
3437	抜き出る	抜く	出る	449	3	派生		原因—結果
3438	抜きん出る	抜く	出る	1260	121	派生	V1sf	原因—結果
3439	塗り上がる	塗る	上がる	119	1	派生	V2bm	原因—結果
3440	塗り変わる	塗る	変わる	885	3	派生		原因—結果
3441	ねじ曲がる	ねじる	曲がる	1132	41	派生	V1bf	原因—結果、意味拡張
3442	練り上がる	練る	上がる	147	2	派生	V2bm	原因—結果
3443	のし上げる	のす	上げる	162	4	派生	V1bf	NCV1	様態—使役移動
3444	乗り替わる	乗る	替わる	651	12	派生		原因—結果
3445	弾き飛ぶ	弾く	飛ぶ	94	1	派生		原因—結果
3446	跳ね上げる	跳ねる	上げる	1932	0	派生		原因—使役変化
3447	張り付く	張る	付く	4173	586	派生		原因—結果、意味拡張
3448	引き上がる	引く	上がる	1000	5	派生		原因—結果
3449	引き締まる	引く	締まる	995	495	派生		NCsm	原因—結果
3450	引き立つ	引く	立つ	1616	173	派生		NCsm	原因—結果
3451	引きちぎれる	引く	ちぎれる	1317	0	派生		原因—結果
3452	引き出る	引く	出る	100	0	派生		原因—結果
3453	ひっくり返る	ひっくり	返る	2119	442	派生	V1bf	NCV1	原因—結果
3454	吹き上がる	吹く	上がる	2827	104	派生		原因—結果
3455	吹きかかる	吹く	かかる	518	0	派生	V2bm	原因—結果
3456	吹き散る	吹く	散る	101	0	派生		原因—結果
3457	吹き飛ぶ	吹く	飛ぶ	1679	528	派生		原因—結果、意味拡張
3458	吹っ飛ぶ	吹く	飛ぶ	1712	0	派生	V1sf	原因—結果、意味拡張
3459	彫り上がる	彫る	上がる	90	5	派生	V2bm	原因—結果
3460	舞い上げる	舞う	上げる	1386	0	派生		様態—使役移動
3461	巻き上がる	巻く	上がる	1488	35	派生		原因—結果
3462	巻き起こる	巻く	起こる	1568	108	派生		原因—結果
3463	巻きつく	巻く	つく	2213	155	派生		原因—結果
3464	巻き戻る	巻く	戻る	1970	0	派生		原因—結果
3465	混ぜ合わさる	混ぜる	合わさる	160	5	派生		原因—結果
3466	磨き上がる	磨く	上がる	93	1	派生	V2bm	原因—結果

3467	見つかる	見る	つかる	3888	5206	派生	V2bf	UA	原因―結果、「見つける」から
3468	蒸し上がる	蒸す	上がる	529	24	派生	V2bm		原因―結果
3469	結びつく	結ぶ	つく	2404	2299	派生		NC sm	原因―結果
3470	めくり上がる	めくる	上がる	136	4	派生			原因―結果
3471	申し受ける	申す	受ける	1701	14	派生			入れ替え
3472	申しつかる	申す	つかる	0	11	派生	V2bf	NC V2	入れ替え
3473	萌え殺す	萌える	殺す	981	0	派生			入れ替え、「萌え死ぬ」から
3474	持ち上がる	持つ	上がる	1803	363	派生		NC sm	原因―結果
3475	盛り上がる	盛る	上がる	4118	1692	派生			原因―結果、意味拡張
3476	盛り下がる	盛る	下がる	1530	13	派生			入れ替え、「盛り上がる」から
3477	漏れ聞く	漏れる	聞く	888	24	派生	NC rel		入れ替え、「漏れ聞こえる」から
3478	焼き上がる	焼く	上がる	717	173	派生	V2bm		原因―結果
3479	焼き締まる	焼く	締まる	114	0	派生			原因―結果
3480	焼きつく	焼く	つく	1959	250	派生			原因―結果
3481	譲り受ける	譲る	受ける	2091	306	派生			入れ替え
3482	茹で上がる	茹でる	上がる	1915	142	派生	V2bm		原因―結果
3483	揺れ動かす	揺れる	動かす	347	4	派生			様態―使役移動
3484	酔い潰す	酔う	潰す	613	9	派生			原因―使役変化
3485	沸き上げる	沸く	上げる	526	0	派生			原因―使役変化
3486	沸き起こす	沸く	起こす	120	5	派生			原因―使役変化
3487	笑い殺す	笑う	殺す	799	0	派生			入れ替え、「笑い死ぬ」から

参考文献

秋永一枝、田中ゆかり、松永修一、吉田健二（1992）「言葉の馴染み度とアクセントとの関係」『早稲田大学日本語研究教育センター紀要』4: 1–35.

Akita, Kimi (2014) Register-specific morphophonological constructions in Japanese. *BLS* 38: 3–18.

Alsina, Alex (1996) *The Role of Argument Structure in Grammar: Evidence from Romance*. Stanford, CA: CSLI Publications.

Anderson, Stephen R. (1992) *A-Morphous Morphology*. Cambridge: Cambridge University Press.

Andor, József (2010) Discussing frame semantics: The state of the art. An interview with Charles J. Fillmore. *Review of Cognitive Linguistics* 8: 157–176. Amsterdam/Philadelphia: John Benjamins.

有元貴文（2007）『魚はなぜ群れで泳ぐか』東京：大修館書店.

Aronoff, Mark (1976) *Word Formation in Generative Grammar*. Cambridge, MA: MIT Press.

Aronoff, Mark (2007) In the beginning was the word. *Language* 83: 803–830.

Aronoff, Mark (2016) Competition and the lexicon. In: Annibale Elia, Claudio Iacobini, and Miriam Voghera (eds.) *Livelli di Analisi e fenomeni di interfaccia. Atti del XLVII congresso internazionale della società di linguistica Italiana*, 39–52. Rome: Bulzoni Editore.

Aronoff, Mark and Mark Lindsay (2014) Productivity, blocking, and lexicalization. In: S. Lieber and P. Štekauer (eds.) *The Handbook of Derivational Morphology*, 67–83. Oxford: Oxford University Press.

淺尾仁彦（2007）「意味の重ね合わせとしての日本語複合動詞」『京都大学言語学研究』26: 59–75.

淺尾仁彦（2009）「動詞連続の文法的性質を捉え直す：日韓対照を通じて」関西言語学会第34回大会ワークショップ「複雑述語の形式・機能とダイナミズム」. 6月6-7日（神戸松蔭女子大学）

Baayen, R. Harald (2003) Probabilistic approaches to morphology. In: R. Bod, J. Hay, and S. Jannedy (eds.) *Probabilistic Linguistics*, 229–287. Cambridge, Mass: MIT Press.

Baker, Collin F. (1999) *Seeing Clearly: Frame Semantic, Psycholinguistic, and Cross-Linguistic Approaches to the Semantics of the English Verb See*. Ph. D. dissertation, University of California, Berkeley.

Barbey, Aron and Richard Patterson (2011) Architecture of explanatory inference in the human prefrontal cortex. *Frontiers in Psychology* 2: 162.

Barlow, Michael and Suzanne Kemmer (eds.) (2000) *Usage-Based Models of Language*. Stanford, CA: CSLI.

Baroni, Marco, Silvia Bernardini, Adriano Ferraresi, and Eros Zanchetta (2009) The WaCky wide web: A collection of very large linguistically processed web-crawled corpora. *Language Resources and Evaluation* 43 (3) : 209–226.

Barðdal, Johanna (2008) *Productivity. Evidence from Case and Argument Structure in Icelandic*. Amsterdam/Philadelphia: John Benjamins.

Barðdal, Johanna (2011) Lexical vs. structural case: A false dichotomy. *Morphology* 21: 619–659.

Barsalou, Lawrence W. (2003) Situated simulation in the human conceptual system. *Language and Cognitive Processes* 18: 513–562.

Boas, Hans C. (2003) *A Constructional Approach to Resultatives*. Stanford, CA: CSLI Publications.

Boas, Hans C. (2006) A frame-semantic approach to identifying syntactically relevant elements of meaning. In: P. Steiner, H. C. Boas, and S. Schierholz (eds.) *Contrastive Studies and Valency: Studies in Honor of Hans Ulrich Boas*, 119–149. Frankfurt/New York: Peter Lang.

Bolinger, Dwight (1965) The atomization of meaning. *Language* 41 (4) : 555–573.

Booij, Geert (2009) Phrasal names: A constructionist analysis. *Word Structure* 3: 219–240.

Booij, Geert (2010a) *Construction Morphology*. Oxford: Oxford University Press.

Booij, Geert (2010b) Compound construction: Schemas or analogy? A Construction Morphology perspective. In: Sergio Scalise and Irene Vogel (eds.), *Cross-disciplinary studies in compoundin*g, 93–108. Amsterdam/Philadelphia : John Benjamins.

Booij, Geert (2012) Inheritance and Construction Morphology. Paper presented at the workshop on 'Default inheritance', University of Kentucky, Lexington KY, 21–22 May 2012.

Booij, Geert (2013) Morphology in Construction Grammar. In: T. Hoffmann and G. Trousdale (eds.) *The Oxford Handbook of Construction Grammar*, 255–273. Oxford: Oxford University Press.

Booij, Geert and Jenny Audring (2017) Construction Morphology and the Parallel Architecture of grammar. *Cognitive Science* 41 (2) : 277–302.

Bybee, Joan (1985) *Morphology: A Study of the Relation between Meaning and Form*. Amsterdam: John Benjamins.

Bybee, Joan (1988) Semantic substance vs. contrast in the development of grammatical meaning. *BLS* 14: 247–64.

Bybee, Joan (2006) From usage to grammar: The mind's response to repetition. *Language* 82 (4) : 711–733.

Bybee, Joan (2007) *Frequency of Use and the Organization of Language*. Oxford: Oxford University Press.

Bybee, Joan (2010) *Language, Usage and Cognition*. Cambridge: Cambridge University Press.

Bybee, Joan (2013) Usage-based theory and exemplar representations of constructions. In: T. Hoffmann and G. Trousdale (eds.) *The Oxford Handbook of Construction Grammar*, 49–69. Oxford: Oxford University Press.

Caballero, Gabriela and Sharon Inkelas (2013) Word construction: Tracing an optimal path through the lexicon. *Morphology* 23 (2)：103–143.

陳劼懌 (2010)「語彙的複合動詞の自他交替と語形成」『日本語文法』10 (1)：37–53.

陳劼懌 (2013)「語彙的複合動詞と統語的複合動詞の連続性について」『複合動詞研究の最先端』東京：ひつじ書房.

陳奕廷 (2011)「複合動詞におけるフレームの融合」『国立国語研究所 (NINJAL) 共同研究発表会：日本語レキシコンの文法的・意味的・形態的特性』, 大阪.

陳奕廷 (2012)「フレームに基づく日本語のV＋V型複合動詞の意味形成」『日本言語学会第145回大会予稿集』：46–51. 日本言語学会.

陳奕廷 (2013)「複合動詞における結合制限：「～おとす」「～もらす」「～のがす」を中心に」『KLS 33：*Proceedings of the 37th Annual Meeting of Kansai Linguistic Society*』：145–156. 関西言語学会.

陳奕廷 (2014)「意味フレームに基づく日本語の語彙的複合動詞の項形成」『*KLS 34: Proceedings of the 38th Annual Meeting of Kansai Linguistic Society*』：181–192. 関西言語学会.

Chen, Yi-Ting (2014) The unification of frame elements and argument realization in Japanese compound verbs. *Book of Abstracts of the 8th International Conference on Construction Grammar* (ICCG8), 54–55.

陳奕廷 (2015a)「日本語複合動詞の自動詞化のメカニズムについて―プロファイルシフトと痕跡的認知の観点から―」『日本認知言語学会論文集』15：158–170.

陳奕廷 (2015b)「日本語の語彙的複合動詞の形成メカニズムについて―中国語との比較対照と合わせて―」神戸大学博士学位論文.

陳奕廷 (2016)「コンストラクションとしての日本語の語彙的複合動詞」『レキシコンフォーラム No.7』125–156. 東京：ひつじ書房.

Chen, Yi-Ting (2016) A frame-semantic approach to verb-verb compound verbs in Japanese: A case study of *-toru*. *BLS* 39: 16–30.

陳奕廷 (2017)「基底と精緻化から見た複合語の分類―日本語複合動詞を中心に―」『国立国語研究所論集』13: 25–50.

Chomsky, Noam (1957) *Syntactic Structures*. The Hague: Mouton.

Chomsky, Noam (1965) *Aspects of the Theory of Syntax*. Cambridge, MA: MIT Press.

Chomsky, Noam (1970) Remarks on nominalization. In: R. Jacobs and P. Rosenbaum (eds.) *Readings in English Transformational Grammar*, 184–221. Waltham, MA: Blaisdell.

Chomsky, Noam (1981) *Lectures on Government and Binding*. Dordrecht: Foris.

Chomsky, Noam (1992) *A Minimalist Program for Linguistic Theory*. MIT

Occasional Papers in Linguistics 1. Cambridge, MA: Dept. of Linguistics and Philosophy, MIT.

Clancey, William J. (1997) *Situated Cognition: On Human Knowledge and Computer Representations*. Cambridge: Cambridge University Press.

Clark, Eve (1987) The principle of contrast: A constraint on language acquisition. In: B. MacWhinney (ed.) *The 20th Annual Carnegie Symposium on Cognition*, 1–33. Hillsdale, NJ: Erlbaum

Coulson, Seana (2001) *Semantic Leaps: Frame-Shifting and Conceptual Blending in Meaning Construction*. Cambridge: Cambridge University Press.

Croft, William (1991) *Syntactic Categories and Grammatical Relations*. Chicago: University of Chicago Press.

Croft, William (2001) *Radical Construction Grammar*. Oxford: Oxford University Press.

Croft, William, Chiaki Taoka, and Esther J. Wood (2001) Argument linking and the commercial transaction frame in English, Russian and Japanese. *Language Sciences* 23: 579–602.

D'Andrade, Roy D. (1987) A folk model of the mind. In: D. Holland and N. Quinn (eds.) *Cultural Models in Language and Thought*, 112–148. Cambridge: Cambridge University Press.

Dennett, Daniel (1984) Cognitive wheels: The frame problem of AI. In: M. Boden (ed.) *The Philosophy of Artificial Intelligence*, 147–170. Oxford: Oxford University Press.

Di Sciullo, Anna-Maria and Edwin Williams (1987) *On the Definition of Word*. Cambridge, MA: MIT Press.

Dowty, David (1991) Thematic proto-roles and argument selection. *Language* 67: 547–619.

Dowty, David (2003) The dual analysis of adjuncts/complements in Categorial Grammar. In: E. Lang, C. Maienborn, and C. Fabricius-Hansen (eds.) *Modifying Adjuncts*, 33–66. Berlin: Mouton de Gruyter.

Enfield, Nick J. (2000) The theory of cultural logic: How individuals combine social intelligence with semiotics to create and maintain cultural meaning. *Cultural Dynamics* 12 (1) : 35–64.

Enfield, Nick J. (2002) Cultural logic and syntactic productivity: Associated posture constructions in Lao. In: N. Enfield (ed.) *Ethnosyntax: Explorations in Culture and Grammar*, 231–258. Oxford: Oxford University Press.

Evans, Vyvyan (2009) *How Words Mean: Lexical Concepts, Cognitive Models and Meaning Construction*. Oxford: Oxford University Press.

Fauconnier, Gilles and Mark Turner (1998) Conceptual integration networks. *Cognitive Science* 22: 133–187.

Fauconnier, Gilles and Mark Turner (2002) *The Way We Think: Conceptual Blending and the Mind's Hidden Complexities*. New York: Basic Books.

Fillmore, Charles J. (1968) The case for case. In: E. Bach and R. T. Harms (eds.) *Universals in Linguistics Theory*, 1–88. New York: Holt, Rinehart and Winston.

Fillmore, Charles J. (1977) Topics in lexical semantics. In: R. Cole (ed.) *Current Issues in Linguistic Theory*, 76–138. Bloomington: Indiana University Press.

Fillmore, Charles J. (1982) Frame semantics. In: Linguistics Society of Korea (ed.) *Linguistics in the Morning Calm*, 111–137. Seoul: Hanshin.

Fillmore, Charles J. (1985a) Frames and semantics of understanding. *Quaderni di Semantica* 6: 222–254.

Fillmore, Charles J. (1985b) Syntactic intrusions and the notion of grammatical construction. *BLS* 11: 73–86.

Fillmore, Charles J. (1988) The mechanisms of "Construction Grammar." *BLS* 14: 35–55.

Fillmore, Charles J. (2009) Frames and Constructions: Putting them together. Paper presented at Frames and Constructions: A conference in honor of Charles J. Fillmore, University of California, Berkeley, California.

Fillmore, Charles J. and Beryl T. S. Atkins (1992) Toward a frame-based lexicon: The semantics of RISK and its neighbors. In: A. Lehrer and E. Kittay (eds.) *Frames, Fields, and Contrasts: New Essays in Semantic and Lexical Organization*, 75–102. Hillsdale, NJ: Lawrence Erlbaum Associates.

Fillmore, Charles J. and Colin Baker (2010) A frames approach to semantic analysis. In: B. Heine and H. Narrog (eds.) *The Oxford Handbook of Linguistic Analysis*, 313–340. Oxford: Oxford University Press.

Fillmore, Charles J. and Christopher R. Johnson and Miriam R. L. Petruck (2003) Background to FrameNet. *International Journal of Lexicography* 16 (3): 235–250.

Fillmore, Charles J. and Paul Kay (1993) *Construction Grammar*. Unpublished manuscript, University of California, Berkeley.

Fillmore, Charles J., Paul Kay, and Catherine O'Connor (1988) Regularity and idiomaticity in grammatical constructions: The case of *let alone*. *Language* 64: 501–538.

藤井聖子・小原京子 (2003)「フレーム意味論とフレームネット」『英語青年』149 (6): 373–376, 378.

Fukushima, Kazuhiko (2005) Lexical V-V compounds in Japanese: Lexicon vs. Syntax. *Language* 81: 568–612.

Gamerschlag, Thomas (2000) Complex predicate formation and argument structure of Japanese V-V compounds. *Japanese/Korean Linguistics* 10: 532–544.

Goldberg, Adele E. (1991) A semantic account of resultatives. *Linguistic Analysis* 21 (1-2): 66–96.

Goldberg, Adele E. (1992) The inherent semantics of argument structure: The case of the English ditransitive construction. *Cognitive Linguistics* 3 (1):

37–74.

Goldberg, Adele E. (1995) *Constructions: A Construction Grammar Approach to Argument Structure.* Chicago: University of Chicago Press.

Goldberg, Adele E. (2006) *Constructions at Work. The Nature of Generalization in Language.* Oxford: Oxford University Press.

Goldberg, Adele E. (2010) Verbs, constructions and semantic frames. In: M. Rappaport Hovav, E. Doron, and I. Sichel (eds.) *Syntax, Lexical Semantics and Event Structure,* 39–58. Oxford: Oxford University Press.

Grainger, Jonathan and Arthur M. Jacobs (1996) Orthographic processing in visual word recognition: A multiple read-out model. *Psychological Review* 103: 518–565.

Grimshaw, Jane (1990) *Argument Structure.* Cambridge, MA: MIT press.

Gruber, Jeffrey S. (1976) *Lexical Structures in Syntax and Semantics.* Amsterdam: North-Holland.

Haiman, John (1980) Dictionaries and Encyclopedias. *Lingua* 50 (4): 329–357.

Halle, Morris (1973) Prolegomena to a theory of word formation. *Linguistic Inquiry* 4 (1): 3–16.

Halle, Morris and Alec Marantz (1993) Distributed Morphology and the pieces of inflection. In: K. Hale and J. Keyser (eds.) *The View from Building 20,* 111–176. Cambridge, MA: MIT Press.

Harada, Shin-Ichi (1973) Counter equi NP deletion. *Annual Bulletin* 7: 113–147. Research Institute of Logopedics and Phoniatrics, University of Tokyo.

Hasegawa, Yoko, Kyoko Hirose Ohara, Russell Lee-Goldman, and Charles Fillmore (2006) Frame integration, head switching, and translation: RISK in English and Japanese. Paper presented at the 4th International Conference on Construction Grammar, Tokyo, September 1–3, 2006.

Hay, Jennifer and Harald Baayen (2005) Shifting paradigms: Gradient structure in morphology. *Trends in Cognitive Sciences* 9: 342–348.

姫野昌子 (1975)「複合動詞『〜つく』と『〜つける』」『日本語学校論集』2 東京外国語大学.

姫野昌子 (1999)『複合動詞の構造と意味用法』東京：ひつじ書房.

日高俊夫 (2012)「語彙的複合動詞における反使役化と脱使役化」『近畿大学教養・外国語教育センター紀要. 外国語編』2 (2): 115–130.

日高俊夫 (2013)「語彙的複合動詞における他動詞化・再帰化」『近畿大学教養・外国語教育センター紀要. 外国語編』3 (2): 81–96.

Hoffmann, Thomas and Graeme Trousdale (eds.) (2013) *The Oxford Handbook of Construction Grammar,* 255–273. Oxford: Oxford University Press.

Hume, David (2003 [1739]) *A Treatise of Human Nature.* New York: Dover.

Ikegami, Yoshihiko (1991) 'DO-language' and 'BECOME-language': Two contrasting types of linguistic representation. In: Y. Ikegami (ed.) *The Empire of Signs: Semiotic Essays on Japanese Culture,* 285–326.

Amsterdam: John Benjamins.

池上嘉彦（2006）『英語の感覚・日本語の感覚：＜ことばの意味＞のしくみ』東京：日本放送出版協会.

池原悟・宮崎正弘・白井諭・横尾昭男・中岩浩巳・小倉健太郎・大山芳史・林良彦（編）（1997）『日本語語彙大系』東京：岩波書店.

石井正彦（1983）「現代語複合動詞の語構造分析における一観点」『日本語学』2-8: 79–90.

石井正彦（2007）『現代日本語の複合語形成論』東京：ひつじ書房.

Iwata, Seizi (2008) *Locative Alternation: A Lexical-Constructional Approach*. Amsterdam/Philadelphia: John Benjamins.

Jackendoff, Ray (1975) Morphological and semantic regularities in the lexicon. *Language* 51: 639–671.

Jackendoff, Ray (2002) *Foundations of Language*. Oxford: Oxford University Press.

Jackendoff, Ray (2008) Construction after construction and its theoretical challenges. *Language* 84: 8–28.

Jackendoff, Ray (2011) Syntax IN the lexicon. Handout from a lecture at 50 years of Linguistics at MIT.

Jacobsen, Wesley (1991) *The Transitive Structure of Events in Japanese*. Tokyo: Kurosio.

Jäkel, Olaf (1995) The metaphorical concept of mind. In: J. R. Taylor and R. E. MacLaury (eds) *Language and the Cognitive Construal of the World*, 197–229. Berlin: Mouton de Gruyter.

影山太郎（1993）『文法と語形成』東京：ひつじ書房.

影山太郎（1996）『動詞意味論―言語と認知の接点―』東京：くろしお出版.

影山太郎（2005）「辞書的知識と語用論的知識―語彙概念構造とクオリア構造の融合にむけて―」影山太郎（編）『レキシコンフォーラム No. 1』65–101. 東京：ひつじ書房.

影山太郎（2012）「動詞＋動詞型複合動詞研究の現状」国立国語研究所研究発表会発表論文，仙台.

影山太郎（2013a）「レキシコンと文法・意味―複合動詞研究のこれから―」『KLS 33：*Proceedings of the 37th Annual Meeting of Kansai Linguistic Society*』268–273.

影山太郎（編）（2013b）『複合動詞研究の最先端―謎の解明に向けて』東京：ひつじ書房.

影山太郎（2013c）「語彙的複合動詞の新体系」『複合動詞研究の最先端―謎の解明に向けて』3–46. 東京：ひつじ書房.

Kageyama, Taro (2016a) Verb-compounding and verb-incorporation. In: T. Kageyama and H. Kishimoto (eds.) *Handbook of Japanese Lexicon and Word Formation*, 273–310. Berlin: Mouton de Gruyter.

Kageyama, Taro (2016b) Agents in anticausative and de-causative compound verbs. In: T. Kageyama and W. Jacobsen (eds.) *Transitivity and Valency Alternations: Studies on Japanese and Beyond*, 89–124. Berlin: Mouton de

Gruyter.

Kageyama, Taro (2018) Lexical aspectual compound verbs: Their peculiarities, emergence and raison d'être. In: T. Kageyama, P. Hook, and P. Pardeshi (eds.) *Verb-Verb Complexes in Asian Languages*. Berlin: Mouton de Gruyter.

Kageyama, Taro, Peter Hook, and Prashant Pardeshi (eds.) (2018) *Verb-Verb Complexes in Asian Languages*. Berlin: Mouton de Gruyter.

影山太郎・由本陽子（1997）『語形成と概念構造』東京：研究社.

Kaufmann, Ingrid (1995) What is an impossible verb? Restrictions on Semantic Form and their consequences for argument structure. *Folia Linguistica* 29: 67–103.

Kaufmann, Ingrid and Dieter Wunderlich (1998) Cross-linguistic patterns of resultatives. *Working Papers SFB 282 Theory of the Lexicon*, # 109. University of Düsseldorf.

Kay, Paul (1996) Intra-Speaker Relativity. In: J. Gumperz and S. Levinson (eds.) *Rethinking Linguistic Relativity*, 97–114. Cambridge: Cambridge University Press.

Kiparsky, Paul (2005) Blocking and periphrasis in inflectional paradigms. *Yearbook of Morphology 2004*, 35–113. Amsterdam: John Benjamins.

窪薗晴夫（1995）『語形成と音韻構造』東京：くろしお出版.

国広哲弥（1985）「認知と言語表現」『言語研究』88: 1–19.

国広哲弥（1997）『理想の国語辞典』東京：大修館書店.

Kurby, Christopher and Jeffrey M. Zacks (2008) Segmentation in the perception and memory of events. *Trends in Cognitive Sciences* 12（2）：72–79.

Lakoff, George (1987) *Women, Fire, and Dangerous Things: What Categories Reveal about the Mind*. Chicago: University of Chicago Press.

Lakoff, George and Mark Johnson (1980) *Metaphors We Live by*. Chicago: University of Chicago Press.

Langacker, Ronald W. (1987) *Foundations of Cognitive Grammar*, Vol. 1, *Theoretical Prerequisites*. Stanford, CA: Stanford University Press.

Langacker, Ronald W. (2003) Constructional integration, grammaticization, and serial verb constructions. *Language and Linguistics* 4（2）：251–278.

Langacker, Ronald W. (2005) Construction Grammars: Cognitive, radical, and less so. In: F. Ruiz de Mendoza Ibáñez and M. Sandra Peña Cervel (eds.) *Cognitive Linguistics: Internal Dynamics and Interdisciplinary Interaction*, 101–159. Berlin: Mouton de Gruyter.

Lanneau, Bazile (2014) Of lobsters and men: Blending sensitivity in the interpretation of novel noun-noun compounds. *Book of Abstracts of the 8th International Conference on Construction Grammar* (ICCG8), 151.

Levin, Beth (1985) Lexical Semantics in review: An introduction. In: B. Levin (ed.) *Lexical Semantics in Review*. Lexicon Project Working Papers 1. Cambridge, MA: MIT Center for Cognitive Science.

Levin, Beth (1993) *English Verb Classes and Alternations*. Chicago: University of Chicago Press.

Levin, Beth and M. Rappaport Hovav (1995) *Unaccusativity: At the Syntax-Lexical Semantics Interface*. Cambridge, MA: MIT Press.

Levin, Beth and M. Rappaport Hovav (2005) *Argument Realization*. Cambridge: Cambridge University Press.

Levin, Beth and M. Rappaport Hovav (2011) Lexical Conceptual Structure. In: C. Maienborn, K. von Heusinger, and P. Portner (eds.) *Semantics: An International Handbook of Natural Language Meaning*, Vol. 1, 418–438. Berlin: Mouton de Gruyter.

Lieber, Rochelle (1980) *On the Organization of the Lexicon*. Ph. D. dissertation, MIT.

Lieber, Rochelle (1992) *Deconstructing Morphology*. Chicago: University of Chicago Press.

Lindstromberg, Seth (2010) *English Prepositions Explained: Revised edition*. Amsterdam/Philadelphia: John Benjamins.

有元貴文 (2007)『魚はなぜ群れで泳ぐのか』東京：大修館書店.

Matsumoto, Yo (1996a) *Complex Predicates in Japanese: A Syntactic and Semantic Study of the Notion 'Word'*. Stanford, CA: CSLI Publications and Tokyo: Kurosio.

Matsumoto, Yo (1996b) Subjective-change expressions in Japanese and their cognitive and linguistic bases. In: G. Fauconnier and E. Sweetser (eds.) *Spaces, Worlds, and Grammar*, 124–156. Chicago: University of Chicago Press.

松本曜 (1997)「空間移動の言語表現とその拡張」田中茂範・松本曜『空間と移動の表現』(日英語比較選書6)：125–230. 東京：研究社.

松本曜 (1998)「日本語の語彙的複合動詞における動詞の組み合わせ」『言語研究』114: 37–83.

松本曜 (2000a)「『教わる／教える』などの他動詞／二重他動詞ペアの意味的性質」山田進・菊地康人・籾山洋介 (編)『日本語　意味と文法の風景：国広哲弥教授古希記念論文集』：79–95. 東京：ひつじ書房.

松本曜 (2000b)「日本語における他動詞／二重他動詞ペアと日英語の使役交替」丸田忠雄・須賀一好 (編)『日英語の自他の交替』：167–207. 東京：ひつじ書房

Matsumoto, Yo (2000c) Causative alternation in English and Japanese: A closer look. Review article on Taro Kageyama's *Dooshi Imiron: Gengo to Ninchi no Setten*. *English Linguistics* 17: 160–192.

Matsumoto, Yo (2003) Typologies of lexicalization patterns and event integration: Clarifications and reformulations. In: S. Chiba et al. (eds.) *Empirical and Theoretical Investigations into Language: A Festschrift for Masaru Kajita*, 403–418. Tokyo: Kaitakusha.

松本曜 (2007)「語におけるメタファー的意味の実現とその制約」山梨正明他 (編)『認知言語学論考6』：49–93. 東京：ひつじ書房.

松本曜 (2009)「複合動詞「〜込む」「〜去る」「〜出す」と語彙的複合動詞の

タイプ」由本陽子・岸本秀樹（編）『語彙の意味と文法』: 175–194. 東京：くろしお出版.

松本曜（2010）「多義性とカテゴリー構造」澤田治美（編）『語・文と文法カテゴリーの意味』: 23–43. 東京：ひつじ書房.

Matsumoto, Yo (2011) Compound verbs in Japanese: Types and constraints. Presentation given on November 2nd, 2011 at the Faculty of Oriental Studies, University of Oxford.

松本曜（2011）「主語一致の原則と主体的移動を伴う事象を表す複合動詞」『国立国語研究所（NINJAL）共同研究発表会：日本語レキシコンの文法的・意味的・形態的特性』, 大阪.

Matsumoto, Yo (2012) A constructional account of Verb-Verb compound verbs in Japanese. *Book of Abstracts of the 7th International Conference on Construction Grammar* (ICCG7): 117–118.

Matsumoto, Yo (2016) Phonological and sematic subregularities in noncausative-causative verb pairs in Japanese. In: T. Kageyama and W. Jacobsen (eds.) *Transitivity and Valency Alternations: Studies on Japanese and Beyond*, 51–88. Berlin: Mouton de Gruyter.

松本曜（編）（2017）『移動表現の類型論』東京：くろしお出版.

Matsumoto, Yo (2018) The semantic differentiation of V-*te* V complexes and V-V compounds in Japanese. In: T. Kageyama, P. Hook, and P. Pardeshi (eds.) *Verb-Verb Complexes in Asian Languages*. Berlin: Mouton de Gruyter.

McClelland, James L. and David E. Rumelhart (1981) An interactive activation model of context effects in letter perception: Part 1. An account of basic findings. *Psychological Review* 88: 375–407.

Michaelis, Laura (1993) *Toward a Grammar of Aspect: The Case of the English Perfect Construction*. Ph. D. dissertation, University of California, Berkeley.

三宅知宏（2005）「現代日本語における文法化―内容語と機能語の連続性をめぐって―」『日本語の研究』1（3）: 61–76.

籾山洋介（2010）「百科事典的意味観」山梨正明（編）『認知言語学論考 9』: 1–37. 東京：ひつじ書房

森山卓郎（1988）『日本語動詞述語文の研究』東京：明治書院.

Mos, Maria (2010) *Complex Lexical Items*. Utrecht: LOT.

長嶋善郎（1976）「複合動詞の構造」鈴木孝夫（編）『日本語講座 4 日本語の語彙と表現』東京：大修館書店.

仲本康一郎（2010）「徴候と痕跡：時間と事態の認識」『山梨大学教育人間科学部紀要』12（19）: 315–326.

Nishiyama, Kunio (1998) V-V compounds as serialization. *Journal of East Asian Linguistics* 7: 175–217.

野田大志（2007）「分析可能性の低い語彙的複合動詞に関する一考察―『落ち着く』の意味分析―」『日本認知言語学会論文集』7: 500–510.

野田大志（2011）「現代日本語における複合語の意味形成―構文理論によるア

プローチ―」名古屋大学大学院国際言語文化研究科博士学位論文.

野村雅昭・石井正彦（1987）『複合動詞資料集』科研費特定研究（1）「言語データの収集と処理の研究」研究成果報告書.

野村益寛（2002）「＜液体＞としての言葉―日本語におけるコミュニケーションのメタファー化をめぐって―」大堀壽夫（編）『認知言語学Ⅱ：カテゴリー化』：37–57. 東京：東京大学出版会.

小野尚之（2005）『生成語彙意味論』東京：くろしお出版.

Patterson, Richard and Aron Barbey (2011) Causal simulation theory: An integrative cognitive neuroscience framework for causal reasoning. In: J. Grafman and F. Krueger (eds.) *The Neural Basis of Human Belief Systems*. New York: Psychology Press.

Pearl, Judea (2000) *Causality: Models, Reasoning, and Inference*. Cambridge: Cambridge University Press.

Petruck, Miriam R. L. (2014) The sisterhood of Frame Semantics and Construction Grammar. *Book of Abstracts of the 8th International Conference on Construction Grammar* (ICCG8), 201–202.

Postal, Paul (1969) Anaphoric Islands. *CLS* 5: 205–239.

Pustejovsky, James (1995) *The Generative Lexicon*. Cambridge, MA: MIT Press.

Pustejovsky, James and Elisabetta Ježek (2008) Semantic coercion in language: Beyond distributional analysis. *Italian Journal of Linguistics* 20 (1): 175–208.

Radden, Günter and Zoltán Kövecses (1999) Towards a theory of metonymy. In: K-U Panther and G. Radden (eds.) *Metonymy in Language and Thought*, 17–59. Amsterdam: John Benjamins.

Radvansky, Gabriel and David E. Copeland (2000) Functionality and spatial relations in memory and language. *Memory and Cognition* 28 (6): 987–992.

Radvansky, Gabriel and Jeffrey M. Zacks (2010) Event perception. *Wiley Interdisciplinary Reviews: Cognitive Science* 2 (6): 608–620.

Rappaport Hovav, M. and Beth Levin (1998) Building verb meanings. In: M. Butt and W. Geuder (eds.) *The Projection of Arguments: Lexical and Compositional Factors*, 97–134. Stanford, CA: CSLI Publications.

Reddy, Michael J. (1979) The conduit metaphor: A case of frame conflict in our language about language. In: A. Ortony (ed.) *Metaphor and Thought*, 284–324. Cambridge: Cambridge University Press.

Ryder, Mary E. (1994) *Ordered Chaos: The Interpretation of English Noun-Noun Compounds*. Berkeley: University of California Press.

斎藤倫明（1984）「複合動詞構成要素の意味―単独用法との比較を通して―」『国語語彙史の研究5』大阪：和泉書院.

斎藤倫明（1992）『現代日本語の語構成論的研究―語における形と意味―』東京：ひつじ書房.

斎藤倫明（2002）「語構成論から見た語「追う」の意味形成―語彙論的な語構

成論の発展のために―」『国語学』53（1）：56–69.
斎藤倫明（2004）『語彙論的語構成論』東京：ひつじ書房.
斎藤倫明・石井正彦（1997）『日本語研究資料集　語構成』東京：ひつじ書房.
Selkirk, Elizabeth（1982）*The Syntax of Words*. Cambridge, MA: MIT Press.
史春花（2013）「コンストラクション形態論から見た日本語の促音便複合動詞」『認知言語学会論文集』13: 272–284.
史春花（2014）「日本語における促音形／撥音形複合動詞の諸相―コンストラクション形態論からのアプローチ―」神戸大学人文学研究科博士学位論文.
Shibatani, Masayoshi（1973）Where morphology and syntax clash: A case in Japanese aspectual verbs. *Gengo Kenkyu* 64: 65–96.
Shibatani, Masayoshi（1976）The grammar of causative constructions: A conspectus. In: M. Shibatani（ed.）*Syntax and Semantics* 6, *The Grammar of Causative Constructions*, 1–40. New York: Academic Press.
Simmons, Kyle W., Stephan B. Hamann, Carla L. Harenski, Xiaoping Hu, and Lawrence W. Barsalou（2008）fMRI evidence for word association and situated simulation in conceptual processing. *Journal of Physiology-Paris* 102: 106–119.
Snell-Hornby, Mary（1983）*Verb-Descriptivity in German and English*. Heidelberg: Winter.
杉村泰（2005）「コーパスを利用した日本語の複合動詞「－忘れる」、「－落とす」、「－漏らす」の意味分析」『日語教育』34: 63–79.
鈴木智美（2014）「現代日本語における対応する動詞形のないV1＋V2型複合名詞：辞書に基づくリスト化」『日本語・日本学研究』4: 95–109.
Tagashira, Yoshiko and Jean Hoff（1986）『日本語複合動詞ハンドブック』東京：北星堂書店.
Talmy, Leonard（2000）*Toward a Cognitive Semantics*. Cambridge, MA: MIT Press.
Taylor, John R.（1996）On running and jogging. *Cognitive Linguistics* 7（1）: 21–34.
Taylor, John R.（2012）*The Mental Corpus：How Language is Represented in the Mind*. Oxford: Oxford University Press.
寺村秀夫（1969）「活用語尾・助動詞・補助動詞とアスペクトその一」『日本語・日本文化』1: 32–48.
寺村秀夫（1984）『日本語のシンタクスと意味Ⅱ』東京：くろしお出版.
Tomasello, Michael（2003）*Constructing a Language: A Usage-Based Theory of Language Acquisition*. Cambridge, MA: Harvard University Press.
Toratani, Kiyoko（2017）The organizational structure of lexical compound verbs in Japanese: A Construction Morphology account. In: B. Noran and E. Diedrichsen（eds.）*Argument Realisation in Complex Predicates and Complex Events: Verb-verb constructions at the syntax-semantic interface*, 245–276. Amsterdam/Philadelphia: John Benjamins.
Traugott, Elizabeth C.（1989）On the rise of epistemic meanings in English: an example of subjectification in semantic change. *Language* 65: 31–55.

Traugott, Elizabeth C. and Richard B. Dasher (2002) *Regularity in Semantic Change*. Cambridge: Cambridge University Press.

上田恵介 (1990)『鳥はなぜ集まる？―群れの行動生態学』東京：東京化学同人.

Van Langendonck, Willy (2007) Iconicity. In: D. Geeraerts and H. Cuyckens (eds.) *The Oxford Handbook of Cognitive Linguistics*, 394–418. Oxford: Oxford University Press.

Verhagen, Arie (2009) The conception of constructions as complex signs. Emergence of structure and reduction to usage. *Constructions and Frames* 1: 119–152.

Washio, Ryuichi (1997) Resultatives, compositionality and language variation. *Journal of East Asian Linguistics* 6: 1–49.

Wheeler, Michael (2008) Cognition in context: Phenomenology, situated robotics and the frame problem. *International Journal of Philosophical Studies*, 16 (3)：323–349.

Williams, Edwin (1981) Argument structure and morphology. *The Linguistic Review* 1: 81–114.

Wunderlich, Dieter (1997) Cause and the structure of verbs. *Linguistic Inquiry* 28: 27–68.

山口昌也 (2013)「複合動詞用例データベースの構築と活用」『国語研プロジェクトレビュー』4 (1)：61–69.

山本清隆 (1984)「複合動詞の格支配」『都大論究』21: 32–49.

山梨正明 (2000)『認知言語学原理』東京：くろしお出版.

Yeh, Wenchi and Lawrence W. Barsalou (2006) The situated nature of concepts. *American Journal of Psychology* 119: 349–384.

ゆもとしょうなん (1977)「あわせ名詞の意味記述をめぐって」『東京外国語大学論集』27: 31–46

由本陽子 (1996)「語形成と語彙概念構造―日本語の「動詞＋動詞」の複合語形成について―」奥田博之教授退官記念論文集刊行会 (編)『言語と文化の諸相』: 105–118. 東京：英宝社.

由本陽子 (2005)『複合動詞・派生動詞の意味と統語―モジュール形態論から見た日英語の動詞形成―』東京：ひつじ書房.

由本陽子 (2007)「複雑述語の形成に伴う事象構造の合成と項の実現」中日理論言語学研究国際フォーラム報告, 北京.

由本陽子 (2008)「複合動詞における項の具現―統語的複合と語彙的複合の差異―」影山太郎 (編)『レキシコンフォーラム No. 4』: 1–30. 東京：ひつじ書房.

由本陽子 (2011)『レキシコンに潜む文法とダイナミズム』東京：開拓社.

由本陽子 (2012)「日本語語彙的複合動詞の生産性と二つの動詞の意味関係」『日本言語学会第145回大会予稿集』: 340–345. 日本言語学会.

由本陽子 (2013)「語彙的複合動詞の生産性と2つの動詞の意味関係」影山太郎 (編)『複合動詞研究の最前線―謎の解明に向けて―』: 109–142. 東京：ひつじ書房.

Zacks, Jeffrey, Nicole Speer, Khena Swallow, Todd Braver, and Jeremy R.

Reynolds (2007) Event Perception: A Mind/Brain Perspective. *Psychological Bulletin* 133 (2): 273–293.

Zacks, Jeffrey, Nicole Speer, and Jeremy Reynolds (2009) Segmentation in reading and film comprehension. *Journal of Experimental Psychology* 138 (2): 307–327.

Websites
『現代日本語書き言葉均衡コーパス BCCWJ』 <http://chunagon.ninjal.ac.jp/>
Berkeley FrameNet. <http://framenet.icsi.berkeley.edu/>
国立国語研究所『複合動詞レキシコン』 <http://vvlexicon.ninjal.ac.jp>
Web データに基づく複合動詞用例データベース『日本語複合動詞リスト (ver. 1.3)』 <http://csd.ninjal.ac.jp/comp/index.php/>

事項索引

A-Z

FrameNet 57, 58, 62, 72
V1 希薄型 9, 93, 94
V2 補助型 9, 94

あ

アスペクト複合動詞 97, 215, 216
意味拡張 121, 122, 134
意味関係スキーマ 74, 76, 100
意味的一致 148, 150, 151, 152, 154, 155, 157, 158, 167, 168
意味的整合性の原則 189
因果関係 85, 87, 88, 99, 100, 101, 102, 103, 104, 105, 106

か

階層的スキーマネットワーク 74, 75
階層的レキシコン 44, 45
格フレーム 37, 38
格文法 38, 58
完全語彙項目記載理論 45, 47
関連事象 63, 64, 65, 99, 144, 145, 156
逆形成 110, 210
クオリア構造 27, 28, 29, 30, 31, 32, 35, 195
クランベリー型形態素 42
結果複合動詞 23
決定的使役の条件 232, 234
原因型 8, 23, 77, 78, 100
語彙意味論 24, 26, 27, 71
語彙概念構造(lexical conceptual structure, LCS) 24, 25, 26, 27, 31, 32, 35, 83, 153, 157, 174, 195, 211, 212
語彙的アスペクト複合動詞 8, 96
語彙的意味フレーム 3, 4, 33, 58, 61, 62, 63, 64, 65, 99, 147, 148, 156
語彙的経済性 185
項共有の原則 193
項構造 17, 19, 21, 29, 35, 38, 39, 56, 187, 188
合成性 12, 33, 113, 122, 126, 128
拘束意味 44, 95, 113, 115, 116
拘束形態素 114
拘束性 12
構文 39, 71
コンストラクション 2, 3, 37, 38, 39, 41, 43, 48, 49, 51, 71, 73
コンストラクション的イディオム 43, 76, 114, 115, 117, 118, 120, 121
痕跡的アブダクション 227, 228, 229

さ

使役化 230, 231, 233, 234
時間的緊密性 102, 103, 104, 105
事象参与者 64, 65, 188, 190, 191, 192, 193, 199, 200, 202, 204
事象対象型 9, 91
私的表象 66, 70, 176
主語一致の原則 22, 74, 76, 193
主題関係複合動詞 96, 97, 98, 215
手段型 8, 23, 50, 73, 74, 76, 79, 80, 100, 117, 118, 148, 150, 151, 188
使用頻度 183
スキーマ 4, 42, 43, 44, 45, 46, 47, 48, 71, 73, 146
生産性 47, 79, 92, 105, 111, 117, 118,

345

120, 121, 125, 136
全体的な性質　33, 122, 126
前段階型　8, 81, 100
創発性　44, 51
阻止　121, 136, 137, 138

た

タイプ頻度　121
脱使役化　212, 213, 214, 215, 216, 226
他動性調和の原則　17, 18, 21, 22, 78
中心事象　63, 64
適格性　25, 184
デフォルト継承　44, 45
同一事象型　8, 90, 91
統語的複合動詞　4, 5, 6, 7, 78, 110, 111
同時性　103
トップダウン型　38, 141

な

日本語語彙的複合動詞リスト　9

は

背景型　8, 81, 82, 83, 100, 156, 157
背景フレーム　61, 62, 63, 65, 72, 131, 155, 168, 169, 176
派生型　9, 92, 209
反使役化　212, 213, 214, 215, 216
非使役化　210, 211, 217, 218, 219, 225, 226, 227, 235
非対格自動詞　18, 21
非能格自動詞　18, 19, 21
百科事典的知識　27, 33, 51, 52, 59, 61
比喩的様態型　8, 89, 90, 206
頻度　140
付加詞　21, 26, 56, 174

不完全語彙項目記載理論　45
複合動詞用例データベース　9, 10, 11, 12, 140
複合動詞レキシコン　12
複合名詞　12, 43, 89, 90, 127, 146, 147, 178
付帯事象型　8, 87, 100, 102
不透明型　9, 95
フレーム　3, 37, 38, 51, 52, 53, 54, 55, 56, 57, 58, 61, 72, 146
フレーム要素　33, 53, 54, 55, 56, 57, 58, 64, 169, 174
プロファイル　52, 53, 54, 63, 72, 217, 236
プロファイルシフト　216, 218, 219, 231, 232
文化的表象　66, 70, 176, 177, 180, 181
分析性　122, 126, 127, 128, 129
ボトムアップ型　38, 141

ま

耳馴染み度　182, 183
メタファー　109, 129, 133, 142
メトニミー　109, 235

や

様態型　8, 23, 84, 100
用法基盤モデル　38, 46

ら

類像性　78, 80
ルール／リストの誤謬　46
レキシコン（への登録）　41, 44, 46, 48, 73, 95, 121, 126, 7, 128, 134, 138, 139, 141, 183

複合動詞索引

あ

呆れ返る　95
洗い落とす　194
言いくるめる　80
言い寄る　131, 133, 135, 155
言い渡す　131, 140, 160
いじめ殺す　118, 120
打ち上がる　22, 92
打ち壊す　23
打ち沈む　93
撃ち漏らす　165
生まれ合わせる　26, 33, 94
売り上げる　200, 201, 202
売れ残る　82
押し殺す　127, 129, 140
押し倒す　134
落ちこぼれる　34
落ち着く　121, 129, 155
思い乱れる　236

か

書き漏らす　157
駆け上がる　104, 136, 138
駆け下りる　136
駆けのぼる　138
勝ち上がる　169, 174
勝ち越す　169, 174
勝ち進む　169, 173
勝ち抜く　169, 172, 173
勝ち残る　169, 172, 173
刈り込む　32
刈り取る　32
聞き飽きる　78
聞き落とす　115, 158
聞き取る　83
聞き逃す　82, 83, 162
聞き漏らす　163, 165
切り倒す　73
食い散らす　26
蹴散らす　26, 154
こすり落とす　151, 152
こすりつける　151
転がり落ちる　85

さ

咲き狂う　206

た

叩き壊す　21, 26, 149
食べ歩く　33, 202, 203, 204, 205, 206
突き出る　22
つなぎ合わせる　137
照りつける　192
怒鳴り返す　94
怒鳴りつける　192
飛び跳ねる　90
飛び回る　85
取り締まる　34, 126, 128

な

泣き落とす　25, 80, 191
泣き濡れる　191, 193, 236
泣き腫らす　191
投げ当てる　32
投げつける　32

舐め落とす 156
にらみつける 192
脱ぎ散らす 26
抜き取る 119, 168
盗み取る 167
寝静まる 193, 236
寝つく 95
飲み歩く 202, 203, 204, 206

───

は

走り出る 138
はたき落とす 120
払い落とす 120
吹き消す 120
拭き取る 119
踏み消す 120
振る舞う 34

ま

舞い上がる 104

舞い上げる 93
舞い落ちる 32
巻き戻す 181
見上げる 94
見落とす 115
見逃す 158, 162
見回す 94, 192
持ち歩く 84, 87
持ち去る 136

───

や

焼き取る 118, 120
酔い潰す 93
読み落とす 160, 161
読み逃す 162, 163

───

わ

割り当てる 196
割り入れる 80, 81, 194, 195, 197
割れ残る 156, 157

著者紹介

陳奕廷（ちん えきてい）

〈略歴〉台湾台北市出身。東呉大学外国語学部日本語学科卒業。台湾大学大学院日本語文学研究科修士課程修了。神戸大学大学院人文学研究科博士後期課程修了。博士（文学）。専門は認知言語学、対照言語学。日本学術振興会特別研究員DC2、PD、国立国語研究所理論・対照研究領域プロジェクトPDフェローを経て、現在、三重大学教養教育機構特任講師。

〈主な論文〉「コンストラクションとしての日本語の語彙的複合動詞」（『レキシコンフォーラム』No. 7、2016）、A frame-semantic approach to verb-verb compound verbs in Japanese: A case study of -toru. (*Proceedings of the Thirty-Ninth Annual Meeting of the Berkeley Linguistics Society*, 2016)、「基底と精緻化から見た複合語の分類―日本語複合動詞を中心に―」（『国立国語研究所論集』13、2017）。

松本曜（まつもと よう）

〈略歴〉北海道札幌市出身。上智大学外国語学部卒業。同大学院外国語学研究科博士課程前期課程修了。米国スタンフォード大学にてPh. D（言語学）。専門は意味論。東京基督教大学神学部、明治学院大学文学部、神戸大学大学院人文学研究科で教えた後、現在、国立国語研究所教授（理論・対照研究領域）。

〈主な著書〉*Complex Predicates in Japanese: A Syntactic and Semantic Study of the Notion 'Word'* (CSLI Publications & Kuroiso Publishers, 1996)、『空間と移動の表現』（共著、研究社出版、1997）、『認知意味論』（編著、大修館書店、2003）、『移動表現の類型論』（編著、くろしお出版、2017）。

ひつじ研究叢書〈言語編〉第152巻
日本語語彙的複合動詞の意味と体系
コンストラクション形態論とフレーム意味論

The semantics and organization of Japanese
lexical compound verbs:
Construction Morphology and Frame Semantics
Yi-Ting Chen and Yo Matsumoto

発行	2018年2月16日　初版1刷
定価	8500円＋税
著者	©陳奕廷・松本曜
発行者	松本功
ブックデザイン	白井敬尚形成事務所
印刷所	三美印刷株式会社
製本所	株式会社 星共社
発行所	株式会社 ひつじ書房
	〒112-0011　東京都文京区千石2-1-2 大和ビル2階
	Tel: 03-5319-4916　Fax: 03-5319-4917
	郵便振替 00120-8-142852
	toiawase@hituzi.co.jp　http://www.hituzi.co.jp/

ISBN978-4-89476-907-6

造本には充分注意しておりますが、落丁・乱丁などがございましたら、
小社かお買上げ書店にておとりかえいたします。
ご意見、ご感想など、小社までお寄せ下されば幸いです。